中国农垦农场志丛

广 东
湖光农场志

中国农垦农场志丛编纂委员会 组编
广东湖光农场志编纂委员会 主编

中国农业出版社
北 京

图书在版编目（CIP）数据

广东湖光农场志/中国农垦农场志丛编纂委员会组
编；广东湖光农场志编纂委员会主编.—北京：中国
农业出版社，2021.12
　（中国农垦农场志丛）
　ISBN 978-7-109-29574-2

　Ⅰ．①广…　Ⅱ．①中…②广…　Ⅲ．①国营农场—概
况—广东　Ⅳ.①F324.1

　中国版本图书馆CIP数据核字(2022)第106216号

出 版 人：陈邦勋
出版策划：刘爱芳
丛书统筹：王庆宁
审 稿 组：干锦春　薛　波
编 辑 组：闫保荣　王庆宁　黄　曦　李　梅　吕　睿　刘昊阳　赵世元
设 计 组：姜　欣　杜　然　关晓迪
工 艺 组：王　凯　王　宏　吴丽婷
发行宣传：毛志强　郑　静　曹建丽
技术支持：王芳芳　赵晓红　潘　樾　张　瑶

广东湖光农场志

Guangdong Huguang Nongchangzhi

中国农业出版社出版
地址：北京市朝阳区麦子店街18号楼
邮编：100125
责任编辑：王庆宁　　文字编辑：蔡雪青　赵世元
责任校对：刘丽香　　责任印制：王　宏
印刷：北京通州皇家印刷厂
版次：2021年12月第1版
印次：2021年12月北京第1次印刷
发行：新华书店北京发行所
开本：889mm×1194mm　1/16
印张：25.75　插页：12
字数：521千字
定价：180.00元

ISBN 978-7-109-29574-2

9 787109 295742 >

大众分社投稿邮箱：zgnywwsz@163.com

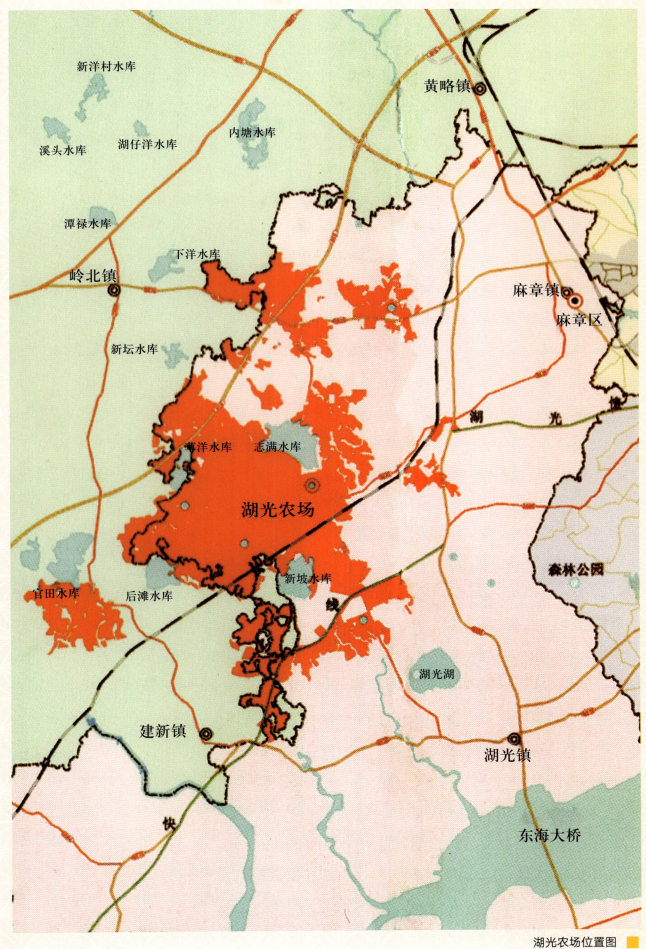

新洋村水库

溪头水库　湖仔洋水库　内塘水库

潭禄水库

下洋水库

岭北镇

新坛水库

菊洋水库　志满水库

湖光农场

官田水库　后滩水库

新坡水库

建新镇

快

黄略镇

麻章镇
麻章区

湖　光　坡

线

森林公园

湖光湖

湖光镇

东海大桥

湖光农场位置图

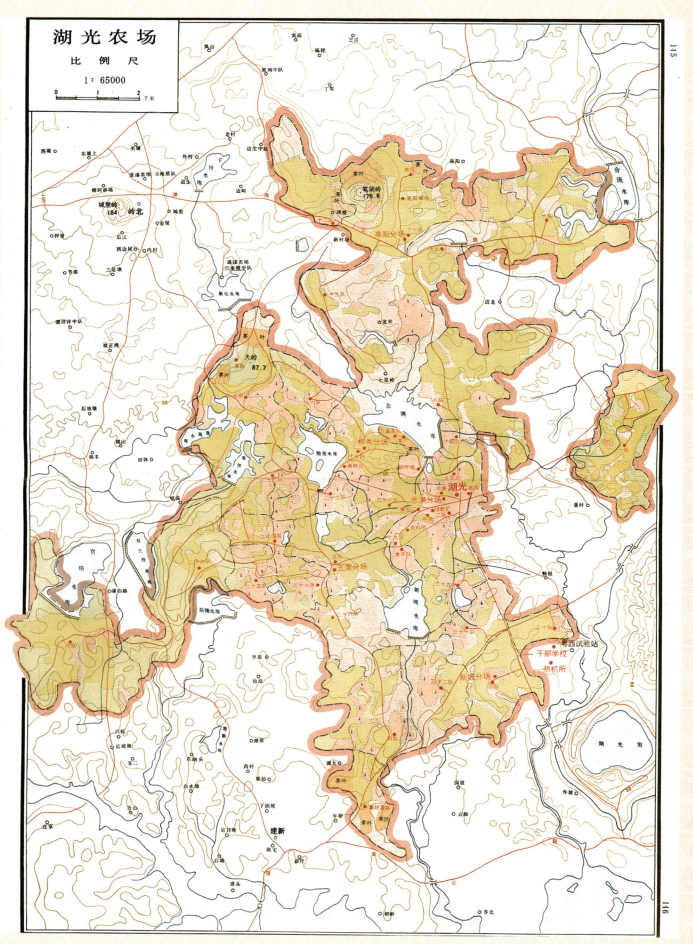

湖光农场

比 例 尺

1∶65000

0 1 2 千米

湖光农场区域图

鸟瞰湖光农场场部

湖光农场办公楼（摄于2015年）

场部旧貌

湖光农场原办公楼

风铃花开黄澄澄 ■

茶园霞光 ■

场内欧式风景 ■

湛江南国花卉科技园 ■

标志石牌 ■

机关干部小区一角 ■

远眺职工住宅楼 ■

1990 年 7 月，广东省委副书记郭荣昌（右一）在广东省农垦总局局长关富胤（左一）陪同下视察农场茶厂 ■

1996 年 10 月 13 日，农业部农垦局局长曾毓庄（前排中）率领农垦局工作组来农场调研"抗击强台风，恢复生产，重建家园"工作，广东农垦集团公司副经理张怡（后排中）、湛江农垦集团公司党委书记崔立竿（后排左）等领导陪同。在受灾的橡胶园，农场党委书记、场长黄锦访（前排右）介绍橡胶树受灾和复产情况 ■

2007 年 9 月 11 日，广东省农垦总局党委书记赖诗仁（前排左）、局长陈少平（前排右）等参观湖光农场场部水库移民危房改造小区

2007 年 11 月 15 日，农业部副部长高鸿宾（前排右二）、广东农垦总局党组书记赖诗仁（前排右一）和局长雷勇健（后排右一）及湛江农垦局领导等到湖光农场水库移民房改户家里调研，农场场长梁建辉（前排左二）介绍农场水库移民危房改造工作情况

2011 年 5 月 22 日，农业部农垦局副局长彭剑良（前排左二）到湖光农场调研 ■

2011 年 11 月 17 日，国土资源部副部长王世元（前排右二）到湖光农场七队
调研甘蔗生产情况 ■

2014 年 5 月 6 日，湛江市市长王中丙（前排右）到湖光农场调研生态农业建设 ■

2018年5月31日，农业农村部农垦局副巡视员路亚洲（右四）一行到湖光农场检查柳秀水库安全工作

2018年8月20日，广东省农垦集团公司党组书记、董事长（局长）陈少平（前排右一）到湖光农场柳秀水库调研

2022年4月28日，农场有限公司党委书记、董事长刘荣永（中），总经理罗成武（右二），纪委书记、工会主席廖元光（左二），副总经理唐明丽（左一），副总经理周建华（右一）在农场有限公司十队规划美丽乡村建设项目

农田改造工地（一）■

农田改造工地（二）■

"铁牛"平整土地

橡胶园夯土埂

半机械化插秧

鹿园

农场领导和技术人员在水稻田检查

橡胶园

甘蔗园 ■

淡水养殖

肥猪满圈 ■

池塘边的鸭群 ■

奶牛饲养场 ■

良种牛 ■

制鞋厂车间 ■

采茶女工 ■

塑胶加工车间 ■

晨曦采胶

橡胶制品

酒类制品

各类皮鞋

茶叶制品

制茶车间

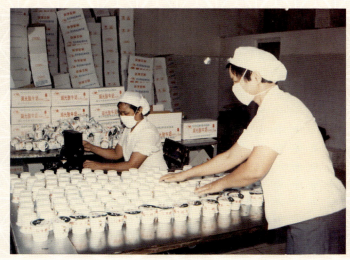

"湖光"牌杯装酸奶成品包装

1976年，农场党委书记王金昌（前排左二）带领农场技术人员到基层调研农作物间种情况

采收辣椒

机械化采茶

20世纪90年代生产的奶制品

20世纪90年代，农场粮食喜获丰收

五、文化体育

当年的孩童

农场文艺宣传队为职工演出

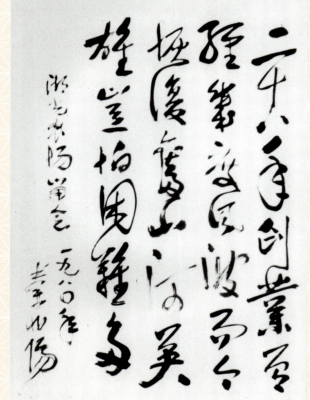

1980年6月6日，著名作家秦兆阳等来农场参观采风。秦兆阳题诗一首："二十八年创业，曾经几度风波，而今恢复旧山河，英雄岂怕困难多。"

20世纪80年代，生产队的幼儿园

1988年8月，全国青少年水球比赛在农场游泳场举行 ■

1998年，为纪念知识青年"上山下乡"三十年，广州知青分批回场缅怀农场岁月 ■

满满的中国红，喜喜的丰收乐 ■

农场庆祝新中国七十华诞，举办知青、队友、师友联谊活动 ■

追忆青春时光，相聚今日湖光 ■

农场职工业余文化生活 ■

六、荣誉奖项

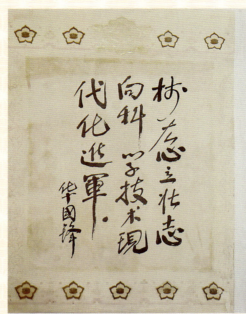

1979 年，农场获广东省水稻奖

1982 年，农场获国家科学技术委员会颁发的橡胶种植发明证书

1990 年，农场获广东省绿化达标证书

农场获 1991—1995 年湛江市法制宣传教育先进单位

1991 年，农场获湛江市文明单位

农场获 1996—2000 年漳江市法制宣传教育先进单位

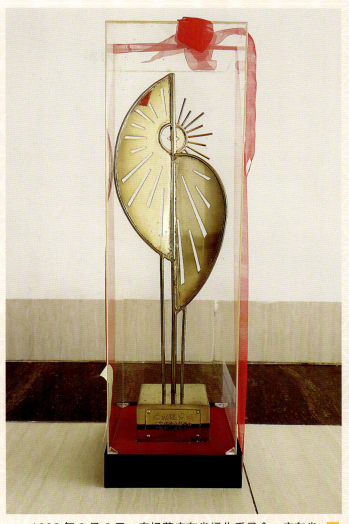

1992 年 8 月 8 日，农场获广东省绿化委员会、广东省
农垦总局绿化达标奖

2004 年，农场获广东省农垦总局甘蔗生产劳动竞赛优胜单位

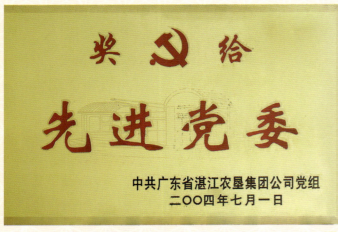

2004年，农场获中共广东省湛江农垦集团先进党委

2004年，农场获湛江农垦土地管理先进单位

2005年，农场获湛江农垦精神文明建设先进单位

2006年12月，农场获全国农林水利系统模范职工之家

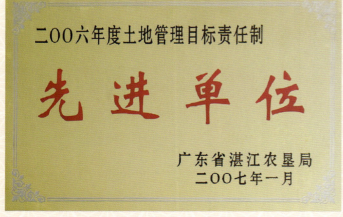

2006年，农场获湛江农垦局土地管理目标责任制先进单位

2006年，农场获中共广东省湛江农垦集团先进党委

2007年，农场获广东省第二次全国农业普查先进集体 ■

2007年，农场获中共广东省湛江农垦集团先进党委 ■

2009年，农场获国务院第二次全国经济普查先进集体 ■

2009年，农场获中共广东省湛江农垦集团先进单位 ■

2010年，农场获湛江市离退休职工管理服务工作先进单位 ■

2014年，农场获广东省文明守法优秀单位 ■

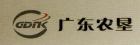

生态文明示范社区

广东省农垦总局
二〇一四年十月

2014年，农场获广东省农垦总局生态文明示范社区

2018年度广东省法治文化建设

示范企业

广东省普法办公室　　广东省司法厅
广东省工业和信息化厅　广东省人民政府国资委
广东省总工会　　　　广东省工商业联合会
二〇一九年四月

2018年，农场获广东省法治文化建设示范企业

2018年，农场获广东省体育局健身广场舞联赛特等奖

2018年度星级党委

★★

中共广东省湛江农垦集团公司党组
二〇一九年六月

2018年，农场获中共广东省湛江农垦集团星级党委

授予：广东省湖光农场

2020年全国"两会"期间湛江市信访维稳安保工作

先进单位

湛江市信访工作联席会议
2020年6月

2020年，农场获湛江市信访维稳安保工作先进单位

中国农垦农场志丛编纂委员会

主　任

张桃林

副主任

左常升　邓庆海　李尚兰　陈邦勋　彭剑良　程景民　王润雷

成　员（按垦区排序）

马　辉　张庆东　张保强　薛志省　赵永华　李德海　麦　朝

王守聪　许如庆　胡兆辉　孙飞翔　王良贵　李岱一　赖金生

于永德　陈金剑　李胜强　唐道明　支光南　张安明　张志坚

陈孟坤　田李文　步　涛　余　繁　林　木　王　韬　魏国斌

巩爱岐　段志强　聂　新　高　宁　周云江　朱云生　常　芳

中国农垦农场志丛编纂委员会办公室

主　任

王润雷

副主任

陈忠毅　刘爱芳　武新宇　明　星

成　员

胡从九　李红梅　刘琢琬　闫保荣　王庆宁

中国农垦农场志丛

广东湖光农场志编纂委员会

主　任

陈　悦

副 主 任

黄锦访　梁建辉　刘荣永　罗成武

喻天宏　黄　所　唐明丽

委　员

吴小东　廖　东　廖元光　周建华

韦利克　蔡华福　黄海霞　林家斌

翟健斌　张志权　吴向东　钟永宏

陈　霜　梁湖春　刘明显

广东湖光农场志编写组

主　编

韦利克

执行主编

肖一训　陈建国

编写人员

崔宝成　周建光　柯康林　翟志南

黄胜蓝　邓碧霞　纪介文　陈俊发

刘剑英

校　对

蔡卓睿　邱文兴　雷　宇　王　算

符策凡　冯春盛　戴浪青　洪子清

摄　影

周　碧　林家斌　韦利克

— 3 —

总　序

中国农垦农场志丛自 2017 年开始酝酿，历经几度春秋寒暑，终于在建党 100 周年之际，陆续面世。在此，谨向所有为修此志作出贡献、付出心血的同志表示诚挚的敬意和由衷的感谢！

中国共产党领导开创的农垦事业，为中华人民共和国的诞生和发展立下汗马功劳。八十余年来，农垦事业的发展与共和国的命运紧密相连，在使命履行中，农场成长为国有农业经济的骨干和代表，成为国家在关键时刻抓得住、用得上的重要力量。

如果将农垦比作大厦，那么农场就是砖瓦，是基本单位。在全国 31 个省（自治区、直辖市，港澳台除外），分布着 1800 多个农垦农场。这些星罗棋布的农场如一颗颗玉珠，明暗随农垦的历史进程而起伏；当其融汇在一起，则又映射出农垦事业波澜壮阔的历史画卷，绽放着"艰苦奋斗、勇于开拓"的精神光芒。

（一）

"农垦"概念源于历史悠久的"屯田"。早在秦汉时期就有了移民垦荒，至汉武帝时创立军屯，用于保障军粮供应。之后，历代沿袭屯田这一做法，充实国库，供养军队。

中国共产党借鉴历代屯田经验，发动群众垦荒造田。1933年2月，中华苏维埃共和国临时中央政府颁布《开垦荒地荒田办法》，规定"县区土地部、乡政府要马上调查统计本地所有荒田荒地，切实计划、发动群众去开荒"。到抗日战争时期，中国共产党大规模地发动军人进行农垦实践，肩负起支援抗战的特殊使命，农垦事业正式登上了历史舞台。

20世纪30年代末至40年代初，抗日战争进入相持阶段，在日军扫荡和国民党军事包围、经济封锁等多重压力下，陕甘宁边区生活日益困难。"我们曾经弄到几乎没有衣穿，没有油吃，没有纸、没有菜，战士没有鞋袜，工作人员在冬天没有被盖。"毛泽东同志曾这样讲道。

面对艰难处境，中共中央决定开展"自己动手，丰衣足食"的生产自救。1939年2月2日，毛泽东同志在延安生产动员大会上发出"自己动手"的号召。1940年2月10日，中共中央、中央军委发出《关于开展生产运动的指示》，要求各部队"一面战斗、一面生产、一面学习"。于是，陕甘宁边区掀起了一场轰轰烈烈的大生产运动。

这个时期，抗日根据地的第一个农场——光华农场诞生了。1939年冬，根据中共中央的决定，光华农场在延安筹办，生产牛奶、蔬菜等食物。同时，进行农业科学实验、技术推广，示范带动周边群众。这不同于古代屯田，开创了农垦示范带动的历史先河。

在大生产运动中，还有一面"旗帜"高高飘扬，让人肃然起敬，它就是举世闻名的南泥湾大生产运动。

1940年6—7月，为了解陕甘宁边区自然状况、促进边区建设事业发展，在中共中央财政经济部的支持下，边区政府建设厅的农林科学家乐天宇等一行6人，历时47天，全面考察了边区的森林自然状况，并完成了《陕甘宁边区森林考察团报告书》，报告建议垦殖南泥洼（即南泥湾）。之后，朱德总司令亲自前往南泥洼考察，谋划南泥洼的开发建设。

1941年春天，受中共中央的委托，王震将军率领三五九旅进驻南泥湾。那时，南泥湾俗称"烂泥湾","方圆百里山连山",战士们"只见梢林不见天",身边做伴的是满山窜的狼豹黄羊。在这种艰苦处境中,战士们攻坚克难,一手拿枪,一手拿镐,练兵开荒两不误,把"烂泥湾"变成了陕北的"好江南"。从1941年到1944年,仅仅几年时间,三五九旅的粮食产量由0.12万石猛增到3.7万石,上缴公粮1万石,达到了耕一余一。与此同时,工业、商业、运输业、畜牧业和建筑业也得到了迅速发展。

南泥湾大生产运动,作为中国共产党第一次大规模的军垦,被视为农垦事业的开端,南泥湾也成为农垦事业和农垦精神的发祥地。

进入解放战争时期,建立巩固的东北根据地成为中共中央全方位战略的重要组成部分。毛泽东同志在1945年12月28日为中共中央起草的《建立巩固的东北根据地》中,明确指出"我党现时在东北的任务,是建立根据地,是在东满、北满、西满建立巩固的军事政治的根据地",要求"除集中行动负有重大作战任务的野战兵团外,一切部队和机关,必须在战斗和工作之暇从事生产"。

紧接着,1947年,公营农场兴起的大幕拉开了。

这一年春天,中共中央东北局财经委员会召开会议,主持财经工作的陈云、李富春同志在分析时势后指出:东北行政委员会和各省都要"试办公营农场,进行机械化农业实验,以迎接解放后的农村建设"。

这一年夏天,在松江省政府的指导下,松江省省营第一农场(今宁安农场)创建。省政府主任秘书李在人为场长,他带领着一支18人的队伍,在今尚志市一面坡太平沟开犁生产,一身泥、一身汗地拉开了"北大荒第一犁"。

这一年冬天,原辽北军区司令部作训科科长周亚光带领人马,冒着严寒风雪,到通北县赵光区实地踏查,以日伪开拓团训练学校旧址为基础,建成了我国第一个公营机械化农场——通北机械农场。

之后,花园、永安、平阳等一批公营农场纷纷在战火的硝烟中诞生。与此同时,一部分身残志坚的荣誉军人和被解放的国民党军人,向东北荒原宣战,艰苦拓荒、艰辛创业,创建了一批荣军农场和解放团农场。

再将视线转向华北。这一时期，在河北省衡水湖的前身"千顷洼"所在地，华北人民政府农业部利用一批来自联合国善后救济总署的农业机械，建成了华北解放区第一个机械化公营农场——冀衡农场。

除了机械化农场，在那个主要靠人力耕种的年代，一些拖拉机站和机务人员培训班诞生在东北、华北大地上，推广农业机械化技术，成为新中国农机事业人才培养的"摇篮"。新中国的第一位女拖拉机手梁军正是优秀代表之一。

（二）

中华人民共和国成立后农垦事业步入了发展的"快车道"。

1949年10月1日，新中国成立了，百废待兴。新的历史阶段提出了新课题、新任务：恢复和发展生产，医治战争创伤，安置转业官兵，巩固国防，稳定新生的人民政权。

这没有硝烟的"新战场"，更需要垦荒生产的支持。

1949年12月5日，中央人民政府人民革命军事委员会发布《关于1950年军队参加生产建设工作的指示》，号召全军"除继续作战和服勤务者而外，应当负担一部分生产任务，使我人民解放军不仅是一支国防军，而且是一支生产军"。

1952年2月1日，毛泽东主席发布《人民革命军事委员会命令》："你们现在可以把战斗的武器保存起来，拿起生产建设的武器。"批准中国人民解放军31个师转为建设师，其中有15个师参加农业生产建设。

垦荒战鼓已擂响，刚跨进和平年代的解放军官兵们，又背起行囊，扑向荒原，将"作战地图变成生产地图"，把"炮兵的瞄准仪变成建设者的水平仪"，让"战马变成耕马"，在戈壁荒漠、三江平原、南国边疆安营扎寨，攻坚克难，辛苦耕耘，创造了农垦事业的一个又一个奇迹。

1. 将戈壁荒漠变成绿洲

1950年1月，王震将军向驻疆部队发布开展大生产运动的命令，动员11万余名官兵就地屯垦，创建军垦农场。

垦荒之战有多难，这些有着南泥湾精神的农垦战士就有多拼。

没有房子住，就搭草棚子、住地窝子；粮食不够吃，就用盐水煮麦粒；没有拖拉机和畜力，就多人拉犁开荒种地……

然而，戈壁滩缺水，缺"农业的命根子"，这是痛中之痛！

没有水，战士们就自己修渠，自伐木料，自制筐担，自搓绳索，自开块石。修渠中涌现了很多动人故事，据原新疆兵团农二师师长王德昌回忆，1951 年冬天，一名来自湖南的女战士，面对磨断的绳子，情急之下，割下心爱的辫子，接上绳子背起了石头。

在战士们全力以赴的努力下，十八团渠、红星渠、和平渠、八一胜利渠等一条条大地的"新动脉"，奔涌在戈壁滩上。

1954 年 10 月，经中共中央批准，新疆生产建设兵团成立，陶峙岳被任命为司令员，新疆维吾尔自治区党委书记王恩茂兼任第一政委，张仲瀚任第二政委。努力开荒生产的驻疆屯垦官兵终于有了正式的新身份，工作中心由武装斗争转为经济建设，新疆地区的屯垦进入了新的阶段。

之后，新疆生产建设兵团重点开发了北疆的准噶尔盆地、南疆的塔里木河流域及伊犁、博乐、塔城等边远地区。战士们鼓足干劲，兴修水利、垦荒造田、种粮种棉、修路架桥，一座座城市拔地而起，荒漠变绿洲。

2. 将荒原沼泽变成粮仓

在新疆屯垦热火朝天之时，北大荒也进入了波澜壮阔的开发阶段，三江平原成为"主战场"。

1954 年 8 月，中共中央农村工作部同意并批转了农业部党组《关于开发东北荒地的农建二师移垦东北问题的报告》，同时上报中央军委批准。9 月，第一批集体转业的"移民大军"——农建二师由山东开赴北大荒。这支 8000 多人的齐鲁官兵队伍以荒原为家，创建了二九〇、二九一和十一农场。

同年，王震将军视察黑龙江汤原后，萌发了开发北大荒的设想。领命的是第五师副师长余友清，他打头阵，率一支先遣队到密山、虎林一带踏查荒原，于1955年元旦，在虎林县（今虎林市）西岗创建了铁道兵第一个农场，以部队番号命名为"八五〇部农场"。

1955年，经中共中央同意，铁道兵9个师近两万人挺进北大荒，在密山、虎林、饶河一带开荒建场，拉开了向三江平原发起总攻的序幕，在八五〇部农场周围建起了一批八字头的农场。

1958年1月，中央军委发出《关于动员十万干部转业复员参加生产建设的指示》，要求全军复员转业官兵去开发北大荒。命令一下，十万转业官兵及家属，浩浩荡荡进军三江平原，支边青年、知识青年也前赴后继地进攻这片古老的荒原。

垦荒大军不惧苦、不畏难，鏖战多年，荒原变良田。1964年盛夏，国家副主席董必武来到北大荒视察，面对麦香千里即兴赋诗："斩棘披荆忆老兵，大荒已变大粮屯。"

3. 将荒郊野岭变成胶园

如果说农垦大军在戈壁滩、北大荒打赢了漂亮的要粮要棉战役，那么，在南国边疆，则打赢了一场在世界看来不可能胜利的翻身仗。

1950年，朝鲜战争爆发后，帝国主义对我国实行经济封锁，重要战略物资天然橡胶被禁运，我国国防和经济建设面临严重威胁。

当时世界公认天然橡胶的种植地域不能超过北纬17°，我国被国际上许多专家划为"植胶禁区"。

但命运应该掌握在自己手中，中共中央作出"一定要建立自己的橡胶基地"的战略决策。1951年8月，政务院通过《关于扩大培植橡胶树的决定》，由副总理兼财政经济委员会主任陈云亲自主持这项工作。同年11月，华南垦殖局成立，中共中央华南分局第一书记叶剑英兼任局长，开始探索橡胶种植。

1952年3月，两万名中国人民解放军临危受命，组建成林业工程第一师、第二师和一个独立团，开赴海南、湛江、合浦等地，住茅棚、战台风、斗猛兽，白手起家垦殖橡胶。

大规模垦殖橡胶，急需胶籽。"一粒胶籽，一两黄金"成为战斗口号，战士们不惜一切代价收集胶籽。有一位叫陈金照的小战士，运送胶籽时遇到山洪，被战友们找到时已没有了呼吸，而背上箩筐里的胶籽却一粒没丢……

正是有了千千万万个把橡胶看得重于生命的陈金照们，1957 年春天，华南垦殖局种植的第一批橡胶树，流出了第一滴胶乳。

1960 年以后，大批转业官兵加入海南岛植胶队伍，建成第一个橡胶生产基地，还大面积种植了剑麻、香茅、咖啡等多种热带作物。同时，又有数万名转业官兵和湖南移民汇聚云南边疆，用血汗浇灌出了我国第二个橡胶生产基地。

在新疆、东北和华南三大军垦战役打响之时，其他省份也开始试办农场。1952 年，在政务院关于"各县在可能范围内尽量地办起和办好一两个国营农场"的要求下，全国各地农场如雨后春笋般发展起来。1956 年，农垦部成立，王震将军被任命为部长，统一管理全国的军垦农场和地方农场。

随着农垦管理走向规范化，农垦事业也蓬勃发展起来。江西建成多个综合垦殖场，发展茶、果、桑、林等多种生产；北京市郊、天津市郊、上海崇明岛等地建起了主要为城市提供副食品的国营农场；陕西、安徽、河南、西藏等省区建立发展了农牧场群……

到 1966 年，全国建成国营农场 1958 个，拥有职工 292.77 万人，拥有耕地面积 345457 公顷，农垦成为我国农业战线一支引人瞩目的生力军。

（三）

前进的道路并不总是平坦的。"文化大革命"持续十年，使党、国家和各族人民遭到新中国成立以来时间最长、范围最广、损失最大的挫折，农垦系统也不能幸免。农场平均主义盛行，从 1967 年至 1978 年，农垦系统连续亏损 12 年。

"没有一个冬天不可逾越，没有一个春天不会来临。"1978 年，党的十一届三中全会召开，如同一声春雷，唤醒了沉睡的中华大地。手握改革开放这一法宝，全党全社会朝着社会主义现代化建设方向大步前进。

在这种大形势下，农垦人深知，国营农场作为社会主义全民所有制企业，应当而且有条件走在农业现代化的前列，继续发挥带头和示范作用。

于是，农垦人自觉承担起推进实现农业现代化的重大使命，乘着改革开放的春风，开始进行一系列的上下求索。

1978年9月，国务院召开了人民公社、国营农场试办农工商联合企业座谈会，决定在我国试办农工商联合企业，农垦系统积极响应。作为现代化大农业的尝试，机械化水平较高且具有一定工商业经验的农垦企业，在农工商综合经营改革中如鱼得水，打破了单一种粮的局面，开启了农垦一二三产业全面发展的大门。

农工商综合经营只是农垦改革的一部分，农垦改革的关键在于打破平均主义，调动生产积极性。

为调动企业积极性，1979年2月，国务院批转了财政部、国家农垦总局《关于农垦企业实行财务包干的暂行规定》。自此，农垦开始实行财务大包干，突破了"千家花钱，一家（中央）平衡"的统收统支方式，解决了农垦企业吃国家"大锅饭"的问题。

为调动企业职工的积极性，从1979年根据财务包干的要求恢复"包、定、奖"生产责任制，到1980年后一些农场实行以"大包干"到户为主要形式的家庭联产承包责任制，再到1983年借鉴农村改革经验，全面兴办家庭农场，逐渐建立大农场套小农场的双层经营体制，形成"家家有场长，户户搞核算"的蓬勃发展气象。

为调动企业经营者的积极性，1984年下半年，农垦系统在全国选择100多个企业试点推行场（厂）长、经理负责制，1988年全国农垦有60%以上的企业实行了这项改革，继而又借鉴城市国有企业改革经验，全面推行多种形式承包经营责任制，进一步明确主管部门与企业的权责利关系。

以上这些改革主要是在企业层面，以单项改革为主，虽然触及了国家、企业和职工的最直接、最根本的利益关系，但还没有完全解决传统体制下影响农垦经济发展的深层次矛盾和困难。

"历史总是在不断解决问题中前进的。"1992年，继邓小平南方谈话之后，党的十四大明确提出，要建立社会主义市场经济体制。市场经济为农垦改革进一步指明了方向，但农垦如何改革才能步入这个轨道，真正成为现代化农业的引领者？

关于国营大中型企业如何走向市场，早在1991年9月中共中央就召开工作会议，强调要转换企业经营机制。1992年7月，国务院发布《全民所有制工业企业转换经营机制条例》，明确提出企业转换经营机制的目标是："使企业适应市场的要求，成为依法自主经营、自负盈亏、自我发展、自我约束的商品生产和经营单位，成为独立享有民事权利和承担民事义务的企业法人。"

为转换农垦企业的经营机制，针对在干部制度上的"铁交椅"、用工制度上的"铁饭碗"和分配制度上的"大锅饭"问题，农垦实施了干部聘任制、全员劳动合同制以及劳动报酬与工效挂钩的三项制度改革，为农垦企业建立在用人、用工和收入分配上的竞争机制起到了重要促进作用。

1993年，十四届三中全会再次擂响战鼓，指出要进一步转换国有企业经营机制，建立适应市场经济要求，产权清晰、权责明确、政企分开、管理科学的现代企业制度。

农业部积极响应，1994年决定实施"三百工程"，即在全国农垦选择百家国有农场进行现代企业制度试点、组建发展百家企业集团、建设和做强百家良种企业，标志着农垦企业的改革开始深入到企业制度本身。

同年，针对有些农场仍为职工家庭农场，承包户垫付生产、生活费用这一问题，根据当年1月召开的全国农业工作会议要求，全国农垦系统开始实行"四到户"和"两自理"，即土地、核算、盈亏、风险到户，生产费、生活费由职工自理。这一举措彻底打破了"大锅饭"，开启了国有农场农业双层经营体制改革的新发展阶段。

然而，在推进市场经济进程中，以行政管理手段为主的垦区传统管理体制，逐渐成为束缚企业改革的桎梏。

垦区管理体制改革迫在眉睫。1995年，农业部在湖北省武汉市召开全国农垦经济体制改革工作会议，在总结各垦区实践的基础上，确立了农垦管理体制的改革思路：逐步弱化行政职能，加快实体化进程，积极向集团化、公司化过渡。以此会议为标志，垦区管理体制改革全面启动。北京、天津、黑龙江等17个垦区按照集团化方向推进。此时，出于实际需要，大部分垦区在推进集团化改革中仍保留了农垦管理部门牌子和部分行政管理职能。

"前途是光明的，道路是曲折的。"由于农垦自身存在的政企不分、产权不清、社会负担过重等深层次矛盾逐渐暴露，加之农产品价格低迷、激烈的市场竞争等外部因素叠加，从1997年开始，农垦企业开始步入长达5年的亏损徘徊期。

然而，农垦人不放弃、不妥协，终于在2002年"守得云开见月明"。这一年，中共十六大召开，农垦也在不断调整和改革中，告别"五连亏"，盈利13亿。

2002年后，集团化垦区按照"产业化、集团化、股份化"的要求，加快了对集团母公司、产业化专业公司的公司制改造和资源整合，逐步将国有优质资产集中到主导产业，进一步建立健全现代企业制度，形成了一批大公司、大集团，提升了农垦企业的核心竞争力。

与此同时，国有农场也在企业化、公司化改造方面进行了积极探索，综合考虑是否具备企业经营条件、能否剥离办社会职能等因素，因地制宜、分类指导。一是办社会职能可以移交的农场，按公司制等企业组织形式进行改革；办社会职能剥离需要过渡期的农场，逐步向公司制企业过渡。如广东、云南、上海、宁夏等集团化垦区，结合农场体制改革，打破传统农场界限，组建产业化专业公司，并以此为纽带，进一步将垦区内产业关联农场由子公司改为产业公司的生产基地（或基地分公司），建立了集团与加工企业、农场生产基地间新的运行体制。二是不具备企业经营条件的农场，改为乡、镇或行政区，向政权组织过渡。如2003年前后，一些垦区的部分农场连年严重亏损，有的甚至濒临破产。湖南、湖北、河北等垦区经省委、省政府批准，对农场管理体制进行革新，把农场管理权下放到市县，实行属地管理，一些农场建立农场管理区，赋予必要的政府职能，给予财税优惠政策。

这些改革离不开农垦职工的默默支持，农垦的改革也不会忽视职工的生活保障。1986年，根据《中共中央、国务院批转农牧渔业部〈关于农垦经济体制改革问题的报告〉的通知》要求，农垦系统突破职工住房由国家分配的制度，实行住房商品化，调动职工自己动手、改善住房的积极性。1992年，农垦系统根据国务院关于企业职工养老保险制度改革的精神，开始改变职工养老保险金由企业独自承担的局面，此后逐步建立并完善国家、企业、职工三方共同承担的社会保障制度，减轻农场养老负担的同时，也减少了农场职工的后顾之忧，保障了农场改革的顺利推进。

从1986年至十八大前夕，从努力打破传统高度集中封闭管理的计划经济体制，到坚定社会主义市场经济体制方向；从在企业层面改革，以单项改革和放权让利为主，到深入管理体制，以制度建设为核心、多项改革综合配套协调推进为主：农垦企业一步一个脚印，走上符合自身实际的改革道路，管理体制更加适应市场经济，企业经营机制更加灵活高效。

这一阶段，农垦系统一手抓改革，一手抓开放，积极跳出"封闭"死胡同，走向开放的康庄大道。从利用外资在经营等领域涉足并深入合作，大力发展"三资"企业和"三来一补"项目；到注重"引进来"，引进资金、技术设备和管理理念等；再到积极实施"走出去"战略，与中东、东盟、日本等地区和国家进行经贸合作出口商品，甚至扎根境外建基地、办企业、搞加工、拓市场：农垦改革开放风生水起逐浪高，逐步形成"两个市场、两种资源"的对外开放格局。

（四）

党的十八大以来，以习近平同志为核心的党中央迎难而上，作出全面深化改革的决定，农垦改革也进入全面深化和进一步完善阶段。

2015年11月，中共中央、国务院印发《关于进一步推进农垦改革发展的意见》（简称《意见》），吹响了新一轮农垦改革发展的号角。《意见》明确要求，新时期农垦改革发展要以推进垦区集团化、农场企业化改革为主线，努力把农垦建设成为保障国家粮食安全和重要农产品有效供给的国家队、中国特色新型农业现代化的示范区、农业对外合作的排头兵、安边固疆的稳定器。

2016年5月25日，习近平总书记在黑龙江省考察时指出，要深化国有农垦体制改革，以垦区集团化、农场企业化为主线，推动资源资产整合、产业优化升级，建设现代农业大基地、大企业、大产业，努力形成农业领域的航母。

2018年9月25日，习近平总书记再次来到黑龙江省进行考察，他强调，要深化农垦体制改革，全面增强农垦内生动力、发展活力、整体实力，更好发挥农垦在现代农业建设中的骨干作用。

农垦从来没有像今天这样更接近中华民族伟大复兴的梦想！农垦人更加振奋了，以壮士断腕的勇气、背水一战的决心继续农垦改革发展攻坚战。

1. 取得了累累硕果

——坚持集团化改革主导方向，形成和壮大了一批具有较强竞争力的现代农业企业集团。黑龙江北大荒去行政化改革、江苏农垦农业板块上市、北京首农食品资源整合……农垦深化体制机制改革多点开花、逐步深入。以资本为纽带的母子公司管理体制不断完善，现代公司治理体系进一步健全。市县管理农场的省份区域集团化改革稳步推进，已组建区域集团和产业公司超过300家，一大批农场注册成为公司制企业，成为真正的市场主体。

——创新和完善农垦农业双层经营体制，强化大农场的统一经营服务能力，提高适度规模经营水平。截至2020年，据不完全统计，全国农垦规模化经营土地面积5500多万亩，约占农垦耕地面积的70.5%，现代农业之路越走越宽。

——改革国有农场办社会职能，让农垦企业政企分开、社企分开，彻底甩掉历史包袱。截至2020年，全国农垦有改革任务的1500多个农场完成办社会职能改革，松绑后的步伐更加矫健有力。

——推动农垦国有土地使用权确权登记发证，唤醒沉睡已久的农垦土地资源。截至2020年，土地确权登记发证率达到96.3%，使土地也能变成金子注入农垦企业，为推进农垦土地资源资产化、资本化打下坚实基础。

——积极推进对外开放，农垦农业对外合作先行者和排头兵的地位更加突出。合作领域从粮食、天然橡胶行业扩展到油料、糖业、果菜等多种产业，从单个环节向全产业链延伸，对外合作范围不断拓展。截至 2020 年，全国共有 15 个垦区在 45 个国家和地区投资设立了 84 家农业企业，累计投资超过 370 亿元。

2. 在发展中改革，在改革中发展

农垦企业不仅有改革的硕果，更以改革创新为动力，在扶贫开发、产业发展、打造农业领域航母方面交出了漂亮的成绩单。

——聚力农垦扶贫开发，打赢农垦脱贫攻坚战。从 20 世纪 90 年代起，农垦系统开始扶贫开发。"十三五"时期，农垦系统针对 304 个重点贫困农场，绘制扶贫作战图，逐个建立扶贫档案，坚持"一场一卡一评价"。坚持产业扶贫，组织开展技术培训、现场观摩、产销对接，增强贫困农场自我"造血"能力。甘肃农垦永昌农场建成高原夏菜示范园区，江西宜丰黄冈山垦殖场大力发展旅游产业，广东农垦新华农场打造绿色生态茶园……贫困农场产业发展蒸蒸日上，全部如期脱贫摘帽，相对落后农场、边境农场和生态脆弱区农场等农垦"三场"踏上全面振兴之路。

——推动产业高质量发展，现代农业产业体系、生产体系、经营体系不断完善。初步建成一批稳定可靠的大型生产基地，保障粮食、天然橡胶、牛奶、肉类等重要农产品的供给；推广一批环境友好型种养新技术、种养循环新模式，提升产品质量的同时促进节本增效；制定发布一系列生鲜乳、稻米等农产品的团体标准，守护"舌尖上的安全"；相继成立种业、乳业、节水农业等产业技术联盟，形成共商共建共享的合力；逐渐形成"以中国农垦公共品牌为核心、农垦系统品牌联合舰队为依托"的品牌矩阵，品牌美誉度、影响力进一步扩大。

——打造形成农业领域航母，向培育具有国际竞争力的现代农业企业集团迈出坚实步伐。黑龙江北大荒、北京首农、上海光明三个集团资产和营收双超千亿元，在发展中乘风破浪：黑龙江北大荒农垦集团实现机械化全覆盖，连续多年粮食产量稳定在 400 亿斤以上，推动产业高端化、智能化、绿色化，全力打造"北大荒绿色智慧厨房"；北京首农集团坚持科技和品牌双轮驱动，不断提升完善"从田间到餐桌"的全产业链条；上海光明食品集团坚持品牌化经营、国际化发展道路，加快农业

"走出去"步伐，进行国际化供应链、产业链建设，海外营收占集团总营收20％左右，极大地增强了对全世界优质资源的获取能力和配置能力。

千淘万漉虽辛苦，吹尽狂沙始到金。迈入"十四五"，农垦改革目标基本完成，正式开启了高质量发展的新篇章，正在加快建设现代农业的大基地、大企业、大产业，全力打造农业领域航母。

（五）

八十多年来，从人畜拉犁到无人机械作业，从一产独大到三产融合，从单项经营到全产业链，从垦区"小社会"到农业"集团军"，农垦发生了翻天覆地的变化。然而，无论农垦怎样变，变中都有不变。

——不变的是一路始终听党话、跟党走的绝对忠诚。从抗战和解放战争时期垦荒供应军粮，到新中国成立初期发展生产、巩固国防，再到改革开放后逐步成为现代农业建设的"排头兵"，农垦始终坚持全面贯彻党的领导。而农垦从孕育诞生到发展壮大，更离不开党的坚强领导。毫不动摇地坚持贯彻党对农垦的领导，是农垦人奋力前行的坚强保障。

——不变的是服务国家核心利益的初心和使命。肩负历史赋予的保障供给、屯垦戍边、示范引领的使命，农垦系统始终站在讲政治的高度，把完成国家战略任务放在首位。在三年困难时期、"非典"肆虐、汶川大地震、新冠肺炎疫情突发等关键时刻，农垦系统都能"调得动、顶得上、应得急"，为国家大局稳定作出突出贡献。

——不变的是"艰苦奋斗、勇于开拓"的农垦精神。从抗日战争时一手拿枪、一手拿镐的南泥湾大生产，到新中国成立后新疆、东北和华南的三大军垦战役，再到改革开放后艰难但从未退缩的改革创新、坚定且铿锵有力的发展步伐，"艰苦奋斗、勇于开拓"始终是农垦人不变的本色，始终是农垦人攻坚克难的"传家宝"。

农垦精神和文化生于农垦沃土，在红色文化、军旅文化、知青文化等文化中孕育，也在一代代人的传承下，不断被注入新的时代内涵，成为农垦事业发展的不竭动力。

"大力弘扬'艰苦奋斗、勇于开拓'的农垦精神，推进农垦文化建设，汇聚起推动农垦改革发展的强大精神力量。"中央农垦改革发展文件这样要求。在新时代、新征程中，记录、传承农垦精神，弘扬农垦文化是农垦人的职责所在。

（六）

随着垦区集团化、农场企业化改革的深入，农垦的企业属性越来越突出，加之有些农场的历史资料、文献文物不同程度遗失和损坏，不少老一辈农垦人也已年至期颐，农垦历史、人文、社会、文化等方面的保护传承需求也越来越迫切。

传承农垦历史文化，志书是十分重要的载体。然而，目前只有少数农场编写出版过农场史志类书籍。因此，为弘扬农垦精神和文化，完整记录展示农场发展改革历程，保存农垦系统重要历史资料，在农业农村部党组的坚强领导下，农垦局主动作为，牵头组织开展中国农垦农场志丛编纂工作。

工欲善其事，必先利其器。2019年，借全国第二轮修志工作结束、第三轮修志工作启动的契机，农业农村部启动中国农垦农场志丛编纂工作，广泛收集地方志相关文献资料，实地走访调研、拜访专家、咨询座谈、征求意见等。在充足的前期准备工作基础上，制定了中国农垦农场志丛编纂工作方案，拟按照前期探索、总结经验、逐步推进的整体安排，统筹推进中国农垦农场志丛编纂工作，这一方案得到了农业农村部领导的高度认可和充分肯定。

编纂工作启动后，层层落实责任。农业农村部专门成立了中国农垦农场志丛编纂委员会，研究解决农场志编纂、出版工作中的重大事项；编纂委员会下设办公室，负责志书编纂的具体组织协调工作；各省级农垦管理部门成立农场志编纂工作机构，负责协调本区域农场志的组织编纂、质量审查等工作；参与编纂的农场成立了农场志编纂工作小组，明确专职人员，落实工作经费，建立配套机制，保证了编纂工作的顺利进行。

质量是志书的生命和价值所在。为保证志书质量，我们组织专家编写了《农场志编纂技术手册》，举办农场志编纂工作培训班，召开农场志编纂工作推进会和研讨会，到农场实地调研督导，尽全力把好志书编纂的史实关、政治关、体例关、文字关和出版关。我们本着"时间服从质量"的原则，将精品意识贯穿编纂工作始终。坚持分步实施、稳步推进，成熟一本出版一本，成熟一批出版一批。

中国农垦农场志丛是我国第一次较为系统地记录展示农场形成发展脉络、改革发展历程的志书。它是一扇窗口，让读者了解农场，理解农垦；它是一条纽带，让农垦人牢记历史，让农垦精神代代传承；它是一本教科书，为今后农垦继续深化改革开放、引领现代农业建设、服务乡村振兴战略指引道路。

修志为用。希望此志能够"尽其用"，对读者有所裨益。希望广大农垦人能够从此志汲取营养，不忘初心、牢记使命，一茬接着一茬干、一棒接着一棒跑，在新时代继续发挥农垦精神，续写农垦改革发展新辉煌，为实现中华民族伟大复兴的中国梦不懈努力！

中国农垦农场志丛编纂委员会

2021 年 7 月

广东湖光农场志

GUANGDONG HUGUANG NONGCHANGZHI

序言

《广东湖光农场志》记载了湖光农场70年的发展史。1951年，为打破帝国主义对我国实行橡胶封锁禁运的政策，党中央做出"一定要建立我们自己的橡胶生产基地"战略决策，建立华南垦殖局。1951年10月，开始筹建湛江垦殖场；11月，经湛江市委批准成立湛江垦殖场。1952年，成立五里、柳秀、溪伯路、高阳四大分场。1955年1月，由湛江五里、柳秀垦殖场和吴川垦殖场合并为湖光农场。同年8月，中国人民解放军林业工程二师直属警卫连及第六团二营600余名官兵到达湖光农场，与当地翻身农民、土改干部、归国华侨、大中专院校毕业生一道勘测规划，日战荒山野岭，夜宿茅草屋棚，披荆斩棘，垦荒植胶，为农场第一代橡胶种植立下了汗马功劳。其间，许多中央、省、市领导同志多次来视察指导工作，帮助湖光农场渡过了一个又一个难关。先后视察过湖光农场的领导有朱德、叶剑英、董必武、王震、蔡廷锴、李立三、余秋里、郭沫若、康克清、贺龙、王首道、陶铸、陆定一、罗瑞卿、杨勇、杨成武、何康、习仲勋等。曾任中共中央政治局委员、农垦部部长、国务院副总理、国家副主席的王震对湖光农场关怀备至，先后到农场21次，为农场建设倾注了大量心血。此外，著名文化界人士贺绿汀、冰心、严辰，以及一些国际友人，如越南共产党主席胡志明等，也曾到湖光农场视察、参观。

20世纪80年代初至90年代中期，经过多年垦荒发展，湖光农场变成了农工商运建服综合经营的国有企业，成为为城市服务的菜篮子生产基地、旅游观光基地、高新技术工业基地、第三产业发展基地，被誉为"都市南泥湾"。

进入21世纪，湖光农场迎来更大发展机遇。湛江市城市规划局编制了《湛江市西城新区分区2013—2030年规划》，把湖光农场列入重要功能区组团部分，包括商贸中心组团、旅游度假组团、南方海谷组团、生态居住组团、产业综合组团、临港服务组团和生态保育组团7大组团。其中，位于疏港大道两侧的商贸中心组团规划覆盖了农场一队；南方海谷组团规划在农场新坡分场辖区内（总规划面积10000亩，首期已规划3000亩）；生态居住组团规划在农场范围内，主要结合柳秀水库周边的优美环境，打造生态居住区，用地规模为13342.05亩，常住人口约20万。根据2020年用地规划布局，围绕柳秀水库，依托优越的自然景观资源，为农场建设商业、文化、生态居住等配套设施；根据2030年用地规划布局，利用柳秀水库周边发展部分高档生态居住区和娱乐休闲项目。

《湛江市西城新区分区2013—2020年规划》为湖光农场带来千载难逢的发展契机，对加快农场城镇化进程、建设生态宜居城区、开发建造娱乐休闲文化项目、推动农场农贸商共同发展和强场富民具有重大意义，为将湖光农场打造成"城市后花园"提供便利条件。

湖光农场70年发展史，是湖光农场人不畏困难、不惧挫折、不怕吃苦、百折不挠的艰苦创业史，弘扬了"艰苦奋斗，勇于开拓"的农垦精神，是农垦发展史中一个缩影。湖光农场几代建设者们用自己的心血和汗水，书写了一段农场发展的光辉历程，谱写了一曲艰苦拼搏的激昂战歌。《广东湖光农场志》对此做了真实记录，史实清楚、思路清晰，深刻反映了湖光农场发展全貌，以此铭记先驱、鞭策今人、启迪后人。

此次修志，编写组的同志在史料不足、任务繁重、时间紧迫的情况下，走访了许多老领导、老干部、老职工，认真仔细地翻阅了现有的档案资料，在1998年第一稿基础上，进行续篇补充修改。编写组多方征求意见，并经过历届老领导审阅、编委审定、湛江农垦局志办审查、湛江市地方办审批，反复推敲修改，终成此书。在此，希望全场干部职工全面落实中共十九大及中共十九届三中、四中、五中全会精神，以习近平新时代中国特色社会主义思想为指导，深入践行新发展理念，深入实施"三区一带"（创业区、商埠区、主产业区和休闲旅游观光带）战略，以"稳、守、攻、融"四字诀为抓手，抓住新机遇，创造新优势，继续发扬"艰苦奋斗，勇于开拓"的农垦精神，谱写新时代更加辉煌的新篇章。

广东农垦湖光农场有限公司党委书记、董事长

2021 年 7 月

中国农垦农场志

广东湖光农场志

GUANGDONG HUGUANG NONGCHANGZHI

凡

例

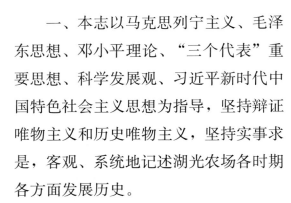

一、本志以马克思列宁主义、毛泽东思想、邓小平理论、"三个代表"重要思想、科学发展观、习近平新时代中国特色社会主义思想为指导，坚持辩证唯物主义和历史唯物主义，坚持实事求是，客观、系统地记述湖光农场各时期各方面发展历史。

二、本志内文记述时间，上限为1951年，下限为2020年。

三、本志记述范围，以湖光农场现行管辖范围为主，反映农场1951—2020年建制情况。为表达方便，文中湖光农场大多称为"湖光农场"或"农场"；凡简称的"党"均指中国共产党；凡称省委、地委、市委、县委的，均指中国共产党省、地、市、县委员会；凡称总局，均指广东省农垦总局；凡称农垦局，均指湛江农垦局。

四、本志体例采用述、记、志、传、图、表、录等各种体裁。全书设概述、大事记、一至四编、附录、后记。正文力求严谨、朴实、简洁、流畅，以第三人称记述。力求使用规范化的现代汉语，并配以必要的图表。所使用的科学技术名词、名称，以有关单位审定的为准，未经审定和统一的，按照习惯名称使用；所使用的数字，除习惯上以汉字表示以外，一般用阿拉伯数字；所使用的度量衡单位，遵守法定标准，历史上习用的计量单位，记述引用时照录其旧，统一不做换算。

五、概述为全志总纲，力图以简约的文字记述湖光农场的概况。

六、大事记为全志经络，按时间顺序记述湖光农场政治、经济、文化、社会、自然等方面的重要事件。体裁以编年体为主。

七、一至四编为全志主体。结构为编、章、节。第一章简述湖光农场自然地理，个别地方有所延伸；第二章至第十七章记述湖光农场 1951 年以后在政治、经济、生产、文化、科技等方面的发展成果、经验，力求系统记载湖光农场 70 年的历史和现状，反映其兴衰起伏过程，横排门类、纵向记述、点面结合；第十八章为荣誉录，主要收录志书上下限内历年来获市级、农垦局级以上表彰的先进集体和先进个人，排列以获奖时间先后为序。

八、附录包含三部分。附录一主要记述了王震将军关心农场的事迹，深情缅怀了将军的丰功伟业和高风亮节；附录二为"人物"，主要收录了几位为农场建设做出重要贡献的老领导、老专家的工作履历和成就；附录三为"并村"，主要介绍了并入湖光农场的几个当地村落的历史渊源和发展沿革。

九、图、表。本志以文为主，辅以图、表、照片，力求图文并茂。主要收录各级领导在湖光农场调研的情况，以及湖光农场的一些重要建设成果和历史资料。

十、本志数据以历年上报广东省农垦总局和湛江农垦局计划处（企管处）的数据为主，兼用各有关单位数据。各类数据的各个时期可比价值，均在数据后标明按不变价格或按现行价格换算。

十一、本志资料大部分来自农场的档案文献，为节省篇幅，一般不注明出处。

十二、本志采用语体文记述，述而不论，文字力求严谨、朴实、简洁、通畅。

中国农垦农场志

目 录

总序

序言

凡例

概述 ………………………………………………………………………………… 1

大事记 ……………………………………………………………………………… 7

第一编　自然地理与机构建制

第一章　自然地理 ……………………………………………………………… 55

　　第一节　位置、面积 ………………………………………………………… 55

　　第二节　地形、土壤、水石资源 …………………………………………… 56

　　第三节　气候、物候、植被 ………………………………………………… 57

　　第四节　自然灾害 …………………………………………………………… 64

第二章　建制沿革 ……………………………………………………………… 67

　　第一节　沿革 ………………………………………………………………… 67

　　第二节　区划 ………………………………………………………………… 68

　　第三节　工业卫星镇（场部） ……………………………………………… 69

第三章　职工队伍与人口 ……………………………………………………… 72

　　第一节　职工来源与变化 …………………………………………………… 72

　　第二节　人口变化与结构 …………………………………………………… 76

第二编　经　　济

第四章　农业 …………………………………………………………………… 85

　　第一节　综述 ………………………………………………………………… 85

　　第二节　橡胶 ………………………………………………………………… 88

　　第三节　甘蔗 ………………………………………………………………… 98

　　第四节　经济作物 ………………………………………………………… 105

　　第五节　粮油作物 ………………………………………………………… 109

第六节　水果 ··· 112

第七节　林木 ··· 114

第八节　畜牧业 ·· 117

第九节　水产养殖 ·· 124

第十节　农业机械 ·· 125

第十一节　农田基本建设 ·· 129

第五章　工业 ··· 136

第一节　综述 ··· 136

第二节　主要工厂概况 ·· 138

第六章　商业 ··· 151

第一节　国有商业 ·· 151

第二节　个体商业 ·· 153

第七章　民用房屋、工业厂房建设与建筑队伍 ································· 155

第一节　民用房屋建设 ·· 155

第二节　小城镇建设 ·· 155

第三节　工业厂房建设 ·· 169

第四节　建筑设计施工队伍 ·· 169

第八章　企业管理 ·· 172

第一节　经营管理体制改革 ·· 174

第二节　经济责任制 ·· 176

第三节　经济结构 ·· 183

第四节　计划管理 ·· 199

第五节　财务管理 ·· 203

第六节　技术管理 ·· 221

第七节　劳动工资管理 ·· 222

第八节　劳保福利 ·· 228

第三编　组织机构

第九章　党组织 ·· 235

第一节　党的代表大会 ·· 236

第二节　党组织建设 ·· 239

第三节　党委主要领导人更迭 ·· 255

第四节　思想政治工作 ·· 256

第十章　领导机构 ·· 273

　　第一节　领导体制 ·· 273

　　第二节　行政领导人更迭 ·· 274

　　第三节　职能部门 ·· 277

第十一章　干部 ··· 282

　　第一节　干部来源及数量 ·· 282

　　第二节　干部管理体制 ·· 283

　　第三节　干部管理机构 ·· 284

第十二章　群团组织 ··· 288

　　第一节　工会 ·· 288

　　第二节　共青团组织 ··· 301

　　第三节　妇女组织 ·· 305

第十三章　农场保卫 ··· 308

　　第一节　农场保卫工作 ·· 308

　　第二节　民兵组织 ·· 310

第四编　社会生活

第十四章　文化、体育 ·· 313

　　第一节　文化 ·· 313

　　第二节　体育 ·· 317

第十五章　教育 ··· 320

　　第一节　幼儿教育 ·· 320

　　第二节　小学教育 ·· 321

　　第三节　中学教育 ·· 324

　　第四节　成人教育 ·· 330

　　第五节　教育经费 ·· 333

第十六章　科学技术 ··· 334

　　第一节　机构与组织 ··· 334

　　第二节　经费 ·· 334

　　第三节　科研成果 ·· 335

第十七章　医疗卫生 ··· 339

　　第一节　医疗 ·· 339

　　第二节　卫生防疫 ·· 341

第三节　环境卫生 ·· 341

第十八章　荣誉录 ·· 346

附录 ·· 363

后记 ·· 378

概　　述

　　广东省湖光农场（以下简称湖光农场或农场）位于湛江市麻章区 4A 级景区湖光岩畔，地理坐标为北纬 21°07′19″—21°17′39″，东经 110°08′20″—110°17′27″。属亚热带地区，乔木四季常青，土地肥沃，水质优良。全场土地总面积 74.1 平方千米，南北长 15 千米，东西宽 8 千米，东南面接近湛江市区，西北面与遂溪县境接壤，靠近黎湛铁路，毗邻湛江港口，紧连湛江民航机场，距湛江港口 26 千米，距湛江机场 18 千米，距湛江火车高铁西站 6 千米；湛江至徐闻铁路、沈阳至海口高速公路（麻章匝道在农场场境内）、玉林至湛江高速公路途经湖光农场，省道 374 平茶线自东向西贯穿农场北部，湛江疏港大道、雷州至湖光岩的快线跨农场东、南部；农场辖区内有 5 条公路直通湛江市区，场部至赤坎 17 千米、霞山 24 千米，湛江市区公交车直通场部及部分单位；农场内有累计 54 千米的水泥道路，可直通各基层单位。湖光农场是中国其他省份通往海南的必经之地，交通十分便利。

　　湖光农场创建于 1951 年 11 月；1955 年，由华南垦殖局命名为"国营湖光垦殖场"；1957 年，更名为"国营湖光农场"；1969 年 4 月，组建中国人民解放军广州军区生产建设兵团，农场更名为"中国人民解放军广州军区生产建设兵团第 8 师第 19 团"；1974 年 10 月，恢复农垦体制，更名为"广东省国营湖光农场"，正处级建制，隶属广东省湛江农垦局；2013 年 4 月，更名为"广东省湖光农场"；2020 年 11 月，更名为"广东农垦湖光农场有限公司"。

　　1952 年农场开展垦荒植胶生产运动，首批创业人员主要是中国人民解放军四十三军部分转业干部和中国人民解放军林业工程第二师师直属警卫连及第六团二营官兵，以及当地翻身农民、土改干部、归国华侨、大中专院校毕业生。他们积极响应党中央的号召，为了发展祖国的橡胶事业，披荆斩棘，夜以继日，掀起开荒、采种、育苗热潮，历尽艰辛、百折不挠，为农场种下了第一代橡胶树。经过长期艰苦奋斗，战胜了风、旱、寒、病等自然灾害，积累了抗灾和适应本地自然环境种植橡胶的宝贵经验，终于使橡胶树在雷州半岛北缘"落地生根"，大面积种植橡胶树获得成功。

　　从垦荒创业到此后的几十年建设发展中，许多中央领导同志多次到农场视察指导工作，省、地、市、县各级党委和政府给予农场大力支持，帮助农场闯过一个又一个难关。先后视察过农场的有朱德、叶剑英、董必武、贺龙、郭沫若、王震、陶铸、陆定一、罗瑞卿、余秋里、王首道、杨成武、杨勇、何康、习仲勋、谢非等领导。曾任农垦部部长、国务院副总理、国家副主席的王震对农场更是悉心指导、关怀备至，先后到农场21次，每次到来都是在农场出现困难的时候，每次来都给职工带来慰问品，从生活到工作倾注无限的爱心。1955年，农场遭受特大风、寒害，橡胶生产受重创，几乎全军覆没。王震得知后，特地从北京赶来视察灾情，并与农场干部工人一起挖坑、植树、浇水，给予干部工人极大的鼓舞。王震明确指出："农场要以发展橡胶为主，同时发展其他经济作物，实行多种经营、以短养长、农林牧副渔相结合的生产方针。"农场遵照领导指示，在种好橡胶的同时努力发展多种经营。从1958年起，农场就开始向国家上缴利润，1960年实现粮、油、肉、菜自给。

1965年，农场所取得的成绩得到上级领导的肯定，上级把农场树立为一个中国式的革命化的农场，作为生产发展的典范，成为湛江垦区的一面旗帜。农场经过14年艰苦奋战，实现生产生活"六大变"，做到了"坚持自力更生，开展多种经营；掌握自然规律，因地制宜发展；起到示范作用，巩固工农联盟；坚强的领导班子，过硬的职工队伍"。农场的经验证明，"不要国家饷，不吃农民粮"，是完全可以办农场的，而且只要按照党的方针政策办事，依靠广大职工群众，因地制宜地贯彻执行"一业为主，农牧结合，多种经营"的经营方针，完全能够把农场办好。湖光农场的经验还说明，除了给国家提供大量产品、积累大量资金和在技术上支援人民公社以外，还应该加速农场现代化建设，办一个现代化的社会主义大农业；还应起示范作用，成为建设社会主义新农村的大样板；还应该在发展全民所有制和消灭三个差别方面创造经验，成为带动集体经济向全民所有制过渡的战略据点；还应该在农业生产和农业科学技术上力争超过世界平均水平，以显示社会主义制度的优越性。

20世纪70年代前，农场主要经营橡胶产业，工业处在萌芽状态，比重较小，没有商业经营，经济结构不合理，生产路子窄，经济不活，企业积累少，尤其在"文化大革命"期间，农场经济停滞不前，连年亏损。恢复农场体制后，特别是中共十一届三中全会后，农场试办农工商联合企业，结合实际，合理调整农业生产布局，决定在巩固橡胶生产的基础上发展甘蔗、茶叶等经济作物，着重发展农业商品经济，实行"一业为主，多种经营"的生产模式。在抓好农业生产的同时，积极开发工业和商业，加大工商业在全场经济的比重。20世纪80年代，农场开始由传统的产品经济转向商品经济，由单纯生产型向经营开拓型转变，逐步发展形成了以橡胶制品工业和食品饮料工业为主的工业基地。至1991年末，工业拥有固定资产原值777.45万元，净值457.3万元，工业从业人员1417人，年工业总值2692.3万元，占当年总产值的39.3%。

经过70年的艰苦创业，湖光农场在荒无人烟的红土地上扎下根，朝着"勤劳致富奔小康"的幸福之路奋进。昔日的荒山野岭变成了今日的平展田畴，种上了橡胶、茶叶和甘蔗等亚热带经济作物。至1991年末，全场拥有土地面11.12万亩[①]，已开垦利用面积9.86万亩，其中橡胶面积2.4万亩，林地面积2.2万亩，茶叶面积1371亩，甘蔗面积1.3万亩，粮油作业耕地面积2.22万亩，其他用地1.6万亩。农场形成一个农工商运建服综合经营的具有相当规模的企业。全场总人口11888人，其中职工5602人，离退休职工2008人。下属分场5个，基层单位74个，其中公司5个（建筑工程公司、林木公司、畜牧水产公司、商业公司、湖霞商业贸易公司），农业生产队37个，工厂12间（橡胶加工厂、橡胶制品厂、皮革制品厂、五金制品厂、纸箱厂、乳制品厂、茶厂、酒厂、装饰家具厂、修配厂、粮油加工厂、水泥预制件厂），机耕队6个，汽车队1个，建筑施工队2个，农业科学研究所（以下简称农科所）1间，中学1所，小学5所，职工医院1家，其他单位3个。

自建场以来，农场还办起了托儿所、幼儿园、卫生室、医院、学校、农贸市场、商店，为职工解决入托难、入学难、看病难、购物难等问题。农场建有幼儿园2个，托儿所22所。此外，1986年建起了敬老院，无子女、无亲人的孤寡老职工得到集中安置，得以安度晚年。1990年建起了精神病院，为精神病患者就地医疗提供了方便。1989年，全场人均住房11.73平方米，不少职工建起了小洋楼，家家用上了自来水，户户接通了长明电。汽车、拖拉机、摩托车、电冰箱、彩色电视机、自动洗衣机等高档家电普遍进入职工家庭。场部还有交通客运车辆，方便职工出入。

农场职工的文体生活也逐步得到改善。场部有影剧院1个，露天电影场1个，录像室数间，专门为职工服务的电影队1个；场部闭路电视接通各家各户，电视节目丰富多彩；场部设有运动场、游泳场，每逢节假日，农场开展各种文体活动。1988年，农场举行了全国青年水球赛，使农场远近闻名。各基层单位都建立了"三室"（党员活动室、文化室、办公室）、"一场"（篮球场），职工文化体育生活日益丰富。

1988年2月，湖光农场场部被广东省人民政府批准为工业卫星镇，享受优惠政策待遇，场部邮电、银行、公安、保险、服务、供电等机构完善，成为粗具规模的小城镇，是农场政治、经济、文化中心，也是集市贸易、物资交流中心。

---

① 亩为非法定计量单位，1亩≈666.67米²。——编者注

中共十一届三中全会后，特别是 1989—1996 年，农场逐步建成了橡胶、甘蔗、畜牧三大支柱产业，"一业为主，多种经营"，形成农工商运建综合一体化经营的国有企业。湖光牌红茶和绿茶、罐头胶垫圈、铝酸蓄电池槽被评为部级优质产品和广东省优质产品；第三产业蓬勃发展，农场建设成为城市服务的菜篮子生产基地、旅游观光基地、高新技术工业基地、第三产业发展基地。这时期成为湖光农场最辉煌时期，农场被称为"都市的南泥湾"。

在计划经济时期，农场以生产经营橡胶为主，其他项目多为橡胶产业配套或为职工生活服务而设，多数规模不大。20 世纪 80 年代中期，农场的作物结构逐渐向"一业为主，多种经营"转变，产业结构逐渐向农、林、牧、渔全面发展，经营方式从过去的"大锅饭"经营逐步向联产计酬、家庭农场、专业承包等转变，实行"七统一"经营方式，农产品产量、产值和商品率大幅提高。1996 年前，橡胶树种植面积最高时曾达到 2.0835 万亩，但随后橡胶产量因经营方针转变及自然灾害影响而呈下降趋势，橡胶树种植面积逐年下降，特别是 1996 年农场遭受第 15 号超强台风的破坏，导致橡胶树苗大量被毁。1996 年后，糖蔗逐渐成为农场的第一大支柱产业，水果、花卉作物等成为辅助产业。在国家扶持下，农场逐年加大农业基础设施投入，对中小型水库进行全面除险加固，同时实施小型农田水利设施建设，改善农业生产条件。1992 年甘蔗种植面积为 17970 亩，1998 年增长至 36997 亩，达到种植顶峰期，随后逐年下降，2020 年为 17589 亩。糖蔗总产量由 1992 年的 107687 吨增至 1998 年的 203000 吨，此后有降有升，2019 年甘蔗种植面积为 20010.3 亩，总产量 135294 吨。农场大力推广甘蔗良种健康种苗、测土配方施肥、生物防治虫害、水肥一体化滴灌节水灌溉、全程机械化五大核心现代技术，建成"糖蔗万亩高产创建模式示范基地"，甘蔗产量平均亩产维持在 6.21 吨，连续多年蝉联湛江垦区单位单产第一。2020 年，农场甘蔗单产达 7.12 吨，创建场以来历史最高水平。

20 世纪 80 年代中期，由于农场经营失误，当时全国最大的一桩经济诈骗案涉及农场，造成农场整体经营一度受挫，社会声誉和经济效益大幅下降。干部职工顶住压力，迎难而上，积极稳住农场局面，同步发展工农业生产，保饭碗、保民生，逐渐从困局中走出来。农场从"围绕农业办工业，发展工业促农业"，场办工业主要为农副产品加工，为解决职工生产、就业、生活服务，转向"围绕市场办工业、办好工业促农业"。自 1996 年起，场办工业企业经营遭遇严重困难，因在市场、资金、技术、管理等方面受到严重冲击，绝大多数工厂关停转产，给农场经济和生产造成沉重打击。农场面临产业结构不合理、经济效益下滑、社会负担沉重、职工队伍不稳定等问题。农场对原有场办企业实行转产、租赁经营，对新办企业实行全民、集体、个体、外资联营经营，坚持多种所有制工业共同发展模式。20世纪90年代初，建起橡胶制品厂，生产蓄电池壳、输血管、热水袋、橡胶丝等产品，但大多数产品因跟不上市场换代要求而被淘汰，仅有湖光橡胶制品厂的橡胶丝产品继续生产经营。湖光奶牛场的经营仅剩下加工部分，实行承包经营方式。

在改革开放初期，农场在经营上、制度上、体制上进入"不适应期"。从过去高度集中的计划经营到开始试行"利润包干"，到推行大包干经济责任制、家庭联产承包责任制，到兴办职工家庭农场，实行"大农场套小农场"管理体制，再到1988年推行场（厂）长经理负责制和承包责任制。职工从"吃大锅饭"变成"联产承包""家庭农场"，实行土地租赁经营；职工身份由固定工变成"合同制工人"，实行"一业为主，多种经营，农工商建运综合经营"模式。市场经济给农场人的管理体制、思想观念、经营理念带来很大冲击。随着思想观念、经营理念、经营体制的改革，农场全面推行市场化经营模式，建立起以第一产业发展为主，第二、第三产业为辅的经营模式，对产品结构进行调整，农场经济社会发展进入快车道。截至2020年，农场拥有土地面积96120亩，总人口1.21万人，在职职工1272人，离退休职工2645人，下辖单位（队、所）共32家。农场经济快速增长，总量不断壮大，社会总产值、国内生产总值分别从1992年的6818万元、2348万元上升至2020年的89257万元、42412万元（按现行价），分别增长了13倍、18倍。

农场建场以来一直实行国有企业特有的政企合一的管理方式，行使政府的部分职能，承担农场内的综治、维稳、公安、医疗、卫生、教育、文化、体育等社会事务，做到物质文明、精神文明、生态文明同步发展，为当地经济社会发展做出了积极贡献。2000年后，国家逐步将农场承担的社会管理和公共服务职能纳入属地政府管理，切实减轻农场承担的社会职能负担。2001年，农场派出所划归地方公安系统；2012年始，实施国有农场内部分离社会职能改革，建立农场社区管理体制，把综治、信访、维稳、计划生育、基础设施及房屋建设等办社会职能移交社区管理；2018年，农场医院纳入广垦（湛江）医疗健康有限公司管理；同年，农场中小学整体移交地方教育系统。这些措施的执行基本改变了企业整体合一的局面，减轻了企业的社会和经济负担，促进了农场经济社会的高质量发展。

农场坚持以人为本，鼓励职工发展自营经济以增加职工收入，带领职工致富奔小康，农场职工的人均收入、生活水平稳步提高。农场人均收入从1991年的2355.8元提高至2020年的28004元，提高了10.8倍；农场职工人均收入（以下简称职均收入）从1989年的2355.8元提高至2020年的25747元，提高了9.9倍。

在国家的支持下，农场建立以场部小城镇为节点、基层生产队为纽带的公路交通网络，实现"队队通"道路硬底化。移民和归难侨危房改造、职工危房改造、安居工程同步实施，形成高层住宅楼与别墅小楼交错、原居民点改建和新建住宅区相配的格局，职工的居住环境大为改善。农场职工人均住房面积由 1989 年的 11.73 平方米提高至 2020 年的 37.3 平方米，住房总面积在 4.65 万平方米以上。建成场部道路四纵四横，所有营区绿化、亮化、净化，供水、排水功能健全的 1.5 平方千米小城镇，并配套商店、银行、农贸市场、文化体育广场等生活文化娱乐设施。

农场沿袭农垦的丰厚底蕴和优良传统，第一批职工主要由中国人民解放军转业官兵、翻身农民、知识分子、民工、水库移民和归国华侨等组成。农场持续传承老一代军旅优良习惯，融合军垦、知青、岭南、归侨、雷州府文化，形成了多元而独具特色的农垦企业文化。场部及部分生产队配备乒乓球场、羽毛球场、篮球场等文体活动场所，每年举办大型文体活动，丰富职工群众的文体生活。

农场沉淀着优良的红色基因。受老红军、老八路精神滋养，继承和弘扬老一辈农垦人艰苦创业的精神，形成湖光农场人"艰苦奋斗，勇于开拓"的农垦精神，激励一代代农场人不忘初心、牢记使命、砥砺前行，昂首迈进新时代，履行新担当，实现新作为。

农场先后被列入广东农垦首批场部中心小城镇建设示范单位、湛江农垦社会主义新农场建设示范点、湛江市城市西部生态区、湛江城区西扩新组团和垦地合作先行点。农场先后获得全国农林水利系统模范职工之家、全国第二次经济普查先进集体、广东省第二次全国农业普查先进集体、广东省绿化达标单位、广东省城市体育先进社区、广东农垦扭亏为盈先进单位、湛江市群众体育先进单位、湛江市基层老年人体育协会先进单位、湛江市法制宣传教育先进单位、湛江农垦精神文明建设表扬单位、湛江农垦年度先进单位等称号。

目前，农场已被列入湛江市"西城新区"规划建设范围，面临千载难逢的机遇。农场将继续发扬"艰苦奋斗，勇于开拓"的农垦精神，用智慧和汗水将湖光农场打造成为湛江市的后花园，谱写新时代更加辉煌的新篇章。

大 事 记

● **1951 年**　10 月，开始筹建湛江垦殖场，选址湖光岩东寮村（现南亚热带作物研究
所所在地）。

11 月，经湛江市委批准成立湛江垦殖场，划归湛江市垦殖所管辖，李振
山任场长。

● **1952 年**　1 月，由中国人民解放军第四十三军转业官兵，地方土改干部，以及来
自中山大学、广西大学、金陵大学、山东大学等院校的 100 多名教授、
学生组成的林垦测量设计队，开始在五里、柳秀、溪伯路、高阳垦殖场
勘测。

8 月，中国人民解放军林业工程第二师部分官兵约 600 人到农场。

9 月，华南垦殖局高雷分局成立，农场隶属高雷分局。

● **1953 年**　4 月，全国政协副主席蔡廷锴由高雷垦殖分局局长吴文华陪同，到农场
视察橡胶生产情况，表明了中央对在湛江发展橡胶事业的重视和决心。

7 月，贯彻中央"提高质量，增加产量，改善经营，降低成本，巩固发
展，稳步前进"的方针，农场开始实行"大转弯"（即大调整），精简干
部，遣返部分工人。

● **1954 年**　1 月，中国人民解放军林业工程第二师 500 名官兵在农场转业。

同月，华南分局第一书记陶铸等由粤西区党委副书记陪同到农场视察橡
胶园。

8 月 29 日，12 级以上台风袭击农场，全部茅草房被吹倒，生产、生活受
到极大的影响。

12 月，中华全国总工会副主席、劳动部部长李立三偕夫人由粤西分局局
长吴文华陪同到农场视察。

本年，柳秀垦殖场与高阳垦殖场合并为 0309 场，溪伯路垦殖场与五里垦
殖场合并为 0505 场，下设 2 个作业区共 12 个生产队。

● **1955 年**　1 月，寒流袭击农场，冻死橡胶幼苗 125 株，占总苗数的 88％。

同月，经华南垦殖局申报上级批准，由湛江、五里、柳秀3个垦殖场和海燕农场4个单位合并，成立国营湖光垦殖场，为县（团）级建制，场部设在原湛江垦殖场部（现南亚热带作物研究所所部），陈介三任场长，唐占甲任党委书记。

2月，全国政协副主席蔡廷锴到农场考察橡胶受害情况，与农场共商发展橡胶大计。

3月8日—5月20日，全场职工投入抗旱抢种保胶工作，抢种甘蔗222亩、花生479亩、早稻88亩、地瓜521亩。

5月，中央书记处书记、中央宣传部部长陆定一和中国人民解放军上将杨勇到农场视察。

9月13日，根据广东省委和广东省农垦总局第一次垦殖工作会议精神，农场开展了"国营湖光垦殖场转企业化运动"，由事业管理体制转为企业管理体制。

本年，农场在四队（原法国桥边）建香茅加工厂1座。

● **1956年**　1—2月，根据上级指示精神，农场进行了农场间土地规划工作，编制了"国营湖光垦殖场间土地规划设计图"。

7月，农场有线广播站开通。

9月8日，召开"国营湖光垦殖场第一届职工代表大会"。

11月22日，中国人民解放军铁道兵司令员王震到农场视察橡胶园，湛江市市长何鸿景等陪同。

本年，全场建立9个托儿所，79名幼儿入托。

● **1957年**　1月27日，中央人民政府副主席、中国人民解放军总司令朱德到农场视察橡胶园及养猪场，接见了机关干部，与干部职工握手并问候。55军政委王振乾、湛江市委书记张泊泉、市长何鸿景等陪同。

2月12日，国防军事委员会副主席叶剑英到农场视察香茅、甘蔗、水稻生产情况，湛江市市长何鸿景、高雷分局局长陈文高等陪同。

2月17日，农垦部部长王震到农场视察奶牛场和香茅加工厂，要求农场在发展橡胶的同时大力发展亚热带作物和畜牧业，并从上海调来7头良种奶牛给农场。湛江市市长何鸿景等陪同。

3月28日，国务院副总理兼公安部部长罗瑞卿、中央书记处书记、中央宣传部部长陆定一及农垦部部长王震一行由湛江市市长何鸿景陪同到农场视察。王震指示要发畜牧业，养奶牛、养猪，并先后给农场调来巴克夏、约克夏种猪和三河奶牛等。王震还要求大种林木、搞好绿化，指示农场提供树苗，种植赤坎至霞山公交一、二线路及湖光岩至铺仔墟公路两旁树林。

4月26日，召开"中共国营湖光垦殖场第一次代表大会"。

8月，农垦部副部长张林池、姜齐贤一行到农场视察。

冬，场部从东寮村（现南亚热带作物研究所所部）迁往志满圩。

● **1958年**　6月16日，农场从内蒙古呼伦县特尼河牧场购回125头奶牛（三河奶牛）。

12月22日，召开"广东省国营湖光农场第二届职工代表大会"。

同月，农场首次向国家上缴利税295009元，成为湛江农垦局上缴利润最早、最多的农场。

本年，农场开展6次较大规模"除四害讲卫生"活动。职工发病率从1955年的23.9%降至13.5%，特别是疟疾发病率从1955年的2.9%降至0.05%，基本控制了疟疾的发生。

本年，农场原党委书记唐占甲调任黎明农场场长，由湛江专署农垦局分局共青团工委宣传部部长郭柏林任农场党委书记。

● **1959年**　3月12日，农垦部部长王震在湛江地委副书记、湛江农垦局局长陈文高陪同下视察农场，并亲自带来25只北京种鸭给农场饲养繁殖。

3月14日，农垦部部长王震给农场来信指示："为了将湖光农场建成一个现代化的示范畜牧农场，我们决定安排国家农业部畜牧局几名技术干部到农场参加劳动锻炼和工作，并调一些优良种畜到农场，由国家农垦部在事业费中直接给农场投资……"

同月，国务院副总理贺龙到农场视察工作，中国人民解放军第55军军长陈明仁、湛江农垦局局长陈文高陪同视察。

同月，农垦部的苏联顾问巴利索夫等一行到农场参观访问。

5月，场长陈介三调任广丰糖厂厂长，副场长王金昌任农场场长。

同月，郑洞国一行7人到农场参观。

同月，全国政协副主席蔡廷锴到农场进行社会调查。

5月18日，农垦部部长王震来湛江，到农场了解情况，动员农场种植木薯、番薯、香蕉等农作物和大力养猪、养"三鸟"（鸡、鸭、鹅）等，解决工人生活困难。

7月28—31日，召开"广东省国营湖光农场第三届职工代表大会"。

同月，越南民主共和国政府农业考察团到农场调研。

本年，农场吸收并妥善安置了当地农村并入农场及廉江河唇鹤地水库的农民、移民3699人。

本年，农场在奶牛场（原在一队）、三队、五队、六队、七队、九队、二队开办了7间初级小学，有在校学生546人，教师19人。

1960年

2月，农垦部部长王震到湛江市检查全国农垦工作会议筹备情况，其间到农场视察，指示湖光农场要搞"三化"（即机械化、电气化、自动化），为农场调来了"东方红"拖拉机6台，脱粒切割机、粉碎机各1台。

3月13日，召开"中共广东省国营湖光农场第二次党员代表大会"。

4月，农垦部部长王震、副部长萧克，新疆军区司令员陶峙岳、第55军长陈明仁一行到农场考察。

4月30日，越南共产党主席胡志明参观三队橡胶林段，陶铸、孟宪德陪同。

5月16日，农垦部部长王震在湛江地委副书记、湛江农垦局局长陈文高和农场领导穆振华陪同下视察三队，亲自过问职工生活，要求解决食堂抽水用电问题，到橡胶园察看橡胶中小苗生长情况。

6月4日，上级任命穆振华为农场党委书记。

12月，完成从湛江市郊湖光公社至场部3千米的电力高压线架设工程。

同月，农场响应湛江市委号召，自力更生种植粮食，获得大丰收，总产达69.24万千克，首次向国家上交31.63万千克，改变了吃国家统购粮的局面，实现了粮、油、肉、菜自给。此后，国家停止给农场供应商品粮。

本年，建成1座半机械化、可饲养500头种猪的猪舍，发展生猪养殖。

本年，全国农垦工作会议在湛江市召开。会议期间，王震视察了柳秀水库，何康、陈文高和场长王金昌陪同，同时来参观的还有1000多名与会代表。

本年，农场新建1座淀粉厂。

1961年

1月16日，中共中央政治局委员、国务院副总理贺龙在李贞（女）将军、著名音乐家贺绿汀、驻湛江第55军军长陈明仁、湛江农垦局局长陈文高等陪同下到农场视察。

2月12日，全国人大常委会副委员长郭沫若到农场视察工作。

4月，农垦部部长王震由湛江农垦局局长陈文高陪同到农场检查工作，指示要发展粮食生产，改造柳秀大垌积水地，水稻要搞一年三熟。

同月，农垦部部长王震带领20多人到农场视察，提出湖光农场要办成中国式现代化的国营农场，要以"一业为主，多种经营，综合发展"为方针，并到八队察看改锅灶工作。

5月21日，根据农垦部部长王震到农场检查时给农场作的指示，农场党委召开了扩大会议，制定了八项贯彻措施。

9月，召开"中共广东省国营湖光农场第三次党员代表大会"。

冬，广东省委书记陶铸到农场视察工作。

本年，农场推行"三包一奖"（包工、包产、包本、超产奖）制度到班组，实现土地、劳力、畜力及工具"四固定"，全场有13个生产队获奖，1735名职工受奖励。

1962年 1月1日，作家周立波、丁玲，画家华君武和全国佛教协会秘书长赵朴初到农场参观。

同月，国务院总理贺龙及其亲属在李贞（女）将军、贺绿汀、陈文高陪同下到农场视察。

春，农垦部部长王震、副部长萧克到农场视察工作，并赠送从日本引进的粳稻良种，在柳秀大垌视察时，指示要搞"亩吨粮试验田"。

1—6月，农场遭遇严重干旱，水源枯竭，水井干涸，职工积极投入抗旱抢种工作。

3月，广东省省长陈郁由湛江农垦局局长陈文高、副局长高自成陪同到农场视察。

4月4日，越南民主共和国杂粮考察团一行2人到农场参观。

秋，广东省军区政委宋维栻到农场参观。

12月，召开"广东省国营湖光农场第四届职工代表大会"。

1963年 2月13日，召开"中共广东省国营湖光农场第四次党代表大会"。

6月底，农垦部部长王震到农场视察，并向农场赠送矮脚高粱和玉米种子1袋。

10月，国家副主席董必武到农场考察三队橡胶园发展情况。

1964年 1月，农垦部部长王震到农场参加了职工代表大会，并在会上发表重要讲话。会后，参加下溪队田垌玉米种植劳动，号召职工搞试验田，还为农场题词"雷州立业，粤西生根"。

2—6月，农场职工投入抗旱抢种工作，出动汽车、拖拉机及牛车运水4万多车，平均每个工人挑水1000多担，浇灌作物2万亩。

4月，中共中南局秘书长李尔重在湛江农垦局局长陈文高陪同下到农场视察。

5月，农场开始修建柳秀水库，全年进行了四次大会战（星期天义务劳动）。

6月，召开"中共广东省国营湖光农场第五次党员代表大会"。

10月，中共湛江市委分别任命场长王金昌、党委书记穆振华为农场民兵团团长、政委。

秋，著名作家冰心（谢婉莹）到农场收集写作素材。

冬，农场开始改造志满大垌，将原来1100块大小不一、高低不平的田块改造成196块平整规范的田块。

本年，福州军区副司令员皮定均到农场参观。

本年，福州军区副司令员、中国人民解放军林业工程第二师原师长、华南垦殖总局副局长兼政治部主任邓克明到农场视察。

本年，著名数学家华罗庚到农场参观。

● **1965年**　3月，农场推行《关于改变国营农场经营管理制度的规定》（农垦十六条）。

3月5日，王震由湛江地委书记孟宪德等陪同到农场视察，并在农场职工代表大会上讲话，强调要关心群众生活，办好食堂。

同月，召开"广东省国营湖光农场第五届职工代表大会"。

5月，农场开办农业中学，实行半工半读模式，首批学生52人。

6月，农垦部副部长陈漫远到农场视察工作。

7月，农垦部部长王震、中国人民解放军少将李贞（女）在广东省省长陈郁、湛江农垦局局长陈文高陪同下到农场视察，王震指示要大种象草、发展养牛业。

8月，中共中南局第一书记陶铸等由湛江地委书记孟宪德陪同到农场视察。陶铸指示农场要进一步搞好多种经营、发展经济作物。

同月，召开"广东省国营湖光农场第六届职工代表大会"。

9月，中南局第二次国营农场工作会议在湛江市召开，农场场长王金昌在会上做"以橡胶为主，多种经营，实现粮油基本自给"的经验介绍。

同月，国务院副总理贺龙到农场视察。

● **1966 年** 春，越南农业部部长带领 10 名机械农牧培训班学员到农场学习。

2 月，召开"广东省国营湖光农场第七届职工代表大会第一次会议"。

3 月 3 日和 7 日，农垦部部长王震由湛江地委书记孟宪德、湛江农垦局局长陈文高陪同到农场视察，指示要争取实现经费、粮、油、肉、菜"五自给"，并用自己的工资在农场购买一头辛地红良种小牛，送给他本人的家乡。

3 月 3—8 日，召开"广东省国营湖光农场第六届职工代表大会第二次会议"。农垦部部长王震在职工代表大会上做重要讲话。

同月，农垦部部长王震从新疆抽调 1 吨玉米杂交种子给农场，并派技术员来传授玉米栽培技术。

4 月 6 日，根据农垦部部长王震的指示，农场在高州吸收了 203 名青年到农场工作。

5 月，由湛江农垦局设计，投资 27 万元在农场兴建的 1 座日产 3 吨的胶乳加工厂竣工。

6 月，中央书记处书记兼中央宣传部部长陶铸及区梦觉、林李明、李坚真、张根生、李子元等省部级领导到农场视察。

6—7 月，北京大学和华南农学院的越南留学生分两批到农场实习。

7 月 14 日，农垦部部长王震写信给到农场学习的湖南省前进人民公社的领导和青年同志们，勉励他们好好学习湖光农场"一业为主，多种经营"的形式及"艰苦奋斗，勇于开拓"的农垦精神。

9 月，吸收了 190 名吴川知青到农场工作。

同月，湛江市郊区两批 6000 名学员到农场参观大面积玉米高产样板田。

冬，湛江农垦局副局长张子元带领设计队 20 多人到农场搞多种经营规划。

本年，广东、广西、湖南、云南四省共两万余人前来参观。

本年，阿尔巴尼亚驻中国大使到农场参观。

● **1967 年** 2 月 28 日，由于"文化大革命"，湖光农场党、政公章暂时封存，当时使用的是"国营湖光农场无产阶级革命造反派联合兵团"印章。

● **1968 年** 7 月，成立湖光农场中学，招收新生四个班。

11 月，首批广州上山下乡知识青年 191 人到农场参加生产建设。

● 1969 年　4 月，广州军区生产建设兵团成立，农场改编为广州军区生产建设兵团第八师第十九团。生产队为连队，机关按司令部、政治处、后勤处、生产处改编。团长、政委、参谋长、政治处主任等均为现役军人。

9 月，第十九团建成一个每日压榨 5000 千克花生油的机械化榨油厂。

10 月 29 日—11 月 6 日，召开第十九团第一次活学活用毛泽东思想积极分子代表大会，选出 41 人出席广州军区生产建设兵团活学活用毛泽东思想积极分子代表大会。

● 1970 年　1 月 10 日，中国人民解放军广州军区生产建设兵团命令，任命吴荣福为第十九团团长，张孝谦为政治委员。

2 月，农场开展"一打三反"（打击现行反革命、反对铺张浪费、反对贪污盗窃、反对投机倒把）运动。

2 月 9 日，广州军区生产建设兵团决定，第十九团成立临时党委，吴荣福任党委书记。

5 月，第十九团在七连进行农田水利建设大会战。共挖渠道 1800 米，搬土方 1.1 万立方米。

6 月，第十九团接收 45 名汕头地区澄海县知识青年、25 名汕头市郊农村青年、30 名番禺市复退军人到农场工作。

9 月，原党委书记穆振华调任广州军区生产建设兵团第八师堵海指挥部任副指挥。

● 1971 年　1 月，第十九团在志满村西南南田进行农田改造第一期工程大会战。挖排灌沟 1.02 万米，筑田埂道路 1.06 万米，平整土地 240 亩，开引水渠 1500 米，共挖土石方 5.03 万立方米，将原来 389 亩低产田改造成稳产高产田。

3 月，召开中共第八师第十九团第一次党员代表大会（农场第六届党代会）。

6 月 28 日，遭受第 9 号台风袭击，20% 的橡胶开割树被吹断。

7 月，广州军区生产建设兵团常委决定，第十九团为对外开放单位，并成立对外开放领导小组，由王金昌任组长。

9 月，第十九团中学（湖光农场中学）首届高中毕业生毕业。

12 月 21 日，第十九团与热带作物加工研究所联合试验用绉片机制造颗粒橡胶，并采用振动流化床系统干燥的工艺。经过 8 个月的反复试验，获得成功，主要物理化学性能、技术指标达到一级烟胶片标准。

1972 年　4 月，广州军区司令员丁盛、政委任思忠到第十九团视察工作。

6 月，广州军区政治委员刘兴元来第十九团视察工作。

冬，第十九团在志满村西南南田进行农田改造第二期工程大会战，开荒 22 亩，平整田地 205 亩，挖掘搬运土方 3.31 万立方米、石方 1195 立方米。

本年，第十九团修配厂仿造出两台联合收割机。

1973 年　11 月 15 日，广州军区任命王金昌为第十九团团长兼政治委员，原 803 厂副团长于荣德调任第十九团副政治委员。免去邵春安的团长职务、张孝谦的政治委员职务。

本年，第十九团试验研究的水稻直播获得成功（从 1961 年开始试验），开始大面积推广种植。

1974 年　3 月，国务院副总理余秋里在湛江市委书记黄明德、广州军区生产建设兵团副司令陈文高陪同下到第十九团视察，在得知第十九团已实现粮、油、肉、菜"四自给"时连说："好，好，如果全国农场都像你们这样就好了。"

6 月，海南军区政委、革命委员会主任冯镜桥在湛江军分区政治部政委冯志仁陪同下到十九团视察。

9 月 2 日，经中共湛江地委批准，王金昌任湖光农场党委书记，刘明超任场长。

同月，根据国务院、中央军委关于兵团移交省委领导的决定（1974 年 6 月 26 日），撤销广州军区生产建设兵团建制，恢复农垦体制，成立广东省农垦总局，恢复广东省湛江农垦局，第十九团改为"广东省国营湖光农场"，隶属湛江农垦局。湛江市郊革命委员会副主任李昌贵到农场参加领导和恢复组建工作。

10 月，中共中央政治局委员、国务院副总理王震由农业部农垦司司长何康、广东省农垦总局副局长陈文高陪同到农场视察，并给农场送来澳大利亚大山羊、辛地红牛等一批良种畜。

12 月 18—27 日，农场在志满大垌进行农田基本建设大会战，共挖掘排灌水沟渠道 2.13 万米，修筑田埂 8938 米、田间公路 1900 米，挖掘、搬运土石方 7.91 万立方米，整改水田 1926 亩。

1975 年　1 月 8—20 日，农场开展农田水利建设第二期工程大会战。整治改造农田 376 亩，新建农田 201 亩，完成土石方 10.26 万立方米，建涵洞 43 座，架设渡槽 245 米。

2 月 4 日，国务院副总理王震来湛江主持召开燃料化工会议时，在湛江地委副书记黄明德、专员莫怀、广东省农垦总局副局长陈文高陪同下到农场视察工作，给农场带来了 4 对日本大白兔和英国青紫兰兔，察看了优秀队的橡胶林、志满大垌的水稻、农科所的良种牛，当天在农场礼堂接见了湛江农垦各农场的主要领导干部并做了讲话。

4 月，广州军区炮兵司令郝盛旺到农场参观。

夏，广东省委书记张根生、海南区党委书记罗天等由湛江地委书记邹瑜等陪同到农场视察。

本年，农场党委号召开展"一把米"活动。职工利用业余时间开荒扩种，为国家上交稻谷 17.5 吨、香茅叶 16 吨，种植橡胶树 22 万株，积肥 1700 万千克，建立高产田 490 亩。

● 1976 年　1 月 7—25 日，农场在"三板洋"实施农田整治建设大会战。完成了 1100 亩水田、坡地的农田整治和配套工程任务。总计挖掘搬运土石 36.18 万立方米，其中石方 1.4 万立方米。新建涵洞 81 座。

2 月 3 日，原场长刘明超调任胜利农场党委书记，花进有任农场场长。

同月，全国妇联主席康克清和曾志等到农场视察。

3 月 7 日，田普（许世友夫人）、何连芝（董必武夫人）、毛岸青（毛泽东之子）及其夫人邵华等到农场参观。

7 月 19—22 日，召开"中共广东省国营湖光农场第七次党员代表大会"。

同月，全国政协副主席王首道偕夫人到农场视察。

12 月，中央书记处书记谭政到农场视察。

本年，开展"三个一"（每人 50 千克瓜、50 千克杂粮、50 千克青饲料）的群众性业余大种饲料活动。全场职工向农场上交瓜类 41.65 吨、稻谷 15.95 吨、积肥 1400 吨、管理橡胶树 15 万株。

本年，农场被评为"广东省农业学大寨先进单位"。党委书记王金昌出席了第二次全国农业学大寨会议。

● 1977 年　1—5 月，遭受大旱，农场党委发出《关于紧急动员，全力以赴抗旱保苗的通知》，全场职工投入抗旱工作。

2 月，国务院副总理余秋里在湛江农垦局局长陈枫陪同下到农场视察。

6月，自1976年始开展水稻杂交优势利用研究工作，并取得了初步成果。先后向湛江地区各县、市提供种子8吨，其中湛江市郊2.65吨。

7月，原中国人民解放军总参谋长罗瑞卿大将、杨勇上将、杨成武上将等13人由广东省农垦总局副局长陈文高陪同到农场视察。

8月，场部建成1幢1176平方米的三层办公楼，铺设柏油马路450米。

同月，广东农垦工业学大庆会议在农场召开。党委书记王金昌在会议上做了题为《集体所有制向全民所有制过渡的一种好形式》的农村并入农场情况调查发言。

11月，51亩水田首次实现"亩吨田"，6个生产队383亩田实现了粮食"双跨纲要"。

本年，农场党委被湛江市委授予"先进党委"称号。

● **1978年** 3月9日，毛岸青、邵华（毛岸青夫人）及其儿子毛新宇到农场参观。

4月22日，联合国水利考察组一行21人由组长罗伯特·迪容率领到农场考察农田水利工程。

7月，广州军区副政委单印章到农场视察。

8月，中国人民解放军基建工程兵政委罗华生到农场参观。

12月21日，农场颁发《一九七九年奖励工资实施方案》草案。

本年，农场在柳秀分场东西面柳秀水库造田，共挖掘、搬运土石方73万立方米，造出水田600亩、鱼塘100亩。

● **1979年** 2月10日，胜利农场原党委书记刘明超调任农场党委书记。

同月，农场成立了"湖光农场工商联合企业"，成为广东垦区最早成立农工商联合企业的单位。

同月，广州市副市长朱森林在湛江农垦局局长陈枫陪同下到农场参观。

8月17—20日，召开"广东省国营湖光农场第八届职工代表大会第一次会议"。

10月，农垦部在农场召开天然橡胶生产会议，代表来自广东、广西、云南、福建四省，以及化工部、林业部、新闻界，共148人。会议由农垦部部长高扬主持。

本年，农场皮革制品厂建成投产。

本年，农场被湛江农垦局评为"科技先进单位"。

● **1980年** 2月3—11日，召开"广东省国营湖光农场第八届职工代表大会第二次会议"。

3月，成都军区副司令员王东保到农场参观。

6月6日，中国作家协会书记吴伯箫，著名作家秦兆阳、菡子及《上海文学》和《人民文学》主编等一行到农场参观采风。秦兆阳题诗一首："二十八年创业，曾经几度风波，而今恢复旧山河，英雄岂怕困难多。"

7月22日，第7号台风袭击农场，风力11～12级，15万株橡胶树被刮倒或打断，占全场橡胶树20%，其中受害的开割树达11万株，占受灾橡胶树总数的31%。

9月18日，召开"中共广东省国营湖光农场第八次党员代表大会"。

11月，农场实行科学种田，进行机械化生产，全年种植水稻3900.6亩，总产4536吨，种植面积和总产量均超历史最高水平。

● **1981年**　1月26日，召开"广东省国营湖光农场第九届职工代表大会第一次会议"。

同月，我国著名诗人、《诗刊》杂志主编严辰应农垦部邀请到农场采访，并题诗一首。

12月，召开"广东省国营湖光农场第九届职工代表大会第二次会议"。

本年，农场酒厂扩建厂房415平方米，年工业总产值18.58万元。

● **1982年**　2月2日，中央政治局委员、国务院副总理王震由农牧渔业部部长何康、湛江地委书记林若、专员黄明德、湛江农垦局局长张子元等陪同到农场视察。下午，在农场礼堂接见了湛江农垦局各单位的领导干部做了讲话，并合影留念。

春，农垦部生产局局长王再泉到农场疗养及考察。

3—5月，广东省农垦总局副局长王维带工作组到农场东桥队蹲点，调研生产，指导工作。

秋，广东省委书记任仲夷到农场视察。

12月6—9日，召开"广东省国营湖光农场第十届职工代表大会第一次会议"。

本年，农场汽水厂建成投产，总面积555平方米，年产值19万元，职工57人。

本年，农场水稻、甘蔗获得高产，被广东省农垦总局评为"先进单位"。

● **1983年**　3月18日，召开"广东省国营湖光农场第十届职工代表大会主席团扩大会议"。

同月，巴基斯坦驻华大使尤金一行 4 人在中国人民海军南海舰队田松副司令员陪同下到农场访问。

4 月 12 日，召开"广东省国营湖光农场第十届职工代表大会第二次全体会议"。场长花进有传达了中央政治局委员、国务院副总理王震对农场工副业、畜牧业生产、多种经营及大包干经营责任制、群众生活等方面的重要指示精神。

4 月 12—5 月 14 日，受国家农牧渔业部的委托，农场培训一期以哈森·拉吉为团长的 12 人桑给巴尔农业技术学习团。

6 月，经上级批准，曹继彬任农场场长。

6—7 月，巴基斯坦 200 多名海军军官分批到农场参观。

12 月，农场兴建的 1 幢 1006 平方米的三层科研人员住宅楼竣工。

同月，农场颁布《试办职工家庭小农场暂行办法》。

● **1984 年** 1 月 21—23 日，召开"广东省国营湖光农场第十届职工代表大会第三次会议"。

2 月 16 日，农场属下湖联信托贸易发展公司和深圳福龙居商场与珠海旅游公司签订了套购外汇协议书，珠海旅游公司汇给湖联信托公司款 3498 万元，被打着保定 86108 部队综合服务公司幌子的诈骗犯黄贵潮等人以购买粮食出口换取外汇的名义诈骗 3300 万元，造成特大经济诈骗案，使农场在政治、经济上受到极大损失和影响。

3 月 24 日，经湛江市人民政府同意，农场与湛江赤坎区人民政府联合经营组建"国营湛江赤垦农工商联合企业贸易总公司"。原场长花进有任董事长，赤坎区政府叶成就任董事。

4 月，农场投资 40 万元，其中职工捐款 1.7 万元，义务劳动用工 3658 人，建成一个 7800 平方米的游泳场。

同月，湛江农垦局党组决定在农场开展整党试点工作，农场党委决定在场部机关、直属单位、志满分场、商业服务公司、茶叶公司、畜牧公司、农机公司所属的 35 个党支部展开整党试点工作。

5 月 24 日，国际热带农业中心专家 3 人到农场考察。

6 月 18—21 日，湛江农垦局党委书记张子元和副局长周炳南带领 17 人组成的验收组，对农场企业整顿工作进行全面验收。农场经验收达到合格企业标准。10月，获广东省农垦总局颁发的"企业整顿合格证书"。

6月27日，中共中央政治局委员王震在北京住处会客厅亲切接见专程向他汇报工作的湛江农垦局副局长穆振华、农场党委书记刘明超、原场长花进有。刘明超汇报了家庭农场、橡胶制品厂等工作情况。

夏，全国政协副主席王首道到农场视察。

8月，广东省委书记习仲勋到农场视察。

同月，匈牙利政府农业代表团一行7人，在广东省农垦总局副局长杨兴坡、湛江农垦局副局长潘惠民陪同下到农场考察。

同月，农场在志满分场二队住宅楼后划出8640平方米土地给湛江郊区工商行政管理局建立农贸市场（土地归农场所有）。此后，由农场退休工人及当地农民在志满市场开展个体经商活动。

9月5日，第10号台风袭击农场，风力达到10～11级，农业生产受到较大的损失。

同月，经国家工商行政管理总局批准，农场与港商联营成立"湖光乡村俱乐部"。

12月1日，匈牙利全国国营农场联合总公司经理安德拉斯率领农业代表团5人到农场参观，国家农牧渔业部顾问刘铭西陪同。

12月17日，召开"广东省国营湖光农场第十一届职工代表大会第一次会议"。

同月，农场与湛江市赤坎区中华街道办事处联合经营食品调料综合公司。副场长王树品任董事长。

本年，农场投资兴建的1幢五层办公楼竣工，总面积1780平方米。

● **1985年** 6月7日，农场颁布《关于公建工住房折价卖个人的实施方案》，将基层单位公建职工住房折价卖给职工。

同月，农场投资45万元建起1座493平方米的保健饮料厂，并与广东省中医院进行技术合作，创制"维尔乐"高级保健饮料。广东省科学技术委员会在湖光疗养院通过"维尔乐"新产品鉴定，确认"维尔乐"是理想的新型高级保健饮料，符合国家标准。

11月，原场长曹继彬、原副场长（湖联信托公司经理）刘建辉涉嫌特大经济诈骗案被拘留审查。

本年，农场与湖南省茶叶研究所合作，由农场引进其机械技术进行机械化采茶试验，成为垦区最早实行机械采茶的农场。

● **1986 年** 1 月 6—8 日，召开"广东省国营湖光农场第十一届职工代表大会第二次会议"。

1 月 23 日—3 月，著名音乐家贺绿汀及上海民族乐团团长一行 4 人到农场采风。

6 月 7 日，泰国橡胶考察组一行 5 人到农场参观考察。

7 月 19 日，以科特迪瓦民主党政治局委员、工人联合会总书记阿迪权·尼昂凯一行 3 人，在广东省总工会副主席王爽陪同下到农场参观。

10 月 21 日，经上级批准，李中任农场场长。

12 月，农场年初开办的业余体校，为湛江市，广东省体校、体工队选送了 10 名体育苗子。

12 月，召开"广东省国营湖光农场第十二届职工代表大会第一次会议"。

本年，农场兴建的 1 幢 2550 平方米五层楼招待所竣工。

本年，农场被湛江市体委、总工会评为"湛江市社会企业办体育先进单位"。

● **1987 年** 1 月，农场全面推行以自费为主的"三自型"职工家庭农场。1500 多个家庭农场上了第一个阶梯，全部实行资金有偿占用；相当部分家庭农场上了第二个阶梯，实行了一定比例的自有资金投入经营。

2 月 19 日，挪威"皇家之星"旅游船 400 多名游客到农场参观。

6 月，"湛江市少年儿童游泳锦标赛"在农场举行。

同月，在粤西农垦局组织的"一九八七年农场茶厂劳动竞赛"检查评比中，农场茶厂以 89 分夺魁。

11 月 19 日，南华农场原场长黄德清调任农场场长。

12 月 21 日，经上级批准，党委书记刘明超改任巡视员，场长李中任农场党委书记。

12 月 25—27 日，召开"广东省国营湖光农场第十二届职工代表大会第二次会议"。

● **1988 年** 6 月，召开"中共广东省国营湖光农场第九次党员代表大会"。

8 月 15—19 日，"全国青年水球比赛"在农场举行。参赛的有 16 个省份的代表队共 264 名运动员及教练员，湛江水球队夺得冠军。

12 月 2 日，国家副主席王震在农业部部长何康、广东省委副书记谢非、湛江市委书记王冶、广东省农垦总局原副局长陈文高等陪同下到农场视察，接见了粤西农垦各单位的现职主要领导干部及离休干部，讲话并合影留念。

12月22—24日，召开"广东省国营湖光农场第十三届职工代表大会第一次会议"。

本年，农场茶厂生产的红碎茶被国家商业部评为"优质产品"，绿茶被广东省评为"优质产品"。

● 1989 年　8月23日，上级任命农场副场长黄锦访为农场党委书记。

12月18日，召开"广东省国营湖光农场第十三届职工代表大会第二次会议"。

本年，农场被中国农业银行湛江市分行评为"一级信用企业"。

● 1990 年　1月，湛江市委书记王冶、市长郑志辉、湛江地委原副书记黄明德到农场给干部、工人拜年。

4月，曾在中国人民解放军林业工程第二师工作的中国人民解放军海军原政委童国荣在湛江农垦局党委书记崔立竿、局长潘惠民、原党委书记刘宗斌陪同下到农场视察。

7月，广东省委副书记郭荣昌由广东省农垦总局局长关富胤陪同到农场视察。

同月，农场职工子弟在广东省运动会上获得金牌3枚、银牌5枚、铜牌3枚。

同月，农场第一小学1幢五层教学楼建成，总面积1609.17平方米。

同月，农业部农垦司副司长曾毓庄到农场考察甘蔗种植情况。

同月，农场橡胶制品厂通过TQC高滚动计划验收，成为广东省大中型企业全面质量管理达标单位。

12月17—19日，召开"广东省国营湖光农场第十四届职工代表大会第一次会议"。

本年，农场发动职工集资维修危房2万多平方米。

本年，农场橡胶制品厂生产的铝酸蓄电槽和食品罐头垫圈获广东省"优质产品"称号。

本年，农场茶厂获广东省经济委员会颁发的"TQC编者合格证书"。

本年，农场取得广东省农垦总局颁发的全面质量管理合格证书。

本年，农场的"茶树'密、速、短、高'栽培技术推广"项目获广东省农业技术推广三等奖。

● **1991 年**　3 月 27 日，湖北省人大常委会副主任、华中农学院院长、一级教授章文才到农场参观考察。

5 月 1—2 日，农业部农垦司司长孙泮棋一行 16 人到农场考察。

8 月 6 日，全场 461 名职工向华东水灾灾区捐款共 2.6 万元。

10 月 27—28 日，召开"广东省国营湖光农场第十四届职工代表大会第二次会议"。

本年，农场投资 27 万元办起了 400 门自动电话、小调频广播、机关直属闭路电视。

本年，农场 87 个党支部建立了"党员活动室"。

本年，"实施水稻生产机械化，提高劳动生产率"项目获农垦部农业技术推广三等奖。

● **1992 年**　1 月 2 日，粤西垦党建〔1999〕2 号文件转广东省总党委粤垦干字〔1991〕35 号文件批复，黄锦访同志任党委书记，黄德清任副书记。

1 月 9—11 日，遂溪县岭北镇调楼湾村、迈往村、西沟村、新村及岭北镇部分居民大肆砍伐农场高岭队橡胶树共 109.2 亩 1379 株，农场派出所及治安队赶赴现场制止。该事件造成直接经济损失 6.66 万元、间接经济损失 38.7 万元。

3 月 11 日，召开"广东省国营湖光农场 1991 年度先代会"，党委书记黄锦访做了题为《发扬成绩，戒骄戒躁，以优异的成绩迎接中共十四大的召开》讲话，会议表彰了 25 个先进集体、334 名先进生产（工作）者、108 名计划生育先进集体（个人）。

6 月，场长黄德清调任广东省农垦总局驻海口办事处主任，新华农场原场长黄治成调任农场场长。

9 月，由粤西农垦局主持、农场参与完成的"旱地糖蔗综合增产技术"项目获全国农牧渔业丰收奖二等奖。

12 月 23—24 日，召开"广东省国营湖光农场第十四届职工代表大会第三次会议"。黄治成场长做了题为《解放思想，抓住机遇，加快农场改革开放与经济建设的步伐》的工作报告。

本年，农场职工克服了旱灾和两次台风的袭击困难，夺取农业大丰收，其中干胶总产 1485.6 吨，水稻总产 3083.4 吨（亩产 770 千克），创造了建场以来的最高水平。

本年，农场被湛江市委、湛江市人民政府授予"文明单位"称号。

本年，农场的"云南大叶种密植茶园机械采茶技术研究"项目获湛江市科技进步二等奖。

● **1993 年**　1 月 18 日，召开"广东省国营湖光农场 1992 年度先代会"，党委书记黄锦访做了题为《解放思想，转变观念，同心同德，为加速湖光经济发展而努力奋斗》讲话。

同月，农场与日本商人村山溥一在湛江市工商局注册"湛江大和工业城有限公司"工商营业执照，在高阳分场十队合作经营"湛江大和工业城"项目，首期开发土地 100 亩。

同月，农场对机关、分场及生产队实行缩编、减员、定岗制度。其中，机关科室由原来的 19 个合并为 11 个，干部由 129 人压编为 66 人；分场干部由 42 人减员为 29 人；生产队干部由 141 人减为 84 人。

3 月 6 日，湛江农垦局原局长张子元、农垦局党委书记崔立竿由农场党委书记黄锦访、场长黄治成陪同察看农场林业生产。

同月，曹继彬被开除党籍，行政撤销一切职务；刘建辉被开除党籍，行政撤销一切职务。

5 月，经农垦局批准，李全森、陈建国被聘为农场副场长。

7 月 1 日，召开"七一"表彰大会，会议分别对为"两个文明建设"做出显著贡献的 22 个基层先进党组织、61 名优秀党员、13 名优秀党务工作者给予表彰。

同日，农场党委被湛江农垦局党委评为"先进党委"。

8 月，农场教育战线实行了全面改革，教育质量有了明显提高。场部中学考上大中专院校及重点学校的学生共 23 名。

9—11 月，农业部农垦司劳资处长谢洪均、财务处长高文杰率领林建明、潘兴云等到农场蹲点，调查了解农村经济发展和贯彻落实国家有关农村政策情况。

9 月 2 日，日本新闻社记者和日本商界人士、中国香港地区商界人士一行 10 多人组成新闻访问团到农场访问。

10 月 11 日，农场成立企业思想政治工作人员专业职务评定工作领导小组，党委书记黄锦访任组长。

10月19日，全国政协委员、全国绿委办公室副主任刘广运带领全国部门造林绿化检查团6人到农场监察造林绿化工作。

12月11—13日，召开"广东省国营湖光农场第十五届职工代表大会一次会议、第十三届工会会员代表大会"。场长黄治成做了题为《进一步解放思想，加大改革力度，加速农场经济发展》的工作报告。

本年，83个基层单位建立健全了"三室一场"（办公室、文化室、党工团活动室、篮球和排球场），活跃了职工文娱生活。

本年，农场发动职工群众集资维修住房1.5万平方米，确保了职工住房安全，规划"志满商宅地"120户，公开销售91户。

本年，农场的"云南大叶种密植茶园机械采茶技术研究"项目获广东省农业技术推广三等奖，"水稻高产栽培技术推广"项目获广东省农业技术推广二等奖，农场被广东省农垦总局评为"综合经济效益先进单位"。

● 1994 年

3月1日，广东省农垦总局在广州市广东农工商管理学院礼堂举行颁奖大会，农场党委书记黄锦访、场长黄治成分别获100克纯金奖章一枚。

3月3日，农业部农垦司热作处长郑文荣、工程师陈建波、项目办官员王树君到农场蹲点，调查了解农村经济发展情况和贯彻落实农业部有关农村政策情况。

3月5日，召开"广东省国营湖光农场第二届女职工代表大会"，女工委主任杨碧和做妇女工作报告。

4月11日，斯里兰卡种植业部部长加那地拉加一行及陪同人员14人到农场考察。

5月6日，召开"广东省国营湖光农场一九九三年度先代会"，党委书记黄锦访做了题为《发扬成绩，戒骄戒躁，勇于开拓，发愤图强》的工作报告。

6月7日，场长黄治成调任前进农场场长，党委书记黄锦访兼任场长。

7月1日，农场党委被湛江农垦局党委评为"先进党委"。

9—10月，农业部农垦司热作处长郑文荣、工程师陈建波到农场调查了解农村经济发展情况和贯彻落实农业部有关农村政策情况。

10月7日，湛江市市长庄礼祥、常务副市长谢鉴明等领导在农场党委书记、场长黄锦访陪同下视察农场乳制品厂、皮鞋厂。

10月20日，中外合作"湛江大和工业城有限公司"项目剪彩奠基，湛江市常委、麻章区委书记赵东花、区长潘那生等区领导、农场领导及外商代表到场。

12月23—24日，召开"广东省国营湖光农场第十五届职工代表大会二次会议"，党委书记、场长黄锦访做了题为《抓住机遇和优势，加大改革力度，促进经济全面发展》的工作报告。

本年，农场"'丰植灵'系列药物肥在农作物上应用技术"项目获湛江市科技进步奖，"'千亩吨谷田'高产栽培示范"项目通过农垦局的技术鉴定。

● 1995年　2月13日，召开"广东省国营湖光农场一九九四年度先代会"，党委书记黄锦访做了题为《发扬成绩，再接再厉，为建设湖光努力拼搏》的讲话。

3月8日，农场党委决定授予医院党支部书记刘杰和同志"见义勇为好党员"光荣称号。

4—5月，农业部农垦司劳资处处长孙克俭、热作处工程师吴祖坤到农场蹲点，调查了解农村经济发展情况和贯彻落实农业部有关农村政策情况。

7月1日，湛江农垦局、湛江市分别授予刘杰和"模范党员""优秀党员"荣誉符号。

7月12日，根据湛江农垦局扶贫工作会议精神，农场全场共向扶贫挂钩对象东升农场捐款10万元。

9—10月，农业部农垦司物资供销处处长胡立民、副处长杨培生、工程师吴祖坤同志到农场蹲点，调查了解农村经济发展情况和贯彻落实农业部有关农村政策情况。

11月1日，制定实施《广东省国营湖光农场全面实行劳动合同制实施办法》，第一批与农场签订劳动合同的职工达3948人。

12月23日，召开"广东省国营湖光农场第十五届职工代表大会三次会议"。党委书记、场长黄锦访做了题为《迎难而上　再造湖光优势　励精图治　促进经济发展》的工作报告。

12月，农场投资350万元兴建的占地1.9万平方米，建筑面积7200平方米，猪舍总面积1.6万平方米"万头猪场"投入使用。

本年，根据"湛江市菜篮子工程"要求，农场抓住有利的地缘优势，规划兴办了水产养殖基地、蔬菜基地、奶牛生产基地等。

本年，农场的"云南大叶种密植茶园机械采茶技术研究""'丰植灵'系列药物肥在农作物上应用技术""'千亩吨谷田'高产栽培示范"科研项目，分别获湛江农垦局科技进步二等奖和两个三等奖。

1996 年 2 月 28 日，经湛江农垦局党委批准（湛垦干字〔1996〕11 号），梁建辉、刘学华同志转任农场副场长，陈建国、李全森不再续聘为农场副场长。

3 月 6 日，农场颁布《关于表彰一九九五年度先进女职工小组、女职工工作积极分子、"五好"女职工的决定》。

3 月 17 日，农场党委决定，续聘陈建国为场长助理、林茂国为场长助理。

3 月，农场被广东省农垦集团公司评为"广东农垦一九九五年度综合经济效益先进企业"。

4 月 9 日，广东省农垦总局局长关富胤由湛江农垦局局长潘惠民和农场党委书记、场长黄锦访等陪同到农场视察工作。

4 月 11 日，农场决定组建湛江市高阳砖厂，实行独立核算、自主经营、自负盈亏。

4 月 15 日，召开"广东省国营湖光农场一九九五年度先代会"，党委书记、场长黄锦访同志做了题为《团结奋进，再创佳绩，重振湖光辉煌》的讲话。会议对新坡分场等 12 个先进集体、刘学华等 52 名先进工作者、廖金顺等 140 名先进生产者、吴公权等 5 名勤劳致富家庭农场、梁建辉等 33 名计划生育先进工作者给予通报表彰。

4 月 18 日，广东省副省长刘维明、广东省贸易委书记纪力清及湛江市领导在农场党委书记、场长黄锦访陪同下到农场视察湛江市菜篮子工程——"万头猪场"。

5 月，农场投资 150 多万元兴建的职工医院住院楼正式落成启用。

6 月 27 日，党委出台《关于表彰先进党组织、优秀党员和优秀党务工作者的决定》，全场 2 个先进党总支、10 个先进党支部、67 名优秀共产党员、10 名优秀党务工作者受到表彰。

7 月 19 日，农场调整普及法律常识领导小组，黄锦访同志任组长，梁建辉、罗昌盛、杜福坚、周碧同志任副组长。

9 月 9 日，第 15 号台风"莎莉"风力达 16 级，以每秒 56 米的速度袭击农场，近 2 万亩橡胶树折断，2600 亩香蕉损毁，1.4 万亩甘蔗倒伏，

3000多间房屋被掀顶，水、电、通信、交通全部瘫痪，直接经济损失达1.5亿元。

9月11日，广东省农垦集团公司副总经理赖诗仁到农场察看台风灾情。

9月15日，湛江市市长庄礼祥与省贸易委、市财办、市财政局、市物价局、市银行等单位领导10多人到农场察看遭受第15号台风袭击损失情况。

9月17—18日，农场党委就灾后工作部署和1997年经济发展战略等一系列重大问题，召开党委扩大会，会议提出了十条措施：一是认真抓好作物布局调整；二是落实农业新政策，进一步完善"两自费""四自理"承包责任制，鼓励职工加大自费投入；三是进一步抓好机构改革，完善管理体系；四是多渠道、多门路筹措资金，克服灾后困难，共渡难关；五是同舟共济，克服困难，全力以赴，抗灾自救，扭转台风造成的不利局面，争取早日恢复生产，恢复正常工作；六是全场动员苦战一百天，完成甘蔗种植9000亩任务；七是广泛开展增收节支活动，要树立艰苦奋斗、勤俭节约的思想，紧缩开支，杜绝浪费，保持朴素的生活作风；八是认真组织资金回笼，用活每一分钱；九是抓紧新项目的筹建工作；十是正确分析形势，振奋精神，开创经济发展新局面。

9月23日，湛江农垦局党委书记崔立竿、局长潘惠民带领班子成员和组织机关处（室）领导及各农场、单位的正职领导120多人到农场察看灾情后，在农场召开"湛江农垦抗灾复产恢复家园现场会"。

10月13日，农业部农垦局局长曾毓庄率领农垦局工作组到农场调研"抗灾复产重建家园"工作，广东省农垦集团公司副总经理张怡、湛江农垦集团公司党委书记崔立竿等陪同。

同月，农场被湛江市委、市政府授予"抗灾复产先进单位"。

12月6—14日，召开"广东省国营湖光农场第十六届职工代表、第十四届工会会员代表大会"。党委书记、场长黄锦访同志做了题为《同舟共济，共渡难关，夺取明年新胜利》的工作报告。大会通过了1997年经营管理方案等14个文件。

12月28日，召开"中共广东省国营湖光农场第十一次党代会"。选举产生新一届党委班子，选举黄锦访为党委书记、曾宪煌为党委副书记。

本年，广东省农办主任周炳南在湛江农垦局副局长巫开华、农场党委副书记曾宪煌，副场长陈和添等陪同下视察万头猪场。

本年，"橡胶炭疽病综合防治"科研项目获农业部科技进步二等奖；"大面积推广甘蔗良种与品种结构调整""香蕉组培苗繁育及反季节栽培技术推广""养猪自动食槽技术运用与推广"科研项目分别获得广东农垦总局科技进步一、二、三等奖；"水稻生产机械化，提高劳动生产率的研究""云南大叶种密植茶园机械化采茶技术研究"项目被编入《世界优秀科研成果精选》丛书。

1997 年　1 月 9 日，乳制品厂购置一台管道式挤奶机，投资 10 万元，一次 12 头奶牛同时挤奶，解决了几十年的手工挤奶操作方式，降低了劳动强度，提高了劳动效率。

1 月 21 日，国家绿委办公室主任刘广运到农场检查绿化工作，并题词"湖光山水好，农场更妖娆。"湛江农垦局副局长巫开华陪同检查。

2 月 3 日，农场被湛江农垦集团公司授予"湛江农垦抗灾复产先进单位"。

3 月 5 日，召开"国营湖光农场第三届女职工代表大会"，经投票产生出 13 位委员，并通报表彰九队等 10 个先进女工小组、许汝等 8 名优秀女工工作者、李桂明等 64 名"五好"女职工。

同月，农场被湛江农垦局安全生产委员会授予"1996 年度垦区安全生产"称号。

4 月 13 日，农业部农垦局副局长陈欣成一行 5 人在湛江农垦局党委书记崔立竿及农场党委书记、场长黄锦访陪同下，到农场考察抗灾复产情况。

5 月 6—10 日，组织男子篮球队参加"湛江农垦职工篮球 1997 回归杯比赛"，荣获第五名。

5 月 31 日，召开"广东省国营湖光农场 1996 年度先进工作（生产）者代表大会"，党委书记、场长黄锦访做了题为《发扬成绩，再接再厉，为发展湖光经济做出新贡献》的报告。

7 月 1 日，党委被湛江农垦集团公司党委评为"先进基层党委"。

7 月 21 日，党委印发《关于成立湖光农场依法治农场领导小组的通知》，黄锦访同志任组长，梁建辉、曾宪煌同志任副组长。

9 月 4 日，印发《关于认真抓好橡胶地改种甘蔗备耕工作的通知》。年内计划淘汰橡胶 7000 亩，改种甘蔗，同时把部分水田、香蕉地 2000 亩改种甘蔗；计划 1998 年扩种甘蔗面积 9000 亩，确保 1998 年全场甘蔗面积达到 4.2 万亩。

11 月 4 日，湛江市委领导一行到农场视察工作，农场党委书记黄锦访等场领导陪同。

12 月 20 日，召开"广东省国营湖光农场第十六届职工代表大会第二次会议"，党委书记、场长黄锦访做了题为《全面贯彻落实党的十五大精神，实现湖光经济快速发展和社会全面进步》的工作报告，会议审议通过《1998 年经营管理方案》等 17 个文件。

本年，"杜大长、皮大长、皮杜大长瘦肉型猪配套增产技术推广"项目获 1997 年度农业部丰收计划三等奖，"大面积推广甘蔗良种与品种结构调整"项目获湛江市科技进步二等奖，"橡胶橡胶树芽接树阴阳刀割胶技术推广应用"项目获湛江市农业技术推广二等奖，"仔猪培育综合配套技术推广应用"项目获湛江市农业技术推广二等奖，"香蕉组培苗繁育及反季节栽培技术推广"项目获湛江市农业技术推广三等奖。

● **1998 年** 3 月 20 日，湛江市委常委、麻章区委书记赵东花，湛江市政府副秘书长黄伯超一行到农场规划麻志路志满路段建设情况。

6 月 30 日，党委颁布《关于表彰先进党组织、优秀党员和优秀党务工作者的决定》，全场有 14 个先进党组织，64 名优秀党员和 11 名优秀党务工作者受到表彰。

7 月 1 日，农场党委被湛江农垦集团公司党委评为"先进党委"。

9 月，"湖光牌"牛奶饮品系列被湛江市技术监督局授予"产品质量连续五年抽检合格"称号。

9 月 25 日，召开"广东省国营湖光农场 1998 年度先代会"，党委书记黄锦访做了题为《发扬成绩　再接再厉　把湖光经济推向新台阶》的讲话。

12 月 25 日，召开"广东省国营湖光农场第十六届职工代表大会三次会议"，农场党委书记、场长黄锦访做了题为《高举邓小平理论伟大旗帜，争创新优势，开创新局面》的工作报告，大会通过了《1999 年经营管理》等 17 个文件。

本年，农场推行水稻机械化作业和适度规模经营，人均生产粮食 17131 千克，居于全省前列。

● **1999 年** 4 月，副场长刘学华任代理场长。

● **2000 年** 4 月，农场副场长梁建辉任场长。

5月19日，广东省农垦总局局长赖诗仁、副局长雷勇健在湛江农垦局党委书记崔立竿，局长陈剑锋等陪同下到农场检查工作。

同月，友好农场党委副书记、工会主席史良欣调任农场党委书记。

8月1日，中国台湾商人王金都在柳东队创办"湛江台湾金都农业发展公司"，承包1017.5亩地，种植台湾名优水果、花卉、风景树等。

11月1日，召开"广东省国营湖光农场第十七届职工代表大会二次会议"，场长梁建辉做了题为《总结经验 强化管理 深化改革 开创湖光工作新局面》的工作报告。

2001年 3月1日，农场组织5个清理组对所有土地进行"拉大网式"全面清理，全场共清理出计划外应收费土地11000多亩。

3月1日，召开"国营湖光农场第四届女职工代表大会"，女工委主任黄群珍做了题为《高举邓小平理论旗帜 团结动员女工为实现场"十五"计划目标努力奋斗》的工作报告，会议经投票产生新一届女工委员会，并通报表彰高阳队等10个先进女工小组、刘芳英等10名优秀女工工作者、邓锡芳等10户"五好"家庭、黄美英等54名岗位女能手、罗日莲等5位好警嫂。

7月25日，台风"玉兔"在湛江市硇洲镇登陆，正面袭击农场；7月27日，台风"榴莲"在湛江市东简镇登陆，农场风力达12级，农业受灾面积3.3万亩，其中甘蔗受灾面积3万亩、减产3万吨，水果受灾3000亩、减产4500吨。

11月5日，召开"广东省国营湖光农场第十七届职工代表大会三次会议"，场长梁建辉做了题为《深化改革 强化管理 苦练内功 迎接挑战》的工作报告，大会审议通过了《广东省国营湖光农场2002年经营管理方案》等9个文件。

本年，投资260万元新建一条玻璃瓶装巴氏消毒奶生产线，并正式投产。该生产线和CTP清洗系统均达到了国内同行先进水平。奶产品连续八年被湛江市质量技术监督局抽检合格，在湛江市赤坎、霞山区等地设立办事处，在五县四区设立销售点220个。

2002年 2月19日，湛江市副市长陈亚德视察农场，梁建辉场长陪同。

3月，农场正式撤销供电所，将原有电网和业务移交给湛江市供电公司农电公司统一管理，实现"两改一同价"，抄表收费到户，每年可减轻职工生活负担 78.6 万元。

6 月 1 日，美籍华人何卫星在东桥队承包 1119 亩地，创办"湛江市银河花卉园艺有限公司"，种植加工富贵竹，产品远销欧美国家。

12 月 11 日,召开"广东省国营湖光农场第十七届职工代表大会四次会议"。

本年，广东省农垦总局局长赖诗仁一行到农场检查工作，场长梁建辉、党委书记史良欣等陪同。

本年，以色列农业专家到农场考察农业开发，农场场长梁建辉、副场长张胜陪同。

本年，湛江火车西站建站及铁路建设、省道 374（平茶线）扩建项目征用农场土地 411 亩。

本年，农场实行危房改造工程，涉及 13 个生产队的危房 13 幢，共 120 间，住户 101 户；住房总面积 2044.1 平方米，伙房 92 平方米；总投资 835700 元，其中农场投资 468554 元，危房住户出资 367146 元。当年竣工的改建楼分别属于高阳队、里场队、七队、志满队、五队，共 5 幢，面积 999.5 平方米。

● **2003 年** 6 月 11 日，广东省农垦总局局长赖诗仁、副局长雷勇健等领导到农场调研。

本年，完成东风水库除险加固工程，投入资金 94.52 万元，加固土坝 1150 米，改建放水涵 50 米，改建溢洪道一宗。

● **2004 年** 2 月 25 日，湛江市委书记邓维龙、副书记李康寿到农场调研，由场长梁建辉、党委书记史良欣陪同调研。

4 月 22 日，广东省副省长李容根率农业调研组到农场调研，由场长梁建辉、党委书记史良欣陪同调研。

本年，农场被广东省农垦总局指定为首批 5 个广东省农垦中心小城镇重点建设单位之一，经两级农垦局批准，并委托湛江市城市规划设计院对场部小城镇做全面规划。

● **2005 年** 5 月 23 日，召开"广东省国营湖光农场第十八届职工代表大会二次会议"，场长梁建辉做了题为《贯彻两级工作会议精神，落实科学发展观，推进湖光事业向前发展》的工作报告，会议审议通过《2006 年湖光农场经营管理方案》等 11 个文件。

5 月 25 日，召开"广东省国营农场 2004 年度先进表彰大会"，授予五里分场等 11 个先进单位、高阳砖厂等 4 个单位为合同诚信单位（户）、康志文等 42 位同志为先进工作者、黄康在等 55 位同志为先进生产者。

6 月 20 日，农场党委被湛江农垦局评为"先进党委"。

7 月 4 日，农场第一小学拆除旧教学楼三层，新教学楼为五层，占地面积 900 平方米，总投资 70.5 万元。

8 月，农场投入 30 多万元，完成"场部小城镇总体规划"（规划图），通过广东省农垦总局组织的专家组评议审查，年底开始小城镇供水及地下排污主管道、道路改造等基础建设工程逐步启动。

本年，湛江市委书记徐少华等领导到农场医院检查精神疾病综合防治康复站工作，农场场长梁建辉、党委书记史良欣等陪同。农场职工医院在精神科的基础上，创办广东省第一家精神疾病综合防治康复医疗站，配备病床 250 张，每年收治湛江市区和周边乡镇病人 1200 人次。

本年，澳大利亚客商到农场考察洽谈奶牛养殖加工生产项目。

本年，广东省南亚热带科技园和湛江台湾农业合作试验区项目（落户农场境内），委托农业部农业规划设计院进行规划设计。

本年，柳秀水库应急度汛项目工程竣工，总投入资金 123.21 万元，加固坝体，修建防汛墙溢洪道和闸门。

2006 年

3 月 23 日，召开"广东省国营湖光农场第十八届职工代表三次会议"，场长梁建辉做了题为《全面树立和落实科学发展观，打造广东农垦现代示范农场》的工作报告，会议审议通过《2006 年湖光农场经营管理方案》等 9 个文件。

3 月，党委书记史良欣调任农垦实验中学党委书记，农场党委副书记、工会主席林国坚任党委书记。

4 月 24 日，广东省副省长李容根率省农业调研组一行到农场考察。

5 月 12 日，经国务院台湾事务办公室、农业部、商务部批准设立的"广东省湛江海峡两岸农业合作试验区"，在湖光农场境内台商经营的"金都农业发展有限公司"挂牌，广东省副省长李容根、广东省农业厅厅长谢悦新、国务院台湾事务办公室经济局副局长刘军川和广东省委台办副主任张科，湛江市市长陈耀光和市台办、湛江市农业局、湛江农垦局部分领导，以及农场领导和 35 名台商代表出席挂牌仪式。

7 月，"湛江火车西站物流中心"仓储建设项目由顺德天俊公司编写项目规划书并经论证，经广东省农垦总局、湛江农垦局批准由湖光农场和湛江恒力有限公司、湛江肯富公司三家共同投资兴建（2009 年更名为"粤广物流储备中心"）。

8 月，农场第一小学教学楼竣工，楼高五层，建筑面积 1365 平方米，投资 123.8 万元。

本年，3000 亩"土地异地开发项目"经省国土厅批复，前段准备工作已全部就绪，进入实际操作阶段。

本年，完成场内等级水泥公路项目建设，利用地方财政拨款和企业配套资金，建设 5 米宽、25.5 千米长的水泥路，从场部连接 20 多个基层单位。

本年，场部小城镇分别完成了 10 米宽的湖光大道、9 米宽的志满大道、7 米宽湖洋大道等 6 条主要道路建设，形成了三纵三横的交通格局。投资 90 多万元，完成了长达 1042 米的场部地下主排污管道铺设工程。投资 40 多万元，对场部 7 条主要街道进行绿化建设；投资 20 多万元，对场部主要道路铺设路边砖，两旁的人行道铺上红彩砖；投资 60 多万元，6 条主要街道安装路灯 120 盏。

本年，实施场部移民小区建设工程，建起了占地 43779 平方米，实施"一通一平"工程，水泥路、绿化和路灯配套建设的场部移民新区，成为湛江农垦水库移民危房改造示范点和广东农垦安居工程会议参观点。

● **2007 年**　4 月 25 日，召开"广东省国营湖光农场第十八届职工代表大会四次会议"，场长梁建辉做了题为《围绕发展总目标，落实科学发展观，扎实推进新农场建设》的工作报告，会议审议通过《湖光农场经营管理方案》等 14 个文件。

6 月 5 日，落户麻章区的粤西首家大型乳制品加工项目——湛江燕塘乳业公司正式投产，农场是其股份之一。

6 月 9—10 日，广东省台湾事务办公室领导到"湛江海峡两岸农业合作试验区核心区"（农场境内）调研。

7 月，湛江市市长陈耀光、副市长陈亚德及湛江农垦局领导等由农场场长梁建辉陪同到农场九队"湛江南国热带花卉科技园"项目现场办公。

10 月，南国花卉科技园与农场签订用地协议，正式落户农场高阳分场，是湛江海峡两岸农业合作项目，也是粤台交流合作的重要平台，坐落于广东湛江台湾农业合作试验区核心区内，规划建设总面积 6600 亩。

9 月 11 日，广东省农垦总局在湛江垦区南华农场召开"广东农垦安居工程工作会议"期间，广东省农垦总局党委书记赖诗仁、局长陈少平、副局长雷勇健率领与会的各农垦局、农场领导参观农场场部水库移民危房改造第一小区。

11 月 15 日，农业部副部长高鸿宾、广东省农垦总局党组书记赖诗仁和局长雷勇健及湛江农垦局领导在场长梁建辉、党委书记林国坚陪同下视察农场水库移民危房改造工作。

本年，占地 3000 亩的农业部"南亚热带良种繁育中心"项目、湛江市重点农业项目——湛江南国花卉科技园在高阳分场动工建设。

本年，调整机关机构，将原有科室合并为"五部一室一工会"，将 60 多名工作人员减少为 30 多人，将 6 个分场核减为 4 个分场，实行生产队合并，将 3～4 个管理人员核减为 2 人。

● 2008 年 1 月 1 日，农场与湛江市高新花卉发展有限公司签订的承包九队 1133.17 亩土地经营"南国花卉园科技园"项目正式实施，经营期 19 年，经营项目为花卉、园艺、农业观光旅游等。

3 月 28 日，召开"广东省国营湖光农场第十九届职工代表大会一次会议"，场长梁建辉做了题为《以实现和谐效益为目标，争当农垦科学发展排头兵》的工作报告；会议审议通过《湖光农场 2008 年经营管理方案》等 6 个文件。

10 月，广东省农垦总局局长赖诗仁、总经理雷勇健和湛江农垦局领导等一行到农场检查指导农场场部小城镇建设，场长梁建辉陪同检查。

● 2009 年 3 月 1 日，中国香港利苑集团公司商人陈树杰在红桥队成立"湛江利苑农业发展有限公司"，建设占地 300 亩生态养殖场。

6 月 24 日，湛江市政府与广东省农垦总局签署《关于加强地方与农垦合作发展框架协议》，重点合作开发农场片区，建设省级大型产业转移工业园、全国重要花卉基地、农业观光休闲旅游目的地、职业教育基地和湛江市新组团。

10 月 27 日，农场被国务院第二次全国经济普查领导小组授予"第二次全国经济普查先进集体"称号。

本年，湛江市副市长伍杰忠到农场视察南国花卉科技园蝴蝶兰种植情况，农场场长梁建辉陪同。

● **2010 年**

1 月，广东省农垦总局与湛江市签署《关于加强地方与农垦合作发展框架协议》，农场纳入垦地资源优势互补互利共赢、合作发展首批试点单位。

2 月 3 日，湛江海峡两岸农业合作试验区湖光中心区服务中心楼，建筑面积 6100 平方米，楼高六层，投资 8732119.54 万元，经湛江市招投标中心招标，由湛江市廉江建安工程公司中标动工兴建。

3 月 25 日，召开"广东省国营湖光农场第十九届职工代表大会三次会议"，场长梁建辉做了题为《抢抓机遇，苦干兴场，争当垦区科学发展排头兵》的工作报告；会议审议通过《国营湖光农场 2010 年经营管理方案》等 12 个文件。

4 月，湛江市市长阮日生一行到农场调研小城镇规划建设情况，农场场长梁建辉陪同调研。

7 月 22 日，台风"灿都"在广东吴川市沿海登陆，风力 12 级，农场农业受灾面积 4.011 万亩。其中，粮食受灾 2670 亩，减产 267 吨；甘蔗受灾 2.8 万亩，减产 2.8 万吨；水果受灾 6450 亩，减产 9068 吨，失收面积 2970 亩。

8 月，"甘蔗螟虫性诱迷向技术产业化研究及推广应用"项目获 2009 年度广东省农业技术推广二等奖。

9 月 27 日，湛江市委书记陈耀光，市委常委、秘书长麦教猛、市人大常委会副主任刘菊，市政协副主席林冠棠等率市直属部门人员到农场调研。

11 月，广东省火炬农场党委书记吴登孟调任农场场长、党委副书记。

12 月 25 日，湛江市在农场选址建设湛江市职业教育基地举行奠基仪式。本年，完成五里水库除险加固工程，总投入 176.77 万元，土坝加高增厚，新建溢洪道、涵闸和水闸，新建管理房。

● **2011 年**

2 月，东升农场党委原书记吴忠培调任农场党委书记，农场原党委书记林国坚调任湛江农垦广前糖业有限公司党委书记。

3 月 16 日，湛江农垦召开老红军、湛江农垦局原局长、广东省农垦总局原副局长陈文高"百岁纪念会"，部分老领导及其家人到农场参加座谈会。

4 月 1 日，召开"湖光农场第十九届职工代表大会第四次会议"，场长吴登孟做工作报告。

4月6日，湛江职业教育基地工作会议在农场召开，职教基地工作组进驻农场，着手进行职教基地第一期600亩用地地上附着物及青苗清理赔偿工作。市政府秘书长马贵主持会议并讲话，湛江农垦局副局长宫玉林、市教育局局长林涛、麻章区副区长庄林娟、遂溪县副县长梁亚雄、农场场长吴登孟、职教基地指挥部成员和有关镇负责人参加会议。

5月7日，辽宁盘锦市农垦局副局长刘伟带团到农场考察职工危房改造情况。湛江农垦局党组副书记、副局长欧阳艳、工会主席周通、农场领导吴登孟和吴忠培等陪同考察。

5月10日，湛江市麻章区人大常委会常务副主任陈晓光带队到农场开展人大代表活动会，在农场设立人大代表活动中心，中心代表组组长由场长吴登孟担任。

5月22日，农业部农垦局副局长彭剑良到农场调研，广东省农垦总局局长雷勇健、湛江农垦局领导、农场领导吴登孟等陪同。

6月28日，麻章区委副书记、政法委书记梁建辉到农场慰问困难老党员，农场领导吴登孟和吴忠培等陪同慰问。

8月9日，农场与湛江市麻章区人民法院共建无诉讼社区揭牌仪式在场举行，麻章区委副书记、政法委书记梁建辉、法院副院长陈福、检察院副院长李凡帆、农场领导吴登孟和吴忠培等出席。

8月16日，召开防御台风"启德"紧急会议，农场领导吴登孟和吴忠培等、各二级单位负责人、各机关科室负责人等33人参加会议。

8月31日，农场"社区管理委员会"举行揭牌仪式，农场领导吴登孟、吴忠培等出席。

同月，"测土配方施肥在旱坡地甘蔗上应用"项目获得2008—2011年度湛江农垦成果一等奖。

11月6日，小型农田水利设施项目工程竣工，投资132.3万元，在五队、柳东队、高阳队建立2000亩现代农业节水灌溉示范区，铺设PVC管2.45万米、滴灌带118米。

11月17日，国土资源部副部长王世元到七队调研甘蔗生产情况。

12月6日，兴建于2010年3月的湛江海峡两岸农业合作试验区湖光中心区服务中心楼（办公大楼）竣工，配套湖光广场和后花园，投资500多万元，占地 28000 平方米，一同落成投入使用。

本年，制定《湖光农场"十二五"土地开发利用总体规划》，规定合理利用土地资源。

本年，制定《湖光农场土地被征用补偿资金使用管理和失去岗位职工安置暂行办法》，成立土地开发利用领导小组，设置 6 个工作小组。

● **2012 年**　2 月 28 日，召开"广东省国营湖光农场第二十届职工代表大会一次会议"，场长吴登孟做了题为《励精图治，同心协力，全力打造南国城市后花园》的工作报告，会议审议通过《湖光农场 2012 年经营管理方案》等 12 个文件。

4 月 18 日，湛江农垦局工会组织的"常见疾病的预防和养生保健知识讲座"在农场举办，座谈会由工会副主席何维主持，邀请了湛江农垦中心医院张宗平院长、龙家衡主任给中老年人讲授常见疾病防治及养生保健知识，农场老年人 80 多人现场听取讲座。

6 月 4—5 日，广西农垦人教处处长黄河带领考察团到农场考察学习，湛江农垦总经理助理、人事政工处处长梁超平和副处长常永久、农场领导吴忠培等陪同考察。

6 月 29 日，召开农场"纪念建党 91 周年表彰暨政工大会"，表彰 8 个先进党组织，56 名优秀共产党员，7 名优秀党务工作者。

8 月 17 日，台风"启德"在湛江硇洲镇登陆，风力 13 级，造成湖光农场农业受灾面积 3.72 万亩。其中，粮食受灾 3270 亩，减产 298 吨；甘蔗受灾 2.61 万亩，减产 3.1 万吨；水果受灾 5415 亩，减产 1.54 万吨，绝收面积 2445 亩。

10 月 14 日，农场职工医院综合楼工程竣工，建筑面积 1668.2 平方米，楼高五层。

同月，广东广垦农机服务有限公司原董事长赖荣光调任农场场长（法定代表人）、党委副书记，农场原场长吴登孟调任广东省丰收糖业发展有限公司党委书记、副董事长。

12 月 14 日，湛江市市长王中丙到农场调研职工危房改造工作。

12 月 21 日，湛江农垦局在农场召开"垦区甘蔗滴灌现场会"，副局长何时盛、总经理助理梁超平及各农场、公司负责人、分管领导 100 多人参加现场会。

12 月 27 日，湛江农垦局副局长郑平带领财务、纪检、办公室等检查组到农场进行 2012 年度综合工作检查。

12 月 28 日，召开中共十八大"百日防护期"信访维稳工作总结表彰会，表彰奖励 5 个先进集体、13 名先进个人。

同月，小型农田水利设施工程竣工，投资 160.24 万元，建设 800 亩节水灌溉示范区，铺设 3200 亩地面滴管。

本年，农场实施"创建万亩甘蔗高产示范区"项目。项目面积 1 万亩，包括五队、柳秀村队等 9 个生产队，其中五队 1000 亩规划为核心区，主要推广和实施了甘蔗良种良法、测土配方施肥、甘蔗生产全程机械化、高效节水灌溉、病虫害生物防治等技术措施，大力推广甘蔗健康种苗和特早熟高产高糖品种，大力推广高产栽培技术措施，加强职工生产技能培训和实现科学田间管理。

本年，广东省、湛江市重点项目拆迁征地工作铺开，主要涉及湛江海湾大桥西连线道路、湛江职业教育基地、粤广物流中心、广东广垦机械一厂新厂址 500 亩征地，以及湛江公安局中心看守所 360 亩、湛江市司法局戒毒所 360 亩、湛江市消防局培训中心 29 亩征地的青苗（附着物）赔偿和搬迁工作。

本年，红卫水库除险加固工程竣工，总投入资金 93.5 万元，坝体加固 600 米，维修管道式放水涵，重建溢洪道，新建水库管理房。

● **2013 年**　1 月 18 日，召开"广东省湖光农场第二十届职工代表大会第二次会议"，场长赖荣光做了题为《真抓实干，开启"两个率先"新征程，建设美好新湖光》的工作报告；会议审议通过《湖光农场 2013 年经营管理方案》等 13 个文件。

1 月 22 日，湛江农垦局副局长郑平到农场慰问困难职工，农场领导赖荣光、吴忠培等参加慰问。

3 月 12 日，广东省农垦总局副局长吕林汉、有关处室负责人，湛江农垦局副处以上领导到农场环场道路植树绿化，农场领导班子成员、机关全体干部 150 多人参加植树。

3 月 17 日，湛江市政府残工委副主任、残联理事长陈晓霞率领各区县残联领导干部到农场职工医院残疾人康复园检查工作，农场领导廖华全等陪同。

4月，根据湛江农垦集团公司批复（湛垦字〔2013〕41号文），"广东省国营湖光农场"改名为"广东省湖光农场"。

5月，湛江农垦湖光中学宿舍楼项目竣工，建筑面积2168.24平方米，楼高五层，总投资433.06万元。

7月，广东农垦总局局长雷勇健，湛江农垦局领导到农场视察指导工作。

11月，农场成立社区管理委员会，设立13个基层居民社区管理委员会，统筹管理场内社会事务，更好地服务场内职工居民。

本年，职工危房改造场部机关住宅小区138户，以两层半别墅式小楼房模式建设，完成排污管道铺设，完成建设计划的80％。

本年，投资25万元，实施十队办公楼建设，被麻章区树为"工作扎实，突出亮点，成绩显著"的典型。

● **2014年**　1月，农场中学教学楼工程竣工（2012年动工），建筑面积3808平方米，四层半，总投资822万元。

4月，农场场部湖秀公寓楼竣工（2011年开始动工），项目含公寓楼4幢，每幢十三层，工程总投资3795.79万元，总户数138户。

5月6日，湛江市市长王中丙到农场视察生态农业建设。并主持召开垦地合作联席第一次会议。

6月17日，副省长邓海光到农场视察指导工作。

7月18日，受台风"威马逊"（风力17级）、台风"海鸥"（风力13级）和大暴雨袭击，农业受灾面积3.25万亩。其中，粮食受灾2700亩，减产430吨；油料受灾180亩，减产45吨；甘蔗受灾2.31万亩，减产2.31万吨；水果受灾6525亩，减产1650吨。

9月12日，中信房地产股份公司副总裁林竹，中信地产广州公司董事长刘裕兴一行18人到农场考察。

10月，农场完成覆盖35个居民点安全饮水工程建设并通过验收，项目总投资708万元，新建水塔12座，打机井9眼，安装水泵20台，铺设管道50140米，其中财政资金453.3万元，农场自筹254.7万元。

11月，广东省丰收糖业发展有限公司原董事长、总经理万发任广东省湛江农垦集团公司总经理助理，兼任湖光农场场长（法定代表人）、党委副书记；农场原场长赖荣光调任广东省东方剑麻集团有限公司党委书记、副董事长。

11月27日，农场小型农田水利设施项目竣工，完成五队、柳东队、柳秀茶队、七星岭队PVC管道铺设1.68万米、微喷滴管8.19万米，配置简易配肥机25套，实施面积2500亩。

12月9日，召开"广东省湖光农场第二十届职工代表大会第四次会议"，场长万发做了题为《排除困难　务实创新　扎实推进农场经济社会发展再上新台阶》的工作报告；大会审议通过《湖光农场2015年经营管理方案》等14个文件。

12月18日，柳秀水库除险加固工程竣工，总投入资金90.03万元，加固坝体268.9米，新建挡土墙57米、放水涵1座、溢洪道护坡89米、台阶2个、水闸栅栏1个，清理排水沟2.1千米。

● 2015年　1月12日，"基于农业物联网的智慧大田远程监控信息系统研究与推广"应用项目获广东省农业技术推广2013年度三等奖。

2月11日，召开奖学奖教颁奖大会，对2014年度考上本科、大专院校、市重点中学的49名职工子弟学生和19名优秀任课教师给予奖励。

6月3日，湛江市市长王中丙到农场调研，并主持召开湛江市垦地合作联席会第二次会议，湛江农垦局副局长宫玉林等陪同调研。

6月24日，湛江农垦局副局长宫玉林出席农场"三严三实"（既严以修身、严以用权、严以律己，又谋事要实、创业要实、做人要实）教育动员大会并讲话，率队到八队慰问困难党员陈元庆，同时调研指导自营经济发展，集团公司总经理助理兼农场场长万发和办公室负责人刘万顺、喻天宏、李恩光等参加调研。

8月，志满派出所办公楼工程竣工（2013年7月动工），项目总投资165.96万元，建筑面积1090平方米，楼高四层。

9月23日，湛江农垦践行社会主义核心价值观巡回报告会走进农场，全场干部200多人现场听取报告。

10月4日，台风"彩虹"在湛江坡头区登陆，风力15级，农场农业受灾面积3.7万亩。其中，粮食受灾5700亩，减产650吨；油料受灾225亩，减产53吨；甘蔗受灾2.13万亩，减产2.13万吨；水果受灾9855亩，减产1500吨。供电和通信线路受损50.75千米，房屋被掀顶28468平方米，玻璃门窗损坏6313平方米，直接经济损失9928万元。

12月18日，召开广东省湖光农场第二十一届职工代表大会第一次会议，场长万发做了题为《坚定信心　攻坚克难　推动农场经济社会平稳健康发展》的工作报告；大会审议通过《湖光农场 2016 年经营管理方案》等17 个文件。

本年，广东农工商职业技术学院、湖光农场共同完成的"基于农业物联网智慧大田远程监控信息系统研究与推广应用"项目获广东省农业技术推广三等奖。

● **2016 年**　3 月，农场党委原书记吴忠培调任东方红农场党委书记。

4 月，广东省晨光农场原场长（法定代表人）、党委书记陈悦调任农场常务副场长、法定代表人。万发不再担任农场场长（法定代表人）、党委副书记职务。

5 月 18 日，召开"两学一做"（学党章党规、学系列讲话、做合格党员）学习教育动员大会。

6 月 21 日，中共麻章区委书记高诚苗带领职能部门负责人到湖光农场调研，农场党委副书记、常务副场长、法定代表人陈悦等农场领导参加调研。

6 月 22 日，朱德外孙刘建将军在湛江农垦集团公司（农垦局）党组成员、纪检组组长梁超平，办公室副主任喻天宏，农场党委副书记、常务副场长、法定代表人陈悦等陪同走访 1957 年 1 月朱德视察时的湖光农场场部所在地（现为华南亚热带作物研究所所部和广东省农工商学校运动场北面），回忆先辈创业的激情岁月。

6 月 24 日，湖光农场社会体育指导队参加在韶关市百年东街广场举办的"第三届广东省社会体育指导员健身技能展示大赛"，荣获集体项目二等奖、体育道德风尚奖。

7 月 13 日，湛江农垦局副局长宫玉林到农场讲党课，湛江农垦局办公室副主任李恩光，农场领导班子成员及各单位党政领导，科研所、广前公司、广垦农机、碧丽华公司等 5 个单位党委主要负责人、部分领导干部近 200 人到会听课。

7 月 21 日，麻章区委副书记、政法委书记黄大庆和麻章区政府副区长柯召带领麻章区法院、公安局、信访局、规划局、建设局、交通局、国土资源局等 17 个职能部门负责人到农场现场办公，协调解决存在问题，农场领导陈悦、全由章等及各科室负责人等 40 多人参加会议。

9月8日，湛江农垦局副局长郑平到农场慰问困难退休教师，农场领导陈悦等陪同。

9月20日，农业部农垦局副局长彭剑良、广东省农垦总局党组书记陈少平、湛江农垦局副局长宫玉林等领导到农场考察，农场常务副场长陈悦陪同。

10月15日，湛江农垦局副局长宫玉林带领农垦局机关党支部成员探望农场困难学生钟志强及其家人。

同月，南华农场副场长梁文彩调任农场党委书记。

11月9日，湛江农垦局副局长黄香武到农场检查甘蔗生产情况，农场领导陈悦等陪同。

11月29日，湖光农场举办中共十八届六中全会宣讲报告会，邀请广东海洋大学教授张建刚做专题讲座。党委书记梁文彩主持会议，农场领导班子成员、机关全体干部、基层单位党政领导共200多人聆听讲座。

12月11日，召开"广东省湖光农场第二十一届职工代表大会第二次会议"，场长陈悦做了题为《抓住机遇 整合优势 推动一二三产业融合发展》的工作报告；大会审议通过《湖光农场2017年经营管理方案》等方案、规定的15个文件，共193个代表参加大会。

12月14日，湛江市公安局党委副书记兼副局长杨国光、市消防局防火处处长曹刚、麻章区副区长兼公安局局长钟勇等到农场检查年终消防安全工作，农场领导陈悦、梁文彩等陪同。

12月22日，湛江农垦局副局长黄香武、生产科技处副处长陈剑豪，广垦糖业公司总经理陈士伟到农场视察甘蔗砍蔗和运输工作。农场领导陈悦、梁文彩等陪同。

12月26日，麻章区委副书记、政法委书记黄大庆到农场检查综合治理年终工作，农场领导陈悦、梁文彩等陪同。

● **2017年** 1月18日，湛江农垦局党组书记、局长蔡亦农和宣传处负责人吴阁玮到农场慰问抗战老兵、困难党员，农场领导陈悦、梁文彩、吴小东等陪同。

3月1—3日，农场组织机关全体干部60多人到五队义务砍蔗。

3月14日，农场领导陈悦、梁文彩等带领机关全体干部70多人到谭河队义务植树造绿。

3月21日，中共麻章区委书记符贤率区委办、公安局、国土局、规划局、发改局等部门负责人到农场调研地方与农场合作事项推进情况，农场领导陈悦、梁文彩等参加会议。

3月30日，召开"中共广东湖光农场第十四次党员代表大会"，党委书记梁文彩做工作报告，常务副场长陈悦主持会议并作总结讲话。全场109名党员代表参加会议。

5月10日，召开党建工作会议。党委书记梁文彩主持会议，常务副场长陈悦做报告，农场领导班子成员、机关全体干部、学校、医院和基层党政领导逾220人参加会议。

7月14日，湛江农垦局副局长宫玉林到农场上党课。

7月19日，广东省农垦集团公司（总局）党组书记、董事长（局长）陈少平，广东省农垦总局副局长、湛江农垦局党组书记、局长蔡亦农，以及湛江农垦局副局长宫玉林、马哲一行到农场调研，农场领导陈悦、梁文彩等陪同。

7月26日，广东省农垦集团公司（总局）党组副书记、总经理（副局长）支光南，广东省农垦总局副局长、湛江农垦局党组书记、局长蔡亦农到农场调研，农场领导陈悦等陪同调研。

7月27日，广东省农垦总局党组副书记、总经理支光南到湖光农场调研，湛江农垦局副局长宫玉林、农场领导陈悦等陪同调研。

8月12日，召开农场基础教育移交稳定工作会议，农场领导陈悦、梁文彩等参加。

8月14日，湛江农垦集团公司（农垦局）党组书记、副总经理（副局长）郝爱剑到农场调研基础教育移交教师参加考试动员情况，农场领导陈悦、梁文彩等参加座谈。

同日，召开农场基础教育移交工作会议，农场领导陈悦、梁文彩等参加。

8月15日，湛江农垦集团公司董事长（局长）蔡亦农出席湖光农场基础教育移交教师参加动员会，集团公司国土处长梁永佳和农场领导陈悦、梁文彩等参加会议。

8月18日，农场领导班子成员、机关全体干部共60多人到八队开展环境卫生整治运动。

8月22日，召开"湖光农场2017跨2018年榨季总结暨表彰先进会"，农场领导陈悦、梁文彩等出席。

同日，召开巡视整改暨全面彻底肃清李嘉、万庆良的恶劣影响专题民主生活会，湛江农垦集团公司纪检组组长梁超平到会指导，农场领导陈悦、梁文彩等参加会议。

8月24日，湛江农垦集团公司（农垦局）党组书记、副总经理（副局长）郝爱剑和集团公司办公室主任喻天宏一行到农场调研，农场领导陈悦、梁文彩陪同。

9月，常务副场长陈悦任农场场长、法定代表人。

9月23日，湛江农垦局在湖光农场举行湛江农垦廉洁齐家巡回演讲会，湛江农垦局纪检组长梁超平和农场领导陈悦、梁文彩等出席会议，农场机关全体干部、基层党政领导210多人观看演讲。

10月9日，湛江农垦局副局长马哲到农场视察指导工作，农场领导陈悦、梁文彩等陪同。

10月16日，湛江农垦局副局长马哲到农场指导防御台风工作，农场领导陈悦陪同。

10月22日，麻章区公安局局长钟勇到农场调研维稳工作，农场领导陈悦、梁文彩等陪同。

同日，湛江农垦集团公司（农垦局）党组书记、副总经理（副局长）郝爱剑和副局长宫玉林、办公室主任喻天宏到农场调研，农场领导陈悦、梁文彩陪同。

11月3日，广东省农垦总局社会事业管理处处长江英到农场调研社区管理工作，湛江农垦局纪检组组长梁超平和农场领导陈悦、梁文彩等陪同。

本年，完成柳秀水库除险加固工程，投入资金142.46万元，加固排洪渠264.65米，清淤引水渠105米，修复道路462平方米，增加清淤及清理水浮莲612米。

● **2018年** 3月，农场被列入湛江农垦社区管理和服务创新试点单位。建设的社区服务中心综合楼竣工（2017年动工），投入"一事一议建设项目"资金330万元，占地面积557.9平方米，楼高三层，配套广场1200平方米。

4月，根据广东省农垦总局的要求，调整农场党委书记为法定代表人，陈悦为党委书记、法定代表人，梁文彩为场长兼党委副书记。

同月，原场长梁文彩调任南华农场场长。

5月31日，农业农村部农垦局副巡视员路亚洲一行到农场检查柳秀水库安全工作。

8月15日，农场在湛江垦区率先引入环境卫生先进管理服务模式，与湛江市万家美公司签订卫生清洁和垃圾清运合同，并由万家美公司接收在职清洁工17人，大大改善场部环境卫生。

8月20日，广东省农垦集团公司党组书记、董事长（局长）陈少平到湖光农场柳秀水库视察，广东省农垦总局副局长、湛江农垦集团公司董事长（局长）蔡亦农，湛江农垦局副局长宫玉林，农场领导陈悦、黄所等陪同。

11月21日，农场将4个分场压缩为两个分场、29个生产队。

12月，农业农村部的美丽乡村—湖光农场试点建设项目（奶牛场居民点）工程，通过湛江农垦局组织的竣工验收。该工程投入建设资金90.32万元，铺设人行道彩砖537平方米、路边石砖364米，植草砖732平方米，修补混凝土道路423平方米，修建排污暗沟468米；绿化用地面积1053平方米，种植绿化乔灌木80株、紫花茉莉88平方米、软枝黄蝉花314平方米、红花勒杜鹃81平方米，种植地毯草710平方米，建造八角凉亭1座、景观石1处，居民住房外墙绘制奶牛装饰图案680平方米。

本年，场部首期体育公园项目工程通过湛江农垦局验收并投入使用，投资96万元，其中财政资金76.8万元、筹资筹劳19.2万元。铺设6道300米标准塑胶跑道，跑道两侧配套建设排水沟632.5米，足球场内安装3米高围网300米。

本年，场部小城镇基础设施建设项目工程竣工，工程投资629.71万元，新建支路3567.5米，小广场224.15平方米，10厘米厚混凝土道路69.6平方米，配套建设排水涵管1745.2米，新建水塔4座、水井2眼，改造供水管网3116.7米，购置安装太阳能路灯188套、饮水水泵2台。

● **2019 年**　1月23日，广东省农垦总局社会事业管理处处长江英一行到农场督导调研社区服务改革试点工作。

2月13日，湛江农垦局党委书记郝爱剑到农场进行企业发展振兴调研。

5月22日，广东省农垦集团公司调研组到农场调研基层党建工作。

同月，农场党委书记陈悦、场长梁文彩赴中国台湾地区调研考察农业发展情况和现代农业生产经营管理经验。

6 月 26 日，广东省农垦总局社会事业管理处处长江英率督导组到农场督导社工服务工作。

同月，陈悦同志升任广东省湛江农垦集团公司（农垦局）党组成员、董事、副总经理（副局长），兼任农场党委书记（法人代表）。

6 月 28 日，农场召开始建设党 98 周年和创先争优表彰暨"不忘初心、牢记使命"主题教育推进会。

8 月 16 日，麻章区公安局局长黄理率队到农场调研平安农场建设。

9 月 29 日，广东省农垦总局社会事业管理处处长陈光义率队到农场调研，在检查场部体育公园建设项目、八队、十队的环境卫生。

9 月，湛江农垦集团公司办公室原主任喻天宏调任农场场长、党委副书记。

12 月 3 日，农场召开"2019 跨 2020 年榨季甘蔗生产暨安全生产工作会议"。

12 月 19 日，湛江农垦局党委书记郝爱剑到农场调研指导工作，视察农场志满村队"抗法训练营历史文化遗址"、柳东队等。

同月，农场实施党建"书记项目"，场部体育公园运动场改造二期工程施工，投资 171 万元，在原体育公园第一期运动场工程基础上，将原足球场及跑道硬底化，并铺设人造草坪，打造足球及运动场，建设总面积 5116.3 平方米，当年建成并投入使用，

本年，完成五里仔水库除险加固工程，总投资 100.28 万元，加固大坝 350 米，维修坝顶防汛道路 600 米，加固引水渠挡墙 10 米，维修溢洪道 30 米，维修启闭机室、放水涵、螺旋式启闭机等项目。

本年，完成本年度"农村综合改革转移支付项目"建设，投入资金 509 万元，其中财政补助资金 433 万元，筹资筹劳及企业配套 76 万元。新建道路 0.94 千米、垃圾池 2 座、公共厕所 2 座，配备场部保洁与垃圾清运设备，安装太阳能路灯 58 盏，将足球场改造为人工草皮，新建生产队办公室 2 座，新建办公楼值班室及围墙 160 米，办公室围墙 150 米。

本年，农场调整基层党支部，原有 48 个支部压缩为 22 个支部。

2020 年 1 月 14 日，国家发展和改革委员会社会发展司副司长彭福伟在湛江市委常委、常务副市长曹兴，麻章区委常委、副区长罗红霞等陪同下，到湖光农场调研社会体育服务场地设施建设情况。

1月27日，湛江农垦局党委书记郝爱剑到农场视察指导防疫工作。

1月28日，召开农场防控新冠肺炎疫情工作会议，湛江农垦集团公司副总经理（副局长）兼农场党委书记陈悦和农场领导廖东、罗成武等参加会议。

1月31日，召开"湖光农场防控新冠肺炎疫情经费拨付专题会议"，湛江农垦集团公司副总经理（副局长）兼农场党委书记陈悦主持会议并讲话。会议研究同意下拨新冠肺炎疫情防控专项经费5.8万元，给基层单位购置口罩、酒精、体温计等疫情防控物资，其中拨给每个党支部2000元（由党总支统筹）、社区党总支5000元、治安队5000元、物业办2000元，各机关科室疫情防控经费实施实报实销原则。农场领导喻天宏、吴小东等和各机关职能科室负责人参加会议。会议落实严格疫情防控措施，参会人员戴口罩、测体温、作登记。

2月1日，麻章区区长杨杰东到农场志满农贸市场调研疫情防控工作，农场场长喻天宏汇报农场疫情防控情况。

2月12日，湛江农垦集团公司副总经理（副局长）兼农场党委书记陈悦主持召开新冠肺炎疫情防控督导工作会议，集团公司企管处长黄存贯、生产科技处长骆争明，农场领导喻天宏、吴小东等参加会议。

2月28日，湛江农垦集团公司党组书记、董事长（局长）郝爱剑到农场调研指导新冠肺炎疫情防控工作，集团公司副总经理（副局长）兼农场党委书记陈悦、集团公司财务处长陈秉衡、办公室副主任李恩光，农场领导喻天宏、吴小东等陪同调研。

4月9日，农场调整基层党总支，撤销志满、高阳、社区党总支，成立社区第一、第二党总支，原有48个支部压缩为22个支部。

4月15日，广东省农垦总局副局长吕林汉率队到农场调研，察看社区服务中心试点、农技站保供基地、场部社区体育公园足球场和塑胶跑道。

4月24日，广东省农垦总局副局长莫仕文率队到农场调研，在农场八队调研党建阵地建设、三队察看南药（穿心莲）生产基地、湛江市委党校新校址调研垦地合作项目。

4月30日，湛江农垦集团公司社区工作指导专员朱宏鹏、熊成珠一行到农场调研社区服务改革试点工作，集团公司副总经理（副局长）兼湖光农场党委书记陈悦、社会事业处副处长陈小宁、农场领导喻天宏等陪同调研。

5月15日，召开2020年全国"两会"期间信访维稳工作专题会议，湛江农垦集团公司副总经理（副局长）兼农场党委书记陈悦做总结讲话，农场领导喻天宏、吴小东等参加会议。

5月18日，召开全国"两会"期间维稳工作会议，农场领导喻天宏、吴小东等参加会议。

5月25日，湛江农垦集团公司副总经理（副局长）兼农场党委书记陈悦主持召开疫情防控工作会议，农场领导喻天宏、吴小东等参加会议。

6月2日，召开"安全生产月"活动动员会，农场领导喻天宏、吴小东等参加会议。

6月16日，召开土地类别调查工作会议，农场领导喻天宏、廖东等参加会议。

7月2日，湛江农垦集团公司副总经理（副局长）兼农场党委书记陈悦主持召开"湖光农场2020年'七一'表彰暨党风廉政建设工作会议"，农场领导喻天宏、吴小东等参加会议。

7月3日，广东农垦橡胶集团党委副书记熊银忠率队慰问农场援外干部家属。

7月20日，召开疫情防控再动员会议，农场领导吴小东、黄所等参加会议。

8月18日，召开防御第7号台风"海高斯"工作会议，农场领导喻天宏、廖东等参加会议。

9月11日，召开"湖光农场工会第十五届二次会员代表大会"，湛江农垦集团公司副总经理（副局长）兼农场党委书记陈悦作总结讲话，农场领导喻天宏、吴小东等出席会议，50位代表参加会议。

9月23日，农场召开2020年度纪律教育月专题会议，湛江农垦集团公司副总经理（副局长）兼农场党委书记陈悦出席会议并讲话，农场领导喻天宏、吴小东等和各机关科室负责人、各基层单位党政领导等180多人参加会议。会议严格落实疫情防控措施，参会人员戴口罩、测体温、作登记、做消毒。

10月13日，召开防御第16号台风"浪卡"专题会议，农场领导喻天宏、廖东、黄所出席，各机关科室负责人、分场党政领导、二级单位负责人20多人参加会议。

10 月 23 日，湛江农垦博士站李华明、汤先、杨越等一行人到农场调研历史被占地和应收款清收法律策略事宜，农场领导喻天宏、廖东、罗成武参加调研。

11 月 2 日，广东省农垦总局垦区全民所有制企业公司制改制工作部署视频会召开，农场领导喻天宏、廖东、罗成武在农场观看视频。

11 月 3 日，农场召开企业公司制改制工作推进会，农场领导喻天宏、廖东、罗成武、黄所出席会议。

11 月 7 日，湛江农垦集团公司副总经理（副局长）兼农场党委书记陈悦在农场一楼大会议室给党员干部讲党课，党课内容为《习近平谈治国理政（第三卷）》，农场领导喻天宏、吴小东等和各机关科室负责人、基层党政领导 170 多人参加会议。会议严格落实疫情防控措施，参会人员戴口罩、测体温、作登记、做消毒。

11 月 17 日，农场召开机关档案整理工作推进会，农场领导喻天宏、黄所出席会议。

同日，麻章区交通局局长吴坚一行 7 人到农场调研"四好农村路"建设，农场领导喻天宏、黄所陪同调研。

同日，召开"广东省湖光农场第二十一届职工代表大会第五次会议"，党委副书记、场长喻天宏宣读两级农垦局关于实施公司改制文件，专题审议《广东省湖光农场公司改制方案》，并以 90.97％的赞成票获得通过，"广东省湖光农场"更名为"广东农垦湖光农场有限公司"。

11 月 22 日，农业农村部农垦局调研组陈忠毅一行 5 人到农场调研第一批中国农垦农场志编纂工作进展情况，湛江农垦集团公司副总经理（副局长）兼农场党委书记陈悦和农场领导喻天宏、黄所等参加座谈。

11 月 23 日，广东省湛江农垦集团公司任命陈悦为广东农垦湖光农场有限公司党委书记、董事长、法人代表，喻天宏为广东农垦湖光农场有限公司党委副书记、董事、总经理，廖东、罗成武、黄所为广东农垦湖光农场有限公司董事、副总经理，吴小东为广东农垦湖光农场有限公司纪委书记、工会主席、监事。

11 月 29 日，农场召开人居环境"三清三拆三整治"迎检工作会议，农场领导喻天宏、吴小东等和各科室负责人、分场主要领导等 30 多人参加会议。

12月14日，广东省农垦总局局长支光南、湛江农垦局局长郑平一行到农场调研垦地合作留用地规划利用情况，湛江农垦局副局长兼农场党委书记陈悦、农场领导喻天宏陪同。

12月16日，湖光农场与贵州省三都县结对扶贫，该县三合镇农民工到农场务工。湛江农垦集团有限公司（农垦局）副总经理（副局长）兼农场党委书记陈悦、集团公司人事处长许翠云、农场场长喻天宏、副场长黄所等陪同接送，并指导农民工落实防疫措施。

12月17日，农场召开"2020跨2021年榨季工作暨安全生产工作会议"，湛江农垦集团公司副总经理（副局长）兼农场党委书记陈悦出席会议并讲话，农场领导喻天宏、黄所等和各机关科室负责人、基层党政领导共100多人参加会议。会议严格落实疫情防控措施，参会人员戴口罩、测体温、做登记、做消毒、隔位坐。

第一编

自然地理与机构建制

中国农垦农场志丛

第一章 自然地理

第一节 位置、面积

湖光农场位于湛江市西南面，距离湛江市 20 千米，地处北纬 21°07′19″—21°17′39″、东经 110°08′20″—110°17′27″，属亚热带地区。南北长 15 千米，东西宽 8 千米。东南面与湛江市麻章镇，湖光镇 40 余个自然村、粤西农垦中专、技校学校、南亚热带作物研究所、华南热带作物机械研究所接壤；西北面与遂溪县建新镇、岭北镇 15 个自然村、后滩水库、草洋水库、建新农场接壤；毗邻著名 4A 风景名胜区湖光岩。场部设在湛江市麻章区麻章镇志满圩。辖区内有 5 条公路直通市区，至赤坎区 17 千米、霞山区 24 千米，距湛江港口 26 千米，湛江机场 18 千米，湛江火车高铁西站 6 千米；湛江至徐闻铁路、沈海高速（麻章匝道在农场境内）、玉湛高速途经农场，省道 374 平茶线自东向西贯穿农场北部，湛江疏港大道、雷州至湖光岩快线经过农场东、南部，市区公共汽车直通场部及部分分场，场内水泥道路累计 54 千米，可直达基层单位，交通十分方便。

1955 年前共有土地 16.8 万亩，其中一区 1.99 万亩、二区 5.18 万亩、三区 5.81 万亩、吴川小组 3.82 万亩。1955 年 12 月，根据"粤西区党委会西字第 092 号"指示，1956 年 1—2 月，进行农场间土地规划工作，同时调整农场与周边农村的插花地。各区划出土地 1.37 万亩，其中新鹿区（现湖光镇）170 亩作物地，粤西试验站（现南亚热带作物研究所、华南热带作物机械化研究所）937 亩造林地，粤西示范农场 2260.25 亩造林地，遂溪四区 170 亩作物地，遂溪青年农场 939.1 亩作物地、372 亩造林地，遂溪县 4693.2 亩作物地、4169.9 亩造林地。各区划入农场土地共 3529.781 亩，其中遂溪三区 1120.45 亩（水田 65.88 亩、旱田 522.77 亩、坡地 531.8 亩），遂溪四区 928.94 亩（旱田 219.4 亩、坡地 709.54 亩），遂溪九区 36.5 亩，湛江市郊新鹿区 1443.89 亩（水田 177.53 亩、旱田 563.99 亩、坡地 702.345 亩）。

1959—1960 年，由农村并入农场的土地共 2969 亩，其中水旱田 849 亩、坡地 489 亩、可垦荒地 1461 亩、队宅基地 50 亩、路沟地 120 亩。

1956—1960 年，根据国家建设需要，经上级批准，农场共划出 46612.33 亩土地给有关单位，其中划给平顶农场 1000 亩，南海舰队后勤部 4000 亩，三多塘的陆军某部 7000

亩，东坡岭农场1.4万亩，湛江市种子农场、农科所1000亩，湛江边防站小农场、公安农场一队训练农场612.34亩。

1991年，共有土地11.12万亩，开垦利用9.86万亩，外单位及农民占用1.07万亩。

1991—2020年，因国家建设需要，国家基础设施建设项目用地和国家回收土地使用权的土地面积累计10344.661亩，其中包括原湛江市国强水泥厂、沈海高速、湛江至徐闻铁路、火车西站货场、交警考试教练场、公安看守所、民政戒毒所、湛江市职教基地、玉湛高速、湛江疏港大道、湛江雷州至湖光岩快线等项目征用地。

2020年，农场有土地总面积96119.76亩，包括已确权领证土地面积91641.38亩、未确权领证面积4478.38亩（其中农村已领证面积3101.54亩）。其中，农业用地总面积76511.32亩，包括可收费土地53818.6亩、历史被占土地22692.72亩；建设用地4983.35亩；其他土地14625.09亩，包括无法利用土地如冲刷沟、坟墓地、水沟、水土保持带、砂石地等4728.02亩，公共道路及田间道路9897.07亩。

第二节　地形、土壤、水石资源

湖光农场地处雷州半岛东北部，属缓坡台地地形。境内地势平坦，海拔在25～40米。东南部近海，自北向南倾斜，微有起伏无明显倾斜面，坡度一般在3°～7°，区间有数个山丘凸起。北部有笔架岭，为农场内的最高山丘，海拔188.4米；七星岭、六岭、迈龙岭分布在农场东北部；五里岭、望高岭、火烧岭分布在农场中部；东南部为平顶岭、湖光岩山脊所围绕。中部靠南一带地势较低，东部及东北部为平坦块状地，靠近笔架岭东面为地势较高的低凹平地。

农场内大部分地区的土壤由玄武岩风化发育而成，呈棕红色，质地为黏壤土，少部分是浅海底沉积物和砂页岩上下相间排列的岩层土。东南、东北和西南角的土壤为海底沉积物所形成的黄色砖红壤土，质地较差，肥力较低；中北、中南部的土壤较肥沃；其余大部分地区的土壤为玄武岩风化形成的棕红色黏壤土，自然肥力不高。一般土层厚度在1.5米以上，表土0.25米以内为灰棕色至黄褐色，0.25～1.5米为褐红色，1～1.5米多属黏壤，1.5米以下大半为砂岩花斑土。土壤有机质为1～3.5，缺乏氮、磷元素，pH为4.5～5.5。

农场的东北部、东部、东南部地表下至5米处有数条石带，石层最厚达80余米，石质较好。地下120～650米处水资源丰富，补给面大，直径8寸[①]的滤水管每小时出水量

---

① 寸为非法定计量单位，1寸≈3.333厘米。——编者注

80 立方米以上。水质优良，无色、无味、无菌、透明，水温 28～40℃，无悬浮物，总硬度 3.0，pH 为 7.1，1987 年经广东省水文队检验，46 种指标达到国家饮用水标准，属优质矿泉水。

农场内水利资源丰富，三条河沟川流不息。第一条位于农场东南部，发源于笔架岭的两河沟，向南流到畅侃村附近与其他小河沟汇合，往南流经新坡分场最后流入雷州湾，全长 1.9 万米，平均河床宽度 4 米；第二条位于农场之中部，发源于龙降岭，流至五里分场六队，长 3000 米，平均河床宽度 5 米；第三条由三条小河沟汇合而成，其中两条分别发源于合水岭，流至合水村附近与另一条河沟相汇合，流经官田背村，汇入城月河，全长 1.35 万米，河床平均宽度 5 米。农场有中、小型山塘和水库 10 个，有效库容 427 万立方米，灌溉便利，鱼塘水面面积达 871 亩。

第三节　气候、物候、植被

一、气候

农场属亚热带季风气候，雨季较迟，降水集中，常见春旱。有明显的雨季、旱季之分。夏秋期间台风频繁。为橡胶树的中寒重风生态类型区。

1. **气温**　年平均温度 22.7℃。5—8 月为高温期，日平均温度 28℃；7 月最热，日平均温度 28.4℃，历年极端最高温度 37.5℃（1970 年 5 月 9 日）；12 月至翌年 2 月为低温期，日平均温度 15.97℃。冬季沿湘江谷地南下的冷空气分支到雷州半岛形成寒潮，致使农场 1 月最冷，1 月的日平均温度为 15.2℃。极端最低气温为 -0.30℃（1961 年、1975 年）。地表温度比气温高，历年极端最高地表温度记录出现在 1988 年 7 月，达 74.6℃；历年极端最低地表温度记录出现在 1977 年 2 月 10 日，为 -0.1℃。

2. **降水**　年平均降水量为 1615.1 毫米。雨季为 4—9 月，雨季的降水量占年降水量的 82% 以上，其中 8—9 月平均降水量为 761.3 毫米，占全年降水量的 46.9%。降水量最高的年份是 1981 年，为 2335.7 毫米；最低年份是 1968 年，为 995.8 毫米。10 月至翌年 3 月为少雨期，6 个月的降水量仅是全年降水量的 17.7%。据记载，1954 年 10 月—1955 年 3 月的总降水量仅 34.1 毫米。

3. **日照**　全年日照时数为 1688.7 小时，平均每天日照时数为 4.6 小时，日照率为 38.3%。5—10 月，每月日照平均数为 173.3 小时；7 月日照数量为全年最多，达 201.6 小时；2 月日照数量为全年最少，只有 69.7 小时。

4. **风向** 常年以东风，东南风为主，年平均风速为 2.5 米/秒，最大风速为 39 米/秒，日常风为一般 2～3 级。热带气旋活动频繁是湛江气候的一大特点。1954—2020 年的 67 年间，平均每年有 0.5 次的 10 级以上台风影响农场，台风多发生于北纬 12°— 20°，即南海中北部海面，以及菲律宾群岛以东、琉球群岛附近的海面上。台风移动路径一般是向西或西北方向移动，在粤西沿海登陆，从而影响农场。台风一般发生于 5— 11 月，集中在 7—9 月。近些年，台风在 10 月的破坏力较强，最早则于 6 月出现 （1989 年 6 月 10 日），最迟可到 11 月 （1987 年 11 月 28 日）。1954 年 8 月 29 日，农场遇到 12 级以上大风；1996 年 9 月 9 日、2015 年 10 月 04 日，农场遇到超过 12 级的超强台风。

5. **蒸发量** 农场的年平均蒸发量为 1569.2 毫米，4—12 月蒸发量最高。农场有记录的月蒸发量最高为 225.4 毫米 （1983 年 7 月），最低为 38.5 毫米 （1985 年 2 月）。

6. **雾天与露水** 2—4 月，气流平稳多浓雾，空气和土壤湿度较大；10—11 月，多露水，早晨土壤湿润，植物叶片水滴较多。农场年平均湿度为 84%。1952—1991 年的近 40 年里，一年中雾天最长的可达 57 天 （1980 年），雾天最短的为 14 天 （1981 年）。

二、物候

农场地处亚热带地区，气候温和，光、温条件好，乔木四季常青，以春、秋雨季为植物生长旺盛期。冬季有少量树木落叶，如橡胶树、苦楝树和一般浅根性草类植物。种植热带作物的物候情况如下：

1. **橡胶树** 立春后，月气温维持在 20℃ 左右。在不低于 15℃ 的条件下，橡胶树开始抽芽，由古铜到浅绿再到深绿，第一蓬叶充分老化 5～7 天后，可开始割胶，通常是在 4 月。若出现春寒，即 3 月底至 4 月初温度低于 15℃ 以下，嫩芽就可能冷缩或被冻死，割胶要推迟到 5 月，最迟则 6—7 月才开割。

2. **甘蔗** 春、夏、秋三季均可种植甘蔗，以春季种植最佳，如遇春旱则推迟至 3 月种植。气温在 20℃ 以上时，蔗芽萌发较快；温度在 30～32℃、湿度在 20%～30% 时，最适宜甘蔗生长。7—9 月为甘蔗生长旺盛期，11 月为成熟期，一般于翌年 3 月前收获完毕。

3. **水稻** 水稻早造 2—3 月，晚造 7—8 月。气温在 12℃ 以上，即可播种；气温在 15℃ 以上，秧苗可正常生长；气温在 10℃ 以下，如遇较长的阴雨天，则会烂秧。出芽 20 天后，气温在 30～32℃、水温在 32～34℃ 时最适宜分蘖，有效期 15～20 天；气温在 25～ 30℃，有利于抽穗扬花，灌浆期的最适宜温度为 20～22℃；灌浆 20 天后为成熟期。晚造如遇寒露风，气温低于 20℃，则会影响水稻的扬花和灌浆。一般早造在 7 月、晚造在 11 月为收获期。

4. **茶叶**　2—3 月，气温在 10～16℃，茶树开始萌芽生长，待达到标准后，便可开始采茶。温度在 20～30℃、湿度达 80％～90％、月平均降水量在 120 毫米、土壤相对含水量 70％～80％时，最适宜茶树生长。12 月上旬停采并修剪。茶树年生长期一般为 9 个月左右，年采 7～8 轮茶叶。

表 1-1　1950—2020 年湖光农场各月气象资料平均数统计

项目	1 月	2 月	3 月	4 月	5 月	6 月	7 月	8 月	9 月	10 月	11 月	12 月	历年平均	备注
气温（℃）	15.2	16.1	19.4	23.3	26.8	27.9	28.4	27.9	26.8	24.1	20.3	16.6	22.7	
降水量（毫米）	21.1	37.5	48.9	120.3	180.2	247.8	226.0	281.8	274.1	119.0	41.5	16.9	1615.1	
湿度（％）	81	85	88	87	82	82	84	86	85	81	79	79	83	
蒸发量（毫米）	88.8	63.8	81.8	108.8	163.2	163.0	191.9	156.1	163.4	148.6	129.1	110.7	1569.2	资料为 1983—2018 年
日照（小时）	103.4	69.7	71.6	92.6	153.6	152.6	201.6	173.2	177.0	184.4	162.8	146.2	1688.7	
风向	东北	东	东	东南	东南	东南	东南	西南	西南	东南	东北	东北	东南	资料为 1974—2020 年
风速（米/秒）	2.7	2.9	2.7	2.3	2.0	2.0	2.0	1.8	2.1	2.5	2.3	2.5	2.4	

表 1-2　1954—2017 年对湖光农场有影响的台风一览

登陆时间	编号	风力（级）	过程降水量（毫米）	登陆地点
1954 年 8 月 30 日	5413	12 以上		湛江—海康
1962 年 8 月 10 日	6209	10		文昌
1963 年 8 月 16 日	6309	11		文昌—徐闻
1963 年 9 月 7 日	6311	12		文昌—海口
1964 年 7 月 2 日	6403	12		琼海
1965 年 7 月 15 日	6509	10		湛江—海康
1966 年 7 月 26 日	6608	9～10		海康—湛江
1968 年 9 月 9 日	6811	10		湛江—海康
1971 年 6 月 27 日	7109	10～11		文昌
1972 年 8 月 29 日	7210	10		文昌
1973 年 9 月 6 日	7313	10～11		徐闻
1976 年 9 月 19 日	7619	11	118.6	湛江
1978 年 10 月 1—2 日	7818	11	222.0	文昌
1980 年 7 月 22—23 日	8007	12	136.4	徐闻
1984 年 9 月 5—6 日	8410	10	213.9	文昌
1986 年 9 月 5 日	8616	10	64.6	徐闻
1986 年 10 月 19 日	8621	11	110.9	湛江东海岛
1991 年 7 月 13 日	9106	10	89.8	海南万宁

（续）

登陆时间	编号	风力（级）	过程降水量（毫米）	登陆地点
1991 年 8 月 16 日	9111	11～12	147.3	徐闻外罗
1992 年 7 月 23 日	9207	11		麻章东简
1994 年 6 月 8 日	9403	11		徐闻下洋
1994 年 8 月 27 日	9419	11		徐闻前山
1996 年 9 月 9 日	9615	11～12		吴川吴阳
1997 年 8 月 22 日	9713	8～9		徐闻新镇
2003 年 8 月 25 日	0312	12		徐闻
2006 年 8 月 3 日	0606	12		阳西与电白之间
2008 年 4 月 14 日	0801	11		海南文昌
2010 年 7 月 22 日	1003	13		吴川吴阳
2011 年 9 月 26 日	1117	14		海南文昌
2013 年 7 月 2 日	1306	10		麻章湖光
2014 年 7 月 18 日	1409	9～12		徐闻龙塘
2014 年 9 月 16 日	1415	10～12	150	徐闻前山
2015 年 10 月 4 日	1522	10～12	84.8	湛江坡头
2016 年 10 月 17 日	1621	14	154.6	海南
2017 年 10 月 16 日	1720	10		徐闻新寮

表 1-3　1959—1991 年湖光农场逐年各月降水量

单位：毫米

年份	1 月	2 月	3 月	4 月	5 月	6 月	7 月	8 月	9 月	10 月	11 月	12 月
1959	3.8	69.4	47.4	27.2	313.1	176.7	140.7	337.7	214.6	0.0	60.5	14.5
1960	47.1	3.1	38.6	19.1	108.7	176.7	281.2	284.4	213.7	173.9	73.4	5.3
1961	7.3	70.9	110.9	360.5	91.7	192.3	200.7	179.4	194.4	68.4	65.3	20.8
1962	3.2	13.5	11.7	300	340.3	345.9	122.3	157.5	340.9	82.5	31.5	1.1
1963	4.1	2.2	93.3	8.5	52.7	373.7	506.1	326.4	330.3	50.5	38.9	21.5
1964	43.7	7.1	21.5	29.4	05.6	167.9	149.8	198.4	191.4	228.8	3.	11.6
1965	2.6	44.6	16.9	309.1	64.2	411.1	250.5	143.5	382.4	65.4	150.6	11.2
1966	3.6	7.4	99.2	193.7	137.5	129.4	271.3	119.7	23.4	112.0	9.6	9.0
1967	24.9	49.3	10.6	402.5	272.3	143.8	109.0	260.5	185.9	36.4	53.6	12.6
1968	13.2	88.7	81.5	37.1	—	—	76.0	341.7	210.9	104.8	33.5	8.4
1969	104.1	22.0	65.4	93.1	250.7	182.0	410.2	168.5	172.5	109.3	8.1	0.5
1970	8.1	17.8	33.6	60.9	164.6	242.7	60.9	249.3	341.0	279.8	26.4	18.3
1971	6.7	2.3	2.4	3.7	277.2	152.6	401.4	222.1	169.5	44.4	0.1	82.1
1972	4.9	20.3	18.7	127.5	174.7	248.7	109.4	482.5	84.1	156.1	173.6	15.2
1973	41.4	3.5	1.8	92.3	171.1	487.0	376.7	471.7	480.3	84.5	28.7	0.0
1974	4.7	110.1	34.9	284.6	92.6	278.5	232.0	386.4	201.1	170.1	8.2	27.7
1975	59.3	67.6	102.8	82.2	112.9	396.5	144.0	247.1	81.9	147.8	2.6	74.9
1976	2.2	6.4	26.6	242.8	190.7	170.4	281.0	293.6	500.4	117.1	7.1	15.9

（续）

年份	1月	2月	3月	4月	5月	6月	7月	8月	9月	10月	11月	12月
1977	57.9	7.4	2.3	150.0	136.0	63.1	203.0	65.0	277.3	106.1	0.0	17.0
1978	12.7	27.6	144.5	153.2	179.1	319.1	90.7	388.6	499.5	257.7	19.1	0.0
1979	14.8	24.0	23.1	148.2	288.9	315.5	349.6	372.6	315.8	4.3	5.1	0.8
1980	14.1	42.4	18.4	52.0	90.8	676.0	311.7	269.6	571.8	40.2	6.3	0.3
1981	0.6	8.9	55.5	258.2	264.8	262.2	482.6	197.1	523.8	195.1	86.9	0.0
1982	0.2	42.9	19.8	126.9	91.8	158.0	226.1	215.1	505.5	169.0	76.2	59.8
1983	98.6	138.2	107.9	277.9	137.5	248.0	100.2	245.9	193.5	191.9	! 0.0	16.4
1984	2.0	15.8	63.2	63.2	244.9	480.2	168.4	217.7	246.2	24.9	47.0	16.3
1985	19.1	102.7	77.7	157.3	146.2	233.5	188.1	990.0	356.9	111.7	3.6	16.2
1986	0.0	117.7	9.8	42.8	54.5	311.8	217.4	190.0	109.8	137.6	9.2	33.6
1987	0.2	6.2	25.7	70.0	265.9	128.1	412.1	117.8	322.5	131.8	13.5	0.0
1988	13.4	23.9	31.1	70.9	446.7	140.1	96.4	303.5	52.3	169.2	103.8	38.5
1989	28.4	2.6	192.5	89.2	184.2	259.1	212.9	223.9	346.5	161.6	47.9	8.0
1990	37.3	156.0	70.7	87.4	332.1	145.2	124.8	153.5	325.5	156.4	164.5	0.0
1991	12.7	6.4	54.6	17.5	174.1	208.2	248.1	476.6	! 78.2	41.2	13.9	59.7

表 1-4 1959—2020 年湖光农场各月平均气温及最高、最低值

单位：℃

项目	1月	2月	3月	4月	5月	6月	7月	8月	9月	10月	11月	12月
平均	15.2	16.1	19.4	23.3	26.8	27.9	28.4	27.9	26.8	24.1	20.3	16.6
景高	30.6	34.7	35.0	35.7	37.5	37.1	36.5	37.1	35.5	33.2	33.7	29.9
最低	−0.3	3.0	4.4	7.6	14.9	20.0	20.4	22.0	16.5	1.8	3.3	0.3

表 1-5 1983—1989 年湖光农场各月蒸发量

单位：毫米

年份	1月	2月	3月	4月	5月	6月	7月	8月	9月	10月	11月	12月
1983	83.0	47.5	75.4	113.4	193.6	197.2	225.4	176.4	177.2	144.6	169.4	125.5
1984	103	49.3	71.5	115.7	148.5	159.5	208.4	176.4	177.2	166.9	130.4	104.0
1985	70.4	38.5	62.8	95.7	179.6	165.0	196.7	176.4	177.2	167.1	136.8	135.3
1986	115.7	65.5	95.7	109.1	166.0	119.2	156.9	176.4	177.2	146.6	118.3	78.0
1987	107.6	88.0	120.8	114.8	127.7	152.9	166.8	176.4	177.2	134.1	103.9	120.5
1988	86.9	64.4	52.3	114.1	170.8	182.7	192.1	176.4	177.2	135.3	112.8	117.2
1989	55.0	93.6	92.4	97.0	156.2	164.8	197.3	176.4	177.2	145.3	131.9	94.7
合计	621.6	446.8	570.9	759.8	1142.4	1141.3	1343.6	176.4	177.2	1039.9	903.5	775.2
平均	88.8	63.8	81.6	108.5	163.2	163.0	191.9	176.4	177.2	148.6	129.1	110.7

表 1-6 2020 年湖光农场土壤分析调查

地区	土层（厘米）	有机质（%）	全氮（%）	碱解氮（毫克/千克）	速效磷（毫克/千克）	速效钾（毫克/千克）	pH
东部	20	2.09	0.0928		7.5	28.3	4.6
南部	20	2.13	0.1120		1.66	20.9	5.1
西部	20	1.56	0.0216		1.41	15.6	4.7
北部	20	3.67	0.1402		2.44	53.1	4.5
中部	20	2.46	0.0879	20.5	9.58	75.2	4.9

表1-7 1955—2020年湖光农场土地资源及其利用明细

单位：亩

| 年份 | 开垦利用地 | | | | | | | | | | | | | | | 已开垦未利用地 | 其他土地 | 外单位占地 | 未利用地 | | 另：当年开荒地 |
	橡胶	热作	茶园	果园	苗圃	耕地	林地	水库	鱼塘	其他园地	工厂用地	居民点用地	交通用地	长期作物淘汰地	其他已开垦利用地				数量	其中：可垦地	
1955	22338	1035				4503	11974								4526		52869		52733	52733	4747
1956	10474	3840		12		11590	21055								6867		54598		40405	40405	
1957		8032		12		9630	19819								1432	1062	3170		58231	58231	2327
1958		7500		459		14243	18988								669	4606	13094		41529	41529	4606
1959		14292		522		19193	20178								6207	6823	13678		31022	31022	10730
1960	1565	17398		483		28872	20123		334						3473	1275	16717		23836	23836	9068
1961	16952	71998		462		23995	21736								5459	46	27141		17665	17665	371
1962	12818	8000		102		2305	22511		563						10822	39	25762		17165	17165	99
1963	12818	7900		83		24861	24808		91						5270	131	20027		16518	16518	172
1965	17583	9063		42		17477	8040								4448	1997	31098		569	569	2050
1970	26402	1508				18692	26002								733	563	29264	10119	5441	5441	6681
1975	3000	1310	340		355	13895	21518		143	4306					5000	538	26901	3416	3169	3169	81
1979	3000	16	978	16		16127	24514		285						9633		23114	3456	2684	2684	1419
1986	27996		1704	1401	172	17021	24733	1759	706	961		4334		2114		938	16291	9349	1728	1728	
1989	27856	6	1704	800	65	16790	24079	1759	801			4432		2228	7985	760	15522	10104			
1991	23978	6	1371		60	22236	22004	1759	871	411	112	4373	800	1489	19089	400		10712	1536	1536	
1992	23753	6	1367		50	21603	20954	1759	870	426	113	4388	929	1479	20882	401		9146	1511	1511	
1993	23604	6	1367	2010	50	18387	20787	1759	863	426	113	4478	944	1479	22305	401		9146	1511	1511	
1994	22005		1320	2636	50	18429	20943	1760	980		701	5468	1202	1277	21003	443		9572	1469	22673	
1995	20059		541	1767	14	21854	22136	1760	879		701	3554	1000	1615	9499	569	19013		569	1692	
1996	7310		491	1449	14	33090	14613	1761	1052		701	6443	1929	1929	443	443	443	10760	1469	1469	
1997		185		423	14	40400	7590	1761	1170		701	6492	1929	1929	36840	443		9795	1469	1469	

（续）

年份	橡胶	热作	茶园	果园	苗圃	耕地	林地	水库	鱼塘	其他园地	工厂用地	居民点用地	交通用地	长期作物淘汰地	其他已开垦利用地	已开垦未利用地	其他土地	外单位占地	数量	其中：可垦地	另：当年开荒地
1998			185	705	14	21864	938	1761	1170		701	6492	2250		20361	390		7995	1335		
1999			185	1478	14	40625	938	1761	1170		701	6492	2250		1596	390		7800	1335		
2000	桑园		185	2316	14	42624	1358	1761	1170		701	6492	2250		1596			5790	1335		
2001	1500		185	2316	14	42624	2948	1761	1170		701	6492	2370		1866			10560	1935		
2002	1905		185	3120	14	42624	4217	1761	1170		701	6492	2370		1575			10305	1935		
2003	1356		185	1851	14	41753	4217	1761	1170		701	6492	2370		1140			9480	1935		
2004	1356		185	2171		40953	4217	1761	1170	34908	701	6492	2370		1080			9165	1935		
2005	691		185	2262		40953	4209	1761	1170		701	6492	2370					8760	1935		
2006	1512		117	3102		40953	2016	1761	1170		701	6481	2370						1935		
2007	1505		131	4650		40953	3641	1761	1358		701	6492	2370					8760	1935		
2008	1155		131	4800		40754	3548	1761	1314		701	6492	2370					8760	1935		
2009	824		131	5048		40407	3191	1761	1173		701	6492	2013			2895		25409	1935		
2010	654		131	5958		40268	3191	1761	1130		701	6492	2013			2895		24552	1935		
2011	543		131	6458		40218	2478	1761	1140		701	6492	2013			2895		24651	1935		
2012	363		131	5250		40205	2489	1761	1140	12320	701	6524	2013			2895		24414	1935		
2013	270		131	5601		36778	7436	1761	1140	6420	701	7662	3349					23961	3503		
2014	150		135	8940		36300	7455	1755	1140	3525	705	7665	3345					24270	3510		
2015	105		135	8550		35895	7425	1755	1140	3525	705	7740	3975					24030	3510		
2016	87		135	10772		34794	5936	1755	1140	2169	746	7740	3975					24356	3510		
2017	87		135	10061		38405	1245	1394	1719	0	746	6056	9614					24267	4409		
2018	87		135	10765		38229	1245	1394	1719	0	5924						37005				
2019	87		135	11855		37026	1088	1394	1719	0	5809						36865				
2020	87		135	12824		37026	6736	1394	1719	0	5809						87129				

三、植被

农场自然植被约有 100 多科 400 多种。目前，已知名称有 84 科 353 种。其中，草本类的优势植物为白茅、假香茅、蜈蚣草等。具体分布包括：中草白茅群落，以白茅占优势，分布面积广，主要分布在五里、柳秀分场北部及新坡分场东南部，占全场面积的 71.6%；杂草群落，以野古草、野香茅、野黍等占优势，在平顶岭、五里岭、笔架岭及各分场地势较高的林段，表土干硬之处多属此群落，占全场面积的 11%；白茅杂草群落，由上述两类群落混生而成，其中以白茅、野古草、鸭嘴草、野香茅占优势，分布在新坡分场大部及五里、柳秀、高阳分场小部分，占全场面积的 11.4%；放牧低草群落，以知风草、画眉草、蜈蚣草占优势，主要分布于农场东北部的砂壤地及西南部，占全场面积的 6%。

经过近多年开垦种植，自然植被大都已被人工植被所代替。农场的木本类植物主要有橡胶树、桉树、台湾相思、马尾松等 30 多个品种。其中，橡胶树 2.39 万亩，桉树、台湾相思、马尾松 1.98 万亩，公路绿化林 448 亩，茶园 1371 亩。此外，职工的房前屋后栽满了芒果、荔枝、龙眼、黄皮、杨桃、人心果等果树。1990 年 11 月，经广东省农垦总局绿化达标验收组检查，各项绿化指标均达省标准，同意农场为绿化达标单位。

1996 年，受强台风破坏，农场的橡胶树有 70% 折断，损失严重，由于国家没有对橡胶生产项目的资金投入，农场按照广东省农垦总局"下胶上蔗"的部署，淘汰 2.39 万亩橡胶林、1.98 万亩防护林，改种甘蔗。2020 年，农场种植甘蔗 18067 亩、桉树 6736 亩、公路绿化林 560 亩、水果 12334 亩、花卉 12494 亩、茶园 149 亩等。职工的房前屋后仍然种植菠萝蜜、芒果、荔枝、龙眼、黄皮、杨桃、人心果等果树。

第四节　自然灾害

农场位于雷州半岛北部，属于亚热带地区，农业气候条件基本适应橡胶等热带作物的生长，但不利的气候条件是台风和低温。农场受风害影响较重，越冬时偶有寒害，属橡胶中度重风生态类型区，农作物病虫害较多。经过几十年的造林绿化、兴修水利及积极地利用天敌和药物防治病虫害，农场的生态环境得到了有效改善。风、寒、旱、病、虫等自然灾害对农作物的危害得到了明显控制，其影响已逐渐减弱。

1. **风害**　农场夏、秋季频繁受到强风侵袭，一般风力 7～10 级，最大风力在 12 级以上，风害较为严重。1954—2020 年的 67 年间，对农场有影响的 10 级以上台风 35 次，平均每年 0.5 次。台风风力大于 10 级时，就会造成橡胶树普遍折断或倒伏、甘蔗折断或倒伏。正面袭击农场的台风有 1954 年第 3 号台风、1963 年第 11 号台风、1964 年第 3 号台风、1980 年第 7 号台风等。尤其是 1996 年 9 月 9 日第 15 号台风"莎莉"登陆，导致农场橡胶树断倒率达 20%～35%，橡胶受害率高达 60%，同时防风林、水稻、甘蔗等作物及房屋、生活设施等均不同程度受到台风破坏。2015 年 10 月 4 日第 22 号台风"彩虹"登陆时，风力在 16 级以上，也造成了很大破坏。

2. **旱害**　农场每年 10 月至翌年 3 月为少雨期。1952—1991 年的 40 年间，共有 10 次较大的旱害，给农业生产和职工生活带来了较大的危害。1963 年 3—5 月，干旱不雨，月蒸发量比降水量大 4.3 倍，水沟、河流、水库甚至水井都大部分干涸，土地龟裂，春季种植及职工饮水都十分困难。1977 年 1—5 月，由于风大、光照强、气温高，蒸发量大，旱情十分严重，据气象部门记录，1977 年 1—4 月降水量是 1908—1977 年的 70 年中最少的一年，农业生产受到较大的影响。1985 年、1986 年、1990 年因天气干旱影响，5 月底 6 月初才开始割胶，使橡胶生产处于被动局面。

3. **寒害**　农场寒露风天气最早为 9 月下旬出现，一般为 10 月上旬出现。寒露风天气一般对水稻扬花灌浆影响较大。寒潮天气一般每年出现 1～2 次，严重年份出现 3～4 次，每次 3～8 天。平流寒害天气多出现于晚冬和春季，最低温度在 0.8～6℃。辐射低温霜冻最早出现于 11 月中旬（1971 年 11 月 16 日），最迟到 2 月底才结束，霜期 1～65 天，绝对低温在 -2.5～4.5℃。寒害天气出现在初冬或隆冬。寒害期的辐射低温对橡胶和坡地作物危害较大。农场在 1955 年 1 月遭遇特大寒流，当时最低温度为 -2.5℃，静水中有 1.5 厘米的冰层，早晨树叶凝霜，橡胶幼苗被冻死 125 万株，死亡率达 81%，坡地作物全部冻死。此外，农场还遇到 1962—1963 年、1966—1967 年、1973—1974 年、1975—1976 年、1984—1985 年的几次大寒流，橡胶树受害较重，平均推迟 2～3 个月才开始割胶。受害最重的一次发生在 1985 年，高阳分场直至 7 月 1 日才开割。

4. **病害**　农场橡胶、粮食、甘蔗、茶叶四大作物中，约有 34 种病害。其中，橡胶有白粉病、炭疽病，水稻有稻瘟病、白叶枯病、纹枯病、赤枯病、胡麻叶斑病，甘蔗有凤梨病、黄斑病、环斑病、赤条病，茶叶有白星病、茶园赤星病、褐色叶斑病、炭疽病、轮斑病、藻斑病、地衣病、浓色霉病、灰色膏药病、红根病、赤叶斑病、苔藓、长叶病。

橡胶以白粉病为主，每年均有发生。1989 年病害较重。炭疽病在 1989 年以前每年均有零星发生，在 1989 年大暴发，导致高阳分场等单位的天任等橡胶品系感染病株推迟到 6 月下旬才开割。

水稻以稻瘟病、白叶枯病、纹枯病为主。农场在 1973 年发生较为严重的稻瘟病，发病率达 40%；1978 年，优秀队汕优 2 号发生较为严重的穗颈瘟，受害面积 12 亩，发病率达 80%，减产 50%；1978 年，秋 2 矮等水稻品种发生较严重的白叶病，全场 3800 亩水稻受害，发病率达 80%～100%，减产 30%。

甘蔗以凤梨病、黄斑病、环斑病为主。凤梨病每年均有发生，黄斑病的发病率一般为 30%～50%，环斑病较为普遍。

茶叶以茶园赤星病、褐色叶斑病为主。20 世纪 80 年代前，茶叶经常发生较大病害；90 年代后，农场采取"三防"措施，茶叶的各种病害基本得到控制。

5. **虫害**　农场种植的橡胶、水稻、甘蔗、茶叶四大作物中，约有 27 种虫为害。其中，橡胶有大点始叶螨、金龟子、龟背蚧壳虫，水稻有三化螟、卷叶虫、稻飞虱、黏虫、椿象（辣鼻虫）、稻蓟马、稻缨蚊，甘蔗有螟虫、蚜虫、蓟马、椿象、叩头虫、红粉蚧、蔗龟，茶叶有小绿叶蝉、蚜虫、茶尺蠖、茶毛虫、茶蓑蛾、刺蛾、龟背蚧壳虫、茶黄蓟马、茶叶螨、咖啡小爪螨。

橡胶以大点始叶螨为主。农场每年均在局部地方出现该类虫害。1976 年该类虫害较为严重，农场橡胶受害面积达 2 万亩，七队、柳东队 GT1 等品系被迫于 9 月停止割胶。

水稻以三化螟、卷叶虫、稻飞虱、黏虫为主。农场每年均发生各种水稻虫害。1976 年，里场队 28 亩水稻遭到三化螟危害，白穗 79.86%，亩产稻谷仅有 80 千克；1973 年，纸厂 23 亩晚稻受卷叶虫危害，减产 50%；1989 年，全场有 600 亩晚稻受卷叶虫危害，水稻减产 40%。1989 年后，农场利用天敌防治卷叶虫，至今未再发生该类虫害。

甘蔗以螟虫、椿象、蔗龟为主。螟虫每年均有发生，严重的时候，蔗田枯心苗达 37%～44%；高阳分场、八队、红卫队等单位受蔗龟危害较重，受害达 50% 以上。

茶叶以小绿叶蝉为主。1991 年前，小绿叶蝉对茶叶危害严重，受害的茶叶一般减产 50%；1991 年后，农场利用天敌防治小绿叶蝉，至今未再发生该类虫害。

第二章　建制沿革

第一节　沿　革

湖光农场属于湛江农垦局（集团公司）下属单位，基本管理架构是"企业单位—分场—基层生产队"的三级管理。

"垦殖场—分场"的管理阶段：1952—1954 年，数个垦殖场中有一个中心垦殖场，该中心垦殖场兼有遂溪县垦殖所派出机构的职能；各垦殖场内下设分场，每个分场又分成多个生产队，形成"垦殖场—分场—生产队"的管理结构。

"垦殖场—作业区"的管理阶段：1954—1957 年，垦殖场大量合并以后，分场改称作业区，小型垦殖场的分场多改为生产队。

"农场—生产队"的管理阶段：1958 年以后，逐渐撤销作业区一级，基本形成"农场—生产队"的两级基本管理结构；少数较大的农场仍是"农场—分场—生产队"三级结构。这时期的管理架构可称为两级、三级混合结构。

农场前身为四十三军部分官兵和林业工程第二师师部直属警卫连、六团二营于 1952 年建立的 1001 场、0305 场、0306 场、0307 场、0309 场（即湛江垦殖、五里垦殖、柳秀垦殖、高阳垦殖、溪伯路垦殖场），隶属遂溪垦殖所、湛江垦殖所。

1953 年末"大转弯"，0307 场并入 0306 场，0309 场并入 0305 场，形成 0306 场、0305 场、1001 场三个垦殖场。

1955 年 1 月，经华南垦殖局申报上级批准，由 0305 场、0306 场、1001 场三个垦殖场和吴川垦殖小组四个单位合并为一个场，命名为"国营湖光垦殖场"。场部设在 1001 场部（现南亚热带作物研究所所部）。1957 年 5 月批准农场改名为"国营湖光农场"，隶属华南垦殖局粤西分局。

1958 年以后，农场仍沿用"农场—分场—生产队"三级结构，可称为两级、三级混合结构。

1969 年 4 月，广东农垦系统改为广州军区生产建设兵团，由广州军区领导，农场编为广州军区生产建设兵团第八师第十九团。

1974 年 9 月，根据国务院、中央军委于 1974 年 6 月 26 日发布的《关于兵团移交广东省委领导的决定》，广州军区生产建设兵团撤销，恢复农垦体制，农场恢复原来的"广东省国营湖光农场"名称，隶属广东省湛江农垦局。

1978 年 11 月 24 日，经广东省批准，农场与前进农场、晨光农场、第一水泥厂、第二机械厂、广丰糖厂和湛江地区的麻章公社、建新公社、岭北公社、遂溪农场、城月公社官田大队等 11 个单位组建联合企业，命名为"湖光农工联合企业"。1979 年 2 月，"湖光农工联合企业"由于管理体制等方面不相适应，未能正式进行运转和经营，被撤销联办，由各单位自办。自此，农场自行试办"湖光农工商联合企业"，隶属广东省湛江农垦局，原"国营湖光农场"的名称也仍保留，实行一套人马、两个牌子。

1980 年，"湖光农工商联合企业"被取消。

1986 年，广东省农业委员会粤西农垦局根据农场建场历史、干部配备等情况，将湖光农场定编为正处级单位。

1988 年后，农场全面实行场长负责制，同时农场仍旧承担生产经营和社区管理双重职能。

20 世纪 90 年代末，农场实行企业法人治理结构制度。

2012—2017 年，为理顺国有农场社区管理关系，根据《广东农垦国有农场内部分离社会职能、成立社区管理委员会工作实施方案》要求，农场成立社区管理委员会，按居民居住点分布成立若干个社区居（村）民委员会，将现有的社会行政性、社会事业性、社会服务性职能划分出来，农场履行企业性管理职能，社区管理机构行使社会行政事业服务职能。实行一套人马、两个牌子。

2013 年 4 月，从 20 世纪 50 年代中期一直延续使用的"广东省国营湖光农场"改名为"广东省湖光农场"。

2020 年 11 月，改名为"广东农垦湖光农场有限公司"。

第二节　区　　划

1991 年，农场机关设科室 19 个、分场 5 个、基层单位 74 个。基层单位包括：公司 6 个，农业生产队 37 个，机耕队 6 个，基建队 2 个，工厂 11 个，汽车队、医院各 1 个，农科所 1 个，中、小学 6 个，其他单位 3 个。

1985 年，随着经济体制改革，兴办职工家庭农场。到 1991 年底，全场拥有职工家庭农场 1539 个，其中独户式家庭农场 1536 个、联户式家庭农场 3 个。

2002 年，农场机关设科室 5 部 1 室 1 会、分场 4 个、基层单位 49 个。基层单位包括：农业生产队 37 个，基建队 1 个，工厂 6 个，农科所 1 个，医院 1 家，中、小学 3 个。

2020 年底，农场设企业管理和社区管理两大部分。其中，企业管理方面，农场管理分场 2 个、基层单位 32 个。基层单位包括：农业生产队 30 个、基建队 1 个、工厂 1 个。全场拥有职工家庭农场 1003 个，其中独户式家庭农场 998 个、联户式家庭农场 5 个。社区管理方面，社区管理委员会管理社区综合办公室、建设办公室、综治信访办公室和社会事业管理办公室 4 个社区工作职能部门。

第三节　工业卫星镇（场部）

场部设在湛江市麻章区麻章镇志满圩（1957 年 12 月前，农场设在南亚热带作物研究所所部），是农场政治、经济、文化中心。

农场小城镇建设始于 1988 年，当时广东省人民政府批准该场部为工业卫星镇，列为沿海经济开放区，享有出口等优惠政策。当时场部设在湛江市麻章区志满圩，原占地面积 0.63 平方千米，以 2 幢办公大楼为主体。其中，1 幢三层办公大楼建于 1977 年，建筑面积为 1176 平方米；1 幢五层办公大楼建于 1984 年，建筑面积为 1780 平方米。西北面为招待所，建于 1974 年，以 1 幢三层楼和 1 幢五层楼为主体，另有 3 幢别墅式套房，总建筑面积为 5110 平方米。同时场部还建设了住宅区、文教科研区、医疗福利区、文化娱乐区、工副业区和商业服务区等，小城镇建设的基本架构基本形成。

1989—2017 年，农场做过 3 次小城镇规划。最早一次是在 1997 年，该次规划内容主要是：拆除原场部幼儿园建设住房，拆除原商业大楼西边的茶室建设住房，形成小型商业片。2006 年，第二次小城镇规划提出：建设 2.1 平方千米，其范围东至柳秀水库、西至农科所、南至医院、北至志满水库；拆除三层、五层旧办公大楼各 1 幢（属于危楼），招待所三层旧楼 1 幢、小别墅 3 幢（属于危房），在其范围内建设六层办公大楼 1 幢及楼前广场和楼后花园。2006—2017 年，农场经过第三次小城镇规划后，累计建成：学校教学楼 1 幢，5280 平方米；中学学生宿舍 1 幢，2168 平方米；医院门诊楼房 1 幢，1500 平方米；职工公寓楼 7 个小区 28 幢，99350 平方米；职工住宅小区 7 个，共 274392 平方米；派出所楼房 1 幢，820 平方米；文化娱乐室若干，1358 平方米。此外，还铺设水泥路 31.8 千米、排污管道 6000 米、管网 2.77 万米，完成绿化面积 1.16 万平方米，建成蓄水池 1 个、建设水塔 3 座（350 立方米）、路灯 267 盏，安装变电器一批。第三次规划建设累计投资共 20049 万元。

截至 2020 年，小城镇规划建设 5.7 平方千米，场部现有 1700 户 4896 人，其范围东至湖光农场职工医院、西至奶牛场、南至铁路桥、北至志满水库；形成了四纵四横的道路交通格局；形成了东南面商业区，西南面生活休闲区，西面教育区，北面旅游观光区，东面医疗疗养区、中心办公和健身区。

1. **行政管理区**　行政管理区位于场部中心。原先以 2 幢五层和三层办公大楼为主体，西北面为招待所。2010 年，在拆除旧楼的基础上，建设六层"湛江海峡两岸农业合作试验区服务中心楼"（包括农场办公场所在内），建筑面积 6100 平方米；建设文化广场，占地面积 2800 平方米。

2. **住宅区**　原机关干部的住宅主要分布在办公楼周围。西面有两层套式楼房 2 幢，两层别墅式套房 3 幢；南面有两层和三层套式楼房 2 幢；东南面有两层套式楼房 3 幢；东北面有砖瓦结构二十层 12 幢，两层套式楼房 4 幢；西面是机关住宅小区，有两层半别墅式楼房 138 幢。新建的 6 个职工住宅区分布在场部周围。另有职工自建楼房共 428 幢，建筑面积为 3.42 万平方米。

3. **文教科研区**　办公楼东面为农场第一小学，兴建于 2006 年，现有三层和五层教学楼 2 幢，砖瓦结构平房 5 幢，总建筑面积为 3600.17 平方米。农场中学位于西南面，原有三层教学楼 2 幢、四层实验楼 1 幢、两层办公楼 1 幢和职工与学生宿舍 9 幢，建筑面积为 9592.2 平方米。2010 年后，农场中学新建学生宿舍楼五层，面积 2168.24 平方米；教学楼四层半，面积 3808 平方米；科学楼五层，面积 786 平方米。此外，文教科研区还建有各类广场，面积 3000 平方米。2018 年，农场中、小学的土地、资产、人员整体划归湛江麻章区教育局管理。

原农科所位于中学西南面，原有两层楼房 3 幢、砖瓦混合结构职工住宅 3 幢，建筑面积为 688 平方米。2013 年原农科所已搬迁到高阳队，设立为"湖光农场农业推广站"。

4. **医疗福利区**　医院位于场部东面，现有病床 140 张，共有两层和三层楼房 4 幢，一层平顶房 2 幢，总建筑面积为 2619 平方米。敬老院位于医院东南面，现有两层楼 2 幢，建于 1985 年，建筑面积为 1194.7 平方米。2006 年，兴建精神病科病区，面积 300 平方米；2012 年 2 月，扩建医院综合楼五层，面积 1668.02 平方米。2018 年，农场医院的土地、资产、人员整体划归湛江农垦医疗集团管理。

5. **文化娱乐区**　场部西南面有塑胶田径运动场、人工草皮足球场、灯光球场、门球场、溜冰场、游泳场等，以及乒乓球台和健身器具。

6. **工副业区**　工厂原分布在场部东面、西南和西北面，东面有水泥构件厂、水泥砖厂、装饰家具厂、粮油加工厂，西南面有皮革制品厂、五金厂、修配厂，橡胶加工厂、橡胶制品厂，西北面有纸箱厂、酒厂、乳制品厂、茶厂。当时，建材、橡胶制品、食品3个工业区已初具规模。1991—2020年，随着农场产业结构的调整和市场的变化，这些工厂大部分已不存在，仅剩下西南面的皮革制品厂和橡胶制品厂的厂区以及西北面的乳制品厂和茶厂的厂区。

7. **商业服务区**　1991年，场部有1幢三层百货大楼，建筑面积960平方米（已拆除）；有200米长的商业街和2家饭店，建筑面积1450平方米。该区域当时已成为区域性集市贸易中心。目前，志满圩有200米长的商业街、建筑面积3600多平方米。商业街区域内有饭店、早餐店10多家，农贸市场、邮局、邮政银行、快递营业点以及大小商店80多家，各种杂货摊档60档。

8. **公共交通、电信方面**　20世纪60—70年代，湛江市区就有公共汽车每日两班定点途经场部、湖光岩到铺仔圩。1991年后，湛江市区有公共汽车直达场部，农场有公营和私营中型公共汽车、摩托车等开往市区、湖光岩。农场64千米高压线路与湛江市电力系统联网。80年代，湛江农垦半岛微波通信站设在场部北面，农场内电信线路167千米，设有400门自动电话总机，可直接与湛江农垦局、南部各农场及市区通话，程控电话可直拨全国及世界各地。目前，湛江市内公共汽车由每日三班改为定时多班，多条线路发车直达场部及农场其他地点，或者由场部开往湛江市区、湖光岩、湛江海洋大学、南国花卉市场等地，湛江火车客运西站距离场部4千米；高压低压线路与湛江市电力系统联网、直接由供电公司管理，抄表到户；场部已实现电信、移动、联通的互联网、光纤通信全覆盖。

第三章　职工队伍与人口

第一节　职工来源与变化

一、职工来源

（一）1952—1955 年

1. **转业军人**　1952 年 3—8 月，中国人民解放军四十三军、林业工程第二师六团二营（营部、五连、六连、机炮连）及师直属连等部队官兵和转业干部 600 余人陆续到农场。1953 年底，农场实行"大转弯"（即大调整），精简干部，林业工程第二师 500 多名军人调出和转业回家，其余人员于 1954 年集体转业为农场干部或工人。

2. **大学毕业生**　1952 年上半年，中山大学、广西大学、金陵大学、南方大学、武汉大学等部分师生和地方干部 100 多人组成测量设计队，进入农场勘察设计。

3. **民工**　1952 年，从广东省阳江县、电白县、化州县、遂溪县及广西壮族自治区玉林地区等地招收民工 4342 人。1953 年 1 月，部分民工转为长期工人；7 月，从海康县帮塘垦殖场（现奋勇农场）调入 106 名阳江籍民工；1953 年底"大转弯"时，全场共派遣 2779 名民工回家，有 1563 人转为固定工。

4. **归国华侨**　1952 年 3 月开始，部分马来西亚、泰国、印度尼西亚、新加坡归国华侨陆续从梅县、揭阳等地到高雷垦殖局参加垦荒植胶工作，有 21 名归国华侨被分配到农场。

5. **土改工作队员**　1953 年 5 月，广东省人民政府增派 3000 名土改队干部到垦区工作。有 32 名土改干部分配到农场。

6. **来自其他农场的职工**　1954 年冬，吴川县海燕农场并入农场，有 66 名职工被接收到农场。

7. **城市居民、农村青年**　1953 年，湛江市、遂溪县 238 名居民和农村青年到农场工作。

（二）1956—1966 年

1. **来自其他农场的职工**　1957 年 7 月，湛江市青年农场并入农场，有 27 名职工被接收到农场。

2. **职工家属、子女就业** 1958 年开始，农场每年都安排一批职工家属在农场工作。职工子女达到就业年龄后，农场根据招工条件和生产需要，经湛江（粤西）农垦局批准，安排符合条件的职工子女参加工作。到 1991 年止，安排职工子女就业累计 6733 人。

3. **退伍军人** 1956—1968 年，农场共接收了 43 名退伍军人到农场工作。

4. **并村、移民** 1959—1966 年，农场接收东寮村、乌石山村、谭高村、里场村、柳秀村、五里村、五里仔村、下溪仔村、新坡村、志满村、志满圩 819 名并村农民，973 名廉江县鹤地水库移民，600 名湛江市郊区龙头镇甘村水库移民到农场工作。

5. **城镇青年** 1966 年 3—9 月，农场分别接收了 203 名高州青年、180 名吴川青年、24 名湛江青年到农场工作。

（三）1968—2000 年

1. **知识青年** 1968—1974 年，农场接收了城市知识青年共 782 人（其中，广州市 200 人，汕头地区 114 人，开平县 27 人，韶关市 50 人，湛江市 350 人，其他地区 41 人），这些城市知识青年自 1974 年起大多数陆续离开农场返回城市，还有 162 人在农场工作。

2. **农村社会青年** 1968—1970 年，农场接收农村社会青年 337 人。

3. **转业（退伍）军人** 1991—2020 年，农场接收了农场及各地转业（退伍）军人 260 人到农场工作。

4. **职工子弟** 1972—1984 年，农场内自然增长的职工子女达到劳动就业年龄，采取包干安置就业措施，每年职工子弟高中、初中毕业生由农场统一安排工作。1972—1984 年，农场招收的职工子女人数达 2029 人。随着计划体制的改革，1983 年开始对新招工人试行劳动合同制管理，逐步取消统分统配用工制度。1984 年兴办家庭农场后，以岗定人，职工子弟上岗的人数大幅度减少。1985—2020 年，农场招收的职工子女人数达 1860 人，其中 2017 年以后农场招收的职工子女人数为 0。

5. **大中专生** 1991—2020 年，接收了大中专生 165 人到农场工作。

二、职工变化

建场初期，由于大规模垦荒植胶的需要，1952—1953 年，职工总数在 4753～5349 人（其中民工 400 多人）；1953 年底"大转弯"，遣返了近 3000 名民工回家，其余转为固定工。

1954—1958 年，职工人数为 1490～1600 人；1959—1969 年，为 3145～4395 人；

1970—1975 年，为 4921～5766 人；1976—1990 年，为 6073～6740 人。职工总数最高年份为 1989 年，达到 6740 人。1991 年职工人数略减少，总数为 5602 人。此后，在职职工的人数逐年减少，2000 年为 2130 人，2010 年为 1667 人，2020 年为 1272 人。

从 1968 年开始，按规定达到离、退休年龄的职工陆续退休或离职休养。到 1991 年止，离、退休人员累计 2008 人。

2000 年，离、退休人员累计 2714 人；2010 年，离、退休人员累计 2913 人；2020 年，离、退休人员累计 2645 人。

三、职工构成

1959 年，生产人员占职工总人数的 92.6%；1960 年后，行政管理人员和服务人员有所增加。1969 年，生产工人占职工总人数的 87.2%，1979 年该比例为 81.5%。1980 年以后，由于农场兴办了职工家庭农场，推行了适度规模经营，生产工人相应减少，行政管理人员和服务人员的比重有所增加。1989 年，生产工人占职工总人数的 71.1%，1999 年为 74.9%，2009 年为 71.9%。2020 年，生产工人占职工总人数的 78.9%。

表 3-1　1952—2020 年湖光农场职工构成情况（部分年份）

年份	职工总数（人）	生产工人		行政管理人员和服务人员		女工	
		人数（人）	占职工比例（%）	人数（人）	占职工比例（%）	人数（人）	占职工比例（%）
1952	1586	1390	87.6	196	12.4	363	22.9
1955	1396	1182	84.7	193	13.8	389	27.9
1956	1148	932	81.2	185	16.1	426	37.1
1957	1012	893	88.2	82	8.1	564	55.7
1959	3210	2972	92.6	238	7.4	230	7.2
1960	3369	3016	89.5	353	10.5	1388	41.2
1961	3145	2709	85.9	395	12.6	1498	47.6
1962	3173	2793	88.0	379	11.9	1542	48.6
1969	4395	3833	87.2	562	12.8	2036	46.3
1970	4921	4152	84.4	769	15.6	2353	47.8
1971	5326	4285	76.2	662	12.4	2781	52.2
1974	5457	4355	79.8	972	17.8	2795	51.2
1975	5666	4590	81.0	1019	18.0	2829	49.9
1977	6231	5036	80.8	1137	18.2	2830	45.4
1979	6477	5277	81.5	1205	18.6	3220	49.7
1980	6474	5328	82.3	1148	17.7	2997	46.3

（续）

年份	职工总数（人）	生产工人		行政管理人员和服务人员		女工	
		人数（人）	占职工比例(%)	人数（人）	占职工比例(%)	人数（人）	占职工比例(%)
1982	6422	4865	75.8	1498	23.3	2814	43.8
1984	6538	4953	75.8	1397	21.4	2842	43.5
1988	6529	4673	71.6	1327	20.3	2937	45.0
1989	6740	4792	71.1	1400	20.8	3118	46.3
1990	6274	4402	70.2	1399	22.3	2732	43.5
1991	5602	3793	67.7	1235	22.0	2742	48.9
1992	5233	3559	68.0	1256	24.0	2706	51.7
1993	4232	3277	77.4	933	22.0	1972	46.6
1994	4130	3228	78.2	901	21.8	1982	48.0
1995	3814	2969	77.8	730	19.1	1856	48.7
1996	3458	2691	77.8	767	22.2	1789	51.7
1997	2967	2370	79.9	597	20.1	1495	50.4
1998	2855	2231	78.1	624	21.9	1211	42.4
1999	2262	1695	74.9	567	25.1	1085	48.0
2000	2130	1420	66.7	710	33.3	1022	48.0
2001	1818	1200	66.0	618	34.0	1012	55.7
2002	1748	1152	65.9	596	34.1	1009	57.7
2003	1615	894	55.4	721	44.6	932	57.7
2004	1575	970	61.6	605	38.4	984	62.5
2005	1616	989	61.2	628	38.8	950	58.8
2006	1752	977	55.8	775	44.2	813	46.4
2007	1744	1129	64.7	615	35.3	959	55.0
2008	1703	1134	66.6	569	33.4	848	49.8
2009	1954	1405	71.9	488	25.0	908	46.5
2010	1667	1103	66.2	564	33.8	827	49.6
2011	1716	1137	66.3	579	33.7	937	54.6
2012	1912	1558	81.5	354	18.5	1051	55.0
2013	1755	1384	78.9	375	21.4	713	40.6
2014	1753	1343	76.6	410	23.4	693	39.5
2015	1669	1265	75.8	404	24.2	656	39.3
2016	1779	1355	76.2	424	23.8	661	37.2
2017	1593	1256	78.8	337	21.2	484	30.4
2018	1379	1032	74.8	347	25.1	451	32.7
2019	1324	1015	76.7	309	23.3	436	32.9
2020	1272	1003	78.9	269	21.1	439	34.5

第二节　人口变化与结构

一、人口变化

1953 年前，农场固定职工有 1500～2000 人，全场没有出生人口。1954 年后，开始陆续接收职工家属到农场参加工作。1954—1957 年，总人口的最高值为 2153 人，家属小孩人数逐年增加，最多时为 671 人。

1958—1962 年，麻章公杜志满乡 11 个自然村 1737 人并入农场，同时农场还接收安置了廉江县鹤地水库、湛江郊区龙头镇甘村水库等 1573 名移民以及部分职工家属。农场人口从 1958 年的 2153 人增加到 1962 年的 6090 人，1962 年农场人口数为 1957 年的 2.82 倍。

1959—1972 年，农场人口自然增长率保持在 21.4‰～58.4‰，是农场人口自然增长率最高的时期，其中 1962 年的人口自然增长率最高，达 58.4‰。

1970 年，农场总人口突破 1 万人，其中职工 4921 人，家属和小孩 5490 人。

1969—1974 年，计划生育工作较有成效，人口自然增长率略有下降。1969—1974 年的人口自然增长率分别为 31.1‰、26.1‰、26.5‰、24.6‰、17.2‰、17.8‰，比 1968 年的 37.4‰下降了很多。由于城市知识青年及部分职工子女、家属到农场参加工作，1974 年底总人口达 11524 人，比 1969 年增长 25％。1975—1991 年，农场总人口在 11418～12321 人，职工总人数为 5766～6678 人，家属小孩在 3450～5622 人；1992—2000 年，农场总人口在 11132～11890 人，职工总人数为 2130～5233 人，家属小孩在 6330～9363 人；2001—2010 年，农场总人口在 12260～13172 人，职工总人数为1575～1954 人，家属小孩在 10322～11505 人；2011—2020 年，农场总人口在 13187～14159 人，职工总人数为 1272～1912 人，家属小孩在 11915～12404 人。1991 年以后，人口自然增长率逐年略有升降。1990 年为 5.7‰，1995 年为 9.67‰，2000 年为 2.87‰，2005 年为 3.49‰，2010 年为 2.51‰，2015 年为 3.94‰，2020 年人口自然增长率最低点为 2.14‰。

二、人口结构

1. **年龄性别结构**　1991 年，0～5 岁人口为 1504 人，占人口的 11.2％，其中男性为 854 人，女性为 650 人；6～14 岁人口为 1579 人，占总人口的 11.7％，其中男性 858 人，女性为 721 人；15~50 岁的人口为 7946 人，占总人口的 59.0%，其中男性 3998 人，女性为 3948 人；50~59 岁的人口为 1301 人，占总人的 9.7%，其中男性为 644 人，女性为 657 人；60~102 岁的人口为 1128 人，占总人的 8.4%，其中男性 669 人，女性为 459 人。

2000 年，农场 0~5 岁人口为 1111 人，占人口的 9.7%，其中男性 634 人，女性为 477 人；6~14 岁人口为 1861 人，占总人口的 16.2%，其中男性 1032 人，女性为 829 人；15~50 岁的人口为 6303 人，占总人口的 54.8%，其中男性 3194 人，女性为 3109 人；50~59 岁的人口为 1092 人，占总人口的 9.5%，其中男性为 504 人，女性为 588 人；60~102 岁的人口为 1126 人，占总人口的 9.8%，其中男性 457 人，女性为 669 人。

2010 年，农场 0~5 岁人口为 746 人，占人口的 6.7%，其中男性为 408 人，女性为 338 人；6~14 岁人口为 1544 人，占总人口的 11.7%，其中男性 867 人，女性为 677 人；15~50 岁的人口为 6904 人，占总人口的 52.4%，其中男性 3603 人，女性为 3301 人；50~59 岁的人口为 1731 人，占总人口的 13.1%，其中男性 886 人，女性为 845 人；60~103 岁的人口为 2247 人，占总人口的 17.1%，其中男性 979 人，女性为 1268 人。

2020 年，农场 0~5 岁人口为 648 人，占人口的 4.6%，其中男性为 338 人，女性为 310 人；6~14 岁人口为 1543 人，占总人口的 11%，其中男性 825 人，女性为 718 人；15~50 岁的人口为 6258 人，占总人口的 44.6%，其中男性 3345 人，女性为 2913 人；50~59 岁的人口为 2190 人，占总人口的 15.6%，其中男性 1125 人，女性为 1065 人；60~105 岁的人口为 3395 人，占总人口的 24.2%，其中男性 1578 人，女性为 1817 人。

2. 文化素质结构 1991 年，农场 6 岁以上人员为 11954 人，其学历分布情况为：大学毕业学历 26 人；大专毕业学历 106 人；中专毕业学历 359 人；中学学历 4707 人，其中高中毕业学历 2016 人，初中毕业学历 2691 人；小学毕业学历 3383 人；文盲及半文盲 3373 人。

2000 年，农场 6 岁以上人员为 10382 人，其学历分布情况为：研究生 1 人，大学毕业学历 30 人；大专毕业学历 183 人；中专毕业学历 640 人；中学学历 5462 人，其中高中毕业学历 2461 人，初中毕业学历 3001 人；小学毕业学历 2664 人；文盲及半文盲 1402 人。

2010 年，农场 6 岁以上人员为 12426 人，其学历分布情况为：硕士研究生 3 人；大学毕业学历 169 人；大专毕业学历 320 人；中专毕业学历 2061 人；中学学历 5972 人，其中高中毕业学历 2409 人，初中毕业学历 3563 人；小学毕业学历 2409 人；文盲及半文盲 1492 人。

2020 年，农场 6 岁以上人员为 13386 人，其学历分布情况为：博士研究生 1 人；硕士研究生 6 人；大学毕业学历 267 人；大专毕业学历 677 人；中专毕业学历 1345 人；中学学历 9389 人，其中高中毕业学历 5372 人，初中毕业学历 4017 人；小学毕业学历 1184

人；文盲及半文盲 517 人。

3. 民族人口结构 1991 年，农场人口的民族构成为：汉族 13456 人，壮族 1 人，黎族 1 人。

2020 年，农场人口的民族构成为：汉族 13888 人，壮族 131 人、瑶族 2 人、仫佬族 1 人、黎族 1 人、侗族 2 人、满族 2 人、彝族 1 人、维吾尔族 2 人，苗族 3 人，水族 1 人。

注：1991 年人口结构各项统计数字均按总人口 13458 人计算，其中有 1137 人是非农场人口；2020 年人口结构各项统计数字均按总人口 14034 人计算，其中有 620 人是非农场人口。民族人口结构各项统计资料均为 2015 年人口普查资料。

表 3-2　1992—2020 年湖光农场计划生育统计

| 年份 | 户籍总人口（人） | 出生人口 | | | | | | | 政策生育率（%） | 出生率（‰） | 死亡人数（人） | 死亡率（‰） | 自然增长率（‰） | 初婚人数（人） |
		出生人数（人）	一孩出生（人）	一孩率（%）	二孩出生（人）	二孩率（%）	三孩及以上出生（人）	三孩率（%）						
1992	11863	170	161	94.70	9	5.30	0	0.00	96.47	14.33	36	3.03	11.30	106
1993	11890	186	178	95.70	8	4.30	0	0.00	100	15.64	34	2.86	12.78	108
1994	11839	201	191	95.02	10	4.98	0	0.00	96.02	16.98	30	2.53	14.44	121
1995	11681	197	190	96.45	7	3.55	0	0.00	96.95	16.86	84	7.19	9.67	85
1996	11680	198	188	94.95	10	5.05	0	0.00	96.97	16.95	30	2.57	14.38	86
1997	11508	192	182	94.79	10	5.21	0	0.00	95.31	16.68	32	2.78	13.90	75
1998	11132	160	152	95.00	8	5.00	0	0.00	95.63	14.37	38	3.41	10.96	58
1999	11360	150	142	94.67	8	5.33	0	0.00	94.67	13.20	45	3.96	9.24	71
2000	11493	105	91	86.67	14	13.33	0	0.00	90.48	9.14	72	6.26	2.87	63
2001	12260	98	89	90.82	9	9.18	0	0.00	90.81	7.99	58	4.73	3.26	61
2002	12291	91	81	89.01	10	10.99	0	0.00	89.01	7.40	51	4.15	3.25	70
2003	11937	76	69	90.79	7	9.21	0	0.00	90.79	6.37	31	2.60	3.77	41
2004	12003	88	74	84.09	12	13.64	2	2.27	88.64	7.33	47	3.92	3.42	57
2005	12047	94	83	88.30	11	11.70	0	0.00	90.42	7.8	52	4.32	3.49	62
2006	12216	111	92	82.88	18	16.22	1	0.90	89.19	9.09	61	4.99	4.09	75
2007	12489	91	82	90.11	9	9.89	0	0.00	91.21	7.29	56	4.48	2.80	54
2008	12862	111	95	85.59	15	13.51	1	0.90	91.89	8.63	69	5.36	3.27	58
2009	12923	76	69	90.79	6	7.89	1	1.32	94.74	5.88	51	3.95	1.93	65
2010	13172	86	74	86.05	12	13.95	0	0.00	96.51	6.53	53	4.02	2.51	61
2011	13187	76	69	90.79	7	9.21	0	0.00	98.68	5.76	52	3.94	1.82	67
2012	13721	118	77	65.25	32	27.12	9	7.63	73.73	8.6	62	4.52	4.08	70

（续）

年份	户籍总人口（人）	出生人口							政策生育率（%）	出生率（‰）	死亡人数（人）	死亡率（‰）	自然增长率（‰）	初婚人数（人）
		出生人数（人）	一孩出生（人）	一孩率（%）	二孩出生（人）	二孩率（%）	三孩及以上出生（人）	三孩率（%）						
2013	13766	103	80	77.67	21	20.39	2	1.94	88.35	7.49	48	3.41	4.07	82
2014	13898	113	92	81.42	19	16.81	2	1.77	91.15	8.13	62	4.46	3.67	96
2015	13962	119	70	58.82	48	40.34	1	0.84	91.6	8.52	64	4.58	3.94	78
2016	14095	135	56	41.48	74	54.81	5	3.70	96.3	9.58	69	4.90	4.68	60
2017	14110	187	85	45.45	93	49.73	9	4.81	97.86	13.25	84	5.95	7.30	54
2018	14159	171	76	44.44	68	39.77	27	15.79	86.55	12.08	89	6.29	5.79	58
2019	14095	151	62	41.06	48	31.79	41	27.15	78.15	10.71	98	6.95	3.75	52
2020	14034	142	57	40.14	59	41.55	26	18.31	81.69	10.12	112	7.98	2.14	55

表 3-3　1991—2020 年湖光农场人口年龄结构调查

年份	总人数	0～5 岁				6～14 岁				15～50 岁				51～59 岁				60 岁及以上			
		合计	占总人口比例（%）	男	女	合计	占总人口比例（%）	男	女	合计	占总人口比例（%）	男	女	合计	占总人口比例（%）	男	女	合计	占总人口比例（%）	男	女
1991	13458	1504	11.2	854	650	1579	11.7	858	721	7946	59.0	3998	3948	1301	9.7	644	657	1128	8.4	669	459
1996	11680	1141	9.8	640	501	1557	13.3	873	684	6588	56.4	3293	3295	1240	10.6	574	666	1154	9.9	536	618
2000	11493	1111	9.7	634	477	1861	16.2	1032	829	6303	54.8	3194	3109	1092	9.5	504	588	1126	9.8	457	669
2005	12047	693	5.8	387	306	1992	16.5	1120	872	6698	55.6	3467	3231	1197	9.9	579	618	1467	12.2	605	862
2010	13172	746	6.7	408	338	1544	11.7	867	677	6904	52.4	3603	3301	1731	13.1	886	845	2247	17.1	979	1268
2015	13962	797	5.7	417	380	1276	9.1	708	568	6672	47.8	3527	3145	2215	15.9	1164	1051	3002	21.5	1387	1615
2020	14034	648	4.6	338	310	1543	11.0	825	718	6258	44.6	3345	2913	2190	15.6	1125	1065	3395	24.2	1578	1817

表 3-4　1991—2020 年湖光农场民族结构调查

年份	总人口	汉族	壮族	瑶族	侗族	满族	水族	维吾尔族	苗族	仫佬族	黎族	彝族
1991	13458	13456	1	0	0	0	0	0	0	0	1	0
1996	11680	11670	5	0	1	0	0	0	3	0	1	0
2000	11493	11478	8	0	1	0	0	2	3	0	1	0
2005	12047	12003	36	0	1	0	0	2	3	1	1	0
2010	13172	13074	88	1	1	1	0	2	3	1	1	0
2015	13962	13828	120	1	2	2	1	2	3	1	1	1
2020	14034	13888	131	2	2	2	2	2	3	1	1	1

表 3-5 1959—1991 年湖光农场人口自然增长情况

年份	农场总人口（人）	出生人数（人）	死亡人数（人）	人口自然增长率（‰）	年份	农场总人口（人）	出生人数（人）	死亡人数（人）	人口自然增长率（‰）
1959	5278	128	15	21.4	1976	11356	135	23	9.9
1960	5371	283	50	43.6	1977	11698	131	29	8.7
1961	5819	340	34	52.6	1978	12049	109	23	7.1
1962	6090	390	35	58.4	1979	11870	108	36	6.1
1963	6332	343	40	47.9	1980	11696	122	44	6.7
1964	6787	322	39	41.7	1981	11732	134	50	7.2
1965	7216	339	33	42.4	1982	11902	143	32	9.3
1966	7956	286	27	32.6	1983	11997	162	45	9.8
1967	8657	334	34	34.7	1984	11855	190	27	13.7
1968	9306	389	41	37.4	1985	12115	120	41	6.5
1969	9193	320	34	31.1	1986	12121	151	47	8.6
1970	10411	301	29	26.1	1987	12148	142	34	8.9
1971	10579	317	37	26.5	1988	12066	153	36	9.7
1972	10880	289	21	24.6	1989	11902	156	46	9.2
1973	11336	225	30	17.2	1990	12203	128	58	5.7
1974	11524	239	34	17.8	1991	12321	129	21	8.8
1975	11418	186	27	13.9					

三、计划生育

（一）管理机构

国家自 1971 年开始推行计划生育政策。1971 年，农场成立人口计划生育领导小组，负责农场的计划生育管理工作。1979 年，设立计划生育办公室，基层单位成立计划生育领导小组。1982 年，国家把计划生育确定为基本国策并写入《中华人民共和国宪法》。此后，农场、分场（公司）、生产队都配备了专职或兼职计划生育管理干部，负责各单位的计划生育工作。1986 年，计划生育工作实行岗位责任制，由农场领导分线（片）带领科室干部包分场（公司），分场（公司）领导包队，队领导包班组、家庭农场，各级领导包思想教育、包节育措施和人口计划指标落实，职工在签订经济承包合同的同时还要签订计划生育合同，实行计划生育奖罚与工资挂钩机制。为进一步加强对计划生育工作的领导，各分场（公司）设一名计划生育专职干部。

1987年，农场成立了计划生育委员会，由场长任主任委员。

1991年，成立计划生育协会理事会，由一名副场长任会长。

2000年，计划生育办公室与行政办公室合署办公。

2003年，计划生育办公室与工会合署办公。

2009年，恢复独立计划生育办公室。

2012年，成立社区管理委员会，计划生育办公室成为社区办下设机构社会事业管理办的内设机构。

（二）计划生育政策的执行情况

1962年，国家开始号召计划生育。农场遵循广东省的相关文件规定，此后人口自然增长率逐年降低。

1978年，提倡晚婚晚育。生育第一胎后相隔四年才准生育第二胎。

1979年，提倡一对夫妇终身只生一个孩子。

1980年2月2日，农场对独生子女家庭实行两种优待办法，职工家庭可以任意选择一种，选后就不能改变。

1980年，农场被湛江农垦局评为"计划生育先进单位"。

1985年，计划生育办公室主任刘新虎被评为"全国计划生育先进工作者"。

1976—1991年，农场的人口自然增长控制在9‰左右。

1991年，农场计划生育办公室被粤西农垦局评为"计划生育先进集体"。

2004年，农场被评为"湛江市计划生育工作先进单位"。

从1991年起，农场的人口计划生育工作由所在地麻章区计划生育委员会统一管理，并纳入所在地政府及计划生育委员会的统一检查、评比，实行"条块结合、以块为主"的管理体制，实行农垦与地方人口计划生育行政管理部门双重管理模式。

1998年，农场开展对党员干部违反计划生育政策的清理清查工作。

1997—2004年，农场实行年度人口与计划生育目标责任制管理考核，并将考核结果列入年度工作绩效考核指标，与收益挂钩。

2013年，农场计划生育办公室划归农场社区服务中心管理。

2014年3月27日，广东省第十二届人民代表大会常务委员会第七次会议通过《关于修改〈广东省人口与计划生育条例〉的决定》，实施"一方是独生子女的夫妇可生育两个孩子"生育政策，广东省的"单独二孩政策"启动。

2016年9月29日，广东省第十二届人民代表大会常务委员会第二十八次会议通过《广东省人民代表大会常务委员会关于修改〈广东省人口与计划生育条例〉的决定》，广东省从此开始推行"全面二孩"政策，实行生育登记制度，对生育两个以内孩子的家庭不再审批。

2016 年，实施新的计划生育条例，继续实行计划生育"一票否决制度"，较好地完成地方政府下达的年度人口计划生育工作任务。

2017 年，农场共出生 187 人，出生率为 13.25‰。

2020 年，农场共出生 142 人，出生率为 10.12‰。

第二编

经 济

中国农垦农场志丛

第四章 农 业

第一节 综 述

农场地处雷州半岛北部，光热资源丰富，降水充沛，土层松厚，有利于农业生产，适宜种植橡胶、甘蔗、花生等热带、亚热带作物。

从1951年建场开始，积极响应祖国的号召，发展国防战略物资橡胶，并逐年加快发展速度，拥有一定规模的橡胶生产基地，成为当时最大的支柱产业。

1951—1953年，为响应党中央号召，发展祖国橡胶事业，农场确定了以发展橡胶为主的经营方针。1954年橡胶受特大寒害影响以后，先后多次调整经营方针。1956年，推行"以发展甘蔗为主，扩大畜牧业，结合生产香茅"的经营方针。1957年，因甘蔗亏本，改为"以香茅为主，发展畜牧"。1958年，又改为"以畜牧为主，发展香茅"。20世纪50年代曾四度改变经营方针。

1960年，重新调整为以橡胶为主，实行多种经营，以短养长，以粮食保橡胶、农牧结合的方针。多种经营主要是抓农作物（如水稻、薯类等）、经济作物（香茅）和畜牧业的生产。1960年，粮食（主要是稻谷）种植面积达3.05万亩，粮食总产1624吨，不但粮食自给有余，还上缴一部分给国家。从此以后农场粮食自给自足，为国家减轻了粮食负担。这一时期农业经济单一，单纯进行原料生产，生产水平低，成本高，经济效益低，粮、油、肉、菜等生产基本是自给性生产，出售橡胶和香茅原料的年收入占农业总值的90％以上，整个农业全年总产值在100万～200万元。橡胶常年受台风影响和寒流袭击，保存率低，产量低，效益低，农业经济发展缓慢。

从建场到1965年，湖光农场在发展生产过程中，经受过严峻考验，克服了重重困难，实现"六大变"：

一是荒原变胶园。开垦了荒地80000多亩，在1000多个林段里种植了橡胶，建成一个初具规模的胶园；修了7条公路，全长65千米，公路四通八达。

二是野岭变绿山。过去，这里的笔架岭、七星岭、乌石山、溪伯路大山都是穷山岭，山上山下树木稀疏。到1965年，荒山荒地都造了林，昔日野岭变成树木成林，林带纵横交错，组成 3000 多个方格，种满了各种作物，到处一片青葱碧绿。

三是单一营变多种营。过去，单纯种橡胶，其他作物很少；到 1965 年，除了橡胶为主以外，农、林、牧业及其副产品加工业俱全，出产 14 种产品，堪称业兴场旺。

四是低产变高产。过去，环境还没有改造好，橡胶树长不好，稻谷亩产只有五六十千克；到 1965 年，生产条件改变了，橡胶树长势喜人，1965 年早造水稻亩产 320 千克，晚造水稻丰收在望，平均至少亩产 250 千克，提前实现了农业发展纲要的要求。

五是贫穷变富裕。过去，靠国家发饷，靠农村吃粮，油、肉靠市场供应，连年亏损，生产无利；到 1965 年，农场生产费用自给有余，连年增产增盈，粮食自给率在 90％以上，油、肉全部自己解决。随着生产发展，职工生活有了改善，文化、卫生事业也有了相应发展。

六是人的精神面貌起了很大变化。过去，有人说农场没有奔头，看不清前途命运。到 1965 年，路子越走越宽广，前途越看越光明，职工们纷纷表示坚决听党的话，在农场干一辈子，为社会主义建设做出更大献。

1978 年，中共十一届三中全会召开后，农场试办农工商联合企业，调整农业生产布局，在巩固橡胶生产的基础上，大力发展甘蔗、茶叶等经济作物，进行"橡胶茶叶并举，茶叶甘蔗并举，推动商品经济发展"的产业结构调整。通过调整，经济效益高的甘蔗产业得到发展，成为经济效益较好的经济作物。

1991 年，农业总产值为 3676 万元，占经济总产值的 53.7％。拥有土地面积共 11.12 万亩，已开垦利用面积 9.86 万亩。其中，橡胶种植面积 2.4 万亩，占全场已开垦土地总面积的 24.3％；甘蔗种植面积 1.23 万亩，占全场已开垦土地总面积的 12.5％；茶叶种植面积占 0.14 万亩，占 1.4％；林地 2.2 万亩，占 22.3％；其他耕地 2.29 万亩，占 23.3％；其他用地 1.6 万亩，占 16.2％。为增强抗御自然灾害能力，提高土地利用率，在橡胶行间种植其他经济作物，面积 6000 多亩。

1996 年后，按照粤西农垦局"南甘糖、北水果、中路橡胶"的决策，农场逐年分期分批将长期受台风影响严重的胶园和低产胶园以及疏、残、缺橡胶树，连同已淘汰胶园的防护林一并更新改造，大力发展甘蔗产业并逐步发展成为主要产业。

农场不断改进农业经营方式，从过去的"大锅饭"经营逐步向联产计酬、家庭农场、专业承包改革。甘蔗生产由农场下达种植计划、产品收购指令性计划和考核指标，实行统一规划、统一耕作、统一品种、统一技术、统一管理、统一收获、统一销售的"七统一"经营方式向自营经济转变，由职工自主经营，产品自由销售。在生产经营中，始终坚持引进、试验、示范与推广相结合，科研与生产相结合，良种与良法相结合，基本实现产业经营专业化、作物栽培良种化、田间管理标准化、科学耕作机械化。

同时不断推进农业结构调整，由传统农业逐步向"立体"农业、"三高"农业、节水农业、现代农业方向发展。建立甘蔗万亩高产创建示范基地共 2 万亩。同时，实行"一业为主，多种经营"模式，形成以甘蔗为主导产业，水稻、花生、薯类、蔬菜、蚕桑、水果、花卉等作物为补充的农业发展格局。

2020 年，全场作物面积 50756 亩，按作物规模大小，依次为甘蔗 17589 亩、林木 961 亩、蔬菜 904 亩、水稻 2055 亩、水果 12334 亩、茶叶 149 亩、花卉 12494 亩、其他作物 2370 亩、养殖水面 1900 亩。2020 年全场农业产值达 41789 万元。

表 4-1　1979—2020 年湖光农场农业产值及其占总产值比例

年份	农业产值（万元）	占总产值的比率（%）
1979	525.31	44.2
1980	848.66	61.4
1981	954.49	67.9
1982	1271.03	70.0
1983	1305.15	59.1
1984	1556.6	53.6
1985	1356.6	46.0
1986	1618.0	45.0
1987	1879.3	47.1
1988	2394.7	49.0
1989	2933.2	45.6
1990	2955.8	51.6
1991	3676.0	53.7
1992	3341.6	51.3
1993	3573.5	35.7
1994	4909.2	38.8
1995	5504.8	34.6
1996	4960.6	34.8
1997	7061.5	41.5
1998	7494.2	41.1
1999	5566.3	39.3
2000	6257.9	44.0
2001	5750.0	41.6
2002	5788.8	39.9

（续）

年份	农业产值（万元）	占总产值的比率（%）
2003	7685.9	45.7
2004	8994.7	48.8
2005	10996.4	53.0
2006	11702.5	52.0
2007	13311.9	54.1
2008	13993.6	54.5
2009	15431.0	51.9
2010	17388.9	50.2
2011	21689.2	54.6
2012	22199.01	46.6
2013	28118.8	46.8
2014	29528.0	46.1
2015	31897.0	44.8
2016	33793.0	43.6
2017	36493.0	43.5
2018	38371.03	43.8
2019	40636.6	44.1
2020	41789.0	46.8

第二节　橡　胶

农场从1952年起开垦地1.79万亩，定植橡胶44.7万株。由于1954年强台风和1955年特大寒潮袭击，幼龄橡胶树苗88%被吹折和冻死。此后5年基本放弃管理，直到1960年开始恢复种植橡胶树，以后每年定植一部分橡胶树，补植、换植一部分橡胶树。到1991年，结存2.4万亩、50.67万株。

农场气候条件基本适合橡胶树生长和产胶，风害比较严重，越冬时偶有寒害，属中度寒害、重度风灾生态类型区，多为三等适宜种植胶林地。多年来，经受了旱、风、寒、病四大灾害考验，在橡胶生产实践和科学实验中，总结出"林网化、覆盖化、良种化"的植胶经验，有针对性地采取引种高产无性系品种、营造防风林、修枝整形、胶园间作的抗灾栽培措施，以及利用乙烯利刺激割胶和"稳、准、轻、快"的割胶技术，利用雷达测雨指导割胶生产等，提高了橡胶种植管理和生产水平。1962年橡胶开始试割，当年产胶乳0.63吨。以后平均每年以22.5%的速度递增，到1984年突破1000吨，为1010.28吨。1991年达到历史最高水平，年产干胶为1485.6吨，橡胶总收入1131.6万元，占当年整个农业收入的 30.8%。橡胶一直是农场的主业，是主要经济来源之一。橡胶树开割株数最多的年份为 1989 年，为 51.44 万株。

表 4-2　1962—1991 年湖光农场橡胶开割情况

时间	年均开割面积（亩）	年均开割株数（万株）
1962 年	150	0.34
1963—1968 年	270	0.7
1969—1974 年	1800	4.5
1975—1982 年	15100	31.42
1983—1991 年	24900	49

1962 年，单株生产干胶量为 0.19 千克；1967 年为 1.14 千克。以后平均每年以 22.5% 的速度递增，到 1991 年，单株生产干胶量为 3.1 千克，达历史最高水平。

表 4-3　1962—1991 年湖光农场干胶年均产量

单位：吨

时间	年均干胶总产
1962—1974 年	20
1975—1977 年	375.4
1978—1982 年	642.3
1983—1991 年	1100
其中：1991 年	1485.6

一、勘测、垦荒、植胶

1952 年秋，农场开始对全场土地进行测量规划、土壤化验、林段设计，勘测队伍由金陵大学、广西大学、武汉大学、南方大学等院校的 100 多名师生及部分地方干部组成。当时，由于勘测时间仓促、经验不足，导致勘测规划做得不够细。在后来的生产过程中，不断总结经验与教训，并按照原农垦部对国营农场的规划与要求，反复多次进行研究分析，不断修正补充，才使规划设计日臻合理和完善。

1952 年 8 月，奉命前来的解放军战士们扛着枪，打着背包，以打仗的勇敢气概，挺进《雷州府志》所称的"瘴气"弥漫、路有白骨、毒蛇猛兽横行的雷州半岛荒坡野岭。率先挺进场区的是中国人民解放军四十三军 50 多名转业官兵和林业工程第二师 500 多名官兵组成的垦荒队，他们在两天内搭起了四十间茅棚。从各地调集来的民工、归国华侨、南下干部、知识分子和土改队员也陆续到达场区安营扎寨，开辟农场新天地。湛江市党政机关干部和麻章、新鹿、城月、坡头、新墟、太平等地的翻身农民也自带锄头、草席和粮食，积极投入垦荒战斗。据不完全统计，民工最多的时期是 1953 年，达 6000 多人。经过一年多时间的艰苦拼搏，到 1953 年底，开垦荒地面积 5.42 万亩，全部种上了从海南引进的实生树胶树苗，共 135.6 万株。

林带设计：林带东西长 1000 米，宽 15 米；南北长 200 米，宽 10 米。每个方格是：1000 米×200 米＝20 万平方米＝300 亩。

林地开垦：开始是人工开垦，后来获得苏联的援助，从 1952 年冬起，采取人工与机械配合，并以人工为主、机械为辅。农场当时拥有斯大林-80 型拖拉机 12 台，主要用于伐木和犁地。

定植：1952 年定植时为冬季，以后定植时间为 3—7 月。1952 年定植时，每亩 25 株，主要是从海南运进的橡胶树苗，品种为实生树；1953 年建立苗圃后，所需苗木均由农场培育；1960 年以后，定植采用每亩 33 株；1962 年开始采用橡胶树芽接苗定植，以后定植全部采用橡胶树芽接树。

表 4-4　1952—1989 年湖光农场开垦定植橡胶情况

年份	当年			年末累计		
	开荒面积（亩）	定植面积（亩）	定植株数（万株）	开荒面积（亩）	定植面积（亩）	定植株数（万株）
1952	17880	17880	44.7	17880	17880	44.7
1953	54240	43633	109.1	72120	61513	153.8
1954	20020	237	0.6	91240	61750	154.4
1955	22338			114658		
1956	10474			125132		
1960	1565	626	0.6	126697	62376	155
1961	16952	15387	43.6	143649	77763	198.6
1962	12810			156467		
1963	12818	3000	10.76	169285	80763	209.36
1964	13043	225	0.7	182328	80988	210.06
1965	17583	3850	12.42	199911	84838	222.48
1966	19304	1935	4.9	219215	86773	227.38
1967	21965	2271	9.18	241180	89044	236.56
1968	21226	11	0.04	262396	89055	236.6
1969	20874	1183	3.9	283270	90238	240.5
1970	26402	5528	16.6	309672	95766	257.1
1971	29600	3368	9.63	339332	99134	266.73
1972	29994	406	1.14	369326	99540	267.87
1973	29980			399306		
1974	29989			429295		

（续）

年份	当年			年末累计		
	开荒面积（亩）	定植面积（亩）	定植株数（万株）	开荒面积（亩）	定植面积（亩）	定植株数（万株）
1975	30000	137	0.41	459295	99677	268.28
1976	30000			489295		
1977	30000			519295		
1978	30000			549295		
1979	30000	626	1.90	579295	100303	270.18
1980	30000	411	1.34	609295	100714	271.52
1981	30000	105	0.35	639295	100819	271.87
1982	29517	33	0.13	668812	100852	272
1933	28510	99	0.42	697322	100951	272.42
1984	27990	125	0.54	725312	101076	272.96
1985	27924	52	0.21	753236	101128	273.17
1986	27996	10	0.04	781232	101138	273.21
1987	27728	27	0.12	808960	101165	273.23
1988	28079	120	0.51	837039	101285	273.84
1989	27856			864895		

二、抗灾栽培

农场地处雷州半岛干湿交替，重度风害区，台风、寒流频繁，严重影响橡胶生长、产量甚至存活。对橡胶的抗灾栽培，一直成为农场橡胶生产和科学试验的主要研究课题。通过40年生产、试验相结合的反复实践，对橡胶的抗灾栽培形成以下比较成功的措施：

（一）对口使用品系

1952—1991年，农场遭受特大寒潮袭击12次，橡胶损失惨重，尤以1955年最为严重，橡胶树损失在88%以上。如何按生态类型区对口选用抗寒高产品种，是橡胶树抗寒栽培成败的关键措施。

20世纪50年代，主要是从海南岛和徐闻运进胶苗定植。1962年，农场派技术员和工人到海南西华农场进行橡胶树芽接试验，1963年空运回农场定植，有橡胶树芽接的品种是PB86和PR107、RRIM600高产低抗品系（以下简称南华）。1964年，由高州黎峒农场提供橡胶树芽接片，引进GT1和RRIM600。1966年，由粤西农垦橡胶试验站提供橡胶树芽接片，引进海垦I和93-114（以下简称海垦）。1969年，由粤西农垦橡胶试验站提供橡胶树芽接片，引进四个无性系品种：白南28/32、GT1、天任31/45、南强1-79。经过农场的适应性试验及多次寒流的考验，抗寒能力较好的品种是南华、海垦、GT1、白南28/32、南强1-79、天任31/45。在抗寒能力较强的品种中，产量较高的是GT1和海垦，单株年产干胶 3 千克以上,高达 4 千克;产量较低的是白南 28/32、南强 1-79、天任 31/45,单株年产量为 2～2.3 千克。因此,农场的橡胶树当家品种是抗寒高产无性系 GTI 和海垦、南华。从 70 年代开始一直被大面积推广种植。小面积种植的有 F86、PRIO7 以及国内品种如白南 28/32、南强 1-79、天任 31/45,这些品系虽然抗寒能力强,但产量低,逐年淘汰。

农场"大面积推广抗寒高产无性系 GT1"项目获得广东省企业推广评审委员会二等奖。

(二) 营造防风林

营造防风林是主要措施。农场近海,常年风力较大,常有 2～3 级东风及东南风。1952—1991 年,对农场有影响的 10～12 级台风 20 次,平均每年 0.5 次。台风风力大于 10 级时,橡胶树普遍折枝断杆。1954 年,第 13 号台风袭击农场,橡胶树断倒率达 88%。自 1954 年实施"依山靠林,以防护林保橡胶林"的方针,大力营造防护林后,从根本上改善了生态环境,促进了橡胶生长,减少了橡胶风害损失。据 1981 年观测数据显示,防护林外的常风或台风都比防护林网内大 1～2 级。在 1976 年 9 月 19 日的强台风中,观测到林网外的风速比林网内大 2.7 倍。根据 1980 年第 7 号台风过后的调查,当时农场有防护林的橡胶林,橡胶树断倒率为 6.8%;无防护林的,橡胶树断倒率则达 54.6%。

营造防护林还减少了水分蒸发和水土流失,提高了土壤含本量和空气相对湿度,改变环境小气候。据测定,橡胶林内的水分蒸发量比橡胶林外减少 18%～27%,有林地比无林地减少 21%～32%,造林后比造林前(6—9 月)的温度降低 0.5～1℃.植胶前,如遇大暴雨时,地面水土流失严重,造林后地面的地表土流失可减少 30%～45%。

农场防护林营造于 1952 年,当年营造 32 亩;1953 年,营造 1631 亩,以 300 亩为一个方格,主要品种是小叶桉、木麻黄和台湾相思等树种,由于方格过大,防护林效能低,同年在方格中同增加十字形林带,降为 75 亩一个方格;1954 年,在方格内再增加三条主林带,降到 25 亩为一个方格。以后逐年对防护林带进行改造,加密主、副林带,方格缩小为 12～15 亩,防护效能得到提高。

到 1991 年,农场防护林面积结存为 2.2 万亩,与橡胶面积 2.4 万亩的比例近 1∶1。

(三) 修枝整形

1974 年,农场开始对橡胶树进行修枝试验,采取"截顶留枝"和"剑麻开花型"的"去高留低,枝密留疏"的修枝整形法。修枝整形的目的是改造橡胶树冠形态,把橡胶树修整成稀疏、均匀、轻盈、多主枝的树冠,以减轻树冠重量,增加树冠的疏透度,降低树冠重心,从而提高橡胶树的抗风能力。经多次台风后调查,经过修枝整形的橡胶树断倒率为 30.8%～32.5%，不修枝的橡胶树断倒率为 57%～60%，修枝的强度与减轻风害的程度成正比。

农场试验的"剑麻开花形"是根据原树形进行修枝，无论原树形是单干形还是多干形，只保留下两层分枝，中间枝条全部修掉，顶端只保留 1～2 层小分枝，形似剑麻开花一样。这种方式修剪强度为 1/3，既保留顶端生长的优势，又低层分枝生长，其抗风效果比"截顶叶疏枝"的效果更好。该项目获得广东省农垦总局科技成果二等奖。

（四）胶园间作

胶园间作在农场主要是在橡胶和防护林下大面积间作套种热带经济作物。它除了增加收入、改善农业生产结构外，更重要的是创造了良好的生态环境，改善了林区环境的农业气候，提高了胶园的荫蔽度和覆盖率，改善了土壤的物理化学性质，提高了土地肥力，加速了橡胶树的生长，增强了农业的抗灾能力。

农场胶园间作始于 1955 年，当时主要间作香茅、花生、大豆、砂仁等经济作物。20 世纪 60 年代，间作木薯、豆科作物，后来还间作甘蔗、茶叶、花生、薯类等经济作物。1991 年，全场间作面积 598 亩。胶园间作只适应于橡胶中小苗时期。

三、胶园抚育管理

农场对橡胶苗木的抚管主要从下面几个方面进行：

1. 加强植后前 3 年的小苗管理，实行"一定二水三覆盖"的管理措施

"一定"是指固定专人管理。20 世纪 50 年代，每个工人管理 100 株，每株年平均管理达 0.4 个工以上；20 世纪 60 年代，每个工人管理 900～1000 株，每株橡胶树年平均管理达 0.3 个工以上；20 世纪 70 年代，每个工人管理 800～1000 株，每株年平均管理达 0.25 个工以上。

"二浇水"是指以施水肥为主，全年施用 7～8 次，或者 8 次以上。

"三覆盖"是坚持橡胶树的苗头常年全覆盖，保持土壤经常湿润，调节土壤温度，给树根生长发育创造良好的条件。

2. 进行深翻改土压表结合　多施有机肥，改良土壤，每株要求压青 25 千克。

3. 改造落后橡胶树苗　1965 年，学习高州县黎峒农场"逐个教练"的管理方法，抽调专人担任落后橡胶树苗管理工人并组成"收容组"，专门管理落后橡胶树苗，促其跟上好橡胶树苗。从定植的第二年连续 5 年，对落后苗特别注意做好压青和增施肥料，多施水肥。

4. 科学施肥　农场橡胶树在正常管理下，按技术规程施肥，橡胶树围径年均增长可达 5～6 厘米，植后 8～10 年即可开割投产。例如，1952—1954 年种植的胶树，虽然遭受 1954 年和 1955 年的特大风、寒灾害，但经过加强管理后，终于在 1962 年先后开割投产。

据 1952—1990 年的统计，为中小苗施有机肥，20 世纪 50 年代每株年施 10～20 千克，60 年代每株年施 15～26 千克，70 年代每株年施 20～36 千克，70 年代每株年施 27～63 千克，80 年代每株年施 36～80 千克；为中小苗施化肥，50 年代每株年施 0.5～0.5 千克，60 年代每株年施 0.45～0.5 千克，70 年代每株年施 0.5～0.6 千克；为开割树施肥，60 年代每株年施 0.6～0.85 千克，70 年代每株年施 0.3～1.1 千克，80 年代每株年施 1.2～3.1 千克。

5. 橡胶树补换植和搬拼　为了消灭落后橡胶树，使林相整齐、林木均衡生长，每年都进行橡胶树补换植工作。一般于植后两年内完成，所用树苗多是同品系的橡胶树的高切杆苗。20 世纪 50 年代初，所用橡胶树补换苗木大部分来自徐闻，小部分自育。橡胶树大苗的搬拼工作主要是在 70 年代后期开始的。当时缺株严重（平均每亩不到 20 株），因而采取橡胶树大苗搬拼整顿，腾出空地另行规划重种橡胶树或改种其他经济作物。从建场至 1991 年，累计定植橡胶树共 273.84 万株。

四、橡胶树割胶

农场 1952 年定植的橡胶树于 1962 年开始割胶，30 多年来，农场为达到产量高、成本低、生长快、死皮少、效益好的目标，总结出"管、养、割"相结合的割胶经验，并掌握看季节、看气候、看物候，采用看天气、看树情、看气温的"三看割胶"，制定气温低于 15℃不割胶、雨后树身不干不割胶、死皮树不割胶的"三不割胶"的割胶制度，从而形成了一套完整的适应农场实际的橡胶树稳产高产割胶技术。

（一）开割标准

因受风、寒灾害的威胁，橡胶树的经济寿命较短，树皮消耗量也比较少。农场种植胶树，一般定植后 8～9 年即开割，抚育良好的树可缩短至 7～8 年，管理不好的树则需推迟到植后 9～10 年才可开割。1952 年定植的胶树，因受灾后未加以管理，到 1962 年才开割，历时整整 10 年。新开割树的开割标准为离地 100 厘米，外围径达 45 厘米以上。超龄树不够开割标准而能割胶的同样开割。

农场开割树均为橡胶树芽接树，主要品系是 GT1，以及 PB86、PR107、GL-1、海垦、南华、广西 9-114、白南 28/32、南强 1-93。

（二）开割、停割时间

开割期一般坚持第一蓬叶充分老化 5～7 天才开割投产。农场自 1962 年开始试割橡胶，直至 1991 年不再以橡胶为实业。据 1974—1991 年所记录的资料，开割最早的时间记载是 1987 年 4 月 6 日开割，开割最迟的时间记载是 1988 年 6 月 1 日开割；4 月开割的有 5 年，5 月开割的有 10 年，6 月开割的有 1 年。

关于停止割胶时间，一般规定：全年割胶刀数达到规定指标，或刀数量虽未达到，但已连续数天气温低于 15℃或干胶含量连续天数低于 25%，即应停止割胶。据 1976—1991 年所记录的资料，最早停止割胶的是 1979 年 11 月 17 日，最迟停止割胶的时间是 1984 年 12 月 31 日；11 月停止割胶的有 9 年，12 月停止割胶的有 5 年。

（三）每年割胶天数

根据 1968—1991 年所记录割胶天数，最多的年份是 1984 年，全年割胶天数是 224 天；割胶天数最少的是 1988 年，只有 171 天。一般年份都在 200 天左右。

（四）每年割胶刀数

1962—1991 年的 31 年中，1962—1968 年的割胶刀数为 45～98.5 刀/年，其中 1962 年为 45 万/年，1964 年为 98.5 刀/年；1969—1975 年的割胶刀数为 104～117.8 刀/年，其中 1969 年为 104 刀/年，1975 年为 117.8 刀/年；1976—1991 年的割胶刀数为 86.1～118.2 刀/年，其中 1988 年为 86.1 刀/年，1987 年为 118.2 刀/年。

（五）选用刺激割胶

1963 年对 1952 年定植的实生树，采取涂敷草酸化学药物进行刺激割胶试验。

1972 年，研究用乙烯利和"红化一号"不同分量对应不同割制的试验。

1975 年，学习推广广西东方农场电石刺激法，用电石埋于开割树主根旁边刺激采胶；学习海南红华农场在 8 月、9 月两个月内实行小周期低浓度、低频率乙烯利刺激割胶；对低产品系列采取针刺采胶。

1987 年，推广应用稀土元素刺激割胶，占开割数 95%；大田推广使用 2%浓度的乙烯利加上 0.2%～0.3%的稀土钼。

此后，继续广泛采用的只有乙烯利和稀土元素等方法。其他的方法皆因增产不显著，或成本较高，或副作用大。影响橡胶生产而停止使用。

（六）割胶技术

农场于 1962 年开始割胶后一直采用推刀割法。在长期割胶实践中要求做到"三均匀"，即割胶深度均匀，割面均匀，切片均匀。技术要领必须掌握"轻、稳、准、快"，即行刀轻、拿刀稳、接刀准、割胶快。

（七）割胶制度

1962年，割橡胶开始，一直采用半树围半螺旋隔日割法。

1972年，对不同品种进行不同季节不同刀法试验。

1975年，学习海南农垦红华农场对面双割线、隔日轮割制度。

20世纪70年代，主要是常规制法；80年代以后，采取药物刺激割法，年刺激3次（即机动刺激），浓度为0.5%～2%。自1984年起，割胶贯彻"前稳、中紧、后严"的割胶策略，抓有效刀数，减少无效刀数，排除有害刀数。

目前，在坚持常规的同时推行刺激制胶，严格遵循"缩线、少药、低频"和"减刀、浅割、轮换"制度，控制胶树排胶负荷和割胶频率，以求高产、稳产、安全的目的。具体做法是：采用0.5%～1%的比例配制稀土刺激剂，并采用1/2树围3天割制，每月涂药二个周期，每周期割5刀，月割10刀，年割不超过70刀。此外，采用缩线割胶1/4树围3天割制，相对增产达58%，此种刺激割胶法曾获广东省粤西科技进步三等奖。

表4-5　1962—1991年湖光农场割胶生产情况

年份	开割面积 （亩）	开割株数 （万株）	干胶产量 （吨）
1962	150	0.34	0.63
1963	150	0.4	1.88
1964	196	0.62	4.34
1965	250	0.65	4.48
1966	300	0.74	6.87
1967	300	0.82	10.3
1968	320	0.97	6.26
1969	840	1.66	17.8
1970	840	2.25	23.0
1971	1120	3.03	31.5
1972	1597	4.31	66.97
1973	2698	6.09	109.14
1974	4331	10.83	190.14
1975	8390	20.82	365.82
1976	10500	24.96	375.43
1977	13880	35.71	393.24
1978	15500	35.17	505.39
1979	16802	34.82	560.93
1980	17210	28.2	483.13
1981	20062	34.4	620.04
1982	21630	40.01	786.47
1983	24717	48.6	934.54

（续）

年份	开割面积 （亩）	开割株数 （万株）	干胶产量 （吨）
1984	24834	50.36	1010.28
1985	24834	47.82	832.65
1986	24921	47.7	1000.9
1987	25108	48.73	1100.19
1988	25242	50.66	1054.38
1989	25127	51.44	1205.99
1990	24928	50.99	1352.4
1991	25135	49.5	1485.6

五、胶园更新

1979 年开始砍伐更新老橡胶树，重新种植抗性强，产量高的橡胶树，同时调整布局，安排种植其他农作物。本年更新橡胶 5100 亩，并完成新植 1529 亩。

1980—1982 年按照积极试验，慎重推广原则，选用高标准的橡胶苗，橡胶林段进行的部分更新试验。

1982 年以前，农场种植的橡胶全部为实生树。到 1982 年止，结存 9210 亩。经过 30 多年的风、寒灾害和近 20 年的割胶，一般每亩保存有效株数只在 15 株左右，残存的已树皮衰竭，成为老、弱、残树的胶园，旺产期已过，单株产量不到 1.5 千克。

1991 年，橡胶更新垦地累计面积共 1944 亩，本年更新 73 亩。

1992 年，橡胶开割株数为 43.65 万株，年产干胶 1046.4 吨（含杂胶 224 吨），完成下达计划指标 134.2%。

1995 年，橡胶开割株数为 30.81 万株，年产干胶 701.4 吨。橡胶累计更新垦地累计面积为 1944 亩。

1996 年 9 月 9 日，第 15 号台风"莎莉"正面袭击湛江市，导致农场从 1955 年开始种植的橡胶产业遭到毁灭性打击，毁于一旦，当年的干胶产量为 326.4 吨。从 1995 年底以来，种植的橡胶开割树及中小苗为 33.29 万株，经风后清点只剩 7300 株，受灾的胶树基本上是半腰折断，损失率达 97.8%。1996 年受灾后，农场开始进行全面清理 2 万亩橡胶树的残桩断杆和 1.87 万亩受灾的防护林，对清理后的林地深耕挖掘树头，平整土地改种甘蔗，完成这项工作就用两年多的时间。

六、建立第二代胶园

按各项工作的标准和质量的要求，建立的新胶园通过种植后，及时补、换植胶苗，精心管理，保苗率都在98%以上，胶苗的树围年增长达6～7厘米以上，1979年更新的胶苗已按期于1986年开始开割投产。

建立的第二代胶园采用的品种主要是无性品系：ET1、海垦和白南。

1981年后，农场按照湛江农垦局"南糖、北果、中路胶"的农业发展决策，进行全面作物调整，将受台风影响严重，疏、残、缺株数较多的胶园和低产橡胶品系逐年更新，改种甘蔗，做到宜种植橡胶则种（保）橡胶、宜种植甘蔗则种蔗，加快甘蔗种植步伐。

1996年，农场遭受12级以上强台风正面袭击后，被迫加快改种甘蔗的速度，将受灾严重的橡胶树和防护林段淘汰全部改种甘蔗，从此结束农场种植橡胶的历史。1997年统计年报"橡胶生产"项目为空白。

第三节　甘　　蔗

（一）规模产量

农场种植甘蔗始于1955年，第一个种植甘蔗的是五队，种植378亩，亩产3.97吨。1955—1966年，由于这个时期农场种植甘蔗的技术不过关、品种不良（普遍是爪哇7878和台糖134），导致单产较低，年平均亩产在1.4吨，低的只有0.697吨。加上当时经营方针的改变、肥料供应困难及甘蔗收购价偏低等原因，耕种面积逐年下降，到1966年停止种植。

20世纪70年代，国内市场食糖需求量增大，糖价上涨，农场于1974年又开始少量种植甘蔗，并从以水田种植为主改为以坡地种植为主。

1981年后，湛江农垦局做出"南糖、北果、中路胶"的农业发展决策，进行全局性的作物调整，将受台风影响严重，株数少、残、缺较多的橡胶园和低产的橡胶品系逐年更新，改种甘蔗，宜种植橡胶则保橡胶、宜种植甘蔗则种甘蔗，大大加快甘蔗种植的调整。到1982年，农场把种植甘蔗作为多种经营项目之一，当年种植面积突破1万亩，随后种植面积逐年增多。由于积极推广中茎高糖高产良种（台糖160、印度997、粤糖63/237、桂糖11）和采取深沟浅种、增施钾肥、地膜覆盖、少耕法、机械化和化学除草化等栽培技术，甘蔗亩产不断提高，平均亩产为 4 吨。

1982 年，农场试验的甘蔗化学除草获得成功，被湛江垦区推广使用；1984 年，推广人工释放赤眼蜂防治甘蔗螟虫，两次获粤西农垦局科技成果奖。

1985 年兴办职工家庭农场后，农场对甘蔗岗位实行优惠政策，调动了职工种甘蔗的积极性。甘蔗普遍用作间种，成为发展立体农业、以短养长的经济作物之一。由于甘蔗种植周期短、收入快，是农场经济的主要补充，每年都确保 1 万亩以上。到 1991 年，全场甘蔗种植面积发展到 1.29 万亩，年总产 7 万吨，亩产 5.41 吨。1992 年，全场甘蔗种植面积发展到 1.8 万亩。1996 年，全场甘蔗种植面积为 1.69 万亩，年总产 7.98 万吨，平均亩产达 4.72 吨。当年，因受风害甘蔗大面积倒伏，影响甘蔗生长，加上鼠害，导致单产有所降低。

1996 年 9 月 9 日，农场遭受第 15 号台风"莎莉"（属于 12 级以上超强台风）正面袭击，被迫加快淘汰橡胶改种甘蔗的步伐，从此确定甘蔗为农场主要生产项目。农场甘蔗种植品种以早熟高糖品种为主，主要有：粤糖系列的 63-237、79177、85-177、86-368 等，桂糖 11、12，新台糖系列的 1、2、7、10、16 号等。甘蔗良种超过 20 个，且实行早、中、迟熟品种合理搭配。其中，新台糖 2 的面积占每年种植的 50％以上。到 1996 年止，甘蔗良种率达 90％以上，早、中、迟熟品种比例为 4：4：2，品种结构日趋合理。1989 年，实施《农垦甘蔗生产栽培技术措施》，除了抓好种植良种之外，重点推广以浸种消毒、地膜覆盖等综合配套技术。由于大面积增加早熟高糖良种，甘蔗产量和糖分同步提高。年平均亩产 5.5 吨以上、甘蔗亩产最高年份为 6.2 吨；糖分最高年份超过 12％。

（二）面积与分布

1990 年农场种植甘蔗已达到 8778 亩，1991 年以来，农场根据国家政策、农垦产业结构调整要求，逐步加快淘汰因历年寒害、风害造成残树桩多、开胶株数减少、亩产胶量减少的橡胶园以及防风林段，全部改种甘蔗。甘蔗种植面积由 1991 年的 1.29 万亩增长至 1995 年的 1.5 万亩。1996 年，全场甘蔗种植面积为 1.69 万亩，当年由于受风害甘蔗大面积倒伏，影响甘蔗生长并造成鼠害，导致产量降低。

1992 年，全场甘蔗种植面积发展到 1.62 万亩。

1996 年 9 月 9 日，农场在遭受第 15 号台风"莎莉"袭击后，再次将受灾严重的部分橡胶树淘汰改种甘蔗。1997 年，甘蔗种植面积达到 3.01 万亩，总产达 18 万吨，亩产 5.98 吨。1999 年，甘蔗种植面积达到 3.82 万亩，总产达 20 万吨，亩产 5.24 吨。2009 年，甘蔗种植面积达到 3.05 万亩，总产达 18.6 万吨，亩产 6.10 吨，2009 年的甘蔗种植面积比 1991 年增长了 1.36 倍。1997—2009 年，甘蔗种植面积一直在 30000 亩左右徘徊。

2010年，甘蔗种植面积开始下降，为2.83万亩，总产达16.77万吨。2015年，甘蔗种植面积下降到2.04万亩，总产达12.75万吨。2020年，甘蔗种植面积降至1.76万亩。

（三）产量

1991—1996年，推广新台糖16号、22号、10号和粤糖89/113等品种，年均种植在1.5万亩以上，年均产量8.1万吨，年均原料蔗单产5.2吨，实现年均利润125万元。其中，1992年产量最高，收获面积17970亩，总产10.77万吨，单产6吨，利润达165万元；1994年产量最低，收获面积14119.5亩，总产7.2万吨，单产5.1吨。

1996—2003年，推广良种新台糖25号、粤糖93/159，年均种植在2.75万亩以上，年均产量13.05万吨，年均单产4.43吨，年均利润280万元。其中，产量最高的是1998年，种植面积是36997.5亩，总产20.3万吨；甘蔗产量最低的是2000年，种植面积30165亩，总产16万吨；利润最高是1997年，实现利润350万元。

2004—2017年，推广良种新台糖25号、粤糖00/236、93/159和节水灌溉，年均种植在2.48万亩以上，年均产量14.7万吨，年均利润850万元。产量最高的是2007年，种植面积是34896亩，总产20.2万吨；产量最低的是2015年，种植面积是20425.58亩，总产12.7万吨。单产最高的是2017年，达到6.94吨。2018年，甘蔗收获面积2.13万亩，平均亩产6.43吨，总产13.73万吨，受天气干旱影响，单产同比减少0.51吨/亩，单产仍居垦区前列。2020年，甘蔗收获面积1.76万亩，平均亩产7.12吨，总产12.51万吨。

（四）品种

20世纪50年代，品种普遍是爪哇7878和台糖134。

1989—2017年，主要品种是台糖160、印度997、粤糖63/237、桂糖11，品种经历了2次更新换代。其中，1996—2003年，主要引进推广优良品种为新台糖716号、22号、粤糖89/113，当家品种是台糖22号，2003年种植该品种10949亩，占当年甘蔗种植总面积的38.7%；2004—2017年，主要引进推广优良品种为粤糖98/128、台糖25号、粤糖93/159、台糖79-29、桂柳05-136、桂糖42号、桂糖46号，当家品种是台糖25，2016年种植该品种1632亩，占当年甘蔗种植总面积的83.5%。

2017年，完成早熟优一类高糖品种1155亩，占当年甘蔗种植总面积的5.7%，优化了优良品种布局，大幅提高了产量。

良种是甘蔗高产高糖的基础。农场先后引进台糖F66、台糖79/29、台糖25、粤糖00/236、柳城05/136、桂糖42号、桂糖46号等良种，并做到引进、试种示范推广相结合，实行良种良法。全场推广良种面积每年保持在19500亩以上。

（五）种植技术

1989—2017 年，农场严格按照湛江农垦各年度的糖蔗栽培技术措施执行。在以良种良法为主的综合栽培技术基础上，从 2006 年开始，由传统的栽培技术向现代化栽培技术发展，逐步形成甘蔗良种健康种苗、生物防治虫害、水肥一体化滴灌节水、测土配方施肥、全程机械化五大核心现代技术体系。根据不同时期生产实际需要，有针对性地补充相关技术措施，在指导生产队认真执行农业技术措施、不断提高生产技术管理水平、促进甘蔗高产高糖高效方面收到良好效果。

1. **引种繁殖优良品种** 先后引进台糖 F66、台糖 79/29、台糖 25、粤糖 00/236、柳城 05/136、桂糖 42 号、桂糖 46 号等良种，并做到引进、试种示范推广相结合，实行良种良法。栽培上，结合测土配方施肥重点改变了肥料种类及施肥技术，减少磷肥施用量，增加钾肥、复合肥的施用量，每年推广测土配方面积在 13000 亩以上。

2. **生物防治虫害** 生物防治技术以螟虫性诱剂和赤眼蜂相结合应用，使赤眼蜂产卵于甘蔗虫卵内完成其发育而消灭害虫，以此来控制害虫数量。该方法充分发挥了性诱剂与寄生天敌对螟虫的协同控制作用，提高了综合防效，是大面积防治虫较为理想的措施。2013—2017 年，每年生物防治面积在 4000 亩左右。

3. **推行节水灌溉措施** 对甘蔗良种繁殖地强化实行肥水一体化灌溉措施，促进甘蔗早生快发，提高单产，加快良种繁殖速度，逐年加大对宿根蔗节水灌溉应用面积，改善生长环境，提高宿根蔗产量。2013—2016 年，农场节水灌溉面积每年保持在 5000 亩左右。

雷州半岛"十年九旱"，冬春干旱期长，夏秋季雨水分布不均。农场从 20 世纪 90 年代大面积种植甘蔗开始，结合农场实际，结合上级技术部门的指导，摸索节水农业技术。节水措施的实施历经以下四个时期：

2000 年以前，因水利设施较为落后，主要依靠河流、溪流、水塘、废旧灌渠，利用水泵抽水进行灌溉。基本上处于"靠天吃饭"的状态。

2001—2004 年，利用手扶拖拉机或简陋水车拉水、小型抽水机抽水等，重点解决冬春种植甘蔗部分用水，以及甘蔗植后干旱淋水。

2008 年以后，农场施行地表式微喷和滴灌技术的模式。经过多年的施行，证明该项技术对主要经济作物具有增产、提质、增效的作用，除了甘蔗，也适用于香蕉、蔬菜等多种作物。

农场主要采用打深水井，铺设地下供水管到蔗园地头，然后实施膜上膜下滴灌、微喷、旋转式喷灌等节水灌溉方式。采用地埋式滴灌技术，通过机械化、自动探测控制水肥系统，将灌溉、精确施肥和虫害防治及自动化控制系统科学结合起来，形成先进的集灌溉、施肥、防虫害"三位一体"的综合节水工程。其优点是：节水、省肥效果好；自动化程度高；有利于扩大规模经营，增产潜力大；有效地促进现代农业技术水平的提高。另外，采用膜上滴灌节水技术有四大优点：安装容易，功效高；维护及维修简便；还可避免甘蔗根部对管带进行挤压导致不通水现象；成本低，每亩成本在250元以下。采用微喷（近似香蕉灌溉方式）节水技术则有三大优点：成本较低；操作方便，易于管理；方便维护及改种。

2005年前，农场实施简陋综合节水灌溉效果不明显，甘蔗增产只有0.3～0.5吨。2006年起，实施地埋式滴管技术为主的节水灌溉和膜上膜下滴灌、微喷、旋转式喷灌、淋喷5种综合灌溉技术，增产效果较为明显，平均亩产达到6.27吨，比常规管理的4.77吨增产1.5吨，增产幅度达13.1%。2010年后，通过改造膜上滴灌技术，每年实施5万亩以上，平均亩增产1～1.3吨。实施水肥、药一体化的节水技术，提升了单位面积的产量和增加职工收入。

4. 实行甘蔗测土配方施肥 合理施肥，可以降低单位生产成本、提高作物产量、节约资源、减少肥料的污染，还可以提高农产品质量、增肥土壤、改善土壤结构。把测土和施用复合微生物肥有机结合起来，具有促进甘蔗生长、增强品种抗逆性和改善土壤结构、提高地力等优点。栽培上结合测土配方施肥的重点在于改变了肥料种类及施肥技术，减少磷肥施用量，增加钾肥、复合肥的施用量。农场每年推广测土配方面积在13000亩以上。

5. 推广全程机械化技术 截至2017年，全场累计推广机械化种蔗面积近5000亩，机械化破垄施肥面积16000多亩，农场备耕每年2万亩左右，全部实行机械化，提高了生产效率，降低了种蔗成本。

6. 实施传统综合配套技术 1989—2005年，农场全面推广综合配套技术措施：①采用EF植物生长促进剂加多菌灵浸种，促进发芽快、齐和苗壮。②推广冬种加地膜覆盖技术。从20世纪80年代中期起，积极推广地膜覆盖"少耕法"，每年冬种从11月开始，占新植蔗面积的50%～60%，平均每亩比春植蔗增产1.63～2.12吨。盖膜冬植蔗之所以获得大幅度增产，主要是因为盖膜与冬季种植的双重效应。③实行"三湿"种蔗法。由于农场冬春连续干旱，凡有条件的单位都采取有效措施实行地沟湿、肥料湿、种苗湿种植方法，以确保蔗种发芽齐和苗壮。④注重氮、磷、钾配合施肥。在缺乏有机肥的情况下，以化肥代替有机肥，全年施肥量为每亩氮40～45千克、磷80～120千克、钾30～35千克，基肥占60%，余下在大培土时全部施完。⑤适当密植。根据不同品种特性，推行80～85厘米的行距。⑥抓好病虫鼠害防治。种植时每亩施3%呋喃丹4～5千克或5%特丁磷3千克以防治金龟子为主的地下害虫。在平时发现病虫为害时则采用化学防治办法加以控制，防治效果达 80％以上。每年春、秋两季各施一次灭鼠药。⑦全面推广化学除草。从 20 世纪 80 年代开始，全面改人工除草为化学除草，分芽前和芽后除草两种方法。甘蔗出芽前，除草采用都阿合剂喷治；甘蔗芽后，除草采用触杀型和内吸输导型除草剂除草。该方法化学化程度达 80％，除草效果达 98％以上。⑧对宿根甘蔗全面推广早清园、早破垄、早施肥、早补植、早灌水、早防病的"六早"管理措施。

（六）实施小型农田水利项目

2010 年，在五队建立 1000 亩现代农业节水灌溉示范基地。2011 年，建立 2000 亩现代农业节水灌溉示范区。2012 年，建设甘蔗节水灌溉示范区 800 亩。2013 年，实施甘蔗节水灌溉技术，灌溉面积 800 亩。

（七）劳动竞赛

农场成立甘蔗生产劳动竞赛领导小组，场长任组长，农场党委书记、副场长为副组长，各科室科长、分场长为组员；下设甘蔗生产劳动竞赛办公室在生产科，由分管生产副场长兼任办公室主任，生产科科长为副主任。劳动竞赛委员会负责甘蔗生产竞赛工作，切实加强领导和技术指导，同时要求各分场成立劳动竞赛领导小组，认真抓好甘蔗生产劳动竞赛工作。

2007 年起，每年制定出台《湖光农场甘蔗生产劳动竞赛方案》，竞赛指标为冬种甘蔗奖、高产奖和机耕车组奖励。

冬种甘蔗：凡符合竞赛指标要求，全部完成甘蔗冬种任务，品种结构和落实指标的，每亩奖励 2 元，超计划任务部分每亩奖励 5 元。立春前不完成冬种任务的（或不落实技术指标的），按差额数量每亩扣款 5 元。

甘蔗高产奖：2011 年起，平均亩产达到 6 吨（农业产量、含 6 吨）以上的单位，队长、书记发足岗位工资；单产 6.5 吨（农业产量、不含 6.5 吨）以上，每超产 0.1 吨，每月加发工资 50 元（副职按正职 80％发放）；单产不足 6 吨（特殊的生产队除外），每降低 0.1 吨，每月扣岗位工资 30 元（副职按正职 80％扣）；全队甘蔗平均亩产达到 6.5 吨（农业产量、含 6.5 吨）以上，奖励队长、书记到外地参观学习。

机耕车组奖励：根据各机耕车组机耕任务完成情况及质量情况，每年由农场组织评比，评选出的先进机组给予奖励，其中一等奖一名奖励机组 1000 元，二等奖一名奖励 700 元，三等奖一名奖励 500 元。

2004—2017 年，农场劳动竞赛效果显著，甘蔗单产连续获得湛江垦区第一名和湛江农垦甘蔗生产先进单位称号，涌现出大批甘蔗高产生产队。2015—2017 年，甘蔗高产（单产 7 吨以上）的生产队有 29 个。

2015—2016 年榨季，有三队、四队、十队 3 个生产队种植甘蔗。其中三队单产最高，种植 574.92 亩，单产 7.25 吨。

2016—2017 年榨季，有二队、八队、下溪队、志满村队、柳东队、柳秀村队、三队、四队、新坡村队、东风队、东路队、七队、十队、高阳队、朝阳队等 15 个生产队种植甘蔗。其中东风队单产最高，种植 119 亩，单产 8.32 吨。

2017—2018 年榨季，八队、下溪队、柳秀村队、红桥队、七队、十队、朝阳队、三队、四队、新坡村队、东风队等 11 个生产队种植甘蔗。其中新坡村单产最高，种植 190.69 亩，单产 8.38 吨。

表 4-6　1992—2020 年湖光农场甘蔗产量调查

年份	面积（亩）	产量（吨）	亩产（吨）
1992	17970	107687	6.00
1993	16866	85702	5.08
1994	14119.5	72000	5.10
1995	15031.5	75000	4.99
1996	16864.5	79800	4.73
1997	30100.5	180000	5.98
1998	36997.5	203000	5.49
1999	38190	200000	5.24
2000	30165	160000	5.30
2001	30762	168128	5.46
2002	30000	161239	5.37
2003	30000	165000	5.5
2004	30885	175068	5.67
2005	31999.5	185817	5.80
2006	33000	200340	6.07
2007	34896	201846	5.78
2008	34090.5	197070	5.78
2009	30528	186067	6.10
2010	28320	167712	5.92
2011	26116.5	164013	6.28
2012	23812.5	132000	5.54
2013	23104.5	140000	6.06

（续）

年份	面积（亩）	产量（吨）	亩产（吨）
2014	23788.88	150203.118	6.31
2015	20425.58	127490	6.24
2016	20017.76	138765.3	6.93
2017	20898.22	144987.3	6.94
2018	21352.433	137307.54	6.43
2019	20010.3	135294.45	6.76
2020	17589.26	125101.93	7.12

第四节　经济作物

1952—1996 年，农场一直以发展天然橡胶为主业。橡胶树是长期作物，遭受台风袭击时则短期难以恢复生产，单一种植橡胶树风险较大。1956 年在橡胶园受灾失败以后，确定了多种经营方针，开始种植香茅、花生、玉米等经济作物生产。此后曾多次试图调整作物种植结构。1965—1966 年，农场主要靠出售香茅原料增加收入。1982 年以后，农场有计划、有步骤地调整作物种植结构，茶叶、甘蔗、水果等经济作物开始逐步形成商品性生产。1989 年起，农场把自营经济列入规划，鼓励引导职工发展自营经济，当年自营经济种植面积 2906 亩，每个承包岗位安排 3 亩，主要种植作物有茶叶、橙子、咖啡、三华李、胡椒等，全年产值 111 万元，利润 40 万元，占经济总量 10%。

1996 年受强台风袭击后，贯彻落实广东省农垦总局"下胶上林上蔗"号召，鼓励职工发挥自身优势、勤劳致富，实施"30＋3"（30 亩甘蔗＋3 亩自营经济作物）经济发展模式，自营经济得到较快发展。

1989—2016 年，自营经济年均种植面积 3000 亩，每个岗位年均面积稳定在 3 亩以上，年均产值 230 万元，销售总收入 98 万元，占经济总量的 10%，累计实现利润 1800 万元，累计从事自营经济岗位 10836 个，年均岗位 387 个，每个岗位年均实现利润 18000元。其中，2016 年自营经济的种植面积最大，达 9987 亩，经济效益最好，收入 5992.2万元，利润 32150 元；受 14 级超强台风"彩虹"的影响，2015 年自营经济的经济效益最差，种植面积 9871 亩，全年亏损 3948.4 万元。

2017 年，自营经济种植面积 10321.55 亩（不含外包），每个岗位 6.18 亩，产值 3600万元，总收入 3100 万元，占经济总量 8.5%，每个岗位利润 9300 元。

一、香茅

1952年，归国华侨邱运宏向领导建议种植香茅；同年，发动全场职工寻找香茅种；1955年开始种植香茅。香茅种植主要分为两个阶段：

第一阶段（1955—1966年）。香茅种植是农场主要生产项目和经济来源。据统计，这一阶段种植香茅累计面积达6.01万亩，平均每年种植5461.8亩，生产的香茅油累计达到8.44万吨，平均每年达76.8吨。利润总额263万元。

第二阶段（1967—1976年）。橡胶开割逐年增多，香茅面积逐年减少，至1976年已全部淘汰。这10年期间，累计种植面积1.73万亩，平均每年种植1728.5亩，香茅油的累计产量只有306.58吨，平均每年30.7吨，比第一阶段每年减少46.1吨。

香茅种植目的在贯彻"以短养长"的方针，在促进橡胶产业发展上起到一定作用。

二、茶叶

（一）规模产量

1974年，农场开始种植茶叶。第一个种植茶叶的生产队是柳秀茶队，种植面积15亩，主要品种是福鼎茶。同年，规划8个茶园，建立了4个茶叶生产队（下溪茶队、朝阳茶队、柳秀茶队、新坡茶队），培育茶苗40万株，开垦土地1100亩，种植茶叶950亩，品种主要是凤凰水仙茶和云南大叶茶。1978年开始采茶13亩，干毛茶总产0.45吨，平均亩产35千克。当年共有茶园面积75亩。

1979年，由于老胶园经灾害后大量缺株、林中空地多、土地利用不充分，以及单一橡胶生产在风、寒灾害之年收入锐减等，农场把茶叶作为多种经营主要项目进行发展，积极利用橡胶行间和寒害严重不宜植胶的坡地、空地种植茶叶，不断扩大茶叶种植面积。当年茶叶面积达1274亩，成为粤西农垦第一个突破1000亩茶园的农场。1983年，新定植467亩，茶叶种植面积发展至2075亩，收获面积945亩，干毛茶总产89.7吨，平均亩产95千克。1987年，推广使用叶面肥达5000亩，每亩实际增产38.7千克茶青，干茶叶最高亩产达162千克。

随着橡胶产业的发展，橡胶树荫蔽面积扩大，橡胶林行间的茶叶缺少光照，造成生长缓慢、成本高、产量低，每年需拿出几万元对茶叶生产进行补贴。1987年开始逐步淘汰间种茶叶，并对低产茶园进行整顿、撤并，茶叶总面积仍保持在2000亩左右。1991年，茶园收获面积 1999 亩，年末结存 1495 亩（其中间套种 124 亩），干毛茶总产 302.6 吨，平均亩产干茶叶 151 千克。

此外，大力推广机械采茶，提高劳动生产率。1988—1989 年，农场引进机械采茶技术并获得初步成功，有效促进茶叶产量稳步增长。

1990 年，茶叶收获面积 2034 亩，总产量 319.3 吨，比 1988 年的产量（268.6 吨）增长 19.2%，每亩产量 157 千克，总产值 275 万元。1991 年，茶园收获面积 1999 亩，年末结存 1495 亩，干毛茶总产 302.6 吨，平均亩产干茶叶 151 千克。1995 年，茶叶收获面积 978 亩，总产量 155.5 吨，每亩产量 159 千克，总产值 125 万元。1996 年，茶叶收获面积 490 亩，总产量 73.5 吨，每亩产量 150 千克，总产值 66 万元，由受台风破坏和茶叶价格下降的共同影响，茶叶收获面积逐年减少，原有的三个专业队只保留下溪茶队，茶叶收获面积在 148.5 亩。1997—2005 年，茶叶收获面积平均保持在 184.5 亩；2006—2020 年，茶叶收获面积平均保持在 130.4 亩。

1989—2003 年，年均种茶 522 亩，累计收获茶叶总产 2420 吨，每亩产茶 4.6 吨，总产值 2804 万元，每亩产值 5372 元。其中，1989 年种茶面积最大，达到 2066 亩，当年产茶 334.7 吨，收入 326 万元；1994 年效益最好，收入达 609 万元，种植面积 1440 亩，每亩产值 810 元。

2004 年 1 月，农场将茶厂承包给私人经营后，移交的茶园面积为 184.5 亩，从茶叶种植管理、采摘、加工、销售承包者负责。2020 年茶叶面积最少，种植面积 149 亩，产茶 3.8 吨，收入 12.16 万元。

（二）种植技术

农场在茶树栽培措施上曾实行一些改进：1983 年，改"疏植少肥"为"密植重肥"，即把每亩 1000～2000 株、基肥 0.75～1 吨改为每亩 3000 株以上、基肥 2～2.5 吨，密植茶园平均亩产 0.7051 吨，比疏植茶园平均亩产茶青 0.5568 吨，增产 26.6%；1988—1989 年引进机械采茶技术并获得初步成功，有效地促进茶叶产量的稳步增长。

（三）茶园管理

茶园间种大豆、花生，并养殖土鸡；采取有机肥和化肥结合，提高茶园土壤有机质，提升茶叶产量和品质；采用徒手采摘方式，针对茶树不同阶段而异，分别采取打顶采摘、留叶采摘等办法。

三、花卉

农场职工于 2006 年开始种植花卉，当年种植总面积 2300 亩，利润 276 万元。2006—

2016年，种植花卉的生产队有29个，年均种植花卉4200亩，年均产值3360万元，年均种植花卉的岗位186个，岗位利润年均28000元，累计销售总收入60480万元，累计利润27216万元。其中，2011年经济效益最好，种植面积4900亩，利润2205万元；2015年经济效益最差，种植面积5300亩，亏损2120万元。

2017年，花卉种植面积3500亩，涉及岗位264个，总产值208万元，岗位利润0.79万元。种植的花卉品种有富贵竹、散尾葵、黄花风铃树、鸭脚树、海枣树等。其中发财树种植效益最好。年均种植3168亩，年均纯收入533.6万元，涉及306个岗位。2020年，花卉种植面积达12494亩，占全场土地收益面积的1/4，经济收益约7.9万元。

十队在花卉种植上成效显著。该队执行岗位职工"甘蔗＋短期丰收经济作物"的经营模式。积极引导职工将岗位面积10％进行合理集中、统筹利用或单独规划，同时以市场为导向，以南国花卉基地为切入点，利用开荒地、自留地等，鼓励和引导职工种植以鸭脚树、发财树、海枣、鸡蛋花等10多种主打花卉培育种苗。经营花卉种植的岗位职工11人，面积约100亩，其中在湛江南国花卉基地经营种植花卉，开设经营门店的有4户，面积40亩左右。规模大、时间长、效果好的种植大户有刘建平、李剑波、关永贵等，户年均收入10万元以上，其他种植户如周少如等年收入都超过3万元。

四、蚕桑

2001年，鼓励职工种桑养蚕，增加经济收入。当年种植桑树面积达1500亩，2003年5月农场成立"蚕业公司"，大力扶持职工种桑养蚕的积极性，从种苗提供到生产技术指导、产品销路的服务。2001—2005年，年均种植桑树1483亩；2005—2010年，年均种植1238.4亩。2010年起蚕桑生产逐年下降，2010—2020年，年均种植桑树178.8亩。种植桑树面积最高年份是2002年，为1905亩；最低年份是2017年，为30亩。2020年，种植桑树86.55亩。蚕茧产量最高的年份是2005—2007年，平均年产155吨。2001—2020年，农场累计产茧1253吨，累计销售总收入4677万元，累计利润126万元，全场年均种植桑树的岗位25个，岗位利润年均18000元。其中，养蚕专业户五队工人陈宝永在2011—2013年种植桑树15亩，每亩产蚕茧200多千克，每年收入在10.2万～10.8万元。2017年，农场种植桑树面积30亩，涉及岗位5个，总产值6万元，岗位利润1.2万元。2013年，农场撤销"蚕业公司"，取消蚕桑养殖计划项目，目前职工少量养殖（属于自营经济项目），由农户自营自销。

第五节　粮油作物

粮油作物是农场为补充国家粮食供应不足和解决职工食油的需要而经营的自给性生产项目。1955 年，农场开始种植粮油作物。20 世纪 50 年代，国家连续 3 年遭受自然灾害的影响，是为解决涉及民生的粮食紧张问题。1959 年 4 月，农场响应湛江市委号召大种粮食。1960 年，基本解决农场职工家属的口粮供应问题，农场由原商品粮油供应转为实行粮油自供自给，一直维持到粮食政策放开，是粤西垦区唯一一个粮食自供自给农场。粮油作物种植主要是水稻、薯类、花生、旱粮、大豆等。1990 年后，农场不将粮食生产作为指令性计划，为保证甘蔗种植总面积的前提下，把部分高旱水田改种甘蔗，减少水田面积，种植粮食作物的产品由职工自产自销，农场按面积收取土地使用费。

一、水稻

（一）规模产量

自 1955 年开始种植水稻，大致分为四个发展阶段。

第一阶段为 1955—1963 年。这阶段由于品种退化、混杂，管理水平低，平均亩产只有 0.1 吨。种植面积最多的是 1963 年，播种总面积达 8764 亩，总产量为 1095.2 吨。

第二阶段为 1964—1974 年。1964 年引进珍珠矮、广场矮等 20 多个水稻良种，经纯化之后，于 1965 年实现全面推广低秆品种。同时，农场大搞农田水利建设，为种植水稻创造良好的条件。水稻产量大幅度提高，单造平均在 0.25 吨，产量比第一阶段翻一番。播种面积也不断扩大，平均每年 1 万亩，年总产量达 1200～3300 吨。

第三阶段为 1975—1980 年。在栽培技术上进行了适应机械化生产改革，并引种窄叶青、科六等良种，研究和推广杂交水稻，单造平均亩产从第二阶段的 0.25 吨跃升到 0.3 吨。比当地水平高 50%。年播种面积维持在 1 万亩以上，尤其 1980 年最多，达 1.22 万亩，总产达 3896 吨，平均亩产 0.324 吨。

1975—1980 年，在栽培技术上进行了适应机械化生产改革，引种窄叶青、科六等良种，推广杂交水稻，单造平均亩产增加到 300 千克，比当地水平高 50%。年播种面积维持在 1 万亩以上，其中播种面积最多的 1980 年，达 12150 亩，总产 3896 吨，亩产 324 千克。

第四阶段是 1981—1991 年。由于长期水稻价格偏低，每担只售 10 多元，致使水稻生产年年亏损。从1981年开始，调整了农业生产布局，水田部分改种甘蔗和水果等经济作物或挖塘养鱼，减少粮食生产种植面积，通过提高单产增加总产作为经营目标，1982年播种面积仅3811亩。为了满足粮食自给需要，此后每年播种面积仍然保持在8000亩左右，总产在2000～3000吨。到1991年播种面积8400亩，总产3183.5吨，单造平均0.38吨，达历史最高水平，最高亩产超1吨。

20世纪70—90年代，农场水稻生产进行多项改革，主要有如下几项：

（1）改撒施肥为深施肥（20世纪70年代推广）。每亩增产72千克。

（2）改劣种为良种。

（3）改播种为直播（1980年开始推广）。

（4）改人工除草为化学除草。为农场水稻机械化顺利进行起保证作用，减少工人劳动强度。

（5）20世纪80年代使用化肥代替土杂肥。90年代又改以农家肥代替化肥，冬种绿肥增施有机肥。

此外，1987年实施水稻生产机械化试点，实行机农合一，专业承包大面积经营，取得了成效，工效提高1.74倍，每亩成本下降了11.88～8.85元。

1989—1990年，农场承担了广东省农垦总局和粤西农垦总局的水稻丰收计划任务，在采取加强责任管理、依靠群众大搞丰产片、扩大适度规模经营、推广应用先进科技成果、适当增加投资等措施后，单造平均亩产为0.38吨，比前3年平均亩产0.25吨增加0.13吨。

1990年后，农场逐步将水稻生产不作为指令性计划，为保证甘蔗种植总面积的前提下，把部分高旱水田改种甘蔗，减少水田面积，种植水稻由职工自产自销，农场按面积收缴土地使用费。

2002年，水稻播种面积为3465亩，岗位定额为70亩，单产365千克，年总产水稻1265吨。

2012年，水稻播种面积6265亩，岗位定额为70亩，单产570千克，年总产水稻3574吨。

2020年底，水稻播种面积为2055亩（其中水稻制种面积327亩），亩产574.2千克，年总产水稻1180吨。

1992—2020年，全场累计生产稻谷9.43万吨，年均种植在7231亩以上，年均单产480千克。其中，产量最高的是2008年，收获面积14593.5亩，总产7659吨；产量最低的是1994年，种植面积3307亩，总产992吨，亩产300千克。

（二）种植技术

20世纪70年代，改撒施肥为深施肥，每亩增产72千克。70年代中期，农场提供600多亩水稻田给湖南省水稻南繁育种队进行水稻杂优育种试验。1977年改劣种为良种，推广科六等良种。80年代以来，主要是种植"杂优系列"水稻品种，90年代后期以来，农场不再下达水稻种植的指令性计划，职工可根据市场的要求选择不同的品种，如丰8尖、软香等品种。随着水稻播种技术的成熟，大大改变水稻种植技术和管理方式，从而提高水稻单产和品质。1980年推广水稻直播。1985年改人工除草为化学除草，为水稻机械化顺利进行起保证作用，减少工人劳动强度。20世纪80年代，农家肥代替化肥，冬种绿肥增施有机肥，改化肥代替土杂肥，1987年实行机农合一的水稻种植从机耕、喷药、收割的水稻生产机械化试点，使得专业承包大面积经营，取得了成效，工效提高1.74倍，每亩成本下降8.85～11.88元。至90年代中期，一直延续的种植管理办法，采取大面积实行直播，实行化学除草，由农场机耕队组织夏收、秋收。主要的水稻种植单位在志满、柳秀分场，其次是五里、新坡分场。90年代后期至今，种植管理办法是大面积实行直播，小面积实行插秧的种植技术，实行化学除草，有机肥和化肥结合施用。由于农场取消机务队，水稻成熟时由承包户自行请收割专业户收割，大大减低劳动强度，有效提高劳动效率。

20世纪90年代前，农场种植水稻主要是为了解决职工家属的粮食问题。截至2020年，水田面积仍有2055亩。其中，由水稻种子公司专业户承包327亩进行水稻大面积制种；其他为小面积水田，由职工利用岗位10%自营经济土地种植水稻，实行自产自销和补充口粮。

二、花生

农场食用油料，主要靠种植花生。1954年开始种植。20世纪60年代每年种植面积1000～2000亩，70年代3000～4000亩，90年代兴办职工家庭农场，改供应食油为食油补贴，不再用计划内土地种植花生，由职工利用计划外土地种花生，每年种植500～600亩。1991年种植花生382亩，单造花生亩产在60～70千克。

20世纪80年代实行家庭农场种植后，单产有所提高，达90～100千克。1991年单造平均亩产为99千克。90年代实行家庭农场后，种植花生不属于计划内指标，由职工利用边角地、作物间种、轮作、岗位10%自营经济土地种植花生。2001年，种植645亩，单产达124.1千克，年总产为80吨；2010年，种植615亩，单产达124千克，年总产为

153 吨;2020 年,种植 825 亩,单产达 231.5 千克,年总产为 191 吨。由职工家属实行自产自销和补充食油。

三、薯类

薯类种植以番薯、木薯为主。1958 年开始种植。1959—1961 年经济困难时期,种植番薯、木薯面积最多,分别为 4183 亩、1.03 万亩、1.03 万亩,是历史最高水平。往后一直至 1979 年每年只保持 2000～3000 亩。1980 年调整产业结构后,大部分改种甘蔗。1985 年兴办职工家庭农场后,不再用计划内土地种植薯类,只用计划外的零星土地种植。1991 年种植面积只有 370 亩。此后只有职工家属少量自种自用。

薯类一般亩产 500～600 千克,低的只有 200 千克。20 世纪 70 年代末,亩产上升到 1000 千克。90 年代实行家庭农场后,种植薯类不属于计划内指标,由职工利用边角地、作物间种、轮作、岗位 10％自营经济土地种植薯类。1991 年,亩产 1043 千克,总产 38.6 吨;2001 年,种植 390 亩,单产达 513 千克,年总产为 200 吨;2010 年,种植 315 亩,单产达 730 千克,年总产为 230 吨。当时职工主要是割取番薯叶作为家庭私人养猪、家禽饲料的补充,所以番薯的产量偏低。近几年,随着人民生活水平的改善、番薯价格的提高,职工开始把种植番薯作为一项经济收入的来源。2015 年,种植 300 亩,单产达 2033 千克,年总产为 610 吨;2020 年,种植 270 亩,单产达 2029 千克,年总产为 548 吨。由职工家属实行自产自销。

四、大豆

农场种植大豆,主要是用作奶牛饲料。1957 年开始种植,面积 8 亩,亩产 38 千克。由于经济效益不高和集中人力物力发展橡胶,60 年代初停止种植。从 1969 年又开始少量种植。70 年代,平均每年种植约 300 亩,亩产约 30 千克,到 1984 年停止种植。

第六节　水　果

1989—2020 年,职工自营种植果树面积 817 亩,种植的品种主要有香蕉、橙子、荔枝、龙眼、火龙果等,全年产值 73.53 万元,利润 39.2 万元。1989—2016 年,农场年均种植果树面积 6000 亩,累计利润 3000 万元,年均种植水果的岗位 121 个,岗位利润年均

2.6 万元。其中，2016 年经济效益最好，种植面积 10770 亩，盈利 3769.5 万元。2017 年，职工自营和农场种植果树面积 10060 亩，涉及岗位 984 个，总产值 3200 万元，岗位利润 1.1 万元。

一、香蕉

20 世纪 80 年代前，农场种植香蕉，多属自给性种植，职工在屋前房后、园地、塘边或湿润肥沃的零碎土地上自发种植。品种有高州遁地雷、乔尾和西贡蕉等品系。80 年代末，农场有香蕉 131 亩。

90 年代中期，农场逐步开始鼓励香蕉种植。1995 年，种植香蕉面积 2409 亩。由于受 1996 年 9 月强台风的破坏，1995 年和当年种植的香蕉园全部受损，受损程度达 100％，香蕉 95％失收。香蕉种植主要的灾害是风害，其次是寒害。1995—2020 年，累计种植面积达 91717.6 亩，收获面积（2010 年起统计）累计达 85009.5 亩，总产量（2010 年起统计）累计达 17.39 万吨。2000 年，农场种植香蕉面积 2310 亩，收获面积 1935 亩，总产量达 450 吨；2010 年，农场种植香蕉面积 3937.5 亩，收获面积 3285 亩，总产量达 5907 吨；2020 年，农场香蕉种植面积达到 7399.8 亩，收获面积 6225 亩，总产量达 25887 吨，比 2011 年种植面积增加 87.9％，总产增加 4.3 倍。目前承包农场土地种植香蕉达到 330 亩以上的农户有 2 户，种植品种有巴西、威廉斯、8818、特威、粉蕉等，其中巴西蕉面积占 70％以上。

二、珍珠石榴

2001 年，台商王金都在农场承包 900 多亩土地，种植水果和花卉等。他引进中国台湾地区的珍珠番石榴品种，试种 200 多亩获得成功，种植一年后摘果，亩产达 300～350 千克，起到了示范作用。台商通过采用枝条繁殖种苗，在农场和周边农村进行推广种植番石榴，植后第二年开始挂果，正常年份亩产量达 400 千克，高产期达 500 千克以上，平均价格为每千克 3 元。职工从 2004 年开始小面积试种番石榴，取得经验后逐步扩大种植面积。2010 年，农场种植面积达 750 亩，收获面积 600 亩，总产量达到 1500 吨；2020 年，种植面积达 763.5 亩，收获面积 585 亩，总产量达到 585 吨。2010—2020 年，累计种植面积达 7225.5 亩，收获面积 5988 亩，总产达 15349 吨。主栽品种有珍珠番石榴、本地白肉、本地红心和胭脂红肉等。

三、火龙果

2008年，台商王金都在农场承包900亩土地，其中利用50亩地引进中国台湾地区的金都1号火龙果品种，试种获得成功，起到了积极示范推广作用。2011年，农场职工开始种植火龙果，属于发动职工发展自营经济的一个水果项目。当年种植，当年挂果，亩产较低，只有200~300千克；第二年后，亩产量由每亩200~300千克提高到1500~2000千克；高产期达2500千克以上。市场价为每千克6~7元，最高年份亩产值超过2万元。火龙果种植面积逐年增加，2011年，种植面积762亩，收获面积675亩，总产达1687.5吨；2020年，种植面积达2379.3亩，收获面积2223亩，总产3490吨。2011—2020年，累计种植面积18828.3亩，收获面积16608亩，总产29758.5吨，2020年种植面积是2011年的3.1倍、总产是2011年的2.07倍。承包农场土地种植火龙果达到90亩以上的农户有2户，其他种植面积几十亩以下不等。引进的主要品种有台湾香水、白肉、金都1号、黄龙和燕窝等。

第七节 林 木

1952年，为了保护国家战略物资，农场与橡胶生产发展同步规划，因地制宜，为了保护橡胶林不受台风影响而营造以防风林带为主的林业生产。品种主要是小叶桉、台湾相思和木麻黄。农场将防护林与经济林相结合，大田与公路植树、营区绿化相结合，专业造林与全民义务植树相结合，取得了显著的防护、生态、社会和经济效益。

1954年开始，连续几年大面积造林。1954—1956年的3年中，平均每年造林面积达3940亩，最多是1956年，达7310亩。1970年底，全场累计造林面积为3.5万亩。由于管理不善，年末实际植树造林面积2.6万亩。

1971年，林木逐渐生长成林，并开始有计划地进行采伐。当年采伐林木121亩，生产木材2611立方米。以后每年都种植100~300亩，到1991年底止全场累计种植面积3910亩，砍伐面积累计1.79万亩，累计木材产量8.84万立方米。1991年，全场林业产值1642万元，占农业总产值的44.7%。

1999年，农场累计造林3.96万亩，年均投入造林资金33.4万元，总收入1402.8万元，年均收入58万元。其中，1964年植树造林面积最高，达2.81万亩，产值87.3万元，利润10.3万元；1998年造林面积最少，为9940亩，收入618.5万元。1999年，植树造林11086亩，当年收入723万元，每亩产值1138元。

2000—2020 年，农场累计植树造林 5837.78 亩，年均造林 291.9 亩；累计投入资金 1659 万元，年均投入资金 79 万元。其中，2001 年造林面积最大，达 1590 亩；2005 年造林面积最少，无造林，原因是早期种植树木刚成材，未砍伐。2020 年，存有林业 961 亩。

农场在发展橡胶的同时，规划发展以防护林为主体的林业生产，随后又逐步发展了经济林、生态林。1990 年 10 月 21 日—12 月 22 日，由广东省农垦总局、粤西农垦局和农场所在区绿化委员会组成验收组，对农场的绿化达标进行验收，各项绿化指标均达到省定的绿化标准。1991 年，验收组一致通过为实现绿化达标单位。

1993 年 3 月，农场被省委省政府授予"绿化达标单位"，并颁发奖杯和证书。

（一）防护林

从建场至 2020 年，农场累计遭受 10～12 级台风袭击 20 次，平均每年 0.5 次，台风风力大于 10 级时，橡胶树普遍折枝断干，因此营造防风林是抗风栽培的主要措施。1952 年，营造防护林 32 亩；1953 年，营造 1631 亩，以 300 亩为 1 个方格，主要品种是小叶桉、木麻黄和台湾相思等，后来由于方格过大，防护林效能低，同年在方格中间增加十字形林带，降为 75 亩一个方格；1954 年，在方格内再增加三条主林带，降到 25 亩为一个方格。以后逐年对防护林带进行改造，加密主、副林带，方格缩小为 12～15 亩，防护效能得到提高。1954 年起，实施"依山靠林，以林保胶林"的方针，大力营造防护林，改善农场生态环境，促进橡胶生长，减少橡胶风害损失。1980 年第 7 号台风后调查，有防护林的橡胶林，胶树断倒率为 6.8％，无防护林的断倒率则达 54.6％。营造防护林大大降低了水分蒸发和减少了水土流失，提高了土壤含水量和空气相对湿度，改变环境小气候。至 1991 年，农场防护林面积结存为 22044 亩，与橡胶林面积 23979 亩，防护林和橡胶林的面积比例相比，接近 1∶1。1995 年，结存防护林面积为 21031.5 亩；1996 年，农场开始大面积淘汰橡胶树并改种甘蔗，随后开始全面清理防风林段；1997 年，结存防护林面积为 7590 亩；1998 年，防护林基本全部淘汰。

（二）绿化达标

根据广东省委、省政府 1985 年做出的"五年消灭荒山，十年绿化广东"的决策，粤西农垦局 1986 年做出"关于加快林业建设"的决定，在原来加强防护林和经济林发展的基础上，全面做好林业用地的查漏补缺工作。1990 年 11 月，经过广东省农垦总局的绿化达标验收组检查验收，农场各项绿化指标均达到省定的标准，实现绿化达标，获准成为实现绿化达标单位。

林业用地绿化：林业用地面积 61855 亩，绿化栽植 61044 亩，栽植率达 98.7％；绿化面积 59725 亩，绿化率为 96.6％。

防护林网绿化：防护林适宜营造林网控制面积 61870 亩，实际营造林网控制面积 60569 亩，绿化栽植率达 98.7%；绿化林网控制面积为 59758 亩，绿化率为 97.9%。

公路绿化：全场公路总长 70 千米，可绿化长度 65.1 千米，实际绿化长度 57.83 千米，绿化率达 88.8%。其中，省管养公路 7 千米，绿化率达 95.9%；市管养公路 12 千米，绿化率达 88.2%；场内公路 51 千米，可绿化 46.7 千米，实际绿化 41.1 千米，绿化率为 88%。

场部营区绿化：场部营区面积 606.5 亩，适宜绿化面积 326.1 亩，实际绿化面积 319.2 亩，绿化率达 97.9%；绿化覆盖面积 271 亩，绿化覆盖率为 44.7%。

生产队营区绿化：全场抽查丈量 8 个生产队及学校营区共 243.9 亩，其中适宜绿化面积 175.6 亩，实际绿化面积 159.5 亩，绿化率达 90.8%。

（三）义务植树

1. **组织机构** 农场为适应绿化工作需要，20 世纪 70 年代成立农场绿化委员会，下设办公室于生产科，负责组织开展植树绿化工作。

2. **实施情况** 农场重视全民义务植树，备好造林用地、树种，组织人力、物力，因地制宜义务植树造林工作。

（1）早期义务植树绿化（1989—2008 年）。建场初期，大规模发展以胶园防护林为主的生产以来，把全民义务植树绿化连同防护林一并规划、一同实施，在每年的 3 月植树节前，及时部署当年的义务植树绿化工作。1989 年，农场贯彻落实全国人大《关于开展全民义务植树运动的决议》，中共中央、国务院《关于加快林业发展的决定》和上级有关林业工作会议精神，按照"巩固绿化达标成果，坚持年年植树绿化，努力创建园林垦区"的原则，每年 3 月全国植树节之前，认真做好植树造林的规划，备好造林用地、树种，组织人力、物力，因地制宜做好义务植树造林工作。1989 年以后，在每年植树节期间，农场组织干部职工积极到场部营区、生产队居民点、道路、四边地进行全民义务植树活动，每年参加义务植树的达 256 人次，每年植树 1500 多株，人均植树 5～7 株，义务植树率达 65.3%。种植的品种主要有桉树、台湾相思、樟树、大王椰、桃花心木、木菠萝、荔枝、龙眼等。1996 年，湖光农场招待所获得湛江市"花园式单位"。

（2）近期义务植树绿化（2009—2020 年）。农场积极开展义务植树，这阶段主题是"创新义务植树方式，绿化美化环境"，结合农场小城镇建设、道路和安居工程、新建园林绿化、环场林、环队林、环路林等开展义务植树活动，推动义务植树活动广泛深入开展。

2001 年 3 月，农场组织 250 多人开展义务植树活动，在场部志满至高阳的 X668 县道沿途 4 千米栽种桃花心木等树木 2000 株。

2011 年 2 月 28 日，农场与湛江农垦局机关处室共 120 多人开展义务植树活动，种下桃花心木等树种 500 株。

2011 年 3 月 12 日，农垦领导带领机关副处长以上干部 38 人，和农场机关干部 80 多人到柳东队附近参加义务植树，种植桃花心木等树种 500 株。

2013 年 2 月 28 日，围绕广东省农垦总局"发展现代生态农业，建设绿色美好家园"的主题，湖光农场做好义务植树前期准备工作，与广东省农垦总局、湛江农垦局领导及机关部分处室干部 130 多人到柳秀队开展义务植树活动，种植桃花心木等树种 800 株。

（四）林业经济

1958—1999 年，农场累计造林 3.96 万亩，年均投入造林资金 33.4 万元，总收入 1402.8 万元，年均收入 58 万元。其中，1964 年森林面积最高，达到 2.81 万亩，产值 87.3 万元，利润 10.3 万元；1996 年农场淘汰橡胶园、防护林，当年处理林木 5863.5 亩，产值达 219 万元；1998 年树林面积最低，只有 9940 亩，收入 618.5 万元；1999 年树林面积达 11086 万亩，当年收入 723 万元，每亩产值 1138 元。

2000—2020 年，农场累计植树造林 5689.5 亩，年均造林 316 亩；累计投入资金 1422 万元，年均投入资金 79 万元，重点是公路林、环队林。其中，2001 年造林面积最大，达 1590 亩；2005 年造林面积最少，无造林，原因是早期种植树木刚成材，未砍伐。2020 年，存有林业 961 亩，总产值 996 万元。

第八节　畜　牧　业

一、耕牛

农场养有黄牛、水牛。改革开放以前，以农场公养为主，饲养最多的是黄牛。为了积肥和用于农业耕作，于 1954 年开始养牛，自繁自养。当时本地黄牛 46 头。随着农业生产的发展，役用牛需求量增大，养牛迅速发展，20 世纪 70 年代年均饲养头数 4000 头。

1985 年兴办职工家庭农场后，公养牛大部分折价实给农场职工。逐步改为职工承包或作价卖给职工私养，牛存栏量快速下降。随着生产结构的调整，部分职工从事不需役用牛的生产，加之饲料供应不足，多数职工把牛卖掉，养牛头数一度减少。到 1991 年，全场存栏头数 1997 头。其中公养牛 483 头，私养牛 1514 头。另外，有役用牛 987 头，多为私养牛，主要用于耕作。

1991 年后，职工对役用牛供求需要已基本平衡，养牛存栏量持续缓慢减少。

— 117 —

农场饲养黄牛和水牛的主要目的是积肥、肉用和役用，主要原因是当时普遍实行胶园配套养牛，由农场公养牛群为橡胶提供牛栏肥。随着产业的调整，淘汰橡胶树改种甘蔗，胶园消失，职工家庭农场建立，公养牛群、非役用牛快速减少，而役用牛则有所增加，导致两者的比例关系出现逆转。

1995年，全场存栏头数1372头。役用牛308头（其中部分为私养牛），主要用于农业耕作，不能作为肉牛处理。

2000年，全场存栏头数1375头。其中公养牛308头，私养牛1067头。役用牛1141头，以私养牛为主，用于农业耕作。

2005年，全场存栏头数1500头。其中役用牛1388头，全为私养牛，大部分用于农业耕作以职工私养牛为主，其他用于肉牛。

2010年，全场存栏头数573头。私养牛573头，以职工私养牛为主，小部分用于农业耕作外，其他用于肉牛。

2015年，全场存栏头数941头。其中役用牛659头，全部为以职工私养牛，小部分用于农业耕作外，其他用于肉牛。

2020年，全场存栏头数263头。其中黄牛241头，水牛22头，以饲养肉牛为主。

自从农场大面积种植甘蔗，基本实现机械化作业，除了斩甘蔗需要大量人工以外，耕牛作业现时无法满足大面积农业生产的需求。同时，牧草地面积减少，满足不了牛生长环境的需要。因此黄牛、水牛的饲养头数逐年下降。

2003年，为发展供应中国香港地区的肉牛业务和扶持产业发展，湛江农垦畜牧有限公司和农场合作建设湖光供应香港肉牛出口注册场，成为湛江第二家供应香港肉牛注册场。之后，该牛肉出口场由于市场变化而导致亏损，于2009年停办。

二、奶牛

1952年，华南垦殖局在湛江市霞山区录塘村兴办1个奶牛场，存栏7头荷兰奶牛，后用本地黄牛杂交培育一批小牛。1955年牛奶农场解散时，农场分得两头荷兰牛和11头杂交小牛，安排在东桥队饲养；同年，又购回15头母水牛，作奶牛饲养挤奶，配备管理人员4人。农场奶牛养殖业于此发端。

1958年，根据农垦部部长王震的指示，农场从内蒙古购进125头三河奶牛，投放1队饲养，这是农场继东桥队之后的第二个奶牛场，当年发展到142头并建立炼乳加工厂，和广州燕塘农场同为广东农垦两个最大的奶牛生产基地。

1960年，为方便管理，从一队和东桥队的奶牛挑选一部分集中在志满水库南侧（今奶牛场）饲养，建立新奶牛场。后不断巩固饲养基地，一直延续至2010年。经科学饲养和杂交培育，农场奶牛养殖业发展迅速，形成养殖、试验、防治、加工、销售配套一条龙的产业体系。1991年，奶牛发展到390头，其中产奶牛165头，育成牛175头，犊牛60头，年产鲜奶500吨以上，每头奶牛年均单产鲜奶3吨，形成粤西垦区最大的奶牛场。2004年，湖光农场从江苏引进娟珊奶牛采用胚胎移植技术，利用本地黄牛移植奶牛冷冻胚胎，成功产下两头奶牛。

1991年，奶牛存栏390头，其中奶牛165头，育成牛175头，犊牛60头，年产鲜奶500吨以上，奶牛年均单产鲜奶3吨，是粤西垦区最大的奶牛场，为市场提供了大量的牛奶产品，培育出了"湖光"牛奶品牌，与"燕塘"牛奶一起成为广东农垦两大奶业品牌。

农场鲜牛奶产量由1989年的540吨上升至2001年的880吨；2002年升至1600吨；2004年达历史最高，为1750吨，当年存栏奶牛也达到历史最高的819头。年均产奶1700吨，一直保持至2007年；2008年，产奶量262吨；2012年，产奶量降至186吨；2017年，产奶量升至786吨；2020年，产奶量降至320吨。

"湖光"牌巴氏消毒牛奶主要供应湛江市及周边地区市场。

1. 技术和管理　农场饲养奶牛历史悠久，积累了较丰富的经验，特别是适合南亚热带地区风土条件的奶牛饲养技术和模式。

（1）建立良性循环的养牛基地模式。结合气候炎热多雨高湿特点，把牛舍建在山丘上，在牛舍边墙及房顶棚开通风口，牛舍外搭盖凉棚，牛舍内安装电风扇，并增设喷雾降温设施，创造良好的通风、透气、降温条件。山上养牛，山坡周围和山下种植牧草，牛粪水自流灌溉牧草，形成牧草喂牛，牛粪种草，做到草旺、牛壮、产奶多的良性循环。

（2）改造运动场，减少奶牛腐蹄病。1989年以后，针对本地气候高温湿度大，奶牛腐蹄病发率高特点，先后在牛舍配套建起硬地运动场和砂地运动场，有效降低了腐蹄病的发病率。

（3）改善饲料配方，促进奶牛高产，提高牛奶品质。针对不同奶牛各生长阶段的不同需要，采用不同的饲料配方。推广混合饲料配合比例为：能量饲料占50%～55%，蛋白质饲料占20%～25%，适量加入骨粉及非蛋白氮饲料添加剂等。

（4）建立防疫机制和制度。加强卫生防疫，做好灭蚊、灭蝇、灭鼠工作，保持牛舍环境卫生良好。坚持每年"两病"（结核病、布氏杆菌病）检疫，定期注射疫苗，确保牛群健康。

（5）建立核心牛群，培育优良品种后代，实现自繁自养。

2. 销售　奶牛生产自建立以来，就采取生产—加工—销售"一条龙"的生产经营模式。2000年成立独立核算的牛奶公司，下辖奶牛场，作为牛奶公司的奶源基地。1999年以后，牛奶公司又通过签约与职工、农村奶牛养殖专业户建立了产、加、销联合关系，使之成为牛奶公司新的原奶生产基地，牛奶公司从中获得了可靠的奶源，养牛户则有了稳定的销路和收入，实现了"双赢"。

1991—2009年，年均奶牛存栏185头，累计产奶量6734吨，累计销售收入2693万元，总利润140万元。

1991年，农场养殖奶牛存栏390头，产奶牛186头，全年产鲜奶666.6吨。

1995年，农场养殖奶牛存栏345头，产奶牛187头，全年产鲜奶705吨。

2000年，农场养殖奶牛存栏348头，产奶牛232头，全年产鲜奶786吨。

2005年，农场养殖奶牛存栏785头，产奶牛701头，其中，私人养殖398头、产奶牛346头，全年产鲜奶1785吨。

2010年，农场养殖奶牛存栏234头，产奶牛122头，其中，私人养殖156头、产奶牛81头，全年产鲜奶510吨。

2015年，农场养殖奶牛存栏192头，产奶牛91头，全部属私人养殖，全年产鲜奶315吨。

截至2020年底，职工、农村专业户养殖奶牛123头，全年产鲜奶320吨。

2002年产奶量最多，奶牛存栏512头，产奶1600吨。受市场价格等因素的影响，奶业经营效益逐渐下滑，奶牛存栏数逐渐减少，从1991年的390头减少到2010年的122头，减少了72%。2010年根据广东省农垦总局的要求，广东燕塘奶业公司股份要上市，广东农垦属下企业不能经营与广东燕塘奶业公司同类型产品，必须实行国有资产拍卖处理，农场对公养奶牛全部淘汰，全部为私人养殖。

1991—2005年，"湖光牌"牛奶是粤西地区唯一的乳业品牌，主要供应湛江市及其周边地区市场。2006年，广东燕塘乳业公司、农场、湛江农垦局的肯富置业有限公司合股，在湛江市麻章区工业区建设乳制品加工厂，成立湛江燕塘乳业有限公司。2011年，根据广东燕塘奶业公司股份上市的需要，湖光奶业不能作为农场下属企业继续经营，从此，湖光奶业公司与"湖光"牌商标的牛奶完全退出市场。

三、肉猪

养猪始于1954年。当时养猪的主要目的是积肥和食肉，以生产队饲养和集体饭堂饲养为主，但是由于饲料不足，管理不善，防疫不健全，发病率多，生长慢，成本高；年年亏本，发展缓慢。在 20 世纪 60 年代期间，全场每年末存栏量 1000～3000 头。

1971 年，农场办起了饲料加工厂，养猪饲料较充足，饲养头数增到 7018 头。1975 年，成立农场养猪领导小组，建立兽医室，生猪饲养把以生产队饲养为主改为以农场公养为主、以集体养为辅、个人不准饲养，农场养猪点由 6 个发展到 12 个。

1975—1977 年，每年饲养数量在 5000～6000 头。

1978 年，允许职工家属养猪。私人养猪明显增多，公养生猪却逐年下降，公养部分以繁殖仔猪为主，给职工家庭提供猪苗，扶持私人养猪。1984 年，兴办家庭农场，农场存栏猪全部折价归农户经营，实行专业户经营形式（岗位承包责任制）后，职工私人养猪数量急剧增大。1984 年底，全场饲养生猪 1.43 万头，其中公养生猪 3098 头，占 21%；私养生猪 1.12 万头，占 79%。1991 年，全场养猪 9719 头，其中公养生猪 2228 头，私养生猪 7491 头。

20 世纪 80 年代初，除了建立以岗位责任制为中心的管理制度外，还实行产供销一条龙的专业化管理。同时，调整饲料，公养生猪以养肉猪为主转化为以养母猪为主，为集体和个人提供种苗，支持集体、个人养猪业发展，使农场肉猪供应量大大增加。除了解决职工家庭吃肉外，还为外贸提供肉猪。1981 年完成猪肉 196 吨，以后每年有增加，1987 年达 295.5 吨。

1984 年，农场与粤西农垦局签订饲养瘦肉型猪合同。1985 年有 375 头瘦肉型猪出栏，肉重为 38.77 吨。1986 年引进哈尔滨白品系母猪 100 头，1987 年完成外贸出口瘦肉型商品猪 760 头。

1991 年瘦肉型猪采用公养与私养结合，数量达 4000 头。

养猪业多种技术改革有：改劣种混交为人工授精，改买草、买料为种植饲料，改单纯喂粮食为综合利用加工饲料，改煮熟料喂养为发酵饲料喂养，改小栏混群饲养为大栏分群饲养，将单纯治病改为以预防为主。

20 世纪 70 年代开始规模化养猪。长时间以解决职工肉食供应为主要目的，二级单位——分场也有养猪场，属内部自养、屠宰、自用。1982 年实现猪肉自给有余后，开始走上商品化的路子。

1983—1994 年，进一步放宽职工和家属养猪政策，继续扩大私养，缩小公养，并从过去只重视饲养数量转变为数量和质量并重，着重提高出栏率和产肉率。生猪生产逐步从"自给自足"型转向以市场销售为主。

1995 年，农场建成了湛江市菜篮子工程——"湖光农场万头猪场"，年出栏万头以上大型公养生猪场。2003 年，由于产业结构调整和环境制约，猪场距离居民点近，达不到环境评估的基本条件关闭停止经营。

2000 年，饲养生猪 23822 头（其中公有 10506 头），出栏 12476 头（其中公有 6567 头），年末存栏 11346 头（其中公有 5909 头），产猪肉 948 吨，总产值 1148 万元。

2005 年，饲养生猪 34840 头，出栏 24014 头。2006 年，公养生猪全部转为职工私养。

2010 年，饲养生猪为 44730 头，出栏 27516 头。

2015 年，饲养生猪为 48300 头，出栏 25600 头。

2018 年的"非洲猪瘟"疫情对生猪饲养造成巨大的冲击，2018—2019 年生猪饲养为最低谷，2018 年末生猪存栏头数为 1.62 万头，2019 年末生猪存栏头数为 8727 头。

2020 年，饲养生猪为 24069 头，出栏 15728 头。

场内香港商人经营的生态养殖场、个人承包的小型养猪场和个人饲养生猪，均受到 2018 年"非洲猪瘟"疫情的影响，生猪全部死亡，经济损失惨重。

四、家禽

1957 年开始公养"三鸟"（鸡、鸭、鹅），当年存栏总数 200 只，属自给自足性质，不上市场出售。1959 年成立"畜牧三鸟办公室"，并办起"三鸟"专业养殖场，"三鸟"饲养量有了发展，当年共饲养"三鸟"3083 万只。

20 世纪 60 年代，"三鸟"饲养有所停滞，规定每户饲养 10～20 只。每年三鸟饲养总数 1 万～2 万只。

20 世纪 70 年代初，"三鸟"饲养以公养为主，职工养家禽被视为"资本主义尾巴"加以禁止，每年饲养"三鸟"总数达 4 万～5 万只。

20 世纪 80 年代后，市场开放，政策放宽，饲料来源较充足，防疫也日渐完善，"三鸟"饲养迅速发展。1991 年 5.99 万只，其中：鸡 4.53 万只，鸭 1.44 万只，鹅 0.02 万只。1992 年以后，为了适应市场需求，农场全部停止公家养殖。1995 年饲养家禽 5.99 万只，出栏家禽其中：鸡 4.15 万只、鸭 1.84 只。

2000 年，家禽饲养 19.2 万只，出栏家禽其中鸡 12.7 万只、鸭 3.2 万只。

2005 年，家禽饲养 48.9 万只，出栏家禽其中：鸡 30.1 万只、鸭 6.1 万只。

2010 年，家禽饲养 140.4 万只，出栏家禽其中鸡 87 万只、鸭 9.5 万只。

2015 年，家禽饲养 143.91 万只，出栏家禽其中鸡 65.51 万只、鸭 9.65 万只。

2020 年，职工饲养家禽数 141.6 万只。出栏家禽其中鸡 60.02 万只、鸭 8.25 万只。

主要由个人承包规模经营和职工家庭养殖为主。

（一）鹅

养鹅始于 1959 年，由养鸡场饲养，品种有两种：汕头狮头鹅和杭州白鹅。20 世纪 60 年代用这两个品种杂交获得湖光白鹅，品种良好。饲养最多时达 1000 多只，养鹅主要是改善职工生活，繁殖良种供应职工和市场。1988 年后停止公养，由职工私养，不形成规模。

（二）鸭

1959 年开始养鸭，养鸭场设在湛江市赤坎区沙湾和鸭嘴港两地，共养有母鸭 1000 多只，主要用于产蛋。1960 年 7 月，全部集中在沙湾处饲养，挂牌为"湖光农场赤坎沙湾养鸭队"，场地为 50 多亩水田，饲养员 13 人，存栏鸭达 3000 多只。1975 年，搬迁到湖光镇铺仔墟东海大堤，1976 年，搬回农场柳秀水库饲养，存栏 6000 多只。1991 年，存栏 1.44 万只。1991 年后，取消公养鸭项目，由职工自养，个体户利用水库、鱼塘实行规模化饲养。

（三）鸡

1959 年，农场建有养鸡场开始饲养，配有专职技术人员和饲养员，品种主要有青铜火鸡、欧洲黑、绿豆红、芦花等。养鸡主要是内部销售，改善职工生活。最多为 1976 年，存栏 2.78 万只。20 世纪 80 年代以前主要是公养，主要解决职工肉鸡、禽蛋，部分供应湛江市，80 年代后，撤销养鸡场，取消公养鸡项目，由职工房前屋后集中自养，或利用承包果园等土地进行规模性饲养。

五、兔

1975 年，农垦部部长王震到农场视察时从上海带来两对白兔（一对是长耳大白兔，一对是安哥拉兔），当时投放在奶牛场饲养。从此农场开始养兔。

1976 年，从奶牛场搬到兽医站饲养，繁殖小兔 16 只，同年又从山西太原买回 103 只长毛白兔和青紫蓝兔两个品种。最多时存栏 500 多只。1984 年兴办职工家庭农场，所有公养兔全部折价卖给职工饲养。

六、山羊

1957 年开始公养山羊，饲养头数 122 只。次年有 25 只出栏，主要是供职工肉食。1964 年饲养最多，达 869 只。此后，由于缺乏牧场，羊群常常以农作物为食导致农作物受损，因此养羊数量逐渐减少。到 1991 年存栏 35 只。1991 年后所有公养羊全部淘汰。

七、鹿

1977 年，从吴川县覃巴镇买回 5 只梅花鹿（一只雄鹿四只雌鹿）。次年，又从湛江市湖光岩鹿场买回 5 只马鹿（一只公雄四只雌鹿）。1987 年前每年保持 70 多只。1991 年，存栏 38 只，每年鹿茸产量 4.5 千克。养鹿一直维持到 2002 年，因梅花鹿属于国家二级保护动物，后来经湛江市林业局批准，将鹿群转给清远市专业养殖公司饲养。

第九节　水产养殖

20 世纪 60 年代，利用柳秀、东风等水库和一些山塘开始养鱼。养鱼面积不大，靠自然生长，不设专人管理，主要是供农忙和过年过节时集体食堂捕鱼改善职工生活，这种养鱼的方式是比较原始和粗放。

1974 年，水产养殖列入生产计划，开始发展水产养殖业，当年共有 124 亩淡水养殖，亩产在 0.1 吨左右。1979 年，农场在柳秀水库进水口的地域，开展全场性大会战，农场领导亲自带队，成立工地指挥部，组织 800 多人劳动队伍，每个分场为一个战斗队，还有突击班，推土机推土筑堤坝，人工肩挑锄挖，修筑 1200 多米堤坝，开挖每 6 亩为一个规格的鱼塘共 16 口，面积为 96 多亩。

20 世纪 80 年代调整产业结构，将低产水田改为鱼塘，淡水养殖面积不断扩大，并固定专人管理，养鱼作为多种经营项目得到发展。特别是在 1985 年兴办职工家庭农场后，淡水鱼养殖全部下放给职工私人专业承包，采用养鱼新技术，搞立体农业，综合发展。塘基上养猪、"三鸟"、种牧草、香蕉等，将猪牛厩肥、牧草、果叶作饵料投放鱼塘，淡水鱼产量明显提高，一般亩产 0.2 吨。

1991 年，淡水养殖面积 1731 亩，总产量 238.5 吨，平均亩产 0.14 吨。

1995 年，淡水养殖面积 975 亩，总产量 468 吨，平均亩产 0.48 吨。

2000 年，淡水养殖面积 1178 亩，总产量 431 吨，平均亩产 0.36 吨。

2005 年，淡水养殖面积 1771.5 亩，总产量 550 吨，其中农场经营 909 亩，平均亩产 0.31 吨。

2010 年，淡水养殖面积 1876.5 亩，其中农场经营 915 亩，总产量 1487 吨，平均亩产

0.79吨。

2015年，淡水养殖面积1935亩，总产量1120吨，平均亩产0.57吨。

2020年，淡水养殖面积1900亩，总产量1493吨，平均亩产0.79吨。其中对虾30亩，亩产27吨。

从90年代后期，农场职工利用原来的山塘、低洼地开挖鱼塘，以养殖罗非鱼、草、鳙、鲫等淡水鱼为主，鱼类产品主要是供应市场和鱼品加工厂。养殖户实行规模经营，聘请专业技术人员，与湛江海洋大学淡水养殖专业教授一起学习研究养殖密度、投料控制、疾病防治、鱼塘控氧等方面的先进养殖技术，做到科学养殖注重挑选引进优良品种，有的专业户养殖面积达到200亩以上。由职工自主经营，自负盈亏，自产自销。

第十节　农业机械

一、农业机具

（一）拖拉机

20世纪50年代初，场区机械作业由遂溪垦殖所后湖拖拉机站（高雷垦殖分局第一拖拉机站）统一组织作业。

1955年撤并农场后，有2台中型拖拉机："德特-54型"1台、"热特-25K型"1台。

1957年，成立拖拉机队。当年购进链式机"克特-35型"2台和轮式机"GS-35型"1台、"热托-50型"2台。拖拉机总数为7个混合台，总动力215千瓦。

20世纪60年代，增购"东方红-54型"拖拉机9台、"丰收-27型"拖拉机2台、"丰收-35型"拖拉机2台，同时又引进英国产的"福克森"轮式拖拉机11台，其中"福克森-35型"拖拉机9台，"福克林-65型"拖拉机2台，主要提供田间作业与场内短途运输两用。后来又陆续购进"贝克特-28型"拖拉机1台、"DT-20型"拖拉机3台、"DT-413型"拖拉机2台。

1965年，共拥有拖拉机40个混合台，其中轮式拖拉机22台，链式机18台。

1966年开始购进小型手扶拖拉机3台，总动力7千瓦。

20世纪70年代，增加国产中型轮式拖拉机"上海丰收-35型"12台、"江西丰收-27型"1台、"东方红-60型"1台，"东方红-75型"2台、"红旗-100型"1台，以及苏联产拖拉机"德特-55型"1台。1979年，大中型拖拉机总数为46台，总动力为1444千瓦；小型手扶拖拉机共45台，总动力347千瓦。

20 世纪 80 年代，为适应橡胶园更新需要，购进大型拖拉机"东方红-60 型"9 台、"东方红-75 型"6 台、"铁牛-55 型"1 台、"黄河-35 型"1 台、"上海-50 型"26 台。1985 年，农场大中型拖拉机总数为 58 个混合台，总动力为 2004 千瓦；小型手扶拖拉机 57 台，总动力 503 千瓦。

1990 年，增加国产大功率农用拖拉机："东方红-75 型"9 台、"东方红-6 型"2 台、"东方红-70 型"6 台、"东方红-802 型"3 台。1991 年，拥有大中型拖拉机总数 62 个混合台，总动力为 2447 千瓦，手扶拖拉机 31 台，总动力 312 千瓦。

2003 年，存有机车 25 台，其中大马力（100～120 型）16 台，中马力（70～80 型）8 台，30 型小马力 1 台，全部折价给个人，国有资产中此后没有拖拉机。

（二）载重汽车

20 世纪 50 年代，存有载重汽车 6 辆，为 16.5 吨位，总动力 379 千瓦。

60 年代，随着橡胶的开割，为保证橡胶的加工质量，新鲜胶乳必须在限定时间内送到加工厂加工，汽车需求量因此增大。1963 年购进一辆载重汽车，为 3.5 吨位。1969 年，存有汽车总数 10 辆，为 29.5 吨位，总动力 585 千瓦，均为农用。

70 年代增加到 21 辆汽车，为 70 吨位，总动力 1342 千瓦。

1989 年，拥有 49 辆载重汽车，为 146 吨位，总动力 1657 千瓦。其中私人 4 辆。

1991 年，有 55 辆汽车，为 154.5 吨位，总动力 3075 千瓦，其中私人 7 辆，为 11.5 吨位，总动力 38 千瓦。

1993 年，汽车队实行改制，将汽车折价转给个人承包经营或调配到农场办工厂使用。此后，实行汽车折价处理和到期报废，农场公用运输车辆不存在。

1995 年，有 44 辆汽车，为 120 吨位，总动力 2413 千瓦。为私有车辆。

二、机务管理

20 世纪 50 年代，农场机车消耗高，故障多，效率低，出勤率只有 40％左右。作业形式采取犁耙地、结合畜力人力的播种方式。

1957 年，成立机务科，贯彻湛江农垦局《机务管理规定》，推行"定包定奖"生产责任制和标准化保养作业措施，从而不断提高工作效率，逐步实现四个标准化：田间作业标准化、技术保养标准化、技术档案标准化。

1969 年，撤销机务科，由生产处管理机务。

1974 年，恢复机务科，设 6 个机耕队。全场拖拉机出勤率达 95％以上。

　　1980年，撤销机务科，成立农机公司，推行"机农合一"的管理形式，把小型机械和部分中型轮式拖拉机交由生产队管理使用，并逐步建了机房，配备储油设备和保养工具。全场机务管理实行独立核算，自负盈亏，当年完成利润16万元，平均每个职工完成471元，上缴利润共14万元。

　　1981年，撤销农机公司，建立机运公司。1986年撤销机运公司，成立农机站。当年机车"三率"达到80％。

　　1987年，农机站由工业科统管。全场机运实行"归口集中，统一管理，独立核算，包干上缴，自负盈亏"。由于缺乏完善的管理方法，一度出现"大利大干，小利小干，无利不干"的倾向。

　　1988年，为使机务工作跟上全场深化改革，决定农机与工业科分管，专配机务副场长，设立"农机站"，实行"机农合一、机农统一"管理，缓和了多年存在机务队与生产队（承包户）双方矛盾，能够按农时季节和农业生产的技术要求，合理调度机车，按精耕细作要求有的放矢进行农具技术改造，不断提高农业机械化程度。

　　1989年，开展"推行水稻生产机械化提高劳动生产率的研究"活动，采用机农合一体制，推进适度规模经营，应用先进科学技术进行管理，整地、播种、管理、收割、烘干等生产主要作业全部使用机械进行，为垦区水稻生产机械化提供了经验。本年，农机站改为全场农机管理的行政职能部门（五里机队、柳秀机队、高阳机队、新坡机队、志满机队、下溪机队），不实行财务核算。各机务队财务由农场财务科直接管理。由于管理不够科学，各机务队亏损严重。1990年实行自负盈亏，独立核算。

　　1991年，有大中型拖拉机62台，2447千瓦：农机具73部、联合收割机18台681千瓦。

　　1995年，有大中型拖拉机52台，2359千瓦：农机具70部、联合收割机13台、486千瓦。

　　2000年，有大中型拖拉机29台，1241千瓦：农机具49部、联合收割机3台113千瓦。

　　2005年，有大中型拖拉机23台，977千瓦：农机具48部、联合收割机3台113千瓦。

　　2010年，有大中型拖拉机26台，1043.3千瓦：农机具58部、联合收割机2台75千瓦。

　　2015年，有大中型拖拉机26台，1043千瓦：农机具58部、联合收割机3台113千瓦。

2020年，有大中型拖拉机 26 台，1043 千瓦：农机具 58 部、联合收割机 3 台 113 千瓦。

1994年，农机站转换机制，下溪机队直接归农机站管理，其他机队归分场管理，实行全面包干、自负盈亏、独立核算制度，计提折旧和缴交"三费"，一直维持到 2008 年。

2008年，农场为了使农机管理适应现代农业管理的要求，对机务队进行了改制，将原有机车马力小、故障多的折价给原机务队机手个人或集体经营。撤销机务队建制。同时，农场贷款给机手购置 100～120 匹大马力拖拉机，解决机耕问题。签订 2008—2013 年的承包合同，负责场内 3 万多亩甘蔗耕作，每年需翻耕约 1.9 万亩机耕作业，贷款从五年机耕费中抵扣。

2013年后，农场不再续签合同，不再下达机耕的指令性要求，主要实行"订单式"服务，由农户按完成机耕亩数支付费用。农场只是无偿提供原机车停放场地，

三、机务队伍

20 世纪 50 年代建场之初，机务人员由遂溪后湖拖拉机站统一指挥和管理。1957 年以来，通过上级组织汽车司机、拖拉机手培训和以师带徒的办法培训机务人员。当年，全场机务人员共 26 人，其中机务干部 4 人，拖拉机手 12 人，汽车司机 6 人，动力机手 2 人，修理工人 4 人。以后逐渐增多，到 1978 年全场机务人员增加最多，达 254 人。1991 年全场机务人员 219 人，其中机务干部 36 人，拖拉机手 130 人，汽车司机 32 人，修理工 21 人。

2008—2013 年，机车属个人资产，分为 5 个机耕组（分别是：五里机组、柳秀机组、高阳机组、新坡机组、志满机组），有机手 26 人。

随着企业内部的改制，汽车队、机务队取消，汽车运输、土地机耕实行社会化服务，减轻企业管理人员和设备投入费用，降低管理负担和成本。

表 4-7　1984—2020 年湖光农场交通运输业经营情况

单位：万元

年份	产值	盈利
1984	120	
1985	35.3	
1986	164.6	20.7
1987	167	5.5
1988	109.7	1.7
1989	97	−21.7

（续）

年份	产值	盈利
1990	107	
1991	145.3	2.9
1992	184.4	
1993	233	
1994	245	
1995	382.5	
1996	392.5	
1997	406	
1998	460.7	
1999	464	
2000	487	
2001	514	
2002	536	
2003	550	
2004	564	
2005	315	
2006	340	
2007	396	
2008	568	
2009	621	
2010	648	
2011	672	
2012	814	
2013	838	
2014	978	
2015	1129	
2016	1210	
2017	1931	
2018	1994	
2019	2098	
2020	1603	

第十一节　农田基本建设

一、农田水利建设

20世纪50年代开荒建场时，生产用水主要是依靠山塘蓄水，或橡胶林段低洼处挖坑积水或用人工到附近小河、水沟挑水灌溉。

1955年，实行多种经营，开始种植水稻。为解决水田及旱坡地灌溉用水，1956年成立农田水利规划小组，开始兴建一些小型农田水利设施，主要是利用地方现成水库，修筑排渠灌，同年，在原奶牛场（现东桥队）建一个水坝，抽水灌溉，饲养奶牛。

1958年，参加遂溪县草洋水库建设，取得用水受益权。同年，在五里分场修建引水渠一条，从草洋水库引水，水渠长0.5千米，设计流量0.1秒/立方米，灌溉水稻200亩。

1959年，参加湛江市所属的志满水库和新坡水库建设，取得用水受益权。同年在志满分场和新坡村各建一条引水渠道，分别长4.8千米和1.7千米。设计流量均系0.1秒/立方米，从志满水库和新坡水库引水，灌溉水稻430亩。

20世纪60年代，大力发展橡胶和大量种植水稻及其他经济作物，生产用水量日益增多，大规模兴建山塘水库和修筑引水渠道。1966年2月，湛江农垦局派出水利普查小组5人到农场进行水利普查工作，1966年9月组建水利专业队伍，成立水利办公室，对水利建设进行统一规划和统一管理。60年代主要兴建的水库山塘有：柳秀水库、五队水库、东风水库、五里水库、七队水塘、优秀队水塘。有效库容共268.7万立方米，有效灌溉面积3199亩。

20世纪70年代末至80年代初，农田水利建设着重于果园和茶园，主要是修筑大井，建大水池，抽水灌溉，或在胶园内挖深井，抽水沤制水肥浇灌胶园。这些水利工程大、费资、费时、费力，未得到推广。

到1991年，全场有水库、山塘10宗，有效库容达427万立方米，排灌机械40台/4千瓦（含家庭户16台/159千瓦），农田水泵20台，机电井41眼（配套）。有效灌溉面积1.17万亩，其中，机灌溉面积486亩，电灌溉面积5899亩，自流灌溉面积5300亩。全场形成山塘、水库渠道相连的良好排灌网系统。到2020年12月止，农场在政府水利部门登记注册水库共有5宗，水库规模分别为：小（1）型1宗，为柳秀水库；小（2）型4宗，为五里、五里仔、红卫、东风水库。总库容量为478.5万立方米，主要功能是防洪、灌溉、生态、养殖。

2003年后，农场利用水库除险加固国家财政资金分别对柳秀、五里、五里仔、东风、红卫水库除险加固工程。实施东风水库除险加固工程，投入资金94.52万元，主要建设内容为：加固土坝长1150米，完成土方量8418.2立方米，完成混凝土量675立方米，改建放水涵50米，改建溢洪道一宗。

2005年，实施柳秀水库应急度汛工程，投入资金123.21万元，主要建设内容为：坝体加固，防汛墙修建溢洪道修复和闸门修建。

2010 年，实施五里水库除险加固工程，总投入资金 176.77 万元，其中财政资金 150 万元，企业自筹资金 26.77 万元。主要建设内容为：土坝加高增厚，回填土料 17000 立方米，新建溢洪道、涵闸和水闸，新建管理房 100 立方米。

2012 年，实施红卫水库除险加固工程，总投入资金 93.5 万元，其中财政资金 90 万元，企业自筹资金 3.52 万元。主要建设内容为：坝体加固 600 米（填夯土 12560 立方米，浇筑混凝土 570 立方米，植草皮 2205 平方米），维修管道式放水涵（浇筑混凝土 97 立方米和砌石头护墙 86 立方米），重建溢洪道（浇筑混凝土 240 立方米和砌石头护墙 50 立方米），新建水库管理房 20 平方米。

2014 年，实施柳秀水库除险加固工程，总投入资金 90.03 万元，其中财政资金 90 万元，企业自筹资金 0.03 万元。主要建设内容为：加固坝 268.9 米，挡土墙 57 米，放水涵 1 座，溢洪道护坡 89 米，溢洪道地板，台阶 2 个，水闸栅栏 1 个，清理排水沟 2.1 千米。

2017 年，实施柳秀水库除险加固工程，总投入资金 142.46 万元，其中财政资金 140 万元，企业自筹资金 2.461289 万元。主要建设内容为：加固排洪渠 264.65 米，清淤引水渠 105 米，修复道路 462 平方米，增加清淤及清理引水渠水浮莲 612 米。

2019 年，实施五里仔水库除险加固工程，总投入资金 100.28 万元，其中财政资金 100 万元，企业自筹资金 0.28 万元。主要建设内容为：加固大坝 350 米，背水坡铺设草皮护坡 50 米共 247.5 平方米，维修坝顶防汛道路 600 米，加固引水渠挡墙 10 米，维修溢洪道 30 米，维修启闭机房 0.9 米×2 米铁门 1 扇，放水涵 1.2 米×1.2 米钢闸门 1 扇、螺旋式启闭机安装 1 台，防汛道路有 20 米路段路基软基处理，溢洪道的泄水口处清淤泥和清理杂草及树木，坝顶的防汛道路回填路肩长度（单边长度）为 646.8 米。

二、农田治理

20 世纪 70 年代，为进一步扩大水稻种植面积和发展其他经济作物，开展大规模开荒造田，平整土地。1972—1976 年，共开荒造田 240 亩，平整农田 1000 亩，完成土石方 1369.72 万立方米。动用人工 20.3 万个工日，机械推土作业 4800 个班，共投资 87.35 万元（材料、设备投资）。1977 年又投资 30 多万元，改造柳秀水库尾的低洼烂田为养鱼塘。主要工程包括：

（1）志满村西南的南田农田改造工程。分两期完成。第一期为 1971 年 1 月，历时 6 天，每天投入 2130 多人。整个工程共搬走 7 个小山包，完成土方 5.03 万立方米；挖排灌溉沟 1.02 万米，引水渠 1500 米；筑田埂道路 1.06 万米，平整田地 240 多亩。将原来 389 亩低产田改变成高产田。第二期从 1972 年冬动工，开荒 22 亩，平整田地 205 亩，完成土方 3.31 万立方米，石方 1195 立方米。

（2）"志满大垌"农田改造工程。从 1974 年冬至 1975 年 1 月，历时 22 天，每天参加人员约 3000 人，共搬掉 80 个小土堆，整治改造水田 2090 亩，扩大耕地面积 409 亩，修筑灌溉渠道 3.78 万米，筑田埂 3.36 万米，修筑田间道路 397 米，共完成土石方 19.16 万立方米。

（3）"三板洋"农田基本建设大会战。1976 年 1 月 7—25 日，组织以二队"三板洋"农田为主体及五队、七队、武装连、场部学校等 5 个农田基本建设大会战。参加大会战的人员有干部、工人、教师和学生等 3200 多名，最多一天达 4344 人。另外有中国人民解放军 58703 部队 200 多名指战员支援，用时 19 天，按广东省农田建设六条标准，完成 1100 多亩水田、坡地整治和配套工程任务，挖土石方 36.18 万立方米，其中石方 1.44 万立方米；新建涵洞 81 座，搬运 35 个小石山、5 个土山包，修筑排灌区 1.3 万米，使用炸药 21 吨。"三板洋"农田基本建设大会战，开山放炮，平整土地，挖沟建渠，变荒坡为良田，变石山为水田，改善了农场农业生产的基础条件。

（4）柳秀水库库尾造田工程。柳秀水库尾部，面积宽广，农田零星分散，田块大小不一，高低不平，不利机耕作业；排灌系统混乱，不利水稻高产栽培，部分农田经常遭受水库泄洪时淹浸，大量土地位于水库正常水位之下，正常水深达 1～2 米，不能种植农作物，又不能大量蓄水。

1977 年 7 月，农场党委决定改造柳秀水库尾，建设粮油糖基地。按机械化、水利化、电气化稳产高产农田标准进行规划。拖拉机抽调困难，不能正常施工，直至 12 月增加 6 台拖拉机，开始进行全场性大会战。每天参加会战在 2163 人以上，机车 12 台。至 1978 年 4 月，共完成筑堤坝 700 米，挖河道 764 米，筑道路 1226 米，修建鱼塘 50 亩，造田 190 亩，挖水沟 250 米，建石桥 3 座 168 米，建涵洞 4 座，累计挖土石方 35.4 万立方米，浆砌石 6853 立方米，工程投资：造田 170 元/亩，整治低洼田 100 元/亩，水田水利配套 8.38 万元，合计 20.48 万元。

2001—2006 年，农场加大农业投入，扎实抓好农业基础建设，建立甘蔗种植现代农业基地，提高农业发展后劲。对种植甘蔗的土地进行土地整理，清理石头，整理四边地，平整土地，进一步提高效力和耕地质量，扩大可耕地面积。对全场 31176 亩甘蔗园分批清理石头，平整高低不平地块，清理淘汰橡胶园周边防护林带的树头残桩，改善和提高生产岗位工作效率和管理水平，为农业夺丰收奠定了坚实基础。同时，在旱坡地上打深水井，铺设地下灌溉水管，修建抗旱水池，清理排灌渠道。加上原有的水利设施，形成了初步旱坡地抗旱设施网络，使全场近80％甘蔗地和部分蚕桑地实现人工浇灌。2006年，投入260多万元用于加强以改水、改土、改种及加强机耕质量为主要内容的农业基础设施建设，打深水井13口，铺设地下灌溉水管35000多米，建抗旱水池5口，清理排灌渠道5000多米。清理石头、平整土地2000多亩，进一步提高耕地质量，并增加可耕面积500多亩。新添置农具4台，增加农具7套，增强机耕能力。到2015年，农场有抗旱机井71口。

2010年后，在湛江农垦局指导下，利用国家财政资金实施小型农田水利工程，建立20000亩甘蔗现代农业节水灌溉示范基地，总投资46.48万元，2011年6月竣工，主要建设内容为：在五队建立1000亩现代农业节水灌溉示范基地，主要为建设深水井1口，安装抗旱抽水泵9台、潜水泵3台，铺设管道6千米，维修水泵一批。

2011年，实施小型农田水利建设工程，总投资132.3万元，本年11月竣工，主要建设内容：建设2000亩现代农业节水灌溉示范区，主要为DN63PVC管2.45万米，DN16PVC滴灌带118万米。

2012年，实施小型农田水利建设工程，总投资160.26万元，当年12月完工，主要建设内容为：铺设3200米地面滴管，建设甘蔗节水灌溉示范区800亩。

2013年，实施小型农田水利建设工程，总投资60万元，当年完工，主要建设内容为：打井1口，建水池1座，泵站1间，购置水肥一体机3台，铺设管道6900米，滴灌带28万米，建成甘蔗节水灌溉面积800亩。

表4-8　1990年湖光农场水利工程基本情况调查（一）

工程名称	建设时间（年份）	集雨面积（千米²）	枯水流量（万米³）	设计流量（万米³）	库容（万米³）	最大坝高（米）	水头扬程（米）	功率（马力）	渠长（千米）	备注
一、山塘水库										
柳秀水库	1965	6	0.04		190	6.5			6	
五队水库	1965	2.5	0.02		20	4			2	
东风水库	1966	1	0.03		38	7.9			1.44	
五里仔水库	1967	3.1	0.03		7.8	4			1.7	
七队山塘	1961	0.5	0.025		3.6				0.8	
新坡山塘	1967	0.5	0.025		3.3	3.4			0.7	
优秀山塘	1961 1		0.007		6				0.2	
二、引水工程										
三多塘水陂	1970	2	0.03	0.1		1.2			1.8	

（续）

工程名称	建设时间（年份）	集雨面积（千米²）	枯水流量（万米³）	设计流量（万米³）	库容（万米³）	最大坝高（米）	水头扬程（米）	功率（马力）	渠长（千米）	备注
五队水陂	1968	1.5	0.02	0.05		1.6			2	
鸭塘引水	1967	1	0.02	0.03					0.8	
南阳引水	1971		0.03	0.1					1.58	
三、水泵灌溉站										
柳秀水泵站	1968			0.1			10	54	1.7	
深坑水泵站	1972			0.035			9	20	1	
五里水泵站	1972			0.05			7	28	0.6	

表 4-9　1990 年水利工程基本情况调查（二）

机井日期	井深（米）	出水量立方（米/时）	水系型号	配套动力（千瓦）	灌溉作物面积（亩）	现在完好率和使用情况
1972	80	80	8JD80x15	22	茶园 130	正常
1978	125.86		6JD56x6	15	茶园 150	正常
1979	84	100	离心泵 3BA-6	17	茶园 220	正常
1980	115	15	4JD-10	5.5	茶园 164	正常（无用）
1980	45.8	56	6JD56x6	15	茶园 200	正常
1980	127	56	6.JD56x8	22	茶园 115	正常（无用）
1981	112	56	6JD56x6	15	茶园 150	正常
1981	83.8	56	6JD56x7	22	茶园 200	正常（无用）
1981	62.9	56	6JD56x10	22	茶园 266	正常（无用）
1981	129	56	6JD56x6	17	茶园 200	正常
1982	120	56	6JD56x6	17	茶园 150	正常

表 4-10　2020 年湖光农场水库基本情况调查

序号	水库名称	所在县（市、区）乡镇	集雨面积（千米²）	总库容（万米³）	中型	小(1)型	小(2)型	主坝最大坝高（米）	副坝数量（座）	溢洪道数量（座）	放水涵（座）	建成时间	备注
	合计		17.2	478.48	0	1	4	/	5	5	8		
1	柳秀水库	麻章区湖光镇	6	316		1		6.5	3	1	3	1965 年 2 月	
2	五里水库	麻章区湖光镇	2.5	34			1	6.5	1	1	2	1965 年 8 月	
3	五里仔水库	麻章区湖光镇	3.1	45.9			1	4.5	1	1	1	1967 年 6 月	
4	东风水库	麻章区湖光镇	2.7	38			1	7.9	0	1	1	1966 年 8 月	
5	红卫水库	麻章区湖光镇	2.9	44.58			1	5	0	1	1	1959 年 7 月	

表 4-11　2020 年湖光农场抗旱、饮用水机井分布情况

单位	井数	抗旱井	地号	饮用井	地号	废井	地号
一队	2	1	队部	1	队里		
二队	1	1	165				

（续）

单位	井数	抗旱井	地号	饮用井	地号	废井	地号
八队	4	2	173、103	1	84	1	60
下溪队	3	1	198	1	35	1	66
志满村队	2	1	99	1	127		
柳秀村队	3	2	43、48	1	队部		
柳东队	6	3	53、284、40	1	队部	2	284、队部
西岭队	5	3	34、105、83	1	158	1	105
五队	4	3	48、254、191	1	101		
红桥队	3	2	10、82	1	41		
五里队	5	3		2			
大岭队	1			1	82		
东路队	1			1	90		
谭河队	2	1	128	1	80		
六队	1			1	队部		
里场队	5	3	5\21\222	2			
三队	7	6	29、179、158、73、247、89	1	164		
四队	10	8	405、26、86、476、197、290、276、184	1	208	1	386
新坡村队	7	5	10、11、12	1		1	
东风队	4	3	19、49、45	1	48		
谭高队	4	2	155、128	2	252、123		
七队	7	6	269、180、45、18、87、12	1	35		
十队	4	3	187、157、142	1	65		
高阳队	6	2	94、130	1	122	3	28、41、20
高岭队	7	6	68、52、17、27、104、112	1	105		
七星岭队	3	2	121、90	1	63		
朝阳队	2			1	157	1	24
柳茶队	3	2	37、50	1	队部		
九队	1			1	队部		
合计	113	71		31		11	

第五章 工 业

第一节 综 述

场办工业始于 1955 年兴建的香茅加工厂。厂房结构简易，总面积只有 40 平方米。职工 14 人，设备只有 1 个自制和 1 个湛江机械厂购买的蒸汽锅炉，加工能力 6 吨/日，1956 年 3 月正式开始使用原始土法加工香茅，同年 9 月又建成了 8 间小型香茅加工厂，厂房共 400 平方米，投入固定资产 11.06 万元，有工人共 41 人，加工能力 16 吨/日，当年产油 8.53 吨，年总产值 8.33 万元。

随着农业生产的发展，为满足原料加工需要，加工业逐渐发展扩大。1957 年在农场七队等地建起蒸汽香茅加工厂和一些其他的加工厂。至 1959 年末，全场拥有加工量为 4 至 8 吨/日的香茅厂 11 间，合计加工能力 98 吨/日；还有加工能力 24 吨/年的淀粉厂（厂址在现谭河队）；年产白酒 5.48 吨的酿酒厂；年产生铁 0.5 吨的炼铁厂；修配厂等，共有加工厂 15 间。加工业拥有固定资产原值 20.4 万元，净值 18.1 万元。从事工业人员 194 人，工业年产值 166.06 万元（按 1980 年不变价）占当时工农业总产值的 43.7%。产品主要供外贸出口和满足农场内职工需要，是农场主要经济来源之一。同时，1958 年建立炼乳加工厂，加工农场奶牛场产的牛奶，满足农场职工生活的需要。

20 世纪 60 年代，兴建粮食加工厂、橡胶加工厂，扩大了修配厂。修配厂添置了部分车床、刨钻床等设备，修造能力得到提高，能够制造手推车、蒸馏器、水稻脱粒机等简单生产用具，并进行设备安装和修理。

20 世纪 70 年代，农场建起了橡胶制品厂、制粉厂、纸厂、酱料厂、饼厂、砖厂等，至 1979 年末，全场有工业企业 12 个，拥有固定资产原值 225.9 万元，从业人员 479 人，工业产值 338.86 万元，占工农业总产值的 31.5%，工业利润 196.5 万元。

70 年代以前，场办工厂中，淀粉厂因原料短缺，于 1962 年停办。1976 年，由于广东省外贸政策改变，香茅油价格下跌，香茅厂全部停产。纸厂 1975 年因经济效益低而停业。1990 年饼厂停产。

20 世纪 80 年代，农场试办农工商联合企业，工业进行调整结构，逐步形成以橡胶制品和食品饮料为主的产业结构。1987 年农场有橡胶制品厂、革制品厂、纸箱厂、五金制品厂、装饰家具厂、农场茶厂、酒厂、饮料厂等 15 间。年工业总产值由 1978 年的 219.9 万元，增加到 1987 年的 1601.7 万元，产值翻三番。工业固定资产 504.4 万元，从业人中 1155 人，工业产品有电瓶壳、胶隔板、热水袋。干胶圈、输血管、罐头垫圈、橡胶丝、瓶盖、纸箱、皮鞋、再生革、红碎茶、绿茶、炼乳、鲜奶、饮料、酒、衣柜、橱柜、办公桌椅、沙发等 25 大类 200 多个品种，产品行销国内 20 多个省、市、区，其中热水袋、电瓶壳、茶叶远销港澳及东南亚、欧洲等地。

各工厂为加强管理，成立 22 个 QC 小组。据统计，1987 年全场 QC 成果合计创效 40 万元。

1988 年，农场茶厂红、绿茶分别获得国家商业部优质产品和广东省优质产品称号。

1989 年，红碎茶获广东省优质产品称号。同年，橡胶制品厂热水袋参加北京 14 家商业、报社、电台在重庆联合举办的名优产品评比，获得山城杯奖。

1990 年，橡胶制品厂的食品罐头胶垫圈、铝酸蓄电池获广东省优质产品称号。

1991 年，农场茶厂获广东省级先进企业称号。

1991 年，全场有橡胶加工厂、橡胶制品厂、皮革制品厂、装配厂、建材预制件厂、乳制品厂、茶厂、酒厂等 12 间，属农场办工业。其中 5 个当年出现经营性亏损。工业拥有固定资产原值 777.45 万元，净值 457.5 万元，投入资金 1401.2 万元，从业人员 1417 人，工业总产值 2692.3 万元，占总产值的 39.3%，产品销售收入 2504.9 万元，产品销售税金 179.6 万元。

1995 年，工业拥有固定资产原值 1542.8 万元，净值 870.7 万元，投入资金 1658.4 万元，从业人员 1811 人，工业总产值 8729.5 万元，产品销售收入 8574 万元，产品销售税金 450.8 万元。经营工业生产的单位和个体经营户 115 个，其中个体经营户 105 个。

1996 年受强台风袭击后，因经营比较困难，市场销路较差，部分场办工厂倒闭或转产。

2000 年，工业拥有固定资产原值 961.5 万元，净产值 865 万元，投入资金 1022.3 万元，从业人员 730 人，工业总产值 6433.5 万元，产品销售收入 5478.3 万元，产品销售税金 311.9 万元。经营工业生产的单位和个体经营户 64 个，其中个体经营户 56 个。

2005 年，工业拥有固定资产原值 1352 万元，净值 947 万元，从业人员 533 人，工业总产值 7649.8 万元，产品销售收入 7634.9 万元，产品销售税金 731 万元。经营工业生产的单位和个体经营户 39 个，其中个体经营户 37 个。

2010 年，工业拥有固定资产原值 1419.8 万元，净值 806.2 万元，投入资金 426 万元，从业人员 521 人，工业总产值 10775 万元，产品销售收入 10454.5 万元，产品销售税金

534.2 万元。经营工业生产的单位和个体经营户 37 个，其中个体经营户 30 个。

2015 年，工业拥有固定资产原值 1490 万元，净值 828 万元，投入资金 426 万元，从业人员 345 人，工业总产值 19565 万元，产品销售收入 12413 万元，产品销售税金 966 元。经营工业生产的单位和个体经营户 46 个，其中个体经营户 39 个。

2017 年，工业固定资产原值 1512 万元，净值 827 万元，从业人员 358 人，工业总产值 23276 万元。经营工业生产的单位和个体经营户 32 个，其中个体经营户 25 个。农场只有茶厂、纸箱厂等。

从 90 年代中期开始，由于改革开放，实行市场经济，农场对工业生产不再大包大揽，实行承包经营，部分有技术、有经济能力的职工，自办小工厂、小作坊进行小工业品加工，例如皮鞋、皮具、服装等，自办橡胶制品厂、石料加工厂等。个体经营的比例扩大，国有经营的场办工业逐年萎缩直至消失。

2020 年，场办工业完成工业生产总值达 11707 万元（属非国有企业）。

第二节　主要工厂概况

一、橡胶加工厂

1965 年 5 月建厂，总投资为 27 万元（内厂房投资 12 万元），主要设备有清片机 6 台和进口洗涤机 1 台，1966 年 5 月正式投产，当时有职工 26 人，加工干胶 3 吨/日，加工乳胶 200 多吨/年，除加工农场生产的乳胶、杂胶外，还为垦区一些农场加工乳胶、杂胶，主要产品为烟胶片、胶绉片等。

1973 年，增加投资 50 万元，从广州购回绉片机、清片等设备，从英国进口 2 台离心机，1974 年开始生产浓缩胶乳，产能力 10 吨/日，1975 年开始加工标准颗粒胶，1976 年增设橡胶制品项目，主要产品有乳胶圈。

1991 年，该厂主要设备：离心机 3 台、空气压缩机 2 台。绉片机 3 台、造粒机 1 台，压缩机械 5 台，厂房面积 2617 平方米。固定资产 40 万元，日产能力 6 吨，主要产品有浓缩乳胶。

1997 年后，因农场全面淘汰橡胶树，橡胶加工厂停产，厂房、设备出租。

二、橡胶制品厂

1979 年，在原橡胶加工厂制品车间的基础上扩建而成。建时有油压机 1 台，自制硫化罐 2 台，由于设备差、资金短缺、技术不足，只能生产投资少见效快，工艺简单的电瓶壳、热水袋两种产品。

80 年代后，生产规模不断扩大，增加了炼胶机、油压机等先进设备，并拥有自己培养的工程师、技术员，相继开发了乳胶圈、胶隔板厂等新产品，产品朝着规格化、系列化、花色品种多样化的方向发展。年产值从 1979 年的 20 多万元增长到 1985 年的 609 万元，7 年中产值翻五番。1986 年创利润 110.2 万元，是 1981 年 26 万元的四倍。1981—1986 年，上缴国家税利累计共 743.63 万元。

1987 年，该厂取得市级计量合格证书和全面质量合格证书。同年，热水袋参加在重庆举办的全国名优新产品评比，获得山城杯奖。

1990 年，热水袋、电瓶壳获得广东省优质产品称号。

1991 年，已拥有固定资产原值 500 万元，厂房建筑面积 7237.94 平方米，主要设备：炼胶机 2 台、液压机 17 台、切丝机 2 台、空气压缩机 6 台、切胶机 2 台、平板硫化机 5 台、硫化罐 4 只、工业锅炉 2 台、冷却塔 1 座，其他设备 30 台，设备总装机容量 1191.5 千瓦，自备发电能力 1300 千瓦，成立了统计、质量、动力设备、财务、供销等 5 个职能部门。有炼胶、电瓶壳、热水袋、罐头圈、胶隔板、热水袋、干胶圈、输血管、罐头、垫圈、橡胶丝等八大类 10 多个型号、规格产品。年生产热水袋 60 万只，电瓶壳 60 万套，胶隔板 1000 万片，罐头垫圈 210 吨，干胶圈 30 吨，输血管 1000 万米。热水袋、蓄电池胶壳，曾远销德国、爱尔兰、荷兰及东南亚一些国家和地区。1979—1991 年上缴国家税利累计共 743.63 万元，累计盈利 655.13 万元。

1992 年，年总产值 1470 万元，生产热水袋 71.8 万只、胶圈 15.2 吨、电瓶壳 5.6 万套、替可吉宁胶制品 629.2 吨、瓶盖 671.2 万只。1993 年，年产值 1136.3 万元，生产电瓶壳 85468 套、胶隔板 1685.4 万片、橡胶丝 286000 千克、热水袋 23.1164 万个、罐头垫圈 32820 千克、橡胶垫圈 1420.5 万条、瓶盖 550 万个、包装扣 1651 千克。

1996 年，工业产值 507.3 万元，生产橡胶丝 319 吨，利润 178 万元。因受强台风影响，橡胶树全部折断，橡胶制品厂原材料供货来源受阻，经营效益下降。

2000 年，工业产值 120.2 万元，生产橡胶丝 563 吨。

2005 年，工业产值 890.8 万元，生产橡胶丝 494.9 吨。

2010 年，工业产值 1587.2 万元，生产橡胶丝 1221 吨。

2015 年，工业产值 1836 万元，生产橡胶丝 1020 吨。

2020 年，工业产值 805 万元，生产橡胶丝 447.2 吨。

1996—2020 年期间，累计生产橡胶丝共 11296 吨，累计利润 16194 万元。其中，2010

年生产效益最好，工业产值 1537 万元，利润 1221 万元；2014 年生产效益最差，工业产值 1714 万元，盈亏平衡。

三、皮革制品厂

1979 年，在奶牛场区内建厂，厂房面积 80 多平方米。职工人数为 23 人，主要生产三节头男装皮鞋，产皮鞋 2000 双/年。

1981 年 2 月，厂址搬迁到原供销科办公楼。职工人数增加到 67 人，产品有男、女装皮鞋、皮凉鞋，产皮鞋 30 余双/日，产品主要在农场、市内销售。

1983 年，发展成为一个从设计到生产专业性的皮革制品工厂。厂区占地面积 144 万平方米，厂房面积 2300 平方米，职工 175 人。主要设备有：切皮机 2 台、压鞋机 2 台、马达砂轮机 8 台、空气压缩机 1 台、抛边机 3 台、衣车 27 台、压商标机 2 台、冲床机 1 台、调压机 1 台、制鞋流水生产线 1 条。有皮鞋、鞋底、再生革 3 个生产车间，其中再生革车间是和广州风行皮革厂于 1988 年底联营组建的。主要产品有皮鞋（皮凉鞋）、粘胶鞋底、再生革（皮带革）三大类 30 多个规格品种，每年可生产皮鞋 10 万双、粘胶鞋底 80 万双、再生革 25 万平方米。产品销售往广东、广西、海南、湖南、北京、云南等十几个省（直辖市、自治区），部分产品还间接出口东南亚国家和地区。

1991 年，年产值 195.6 万元（按现行价），上缴税金 78 万元。固定资产原值 41 万元，但是由于销路不畅，内部管理不善，亏损 16.9 万元。

1995 年，年产值 4847.1 万元（按现行价），年产皮鞋 57 万双。

2000 年，年产值 1961.9 万元（按现行价），年产皮鞋 26.2 万双。

2005 年，年产值 1463.6 万元（按现行价），年产皮鞋 22.5 万双。

2010 年，年产值 2129.3 万元（按现行价），年产皮鞋 28.39 万双。

2015 年，年产值 3483 万元（按现行价），年产皮鞋 25.8 万双。

1991—2017 年，该厂累计生产皮鞋 1090 万双，累计销售收入 38600 万元，累计总利润 3950 万元，累计上缴利税 796 万元。1995 年，该厂发展到最大规模，当年生产皮鞋 57 万双，从业人员 52 人，年产值 1970 万元，实现利润 236 万元，上缴利税 47 万元。2011 年效益最差，当年生产皮鞋 14 万双，从业人员 32 人，总产值 625 万元，亏损 39 万元。1993 年注册了"大钱皇"商标。1995 年生产能力最强，年产值也最高，生产皮鞋 57 万双，年产值 4847 万元，从业职工 52 人，实现利润 236 万元，上缴利税 47 万元。2017 年，厂房面积 9729 平方米，从业人员 24 人，生产皮鞋 32 万双，年产值 1112 万元。由于市场影响，该厂已于 2017 年停产。

四、修配厂

1959 年 3 月建厂，主要为农场农机、耕具提供修理服务，职工 10 多人，厂房面积 80 余平方米。

20 世纪六七十年代，增添了车床、刨床、钻床等机床设备，保证农场对拖拉机、汽车等运输机械进行大修保养，并能制造各种农用机具零件和点播机、脱粒机、扬谷机、手推车等生产工具。

20 世纪 80 年代后，生产由服务型向市场经营型转变，在服务农场同时，扩大对外服务。1982 年扩建五金加工生产线，制造瓶盖。1987 年增加油桶生产项目，1988 年增加塑料捆扎带机生产项目，1990 年增加生产文具夹项目。

1991 年拥有固定资产原值 27 万元，工业总产 31 万元，产品销售收入 56.1 万元。厂房面积 1800 平方米，主要设备：车床 5 台、万能铣床 1 台、牛头床 1 台、冲床 8 台、台钻 3 台、搪瓦机 1 台、硅整流充电焊机 4 台、电动机 3 台、马达 4 台、其他设备 29 台。总装机容量达 81.4 千瓦，职工 124 人。

由于近年市场竞争激烈，该厂技术力量薄弱，管理不善，产品技术含量低，竞争力差，生产成本高，生产效益欠佳，1995 年转制而停办。

五、五金厂

1981 年底从修配厂分出，1982 年 1 月正式建成投产，职工人数 68 人，1983 年 11 月底增加纸箱厂生产项目。

1985 年，五金厂由集体承包经营，定额向场缴费利。1991 年末，五金厂拥有固定资产原值 13.8 万元。主要设备：移印机 3 台、冲床 12 台、剪板机 1 台、滴胶机 2 台、打浆机 1 台、烘炉 2 台。厂房面积 560 平方米，职工 31 人，主要产品有瓶盖、铝盖、罐头盖、热水袋塞、蚊香纸箱架等，年产瓶盖 2323 万个。1993 年，生产瓶盖 550 万个、包装扣 1651 千克，年产值 24.7 万元。

1991—1995 年，累计生产产品 1.1 亿个，销售收入累计 121 万元，累计利润 26 万元。1993 年发展到最大规模，年生产产品 550 个，产品主要有瓶盖、包装扣等，固定资产原值 75 万元，总产值 24.7 万元，从业职工 37 人。1996 年转制而停办。

六、纸箱厂

1985年末从五金厂分出，厂址搬到原鸡场，实行包干上缴，自负盈亏。

1991年末，纸箱厂拥有固定资产原值95万元，厂房面积为2543.7平方米，厂区为7896平方米。职工人数为120人。主要设备有：切纸机2台、瓦楞机2台、胶水机2台、分纸机7台、模切机1台、碰线机1台、切角机2台、开角机2台、钉铆机1台、钉箱机5台、成型机1台、其他设备、车辆12台。主要产品有纸箱、纸盒，年生产纸箱100万平方米。

1985年，从五金厂分出，实行包干上缴，自负盈亏。1991年，纸箱厂拥有固定资产原值95万元，厂区面积7896平方米，厂房面积2543.7平方米，职工120人。主要设备有：切纸机2台、瓦楞机2台、胶水机2台、分纸机7台、模切机1台、碰线机1台、切角机2台、开角机2台、钉铆机1台、钉箱机5台、成型机1台、其他设备、车辆12台。主要产品有纸箱、纸盒。

1995年，生产纸箱、纸盒19.3万平方米，年产值45.4万元（按现行价）。

2000年，生产纸箱、纸盒56.7万平方米，年产值204.3万元（按现行价）。

2005年，生产纸箱、纸盒46.5万平方米，年产值167.3万元（按现行价）。

2010年，生产纸箱、纸盒93.19万平方米，年产值279.6万元（按现行价）。

2015年，生产纸箱、纸盒172万平方米，年产值774万元（按现行价）。

1991—2017年，累计生产纸箱2800万平方米、纸盒700万个，累计销售总收入9790万元，累计利润1980万元，上缴利税230万元。2015年发展到最大规模，生产纸箱172万平方米、纸盒20万个，年产值774万元，利润152万元，从业人员38人，固定资产原值1200万元，厂房面积3000平方米。1996年，因受强台风袭击，厂房、机械设备受灾严重，受灾经济损失320万元，生产能力为历年最低，生产纸箱9万平方米，年产值21.8万元。前期主要是承包者以承包农场厂房、机械设备的形式经营；后期承包者以租赁土地的形式，全资投入厂房、机械设备经营，属非国有经营单位。

七、酒厂

1958年建成投产，年产60℃酒1.5吨，产品主要供场内职工食用，部分由市糖烟酒公司出售，经济效益不高。

1981年扩建，厂房面积415平方米，年产曲酒9.5吨，白酒84.7吨，甜酒32.0吨，工业总产值 18.6 万元，职工 34 人。

1991 年，厂房面积 640 平方米，职工 34 人，年末固定资产原值 31 万元。主要设备有：酒精罐 10 个、锅炉 1 台、蒸酒锅 1 个、液体装瓶机 1 台、三用封盖机 1 台、过滤机 1 台、防爆泵 1 个。产品主要有五粮特曲、中华酿液、米香液。其中五粮特曲获得湛江市优质产品称号，全年生产 65℃酒 167.3 吨，工业总产值 154.3 万元，产品销售收入 66.9 万元，上缴税金 32 万元，盈利 4.9 万元。

1991—1996 年，累计生产白酒 1360 吨，累计销售收入 508 万元，累计利润 104 万元，累计上缴利税 27 万元。其中，1993 年生产效益最好，从业人员 42 人，厂房面积 640 平方米，固定资产原值 460 万元，全年生产白酒 370.2 吨，总产值 318 万元，利润 69 万元。1995 年生产效益最差，生产白酒 65.7 吨，产值 33 万元。

1997 年，酒厂停产。

八、奶业有限公司

农场于 1958 年建立炼乳加工厂加工牛奶，主要产品是瓶装炼乳，供农场职工家属小孩食用。1976 年注册了"湖光牌"牛奶商标，成为粤西地区第一个乳业品牌。1990 年底，由炼乳厂、汽水厂、保健厂、饮料厂合并而成，更名为乳业制品厂，以生产炼乳和巴氏消毒鲜牛奶为主，年产巴氏消毒鲜牛奶 400 万瓶、炼乳 103 吨，产品主要供应湛江地区。

汽水厂建于 1982 年，厂房面积 555 平方米，职工 57 人。主要设备：电动机 8 台，容量 2 千瓦，年产汽酒 283 吨，汽水 1.4 万瓶，工业总产值 19 万元。

保健饮料厂建于 1985 年，厂房面积 493 平方米，固定资产值 45 万元，职工 28 人。

20 世纪 60—70 年代，乳制品厂发展缓慢，80 年代后才初具规模。1987 年，产品有保健饮料、清凉饮料、高级保健饮料、玫瑰茄系列产品共四大类近 50 年品种，其中高级保健饮料"维尔乐"是农场与广东省中医院共同研制的新产品，是广东省科委 1985 年重点科研开发项目，属全国首创，但由于包装落后，销路不畅，1990 年停产。

1991 年，乳制品厂有职工 209 人，厂房面积 5959.2 平方米，固定资产原值 180 万元，装机容量 164.4 万元。主要设备：豆浆液体灌装机 1 台、冷却结晶罐 1 只、灌浆机 2 台、自动封盖机 2 台、其他设备 24 台。以生产加甜炼乳和巴氏消毒鲜牛奶为主，可生产鲜奶 400 万瓶/年、豆奶 103.2 吨/年。乳品主要供应湛江市区，工业总产值 152 万元。

1992—1999 年，该厂投资 228 万元进行技术改造，扩大生产能力；1996 年开始生产酸奶。1996 年，年产炼乳 29.5 吨、豆奶 34.7 吨、巴氏消毒鲜牛奶 908.3 吨（其中酸奶 250 吨），工业产值 386 万元。

2000 年，投资 250 万元，增加 1 条玻璃瓶装消毒奶生产线，每小时可加工生产牛奶 1 万瓶。同年，该厂改制为"湛江市湖光奶业有限公司"，当年产乳制品 2295 吨，其中巴氏消毒鲜牛奶 617 吨、酸奶 1678 吨，奶制品营业收入 700 万元，利润 20 万元，产品主要销往湛江、茂名等地。2001 年，鲜奶产量 900 吨/年，巴氏消毒鲜牛奶 378 万杯/年，生产酸奶 550 万杯/年，工业总产值 1557 万元，利润 50 万元。

2005 年，年产巴氏消毒鲜牛奶 1950 吨、酸牛奶 1382 吨，工业产值 2030.2 万元。

2010 年，年产酸奶 755 吨，工业产值 460.6 万元。

2015 年，年产酸奶 665 吨，工业产值 299 万元。

2001—2016 年，累计投入 470 万元进行技术改造，累计加工鲜牛奶 3850 吨，累计销售收入 2233 万元，共实现利润 36 万元，累计上缴利税 125 万元。2017 年，年产酸奶 707 吨，工业产值 360 万元。2020 年，年产酸奶 320 吨，工业产值 115.2 万元。

2012 年，根据广东燕塘奶业公司股份上市的需要，湖光奶业不能作为农场下属企业继续经营，对"湛江市湖光奶业有限公司"国有资产（除国有土地外）进行估算拍卖处理，终业吊销其工商营业执照。

九、湛江燕塘乳业有限公司

2004 年 4 月 6 日，经湛江市工商行政管理局核准，由广东燕塘乳业、湖光农场、湛江肯富置业有限公司等 3 家公司合资创建湛江燕塘乳业有限公司（以下简称湛江燕塘），注册资本 1000 万元，股份占比分别为：燕塘乳业 51%、湖光农场 40%、湛江肯富置业有限公司 9%，公司选址在湛江市麻章工业园金园路 17 号，占地面积约 54 亩。2006 年 5 月，湛江燕塘主车间建设正式动工，并于 2007 年 3 月完成设备安装及试产，2007 年 6 月 5 日正式投产营运，员工总计 81 人，属广东燕塘奶业公司的分公司。

湛江燕塘一期总投入 3400 万元，日加工能力 60 吨，年产规模 1.8 万吨。主要产品为低温巴氏奶，产品种类有鲜牛奶、酸牛奶、花式牛奶饮品及乳酸饮料等。主要包装有屋顶型纸盒装、塑料杯及玻璃瓶等。主要配置设备有收奶系统、净化水处理系统、配料系统、巴氏杀菌机、储奶缸、CIP 清洗系统、检测中心，还有屋顶型纸盒、塑料杯、塑料袋、玻璃瓶灌装生产线，以及冷库、冰水制冷系统、蒸汽锅炉、高低压配电系统、发电机组、污水处理系统等，其中，除屋顶型纸盒灌装机从美国进口外，其余设备从国内优质厂家选配。湛江燕塘的生产工艺全部按照燕塘乳业的要求执行。

2009 年 7 月，湛江燕塘启动第一次扩产技术改造，先后购置了 1 台 STORK 高温灭菌机和 2 台 IPI 灌装机，并配齐了全套 UHT 生产设施，于当年 9 月投入使用。2011 年，湛江燕塘又购置了 2 台 IPI 灌装机，于当年 10 月投入使用。第一期扩产技术改造完成后，湛江燕塘增加了超高温灭菌奶系列产品，年增产能 1 万吨。

2011 年 11 月 9 日，湖光农场和湛江肯富置业有限公司各自将持有的湛江燕塘股份全部转让给广东燕塘乳业，现在的湛江燕塘乳业有限公司是广东燕塘乳业股份有限公司属下公司。

十、茶厂

1976 年在下溪茶队建厂，简易厂房 80 平方米，职工人数为 28 人，每天加工干茶叶只有几十千克。1979 年，农场投资 23.65 万元扩建茶厂。1980 年 5 月建成投产，主要生产绿茶。1984 年开始增加生产青茶、乌龙茶、花茶、袋泡茶等品种。1986 年又投资 80 多万元，从浙江购进加工生产红碎茶整套设备，建成红茶加工生产线，至 1986 年底，农场茶厂拥有红、绿茶两条生产线。同年与外贸签订生产红茶合同，1988 年开始批量生产，产品全部由外贸出口。2 号红碎茶获得商业部优质产品，绿茶被评为广东省优质产品。

1991 年，由于茶叶市场供过于求，造成资金回笼慢，全年亏损 27.1 万元。是建场以来经济效益最差的一年。

1991 年，农场茶厂已发展为一个拥有固定资产 140 万元，厂房 2884 平方米，职工 101 人，主要设备：解块分筛机 4 台、揉捻机 5 台、烘干机 6 台、风选机 2 台、CTC 机组 2 台、发酵机 1 台、高压静电拣梗机 1 台、阶梯式茶叶拣梗机 4 台、茶叶抖筛机 2 台、平面圆筛机 2 台、茶叶选均机 1 台、袋泡茶叶装机 1 台、其他设备 38 台。设备装机容量为 277.84 千瓦，年总产值 269.3 万元，年加工干茶叶 400～500 吨的大厂。产品有绿茶、青茶、乌龙茶，袋泡茶等 4 个品种，产品主要是外销为主。至 1991 年止，农场茶厂累计为国家上缴税金 217.84 万元，累计盈利 89.31 万元。

1987 年，农场茶厂取得市级计量合格证书和全面质量管理合格证书。1988 年，2 号红碎茶被评为国家商业部优质产品，绿茶被评为广东省优质产品。1991 年，农场茶厂被评为广东省级先进企业。

1990 年，茶叶种植面积达 2591 亩，年产干茶叶 281 吨。随后种植面积逐年减少，至

1996 年降至 496 亩。1991—2003 年，累计加工干茶叶 1300 吨，年均加工干茶叶 100 吨，累计实现总利润 835.5 万元，累计上缴利税是 103 万元。其中，1998 年利润最高，实现利润 74 万元；2002 年加工干茶叶量最少，产量 10 吨；2000 年加工干茶叶量最多，达 35 吨，产品有绿茶、红茶、乌龙茶等。2002 年，茶厂固定资产 80 万元，厂房面积 3200 平方米，职工 45 人，总产值 330 万元，加工干茶叶 335 吨。2003 年，茶厂总产值 11 万元。

2004 年 1 月，农场将茶厂承包给私人经营，属非国有企业经营性质，移交的茶园面积为 184.5 亩，从茶叶种植管理、采摘、加工、销售承包者负责。2020 年茶叶面积最少，种植面积 75 亩，产茶 3.8 吨，收入 12.16 万元。

十一、装饰家具厂

1958 年建厂，厂房 200 平方米，职工人数为 15 人，主要生产门、窗、桌、椅、箱、柜和床等木器制品。产品主要供应农场内职工。

1985 年农场投资 10 万元扩建厂房和购置电锯、电刨等设备。当年生产家具 2025 件（套），产值 22 万元。

1985 年，根据市场需要，成立装修班，主要对外承包室内工程。1987 年增加螺丝刀木柄、雨伞木柄生产。1991 年拥有固定资产原值 27 万元。厂房面积 1131 平方米，职工 62 人，主要设备：平面刨 3 台、斜口平刨 1 台、立式带锯机 1 台、卧式带锯机 1 台、丰田客货两用车 1 台。当年生产家具 2425 件（套），装饰工程 7700 平方米，年产值 168.7 万元，缴交税金 10 万元，盈利 9.2 万元，是建厂以来经济效益最好的一年。

该厂累计为国家上微利税金 26.6 万元，上缴农场利有 40 万元。是当时垦区较大的装饰家具厂。

1997 年生产效益最差，生产家具 1285 件。

1997 年末，装饰家具厂停产。

十二、粮食加工厂

1960 年建厂，厂房面积 300 平方米，职工 9 人，主要设备砻谷机 1 台，碾米 4～5 吨/日。1968 年建榨油车间，厂房面积 40 平方米，榨油 0.5 吨/日，1987 年，由于原料不足，榨油车间停产。1971 年扩建碾米车间，厂房建筑面积为 1131.5 平方米，增加胶辊砻谷机等新设备，碾米 15 吨/日。1991 年主要机器设备有：喷风碾米机 2 台、胶辊砻谷机 1 台、吸式比重去石机 1 台、打糠机 3 台，碾米 1729.6 吨/年，工业总产值 159.9 万元，职工人数 36 人，年末固定资产 11.6 万元。

1993 年，碾米 1653.7 吨/年，加工玉米糠 184 吨/年，工业总产值 182.8 万元。

1995 年，碾米 79.6 吨/年，加工玉米糠 60 吨/年，工业总产值 8.8 万元。由于农场作物结构的调整，水稻种植面积的减少，国家粮食政策开放，职工由农场供应口粮改为市场购买，1996 年粮食加工厂停产。

十三、建材厂

1984 年从家具厂分出，实行独立核算，职工 21 人，主要生产水泥门窗、水泥横条、水泥板、地板砖等预制件供应农场建筑队基建工程使用。

1991 年，全年产品销售收入 8 万元，利润 3.13 万元。后扩建，厂房面积 3326 平方米，固定资产原值 565 万元。有职工 40 人，主要设备：农用汽车 3 台、混凝土搅拌机 3 台、钢筋弯切机 3 台、吊架机 5 台（套）、水磨石机 1 台、砂浆机 1 台、卷扬机 2 台、压砖机 2 台、立式带锯 1 台、淋灰机 1 台、其他设备 5 台，产品有水泥门、窗，水泥横条、水泥砖、预制水泥板，1996 年生产预制件 266.7 立方米，总产值 16 万元，1998 年生产预制件 213 立方米，总产值 6.8 万元，2001 年生产预制件 287 立方米，总产值 8.6 万元。2002 年建材厂停产，场地对外出租。

表 5-1　1980—2020 年湖光农场工业总产值占总产值比例

年份	工业总产值（万元）	占总产值的比率（%）
1980	437.09	31.6
1981	401.21	28.5
1982	435.93	24
1983	678.86	80.7
1984	897.53	80.9
1985	1190.65	40.39
1986	1468	40.8
1987	1601.7	40.1
1988	2052.5	42
1989	3134.7	48.7
1990	2251	39.3
1991	2692.3	39.3

（续）

年份	工业总产值（万元）	占总产值的比率（%）
1992	2587.1	39.7
1993	5300	52.9
1994	6573.8	52.0
1995	8729.5	54.8
1996	7889.8	55.3
1997	8165.9	48.0
1998	8690.6	47.7
1999	6500	45.9
2000	6433.5	45.3
2001	6519.6	47.1
2002	6926.8	47.7
2003	7312.8	43.4
2004	7336.8	39.8
2005	7649.8	36.9
2006	8413.7	37.4
2007	8756.8	35.6
2008	9257.3	36.0
2009	9566.5	32.2
2010	10775	31.1
2011	11024.8	27.7
2012	12576.3	26.4
2013	14280.3	23.8
2014	15193	23.7
2015	19565	27.5
2016	21418	27.6
2017	23276	27.7
2018	12726.58	14.5
2019	12985	14.1
2020	11707	13.1

表 5-2　1980—2020 年湖光农场工业上缴税金

单位：万元

年份	金额
1980	6.79
1981	11.49

（续）

年份	金额
1982	26.7
1983	26.1
1984	37.8
1985	51.2
1986	98
1987	133.7
1988	112
1989	156.7
1990	163.6
1991	179.6
1992	161.1
1993	459.9
1994	422.3
1995	406
1996	390.4
1997	513.4
1998	606.6
1999	442.6
2000	311.9
2001	277.6
2002	290.7
2003	671
2004	717
2005	731
2006	736
2007	716
2008	756.6
2009	536.8
2010	534.2
2011	534.2
2012	537.4
2013	772
2014	935
2015	966
2016	864
2017	784
2018	721
2019	652
2020	567

表 5-3　1980—2017 年湖光农场主要工业产品产量

年份	白酒（吨）	碾米（吨）	炼奶（吨）	成品茶（吨）	家具（件）	皮鞋（万双）	纸箱（万米）	瓶盖（万个）
1980	52	2535	64.4	17.35				
1981	61.7	2778	58.72	70.5		0.79		
1982	51.8	1965	88.27	62.45		1.56		
1983	18.5	2033	106.7	80.7	1400	1.55	11.8	343
1984	87.1	2073	109.5	167.5	4100	273	18.09	702
1985	115.3	2263	120.78	198.7	5886	3.68	36.5	578
1986	25.5	1791	76.9	271.8	3158	5.02	69.5	729
1987	83.5	2115	52.92	269.2	2103	2.73	66	1529
1988	84	2090	41.6	268.6	1544	8.99	41.98	2800
1989	71.05	1674	14.88	335.3	1454	2.32	99.59	3718
1990	80.5	1806	51.1	320.1	2725	4.49		3411
1991	167.8	1780	42.8	302.6	2424	4.7	100.18	2323
1992	225.3	1258	39.3	285.1	1200	7.6	105	671.2
1993	272.2	1653.7	38.4	303.4	900	11.6	125.4	550
1994	158	450	35.8	280.1	700	32.5	53.8	
1995			33	102	600	40	10	
1996			29.5	73.7	500	48.19	9	
1997			23.3	19.1	500	48.53	26.13	
1998				13.6		48.97	42.74	
1999				9		28.05	47.77	
2000				11		26.2	56.7	
2001				11.8		22.9	44	
2002				11.2		24.5	44.9	
2003				11.2		24.9	45.1	
2004				20.7		23.1	42.3	
2005				21.1		22.5	46.5	
2006				21		25.2	46.8	
2007				12		26.4	30	
2008				12		27.1	90	
2009				10		28.1	91.3	
2010				11		28.39	93.19	
2011				10		26.8	91.69	
2012				11		26.3	93.8	
2013				11		26.2	156.6	
2014				9		25.8	160	
2015				9		25.8	172	
2016								
2017								

第六章　商　　业

第一节　国有商业

20 世纪 70 年代以前，农场商业网点是由湛江市供销社系统经营。农场办商业始于 1979 在场部设立的职工生活服务组，后发展为商业服务公司。20 世纪 80 年代开始，农场农工商企业综合经营扩大，场内各工厂、公司生产、销售"一条龙"经营，在北京、湛江等城市设立商场等服务行业，场办商业迅速发展。1985 年因经商失误，先后撤销和收缩一些服务网点，现只保留场部的商业服务公司和湛江市霞山的湖霞商贸公司。1988—1991 年，农场商业共创税利 68.2 万元。

一、京湖商场

成立于 1980 年 3 月，共投资 10 万元，在北京市与西单区联合经营。主要经营项目是农场农副产品和日杂百货。

1982 年把经营权移交粤西农垦局。

二、湖联信托贸易发展公司

1980 年，农场遵照粤西农垦局指示，在赤坎农垦招待所开设农副产品展销门市部，农场农产品开始进入城市销售。

1984 年 4 月 5 日，挂牌为湖联信托贸易发展公司。由于投资不慎，造成当时轰动全国的经济诈骗案，涉及人民币金额高达 3500 万元。公司损失严重，负债累累，无法经营下去，于 1986 年停业。

三、国营湛江市赤垦农工商联合企业贸易总公司

1984 年 4 月 5 日，经湛江市人民政府批准，农场与湛江市赤坎区人民政府联合经营

"国营湛江市赤垦农工商联合企业贸易总公司"。农场投资 160 万元，原场长花进有任董事长。主要经营百货及农场工农业产品。由于经营管理不善，连年亏损，于 1987 年 9 月 3 日终止联营。

四、商业服务公司

1978 年，农场在场部设立职工生活服务组，主要安排老、弱、病、残职工及家属工作。服务项目是百货、副食、饮料、缝纫衣服、理发、修理单车等，目的是为职工服务，每年都要补贴几百元到几千元。1979 年扩大为商业服务公司，实行独立核算，自负盈亏，逐步扩大经营，从实现收支平衡到后来获得盈利，服务范围包括：百货、副食、蒸酒、缝衣、理发、修理、饮食等，职工人数有 100 人。经营资金由农场分期拨给。同年完成利润6.15 万元，平均每个职工创利润 917 元，（按 67 人计）上缴利润 848 元。1981 年建成 1幢商业大楼，面积 1195 平方米，共三层，第一层为商场，第二层为仓库和办公室，第三层为职工宿舍。商场主要经营五金家电、布匹、百货日杂、副食、农具、文具等。原为地方供销社在生产队所设的 13 个代销店，1981 年收归公司统一经营管理。1984 年后下放到个体经营户经营。

1984—1986 年，公司由于经营策略不当，管理不善，造成亏损，经过调整整顿后，1987 年扭亏为盈。近几年生意兴旺，效益较好。现有职工 64 人，1991 年营业额 381 万元，盈利 3 万元。由于农场经营体制条条框框限制，管理人员多，成本费用大，经营业绩平平，甚至连续多年出现亏损。1998 年该公司停业。

五、湖霞商贸公司

湖霞商贸公司的前身是 1983 年农场在粤西农垦局大门口设立的一个猪肉档，以屠宰农场饲养的生猪，供应市场。第二年扩大经营，开设商店，挂牌为"广东省国营湖光农工商联合企业霞山展销部"，主要经营农场农副产品。1985 年 5 月，与农垦局老干部合股经营，更名为"农垦局老干部信托有限发展公司"。由于经营不善，3 个月后停业。

1985 年 8 月成立公司，挂牌为"广东省湖光农工商湖霞联合企业展销部"。1988 年，更名为"湛江市湖霞商业贸易公司"，经营项目为进口商品及农垦生产的酒精、白糖、橡胶，也兼营农副产品。尤其是与广东健力宝集团挂钩经销，批发其产品，生意逐步扩大，增加销售人员，购置销售运输车辆。除了开设商场、餐厅，广开就业门路，解决农场职工就业，是农场第三产业从农场走向市区的典范，取得较好的经济效益。1991 年，该公司共有职工 28 人，临时工 14 人。商业用房面积 130 平方，固定资产 200 万元。1998 年该公司终止经营。

第二节　个体商业

1984 年，个体经商开始发展。当年有摊档 18 个，商业用房面积共 440 平方米，主要经营水果、副食品、百货、饮食、理发等，经营者大都是退休工人及待业青年，1991 年共有摊档 33 个。随着政策和市场的开放，国有经营的商业服务业，在市场竞争中处于劣势，逐步退出经营，农场的个体经营户不断增加，重点集中在场部小城镇范围内。主要经营水果、副食品批发零售、修理、农药肥料、五金百货批发零售、饮食、理发美容、建材家具、文具、药店、食用油加工、物流收发、交通运输等，主要为家庭式经营。

1995 年，个体经营户达到 62 个，从业人员 70 人（其中餐饮 7 个、从业人员 20 人），年产值达 9.6 万元。

2000 年，个体经营户达到 143 个，从业人员 257 人，年产值达 385 万元。

2005 年，个体经营户达到 312 个，从业人员 458 人，年产值达 868 万元。

2010 年，个体经营户达到 311 个，从业人员 526 人（其中包括交通运输、批发零售、住宿餐饮、其他服务业），年产值达 2.44 万元。

2015 年，个体经营户达到 354 个，从业人员 433 人，年产值达 6.89 万元。

2020 年，个体经营户达到 361 个，从业人员 656 人，销售收入 11.45 万元；个体经营户的作用是繁荣农场的社会经济，满足农场居民生活物质需求，解决部分人员就业，是农场社会稳定基础。

表 6-1　1980—2020 年湖光农场批发零售业、住宿及餐饮业、其他服务业经营情况

单位：万元

年份	产值	盈利
1980	97.47	7.05
1981	50.06	5.33
1982	108.75	7.57
1983	224.81	10.6
1984	260	11.24
1985	235.7	9.5
1986	251.83	2.01
1987	233.29	6.41

年份	产值	盈利
1988	148.7	8.2
1989	140	9.5
1990	232.7	7.1
1991	162.6	5.9
1992	241.4	
1993	717.2	
1994	680.3	
1995	1060.2	
1996	785.4	
1997	1107.5	
1998	1243	
1999	1265	
2000	752	
2001	798	
2002	1002.6	
2003	1016	
2004	1159.6	
2005	1429.4	
2006	1596	
2007	1691	
2008	1418	
2009	1678	
2010	1788	
2011	2011	
2012	2096	
2013	3770.73	
2014	6353	
2015	7400	
2016	8310	
2017	8405	
2018	8971	
2019	9494	
2020	9847	

第七章 民用房屋、工业厂房建设与建筑队伍

第一节 民用房屋建设

建场垦荒时，职工多是住在简陋的茅草棚中，或临时借用当地群众的房屋、祠堂、庙宇作职工及民工集体宿舍和办公室。

1952年，开始搞永久性砖木结构建筑，工程质量较好，至今仍有一小部分职工继续使用。1952年末全场职工人均住宅2.27平方米，至1958年末达4.24平方米。

1959—1961年，为了安排水库移民，并村农民及归侨，大量建设砖瓦结构房屋。但因赶工期，质量较差，后多次维修。1961年末，人均住宅为4.51平方米。

20世纪70年代初，即生产建设兵团期间，在"大跃进""高速度""大会战"思想影响下，农场自建砖厂烧红砖，自办打石场采石料，自建灰窑烧石灰，新建一批"跃进房"，1979年人均住房6.4平方米。

20世纪80年代以前，农场边建设边规划建房，整体规划水平比较低，场部规划也不同程度存在定位不当、布局不合理的问题。80年代，除国家投资建设职工住房外，农场也自筹资金建房。所建新房除了水泥平房宿舍，还有一部分配有套间及小楼房。1984年人均住宅面积8.65平方米。

1985年，为解决职工住房紧张的状况，实行了住房制度改革，将全场存有的10.5万平方米住宅，全部折价卖给职工。同时鼓励职工私人建房，实行"私建公助"方式，凡职工建房的，农场给予每人700元补助，1991年私建公助房屋面积达1.1万平方米。

1991年末，全场有职工住宅面积共13.94万平方米（公有住宅3.97万平方米，职工私人住宅9.97万平方米），平均每人占有面积11.73平方米。

第二节 小城镇建设

农场小城镇建设始于1988年，广东省人民政府批准场部为工业卫星镇，列为沿海经济开放区，享有出口等优惠政策。场部设在湛江市麻章区志满圩，原占地面积0.63平方

千米，以五层和三层 2 幢办公大楼为主体。三层办公楼建于 1977 年，建筑面积为 1176 平方米，五层办公楼建于 1984 年，建筑面积为 1780 平方米。西北面为招待所，建于 1974 年，以三层和五层楼为主体，附有 3 幢别墅式套房，总建筑面积为 5110 平方米。同时建设的住宅区、文教科研区、医疗福利区、文化娱乐区、工副业区和商业服务区等，小城镇建设基本架构形成。

（一）现状

1989—2017 年，湖光农场做过 3 次小城镇规划，最早一次是 1997 年，该次规划将原场部幼儿园拆除建设住房，原商业大楼西边的茶室拆除建设住房，形成小型商业片。2006 年，小城镇规划建设 2.1 平方千米，规划"四至"范围：东至场部职工医院，西至场部农科所，南至铁路桥，北至志满水库。拆除三层、五层旧办公楼各 1 幢（属于危楼）和招待所三层旧楼房 1 幢、小别墅 3 幢（属于危楼），建设办公大楼 1 幢六层 7420 平方米及前广场后花园。2006—2020 年，新建学校教学楼 1 幢 5280 平方米、中学学生宿舍 1 幢 2168 平方米、医院门诊楼房 1 幢 1500 平方米、职工公寓楼 7 个小区 28 幢 99350 平方米、职工住宅小区 7 个共 274392 平方米、派出所楼房 1 幢 820 平方米、文化娱乐室 1358 平方米，铺设水泥路 31.8 千米、排污管道 6000 米、管网 2.77 万米、绿化面积 1.16 万平方米、蓄水池 1 个，建设水塔 3 座 350 立方米、路灯 267 盏，安装变电器一批，累计投资共 20049 万元。

截至 2017 年，小城镇规划建设 5.7 平方千米，场部人口 1700 户 4896 人，四至范围为：东至场部职工医院、西至原橡胶制品厂、南至铁路桥、北至志满水库，道路形成四纵四横的交通格局，形成了东南面商业区、西南面生活休闲区、西面教育区、北面旅游观光区、东面医疗疗养区、中心办公和健身区。

（1）住宅区。机关干部的住宅主要分布在办公楼周围，西面有两层套式楼房 2 幢，两层别墅式套房 3 幢。南面有两层和三层套式楼房 2 幢。东南面有两层套式楼房 3 幢。东北面有砖瓦结构套房 12 幢，两层套式楼房 4 幢。直属单位职工的住宅，分布在场部周围。新规划的 6 个职工住宅区，职工自建楼房共 428 幢，建筑面积 34240 平方米。

（2）文教科研区。办公楼东面为第一小学，有三层和五层教学楼 2 幢，砖瓦结构平房 5 幢，总建筑面积为 3600.17 平方米。农场中学位于西南面，有三层教学楼 2 幢，四层实验楼 1 幢，两层办公楼和职工、学生宿舍 9 幢，建筑面积为 9592.2 平方米。

农科所位于中学西南面，有两层楼房 3 幢，砖瓦混合结构职工住宅 3 幢，建筑面积为 688 平方米。

（3）医疗福利区。医院位于场部东面，有病床 140 张，有五层综合楼 1 幢，精神病科平房 1 间，总建筑面积为 2619 平方米。敬老院位于医院东南面，有两层楼 2 幢，建于 1985 年，建筑面积为 1194.7 平方米。

（4）文化娱乐区。西南面有游泳场、溜冰场、田径运动场、足球场。三层办公楼在二楼设有阅览室、图书室、娱乐室、党员活动室、老干部活动室等。

（5）工副业区。工厂分布主要西南面有皮革制品厂、修配厂、橡胶加工厂、橡胶制品厂的旧厂区；西北面有乳制品厂、茶厂。

（6）商业服务区。位于农场南面，有 200 米长的商业街，建筑面积 1450 平方米。该区有农贸市场、银行、邮政以及大小商店 70 间、各种杂货摊档（60 档），具备区域性集市贸易中心规模。

（二）规划

1986 年 3 月，农场按照湛江农垦局召开部分农场小城镇规划工作座谈会的要求，确立农场场部小城镇规划的建设方向，发挥城乡纽带和桥梁连接作用，发挥种、养、农副产品加工和运输配套的生产基地作用，发挥两个文明建设示范带动作用。

1992 年，湛江农垦局确认农场属局管理小城镇，由湛江农垦局审批通过，完成《广东省国营湖光农场场部小城镇规划说明书》，场部小城镇规划（粗放式规划）分为近期规划和远期规划，近期规划为五年规划，远期规划到 2000 年。

2004 年 3 月，农场作为广东农垦 14 个农场场部小城镇规划示范工程之一，编制 2004—2005 年小城镇建设规划，整体推进农场小城镇建设规划工作铺开。

2005 年 7 月起，农场聘请湛江市规划勘测设计院对场部小城镇建设进行总体规划、控制性详细规划，坚持高起点、高标准地搞好场部小城镇建设规划。

2005—2008 年，完成场部小城镇控制性详细规划，并全部通过专家评审和广东省农垦总局审批，共规划场部建设总面积 1.5 平方千米，规定突出农场特色，山水园林等自然景观与规划相统一，最大限度地保留原有地形地貌、生态景观特点。在绿化工程规划中，以植树为主，兼种花草，突出城郊型小城镇特色。充分利用场部靠近城市、道路交通四通八达、辐射性强、土地资源优势明显等优越条件，建设城乡一体化小城镇。小城镇规划总体上体现农场特点，针对性和可操作性强，功能配套，布局合理，设计了办公区、商贸服务区、职工居住区、教育卫生区、文体娱乐区等多个区域，公共设施规模基本合理，便于分步操作、分区建设。

农场先后被列入广东农垦首批场部中心小城镇建设示范单位、湛江农垦社会主义新农场建设示范点、湛江市城市西部生态区、湛江城区西扩新组团和垦地合作先行点。这些规划目标对农场整体规划提出新的要求。

湛江市将农场纳入西城新区规划范围。湛江市为加快实施中心城区的扩容提质战略步伐，统筹安排西城新区范围内的各项建设事业，指导新区科学布局、城乡合理发展，湛江市城市规划局编制了 2013—2030 年《湛江市西城新区分区规划》。该规划目的是强化西城新区与海东新区高端服务业、东海岛现代工业的功能互补发展，满足城市主城区功能外溢与东海岛大工业服务需求；加强与湛江农垦战略合作、优势互补、共赢发展，推进垦地合作项目；开展职教基地建设，加强与广东海洋大学、科研机构合作，支撑南方海谷建设；依托西部沿海铁路和城市轨道交通，建设现代商业和物流基地，打造带动湛江城市发展"新引擎"；依托湖光岩、三岭山等良好的生态旅游资源，大力发展现代旅游业，打造粤西地区重要的生态观光、科考体验旅游休闲目的地。

同时，将农场纳入核心区组团建设范围，西城新区规划功能区组团 7 个，包括：商贸中心组团、旅游度假组团、南方海谷组团、生态居住组团、产业综合组团、临港服务组团和生态保育组团。其中，位于疏港大道两侧的商贸中心组团规划涉及湖光农场一队；南方海谷组团规划在农场新坡分场辖区内（总规划面积 10000 亩，首期已规划 3000 亩）；生态居住组团规划在农场范围内，主要结合柳秀水库周边的优美环境，打造生态居住区，用地规模为 13342.05 亩，常住人口约为 20 万人。根据 2020 年用地规划布局，围绕农场柳秀水库，依托优越的自然景观资源，为农场发展商业、文化、生态居住等配套设施。根据 2030 年用地规划布局，围绕农场柳秀水库周边发展部分高档生态居住区和娱乐休闲用地。

西城新区规划为农场带来千载难逢的发展机遇，对加快农场城市化进程，带动农场商贸业发展，促进农场打造城市后花园，建设生态宜居城区，开发建造娱乐休闲文化项目，推动强场富民具有重大和极其深远意义。根据西城新区规划，湖光农场制定产业发展新规划，以"三区一带"战略推动跨越发展。"三区"，即创业区、商埠区、主产业区。"创业区"，主要是围绕湛江教育基地周边做创业文章，发展一批商业项目，打造一批物业资产，创造长期稳定创收点；"商埠区"，主要定在场部范围，盘活场部公寓楼，新建集贸市场，兴办一批商埠，营造良好营商环境；"主产业区"，定在高阳、五里两个分场，建设万亩甘蔗高产高糖基地，创建甘蔗全程机械化生产基地。"一带"，即发展生态休闲旅游业，充分利用南国花卉科技园至场部道路两边、场部经疗养院至柳秀水库连片景点，串珠成链，打造城郊休闲旅游观光带；同时，充分利用教育基地主要交通路口、高阳主要交通要道、湛江物流城周边地理位置，谋划创业地带。

（三）实施

20 世纪 80 年代，农场开始按照规划对农场场部小城镇建设。受到历史条件、体制管理、经济条件、思想意识等方面制约，农场对小城镇配套设施投入少，与职工群众需求差距较大，单靠企业自筹资金进行基础设施建设比较困难。这一时期，农场小城镇建设水平比较低，职工居住条件比较差。

国家"九五"规划时期，农场场部为中心、以基层为次中心，优先对场部环境和职工住房进行改造，实行统一规划、筹资、施工、管理，较好地改善了职工住房条件，改善了水电、道路、电信等基础设施建设，带动了场部小城镇的发展。

国家"十五"规划初期，农场提出解决"住房平顶化""道路硬底化"问题，对职工住房进行改造，并普遍建立了房改基金，采取"三个一点"，即职工、房改基金、企业各出一点的办法解决房改资金，效果明显。仅2002年就完成职工住房改造面积3136平方米，加快了安居工程建设步伐。

2004年以后，中央一系列扶持政策的出台，农场的水库移民、归难侨职工、职工纳入国家危房改造项目扶持范畴，从政策和资金给予扶持，农场危房改造，安居工程建设达到空前规模。农场小城镇建设全面铺开，交通道路、文化教育、安全饮水、医疗卫生等投入力度不断加大，逐步完善基础设施和公共服务设施。数年间，农场场部整体面貌发生质的变化，人居环境也得到显著改善，高层大厦平地起，别墅小楼具特色，绿树草坪连广场，小区道宽路灯亮。

2005年，农场经济显著增长，为场部小城镇建设创造了良好的经济环境。为了改善农场场部基础建设滞后的问题，提高人居环境的质量，根据农场小城镇建设规划要求，全场共投入道路建设资金1300万元，建成连接场内20多个基层单位，长达25千米，宽5米的水泥路，场部小城镇的10米宽的湖光大道、9米宽的志满大道、7米宽湖洋大道等6条主要街道和大道，形成了三纵三横的交通格局；投资90多万元，完成了长达1042米的场部地下主排污管道铺设工程。实行绿化园林工程，投资40多万元对场部7条主要街道进行绿化建设。实施环境美化工程；投资20多万元，对场部主要道路两旁的人行道铺设红彩砖；投资6万多元设置了主要道路的分道线标志和减速带；投资60多万元，对6条主要街道安装路灯120盏。

2011年起，利用"一事一议"项目的财政奖补、企业筹资筹劳资金，完成农场基础设施项目建设。

2012年"一事一议建设项目"投入资金438万元，其中申请财政奖补资金219万元，筹资筹劳219万元。主要建设内容为：新建供水管网5400米、排水排污沟渠1885米，敷设公共绿化10480平方米，新建生产队厕所1座，维修道路800米，建设挡土墙320立方米。

2013年"一事一议建设项目"投入资金438万元，其中申请财政奖补资金219万元，筹资筹劳219万元。主要建设内容为：新建道路及路基9957米，新建供水管网2900米，生产队办公室2座，排水排污沟渠3902.5米，垃圾收集池17个，安装太阳能路灯50盏。

2014年"一事一议建设项目"投入资金250万元，其中申请财政奖补资金83万元，弥补2011年一事一议项目欠款93万元，筹资筹劳74万元。主要建设内容为：建设道路路基及路肩16800平方米，新建生产队生产水井1口、泵房1座及配套设施1套，新建排水排污沟渠1065米，安装太阳能路灯62盏。

2015年"一事一议建设项目"投入资金160万元，其中申请财政奖补资金112万元，筹资筹劳48万元。主要建设内容为：新建道路1.9千米，建设排污沟渠1442米，安装供水管道4100米，建设围墙200米，铺人行道砖3967.7平方米，安装有线电视主干线路1316米。

2016年"一事一议建设项目"投入资金159万元，其中申请财政奖补资金112万元，筹资筹劳47万元。主要建设内容为：购买小型钩臂式垃圾环卫车2辆，安装太阳能路灯70盏，安装供水管道19200米，新建一个150平方米新坡村队办公室，并配套建设广场500平方米。

2017年"一事一议建设项目"投入资金330万元，其中申请财政奖补资金231万元，筹资筹劳52万元，企业自筹47万元。主要建设内容为：新建一个557.9平方米社区服务中心，配套广场1200平方米；新建道路1.07千米；新建排污沟渠900米；安装太阳能路灯138盏；建设公共绿化2000平方米；安装供水管道1600米。

2018年"一事一议建设项目"投入资金550万元，其中申请财政奖补资金482万元，筹资筹劳68万元。主要建设内容为：新建道路2.035千米；将场部运动场改造为300米标准6道塑胶跑道；新建排污沟渠250米；维修办公室2间；新建一个生产队办公室；新建1幢文化楼；安装太阳能路灯10盏；投入110万元首次引入保洁公司对农场场部保洁与垃圾清运服务。

2018年竣工的场部小城镇基础设施建设工程，投资额为629.71万元，主要建设内容为：新建支路3567.5米、小广场224.15平方米、10厘米厚混凝土道路69.6平方米，配套建设排水涵管1745.2米新建水塔4座、水井2眼，改造供水管网3116.7米；购置安装太阳能路灯188套，饮水水泵2台。

2019年实施"农村综合改革转移支付项目"，投入资金509万元，其中申请财政补助资金433万元，筹资筹劳及企业配套76万元。主要建设内容为：新建道路0.94千米，新建生产队垃圾池2座，建设公共厕所2座；投入110万元，用于场部保洁与垃圾清运服务；安装太阳能路灯 58 盏；投入 171 万元，用于运动场二期建设，主要将足球场改造为人工草皮；新建生产队办公室 2 座，新建办公楼值班室及围墙 160 米、生产队办公室围墙 150 米。

农场把重点放在全面提升小城镇建设水平上，先后实施场部小城镇"亮点工程"建设的湛江海峡两岸农业合作试验区湖光中心区服务中心楼（办公大楼）工程，经湛江市招投标中心招标，是农场第一个列入招投标中心招标的项目。该服务楼建筑面积为 6100 平方米，地上六层，地下一层，项目总投资 1129.37 万元。项目于 2010 年 3 月动工，于 2011 年竣工投入使用，是农场标志性建筑。

2011 年"一事一议建设项目"投入资金 500 万元，其中申请财政奖补资金 250 万元，筹资筹劳 250 万元。主要用于场部新建办公楼的配套项目，主要是办公楼前广场、道路硬底化、排水排污沟渠、公园、凉亭及绿化、饮水管网等。

农场是"十区千户"示范队（区）重点工程建设单位之一：（一）场部湖秀公寓楼，项目建设公寓楼 4 幢，每幢十三层，工程总投资 37957914 元，总户数 138 户，项目于 2011 年开始动工，于 2014 年 4 月竣工；（二）场部柳秀小区公寓楼。总建筑面积 35603.65 平方米（公寓楼共 4 幢），建筑物为地下一层，地上十三层；其中住宅面积 20399.59 平方米（住宅房 160 套），仓库面积 6304.39 平方米，会所办公室面积 412.55 平方米，地下室面积 8487.12 平方米，广场面积为 4200 平方米，柳秀小区一期住宅集资楼工程投资款为 83043827 元（已基本完工未投入使用）。

实施美丽生产队建设——十队雷州半岛生态修复乡村绿化美化工程，总投入资金 50.18 万元，其中财政资金 50 万元，企业自筹资金 0.18 万元。主要建设内容为：种植小叶榄仁 200 棵、秋枫 200 棵、九里香 72 株，敷设草皮 900 平方米、人行道 593.4 平方米，砌花池 12 个，砌水泥路路边石 791.2 米、涵洞 4 米，砖砌 240 墙挡土 14.7 米。

1989—2020 年，农场设有 25 个居民点（包括生产队），大部分都进行了危房改造，涉及建房 1195 户，面积 23900 平方米，户均 80 平方米，其中涉及平顶房改造 1313 户，涉及面积 26260 平方米；水泥路改造 18.04 千米，绿化 11565 亩。住房条件得到改善，净化、绿化、亮化水平得到提高，队队通水泥路，美丽生产队建设水平显著提高。八队道路建设 1.16 千米，投资 41.5 万元，绿化 1500 平方米，投资 17.91 万元。十队道路建设 1.6 千米，投资 40.5 万元；十队绿化 990 平方米，投资 50 万元。力争实现"把农场建设成为城市的后花园""把农场生产队建设成为新农村建设的亮点"的战略目标。

（四）危房改造

1. 水库移民危房改造　农场共有大中型水库移民 1596 户 4381 人，分布 12 个生产队，主要来自廉江市鹤地水库、长青水库、武陵水库、坡头区龙头镇甘村水库的 4 个大中型水库。2003 年 11 月，被正式列入省人大水库移民议案资金扶持范围，2003—2007 年，省财政专项资金每年扶持 386.64 万元，用于解决农场 2150 户原水库移民的危房问题。

2004 年起，实施水库移民危房改造安居工程，按照《〈广东农垦原水库移民危房改造实施办法〉的通知》《广东农垦原水库移民危房改造资金管理办法》《国务院关于完善大中型水库移民后期扶持政策的意见》《广东省水库移民后期扶持政策实施方案》《〈广东农垦水库移民后期扶持实施办法〉的通知》等有关规定，移民危改每户补助 10770 元。

2006 年下半年起，农场被纳入省水库移民后期扶持政策范围，每年安排 200 多万元财政资金，继续扶持农场水库移民改造住房、改善基础设施及生产生活问题，共扶持 20 年；移民危改每人补助 3600 元，平均每户建筑面积 98 平方米。2017 年，增加到平均每户 118 平方米。至 2017 年，先后完成场部移民第一、第二、第三小区和八队、五队、三队、七星岭队、高岭队、高阳队、十队等 10 多个移民小区建设。2009—2013 年，实施全场职工危房改造工程，中央下达危房改造计划 2548 户，实际完成 3400 多户。

（1）工作机构。成立工作机构，与小城镇建设管理委员会办公室、归难侨危房改造领导小组及工作办公室一起办公，形成"一套班子，三块牌子"。

（2）政策细则。农场严格执行广东省财政厅、广东省水利厅、广东省农垦总局联合印发《广东农垦原水库移民危房改造实施办法》和《广东农垦原水库移民危房改造资金管理办法》等文件精神，明确领导和部门分工，落实任务和责任，保证各项工作完成。明确规定了移民危房改造的资金来源是省财政移民专项资金，广东省农垦总局和有关农垦局各负担一半，不足部分由移民户自筹解决，使用范围：安置农场原水库移民人口进行的危房改造和移民安置点的道路环境、饮水工程等建设，补助对象为 20 世纪 50 年代中后期和 60 年代兴建、县级以上水利部门管理的大中型水库安置到农场的原水库移民及其后代（1999 年底户籍在农场、现住危房的移民）。补助标准是移民人口中的五保户（不包括农场已集中安置供养的人员）现住危房的，安排建筑面积 30 平方米以内公房的，按每平方米综合造价 350 元计，总造价 10500 元。危房改造移民户，每户人口 4 人及其以下的，省财政移民专项资金补助 7690 元，垦区配套资金补助 3080 元；4 人以上的，每增加 1 人省财政移民专项资金增补 750 元。集中改造的移民安置点"四通一平"（安置点内通路、通水、通电、通排水道和平整宅基地）等基础工程费用，按安置点内建房户数计算，户均补贴在 5000 元以内。

2005—2007 年，农场按照湛江农垦局规定，严格执行对移民危房改造安置点的选址和规划设计、"四通一平"项目的预结算编报、移民危房改造的公开与招标、危房改造专项资金的财务管理要求，加强危房改造领导责任，建立健全移民危房改造领导机构，由一名农场主要领导担任组长，设立专职人员一人或兼职人员若干名，组长为移民危房改造工作第一责任人。严肃工作纪律，全力保证移民危房改造工作的落实。同时，农场严格按照广东省农垦总局《广东农垦水库移民后期扶持政策实施办法》规定的，掌握后期扶持的范围、标准和期限，规范后期扶持方式及资金使用办法，切实做好后期扶持的各项工作。

（3）工作进展。

①开展思想政治教育。加强政策学习宣传教育，在贯彻传达专题会议精神，多层次学习有关政策规定，把《关于广东农垦原水库移民危房改造实施管理办法》《关于广东农垦原水库移民危房改造资金管理办法》《广东农垦水库移民后期扶持政策实施办法》印发至生产队张贴宣传，引导移民群众了解政策、执行政策。

②召开移民代表座谈会。讲解文件，宣传政策，倾听意见，收集建议，改进工作，引导移民正确选择扶持方式。经过宣传和动员，1193户3307人选择了建房扶持方式，517户1582人选择了直补到人扶持方式。在此期间，有些移民对政策不理解，产生思想波动，出现不稳定的因素。针对这一问题，农场加强移民的信访维稳工作，农场领导和生产队党员干部充分发挥战斗堡垒作用，对移民职工提出的热点难点问题进行反复耐心解释，切实消除移民群众心理疑虑，解决他们实际困难，稳定广大移民思想情绪，激发了他们建设美好家园的热情，为移民危房改造工作奠定了坚实的思想基础，有力推动原水库移民危房改造工作实施。同时，利用典型带动、先进示范作用，适时召开阶段性分析会议，推广好经验和做法，营造良好氛围。

2005年，实施场部移民小区建设工程。实施"三通一平"，建起占地43779平方米，水泥路、绿化和路灯配套建设的场部移民新区，成为湛江农垦水库移民危房改造示范点和广东农垦安居工程会议参观点，受到湛江农垦局和广东省农垦总局领导的高度评价。

（4）公开和监督管理。为确保公开、公平、公正，采取三榜公示的做法，即在移民自报环节、农场调查核实环节进行了张榜公示。各移民单位设立了水库移民危房改造信息公开专栏，公开移民身份、危房的核定情况、移民建房计划、建房进度、建房验收情况、资金发放和使用情况、农垦局下拨资金情况等，充分做到让每个移民群众都心中有数，接受移民群众的监督。

（5）规划和资金使用。2004年后，农场将小城镇建设与水库移民危房改造工作有机结合起来，做到统一规划、合理布局、稳步推进。统一规划，确定了"一户一宅"的原则，无偿划拨给每户移民80～100平方米建房用地，选择在农场场部和交通便利、基础设施配套较好的地方集中建房，推动了水库移民危房改造工作向"建新区""建新队"方向发展。提升农场小城镇和移民危房改造建设水平。

按照水库移民后期扶持政策，统筹前 6 年后期扶持资金，按照每人 3600 元的补助标准，全部发放到户，用于扶持移民建设住房。同时，合理统筹后期扶持结余资金等财政资金，按照户均 5000 元的标准，投入到移民集中安置区的公共基础设施项目中，确保统筹资金到位。

项目建成后，由农场组织验收小组进行初验。初验合格后，向湛江农垦局提出验收申请。由农场负责对移民建房户验收，经农垦局验收小组进行抽查，再由农场对验收合格的建房户予以销号，完善验收手续存档备查。

（6）工作成果。2003—2020 年，建成移民新区（集中居住点）10 个，其中，100 人以上的有 8 个。新建移民住房 1013 户（套），其中，新建 553 幢、分散在各小区 460 户、平顶房 21 套；新建两层以上职工自建楼房 532 幢。建房总面积达 9.22 万平方米，人均居住面积达 37.3 平方米。

农场利用 15 年时间全面完成完善水库移民危房改造任务，建成移民新区 10 个居民点（场部一、二、三区，新桥队、三队、高阳队、八队、七星岭队、十队、五队），安置移民 1013 户 3039 人。新建住房总面积超过 8.9 万平方米，移民人均住房面积从 2003 年以前的不足 8 平方米增加到 2017 年的 37.3 平方米。2006 年 7 月 1 日—2017 年 12 月 31 日，累计发放水库移民直补到人资金 3338 万元。

（7）配套设施建设。2003 年以来，农场配套完善移民新区基础设施建设，加快推进水库移民文化与信息服务工程建设。

①完成了 10 个移民新区的公共配套基础设施建设，累计投入项目建设资金 1614 万元。配套建设"三通一平"工程 10 宗，建成小区硬底化道路 4.44 万平方米，完成绿化美化工程 0.39 万平方米，植树 389 棵，安装供水管网 2.28 千米，建设排水排污涵管 0.17 千米，安装输电变压器 1 台，购置安装文体设施 3 套、篮球场 1 个、厕所 8 间、水塔 2 座、路灯 37 盏，新建移民文化休闲广场 1 个、基层生产队文化室 10 个，建设移民文化信息站 13 个。基本实现了每个移民点内的"三通一平"、道路硬底化，以及环境净化、美化、绿化、亮化等相应配套。累计投入水库移民专项资金 1600 万元。

②帮助移民脱贫致富。在重点推进水库移民安居工程和基础设施建设的同时，积极探索兴垦富民的新路子，通过产业扶持，增强移民农场造血功能，帮助移民脱贫致富。2014 年起，为促进水库移民振兴发展，湛江农垦水库移民后期扶持项目资金使用方向逐步向扶持移民可持续发展项目上转移。

③加快推进水库移民文化与信息服务工程建设。2011 年以来，累计建成 100 人以上

的移民村级信息站 8 个三级网络格局基本形成，既为开展移民后期扶持工作提供了方便，也保障了广大移民的合法权益。

2. 归难侨危房改造 2007 年，农场被列入归难侨危房改造单位。2007—2009 年，安排 10 万元财政资金，基本完成农场 18 户归难侨的危房改造。归难侨危房改造资金，按照"个人、农垦、政府各出一点"的办法筹措，以个人自筹为主，政府补助和农垦配套为辅。其中，中央扶持的补助资金为每户补助 15000 元。按照统一规划、分步实施的原则，有序开展归难侨危房改造工作。归难侨危房改造的各项管理办法，按照水库移民危房改造管理办法执行。

2012 年底，农场归难侨危房改造工作全面完成，累计完成建筑面积 1175 平方米。其中，新建住房 13 套，面积 1105 平方米；维修加固住房 1 套，面积 70 平方米。

3. 职工危房改造 2008 年 11 月，农场列为实施垦区职工危房改造单位，要求用 3 年时间（2008—2010 年）改造 2548 户危房，每户补助危房改造资金 6500 元。

农场相应成立工作机构与职工危房改造领导小组。格按照农垦《湛江农垦危房改造资金管理规定》精神执行。积极筹集企业配套资金，加快推进危旧房改造工作。鼓励和优先安排职工个人新建住房。抓好中心队建设，发挥区域优势，有利于集约化生产经营，推动公共资源优化配置。

2009 年 3 月 26 日，按照湛江农垦局《湛江农垦危旧房改造项目实施方案》，对农场范围内实施危旧房改造，分配新建、改建、扩建、修建住房、集中改造点实施"四通一平"建设和改造项目的规划设计、验收、管理等费用；对象是农场职工（含离退休人员）中，现住危旧房且自愿参加统一组织规划的，均列入改造项目计划实施。每户安排中央财政专项资金补助，补助标准为每户 6500 元，危旧房改造完成经验收合格后发放到户，不足部分由危旧房户自筹解决。危旧房改造中"四通一平"等基础设施配套资金由农场统筹解决。同时对公有住房进行统一改造，按每户（套）不超过 6500 元标准，从中央专项资金中统筹安排，资金统筹使用，不发放到户。改造后的住房可参照国家有关廉租房、经济适用房等相关政策，由农场安排低收入困难家庭居住。资金管理按《湛江农垦危房改造资金管理规定》执行。

农场积极筹集配套资金，加快推进危旧房改造工作。充分利用好国家重点项目，如高速公路、铁路等用地补偿、税改专项资金，以及国家政策许可的筹集资金的办法，充实企业危房改造配套资金。

（1）住房新建。首先，鼓励和优先安排职工个人新建、自建住房，在资金、宅基地、配套设施等方面给予优先安排；在中心区（或中心队）新建的、有配套资金的住房，给予优先安排。其次，农场统建的住房，由农场统筹安排，整队推进。按正规施工规定程序进行报建、报批、招投标、验收等，进行统一规划和施工，一队一策，重点抓好中心队建设，采取新建和改造相结合的办法，解决不同类型职工的住房需求。

（2）中心队建设。设立中心队，发挥区域优势。第一，根据土地面积、作物布局和人口分布选择中心队，按现有生产队总数的50%～60%来安排中心队。第二，做好中心队的建设规划，重点抓好职工住宅、道路网络、公共设施的规划。第三，制定优惠政策，建设资金向中心队倾斜，利用危旧房改造项目，统筹建设好中心队，非中心队原则上不安排建新房。第四，制定中心队的建设标准，同时抓好对职工进行建设中心队的必要性和重要性的教育。

4. 职工危旧房改造 成立职工危旧房改造领导小组，由场长任组长，党委书记和场副职任副组长，各机关科室负责人为成员。明确分工，落实责任。形成了齐抓共管的良好氛围；明确公布和执行危旧房改造指导价，减少企业和职工的负担，按时保质建好危改房；切实做好危旧房改造的工作，使其成为经得起上级检查、职工满意的工程；按照上级要求，明确危旧房改造进度，定期定时上报危房改造任务的情况。

首先，农场领导和各机关科室负责人共同参与危房改造全程管理，定期跟踪检查工作进度、工程质量、资金管理和工程造价等，确保工程质量、工程进度。

其次，坚持"公开、民主、透明"原则，在危房改造过程中，对危房户的确定、指标的分配、资金的发放、造价的预算、施工队的选定等进行张榜公示，主动接受职工群众的监督。

再次，农场（公司）确立了5个中心区（中心队），采取私建公助为主、统一改造为辅的形式，实行统一规划，一队一策，整队推进中心队建设。

最后，按照湛江农垦确定的"四优先"原则，即新建房、中心队、个人建、有配套资金的优先。由危房户填写危房改造申请表，经所在生产队、分场（党总支）、农场逐级审核和公示后，列入危房改造计划组织实施。施工前，农场与职工签订危房改造合同书，确保按时按质完成危房改造计划。

5. 危房改造成果 2008年12月，根据湛江农垦2008年危房改造项目计划，农场下达建房任务500户，采取措施积极，大力实施建房工作。

2020年底，全面完成职工危房改造工作，建成12个新的居民居住点，分为场部A（公寓楼）、场部B住宅区、场部C住宅区区、中学北区（公寓楼）、场机关住宅小区、胶厂公寓楼、湖秀公寓楼、二队公寓楼、二队南住宅区、下溪队住宅区、奶牛场住宅区、胶厂南住宅区、第一施工队住宅区、新坡队住宅区、谭高队住宅区、柳秀小区（基本完工未入住）。其中，机关住宅小区规划占地总面积57亩，规划建设户数138户，2009年开始动工建设，截至 2020 年建成 120 户，在建 18 户，户均投入 60 万元，要求统一建设两层半、统一外观、统一款式。

（1）首期公寓楼 A-2 工程，建设公寓楼 1 幢，六层 20 户，总建筑面积 1969.7 平方米。项目于 2009 年 1 月动工，2010 年 2 月完工。

（2）建成二队公寓楼 2 幢，每幢五层 10 户，总建筑面积 1206 平方米。项目于 2010 年 1 月开始建设，于 2011 年 1 月完工。

（3）场部鸡场职工住宅楼（7、8、10、12）号楼，4 幢，每幢六层 20 户，共 80 户，每幢建筑面积 2400 平方米，总面积 9508.5 平方米，住房面积最小 104.4 平方米、最大 106.9 平方米。项目于 2010 年 9 月动工，2011 年 12 月完工，总投资 2125.58 万元。

（4）胶厂公寓楼，3 幢五层，3175.3 平方米。2009 年开始建设，2012 年竣工。共 30 户，住房面积最小 75 平方米、最大 106 平方米，投资 308.7 万元。

（5）九队职工公寓楼 2 幢，每幢五层 10 户，面积 2085.2 平方米。项目于 2010 年 7 月动工，2011 年 11 月完工，总投资 185.58 万元。

（6）场部修配厂职工住宅楼（3、4、5）号楼，属公寓楼 3 幢，每幢六层 20 户，每幢建筑面积 1797.6 平方米。2010 年 5 月动工，2011 年 11 月完工，总投资 2007.5 万元。

（7）场部中学职工宿舍楼 9、10 号楼，建设公寓楼 2 幢，每幢六层 20 户，每幢建筑面积 3450.48 平方米。项目于 2013 年开始动工，2015 年 9 月竣工，总投资 813.3 万元。

（8）中学职工宿舍楼 7、8 号楼，建设公寓楼 2 幢，每幢六层 20 户，每幢建筑面积 2514.44 平方米。项目于 2012 年 8 月动工，2013 年 11 月竣工，总投资 648.65 万元。

（9）场部中学职工宿舍楼 1、2、6 号楼，建设公寓楼 3 幢，每幢六层 20 户，每幢建筑面积 2415.37 平方米。2010 年 11 月动工，2011 年 9 月竣工。

（10）场部湖秀公寓楼，4 幢十三层 21088 平方米。2010 年开始建设，2012 年竣工。总户数 138 户，住房面积最小 99.6 平方米、面积 136 平方米。设地下车库，一层向路户型为商业铺面，总投资 3807.7 万元，2011 年动工，2014 年 4 月竣工。

（11）场部柳秀小区公寓楼，总建筑面积 35603.65 平方米（共 4 幢），地下一层，地上十三层，其中住宅面积 20399.59 平方米（住宅房 160 套），仓库面积 6304.39 平方米（仓库 31 间），会所办公室面积 412.55 平方米，地下室 8487.12 平方米（车位 283 个），广场建筑面积 4200 平方米，工程投资款 8304.38 万元。2012 年开始建设，2015 年受强台风袭击及资金紧缺停工，2019 年盘活续建，2020 年竣工。共 164 户，最小户型 94.7 平方米，最大户型 185 平方米，已竣工验收准备投入使用。

新建和改建职工住房 640 套（幢），建房总面积达 48258.08 万平方米，户均居住面积

84.7 平方米。其中，新建平顶房 1736 套，新建两层以上职工自建楼房 614 幢，新建三层以上公寓楼 26 幢（其中一个尚未投入使用），改建平顶房 1736 套。完成总投资 48258.08 万元。

（五）配套设施建设

2009—2010 年，国家先后两次下拨危房改造专项配套资金，重点解决农场场部中心区（中心队）营区内道路硬底化、文化室、美化绿化等基础设施项目建设。

2015 年底，农场危房改造配套基础设施建设项目全部完成，累计完成总投资 421.77 万元，排水、排污管 2268 米，小区道路 9404 米，环境绿化 100 平方米，低压线路 6320 米，土方挖填、平整 920 立方米，配电房 2 座，垃圾收集站 12 座。

（六）亮点工程、"十区千户"建设

2011 年 5 月，农场被确定为农垦实施场部小城镇"亮点工程"单位之一。职工建房每户只限一处住宅建设用地，住宅建设用地控制在 80～100 方米，有条件的可另加 30 平方米以内庭院。

为推进小城镇"亮点工程"建设，统筹使用国家专项财政资金，如中央危房改造配套资金、水库移民后期扶持项目资金、国家扶贫资金、饮水安全资金、一事一议资金、税费改革资金、乡村道路专项资金等和国家重点项目用地补偿资金，配套安排一定比例资金，以推动亮点工程建设顺利完成。

2012 年 2 月，为推进"把农场建设成为城市的后花园""把生产队建设成为新农村建设的亮点"目标，全面启动实施"十区千户"示范队（区）重点工程，采取场部建公寓楼为主的建设模式和统一规划设计、外观立面的建设方式。

在实施过程中，农场明确领导分工，包干到领导，责任到人，形成工程有人专管，有明确责任和期限，确保小城镇建设上档次，确保工程进度和质量。

2011—2020 年，完成"亮点工程"和"十区千户"示范队（区）工程建设 4 个，新建湖光农场办公大楼、湖秀公寓小区、柳秀公寓小区、机关住宅小区 57 亩（38000 平方米）、移民住宅小区 43779 平方米。

（七）美丽生产队建设

2013—2018 年，农场选择 2 个基层生产队作为美丽乡村建设点。其中，2013 年选十队小区、2018 年选奶牛场小区为美丽乡村试点单位。截至 2020 年底，美丽生产队建设已全部完成。其中：农场奶牛场居民点被列入广东农垦 2018 年农业部美丽乡村建设试点项目。农场精心组织试点项目规划和建设工作，着力打造具有湖光奶牛场特色的美丽乡村试点。该项目进行两次规划设计，共投入建设资金 100 万元。2018 年 9 月施工，经过 4 个月的紧张建设，项目于 12 月 10 日通过验收；投入建设资金 90.32 万元，共铺设人行道彩砖

537 平方米、铺路边砖 364 米，植草皮 732 平方米，修补混凝土道路 423 平方米，修建排污暗沟 468 米，绿化地 1053 平方米，种植绿化乔灌木 80 株、紫花茉莉 88 平方米、软枝黄蝉花 314 平方米、红花勒杜鹃 81 平方米，种植地毯草 710 平方米，新建八角凉亭 1 座、景石一处，绘制居民住房外墙奶牛装饰图案 680 平方米。

第三节　工业厂房建设

农场工业厂房建设多是随着生产和产品加工的需要而建设。

20 世纪 50 年代末期，多种经营有所发展，为解决农副产品初加工问题，农场先后兴建了香茅加工厂和食品饮料加工厂、乳制品厂。1958 年建成修配厂一间。1959 年底，共有厂房面积 680 平方米。

20 世纪 60 年代，橡胶陆续投产，1965 年 5 月由湛江农垦局设计建设胶乳加工厂一家。同时，由于农场实行粮油自供自给，粮食加工量增大，1960 年底建成碾米厂一家，1968 年建榨油厂一家。到 1969 年末共有厂房面积 2322 平方米。

20 世纪 70 年代，由于农产品增多（特别是橡胶），橡胶加工厂、橡胶制品厂、纸厂、酱油厂、饼厂、木材加工厂等相继建起。1979 年，全场共有厂房面积 1.55 万平方米。

20 世纪 80 年代，农场厂房建设大有发展。1985 年，共完成厂房建筑面积 4763 平方米，主要工厂是茶厂、皮革厂、汽水厂、保健饮料厂、酒厂和构件厂。

20 世纪 90 年代，建成纸箱厂、五金厂、乳胶手套厂，至 1991 年末，农场厂房面积共 2.54 万平方米。90 年代末，农场的场办工业的运作已基本处于停顿，工厂处于关闭的状态，只剩下橡胶橡胶丝厂、皮鞋厂、奶制品厂、茶厂等工厂继续经营。

2010 年至今，农场奶业公司实行场内承包、茶厂由私人租赁。为盘活现有固定资产，将现存的部分厂房实行对外出租。

第四节　建筑设计施工队伍

1957 年，抽调部分农工组成建筑设计施工队（后称基建队），员工 52 人，属基建科领导，建立队长、支部书记负责制、配备专职会计、出纳，负责农场房屋、公路、桥梁、工厂、水利等小型工程建设。20 世纪 80 年代，国家加强基建项目的管理，严格对建筑技术的监督，实行技术资质管理。农场内部基建工程技术人员的资质条件达不到国家标准的要求，只能挂靠有资质的公司承接农场内部的房屋、农田水利设施、道路、环境生活设施等简单的建筑项目，主要是为了逐步让农场内部原有的建筑人员自然减员。进入 21 世纪后，农场基建项目主要由有资质的建筑公司承建，建筑工程建设项目管理走上专业化、正规化、合法化的道路。

1978 年，设立建筑工程公司，下设 2 个施工队，建筑工人 181 人。1989 年，建筑工程公司固定资产原值 11.7 万元，从业人员 139 人，房屋施工面积 6964 平方米，竣工房屋面积 6764 平方米，完成土石方 1800 立方米，总产值 133.9 万元，实现利润 60.8 万元，纳税 4 万元。

1992 年，从业人员 149 人，占全场职工 1.96%。施工机械设备：厂房 3326 平方米、水泥构件厂 1 个、农用汽车 3 台、混凝土搅拌机 3 台、钢筋弯切机 3 台、吊架机 5 台（套）、水磨石机 1 台、砂浆机 1 台、卷扬机 2 台、压砖机 2 台、立式带锯床 1 台、淋灰机 1 台、其他设备 5 台，固定资产原值 565 万元。全年房屋施工面积 4643 平方米，竣工房屋面积 4350 平方米，完成土石方 2000 立方米，总产值 170.4 万元，利润 4.2 万元，纳税 5.4 万元。

1992—2016 年，年均从业人员 106 人，累计施工房屋面积共 11.8 万平方米，竣工房屋面积共 8.1 万平方米，完成土石方共 3.9 立方米，总产值 8700 万元，累计利润 1050 万元，累计纳税共 74 万元。其中，2010 年发展到最大规模，从业人员 428 人，房屋施工面积 42251 平方米，竣工房屋面积 42251 平方米，完成土石方 34130 立方米，总产值 4056 万元，实现利润 207.4 万元，纳税 67 万元。2016 年生产效益创历史最高，从业人员 52 人，房屋施工面积 24867 平方米，竣工房屋面积 24488 平方米，完成土石方 49384 立方米，总产值 12856 万元，实现利润 1622 万元，纳税 427 万元。2017 年，从业人员 8 人，固定资产原值 228239.07 元，总产值 285603.66 元。

表 7-1　1984—2020 年湖光农场建筑业产值

单位：万元

年份	产值
1984	70.4
1985	129.5
1986	96.2
1987	112.7
1988	185.4
1989	133.8
1990	181.3
1991	170.4
1992	163.6
1993	190

（续）

年份	产值
1994	235
1995	251.7
1996	236.7
1997	255
1998	346.4
1999	352
2000	286
2001	250
2002	264
2003	271
2004	378
2005	355
2006	431
2007	441.9
2008	450
2009	2451
2010	4056
2011	4336
2012	9923
2013	13082.2
2014	11993
2015	11234
2016	12856
2017	13808
2018	25617.6
2019	26991
2020	24311

第八章　企业管理

农场经历了"高度集中的计划经营""有计划的商品经济经营""经济实体发展产业体系""发展、稳定、重组""改革发展，建设现代农业"等阶段。

建场初期（1951—1954 年），农场实行事业管理，由国家投资经营橡胶产业。1955 年8 月，农场推行企业化改革。一直到 1978 年，企业管理基本上实行以行政手段为主、统一领导、分级管理模式，在粤西（湛江）农垦局领导下，按照上级规定执行生产、财务、投资、产品、劳动工资、人员调动等业务。在内部管理上，实行党委领导下的场长分工负责制，农场、分场、队三级管理，农场、队两级核算；在经济管理上，执行高度集中计划经济体制；经营生产方面，按计划体制管理，执行"统购统销"的政策，发展方向、产业结构、分配政策以及科学试验等各种计划，统一由上级主管部门下达计划指标，实行"统一领导""分级管理"的计划经济管理体制。

中共十一届三中全会后，农场 1979 年试办农工商联合企业，之后在经济结构、计划管理、财务管理、技术管理、劳动工资管理等方面进行改革。

1985 年，兴办职工家庭农场后，实行三级管理（农场、分场、生产队）、三级核算（农场、队、家庭户）机制，分散经营，以统为主，统分结合。

1987 年，农场全面试行职工家庭农场管理方式，实行"三自"（自筹资金，自主经营、自负盈亏）经营模式，计划内的农产品由农场统一收购，按规定进行处理，职工家庭农场一律不准自主变卖，这个制度一直执行到 2020 年。到 2020 年底，全场共有职工家庭农场 982 个，全部实行自费经营。

1988 年起实行党委领导下的场长任期目标责任制。

1989—1991 年，在联产计酬基础上，农场实行大包干经济责任制，由职工承包岗位，实行多年不变，分两级承包，即农场包到生产队，生产队包到户或个人，以生产队为核算单位，采用"定收定支、包干上缴、以收抵支、超收全留、超支不补"办法。

1958 年，农场开始向国家上缴利润。1960 年实现粮、油、肉、菜自给。1962—1972 年，社会总产值增长 2 倍；1972—1991 年，社会总产值增长 15 倍。

1992 年春，邓小平南方谈话后，全国掀起新一轮改革开放热潮。农场在 374 省道高阳分场筹建占地 1200 亩、首期开发 250 亩的经济开发区，招商引资办厂，发展第二、第三产业。

1993 年 1 月，面对场办工业亏损状况，农场出台"三定、四放开、一监督"改革政策，即"定上缴基数、定流动资金、定经济增长率；放开经营自主权、工资分配权、劳动用工权、干部使用权，实行审计制度监督"，转换经营机制，放权搞活，11 家场办工业企业半年就扭亏为盈目标，实现盈利 36.5 万元。

1993—1999 年，农场发展石矿资源开采经营，鼓励机关、基层单位和外来老板承包农场土地办石场，开采碎石。全场共开办大中小型采石碎石场 45 个，年产碎石 30 多万立方米，年产值 1300 多万元。

1994 年，推行职工家庭农场"两费自理"。二级企业积极走向市场；贯彻落实《中华人民共和国全民所有制工业企业法》《全民所有制工业企业承包经营责任制暂行条例》，住房制度、医疗卫生制度等改革稳步推进，企业长期统包统揽状况逐步改变。

1995 年，农场实施承包型与租赁型并存经营模式，并由承包型逐步向租赁型过渡。农业经营方式从单一的国营发展为国有民营、职工全自费经营、租赁合作经营等多种形式，农场在完善大农场套小农场体制过程中，提倡职工及家属从事个体经营，使家庭副业转变成为家庭主业，自给性生产转变成为专业化商品生产。农场从单一的农业经营发展模式成为多种形式承包经营、全自费经营和转让、租赁、合作经营相结合方式。

1995 年 10 月，农场万头猪场建成投入使用，猪场占地 19000 平方米，建筑面积 7200 平方米，投资 260 多万元，年饲养肉猪 10000 头，母猪 600 头，全部供应湛江市区。

1996 年，在经济体制方面，实施"两个转变"改革：计划经济向市场经济转变，粗放型经营向集约型经营转变。农业生产开始实行适度规模经营机制。同时，按照上级部署，结合多年生产经营实际，特别是在遭受第 15 号强台风袭击后，农场执行广东省农垦总局做出"压胶、下林、种甘蔗"的战略决策，全部淘汰被强台风袭击折断损坏的橡胶树和防风林，改种甘蔗作物，彻底改变"橡胶唯一"经营模式，确立以甘蔗为主、多种经营、全面发展的产业经营思想，调整产业结构，确立"巩固提高农业，主攻工业，大力开拓第三产业"的经营方针，鼓励敢于负债经营、大干快上、以超常规理念发展第二、第三产业的目标。

1997 年起，农场执行湛江农垦局制定的《农场十项管理规定》，内容包括责任目标、组织人事、劳动保障、建设项目、土地和国有资产、产品物资、财务资金、纪检审计监督、社区文明建设管理等，较好地处理集团公司与农场的关系，管理模式进一步规范。同时，确保农场法人财产权，进行自主经营、自负盈亏、自我约束、自我发展，充分调动了农场干部职工的积极性。

2016年后，农场按照农垦局"垦区集团化、农场企业化"改革思想，加快转变发展方式，推进资源资产整合、产业优化升级，建设现代农业大基地、大企业、大产业，全面增强农场内生动力、发展活力、整体实力，切实发挥农场在现代农业建设中的骨干引领作用，为协同推进新型工业化、信息化、城镇化、农业现代化提供有力支撑。

为了减轻负担，农场推动社会办职能改革，增强企业活力。

（1）职工基本养老保险"三家抬"。2003年，按照"三家抬"方案，农场职工养老保险资金收支缺口每年省社保、省财政定额解决2/3，中央财政也给予少量资金扶持。2013年4月，农场社会养老保险全部移交属地管理。

（2）2018年，企业均纳入湛江市城镇职工基本医疗保险。

（3）2001年，农场派出所的22名干警，已全部加入地方公安系统。

（4）社区管理委员会。从2012年起，农场设立社区管理委员会，实行一套班子、两块牌子管理。社区管委会下设社区综合办、建设办、综治信访办和社会事业管理办4个社区工作职能部门。

（5）2017年底，农场职工医院脱离农场管理，划归湛江农垦医疗健康集团管理，提升经营管理能力。

（6）学校。2018年8月，农场中小学整体移交属地政府管理。

建场以来，国家累计投资55086023万元，累计回收43061297万元，回收率为78.1%。

第一节　经营管理体制改革

1955年3月，农场管理转向企业化，实行统一领导、分级管理、分级负责的管理体制，同时执行华南垦殖局粤西分局计划，实行农场、作业区、队三级管理。

1959年1月，在场区域内的7个农村并入农场，每个自然村为一个生产队编制，由所在地的分场统一管理。

1962年1月，中央批准《国营农场领导管理体制的决定》，重申"国营农场实行统一领导，分级管理"。农场的生产计划权、产品处理权、资产管理权、人员调动权等仍集中于湛江农垦局。

为加强农场企业化管理，农场内部实行定、包、奖制度：①定是指"四固定"，即队对班（组）实行劳力、土地（作物）、畜力、农具的固定。②包是指"三包"，即农场对队包任务（总户数）、包直接成本、包工资总额；队对班（组）包任务产量（作业数、质量）、包工、包技术措施。③奖是指超产奖。

1965 年 4 月，中央批准《关于改革国营农场经营管理制度和规定》（即十六条），农场继续对生产队进行定、包、奖制度。

1969 年 4 月，建立"广州军区生产建设兵团"，隶属广州军区建制。农场组织编制按军队组织形式，编为团、连，突出了军队性质；批判"十六条"，否定了生产经营的企业性，基本上恢复了事业管理体制，企业管理受削弱。

1974 年兵团撤销，恢复农垦管理体制，农场恢复了农场、分场、队三级管理。

1978 年 11 月，广东省批准湛江农垦的前进农场、湖光农场、农垦广丰糖厂、农垦第一水泥厂、农垦第三机械厂、麻章公社、建新公社、岭北公社、遂溪农场、城月公社的官田大队等 11 个单位，试办农工商联合企业。1979 年 5 月，联办撤销，由各单位自办。

1979 年，根据农垦部颁发的《国营农场工作条例》（试行草案），建立农场党委领导下的职工代表大会制度，职工代表大会讨论决定农场的重大问题。

1983 年，为适应农工商企业发展，农场有关行政机构改变成立公司，成为经济实体，实行生产、加工、销售一条龙模式。

1985 年，兴办职工家庭农场，实行三级管理（农场、队、户）。

1987 年，党委领导下的场长负责制改为党委领导下的场长任期目标责任制，场长为农场的法人代表；实行场长负责制与职工代表大会制度。

1988 年，场长负责制全面推开，明确场长人选由职工代表大会民主选举，场长任期为两年，可连选连任。场长行使企业的重大决策权、生产指挥和干部任免权；党委从直接决策、指挥转到发挥保证监督作用和做好企业的思想政治工作上来；场长行使职权的形式和程序，即重大事项要经场务会（党政工主要领导、职工代表及有关人员参加）集体讨论决定；发挥职工代表大会民主监督作用，职工代表大会对企业重大决策有审议权，对干部有评议监督权。

1988 年后，推行场长（经理）负责制和承包责任制，逐步完善企业内部配套改革和运行机制，进一步完善大农场套小农场双层经营体制，加快农场工、商业的改制，实行"分层承包、分权管理、分级核算"的多种形式内部经济责任制，在农场内部逐步形成了完整的承包体系。

在场长负责制实施的同时，职工代表大会制度起着民主监督的作用。自 1979 年农场恢复工会组织以来，各企业逐步建立健全职工代表大会制度，至 1989 年底，农场建立了职工代表大会制度。

按照上级规定，农场每年至少要召开一次职工代表大会。明确了重大决策、重要干部任免、重大项目安排和大额度资金使用的"三重一大"要民主决策，按程序决策，并做好分类记录，重要事项要通过公开栏等形式对职工进行公开。职工代表大会、场务公开的企业民主管理形式进一步得到强化。

在推行场长负责制后，场长的生产经营决策权和指挥权、党委的思想政治领导和保证监督作用都得到保障，工会的民主管理作用得到加强，两个文明建设有新进步，生产持续发展。场长负责制在农场企业中一直沿用 2017 年。

1991 年，实行任期目标和经济责任制。进一步完善场长、经理负责制和内部经济责任制，强化场长、经理在生产指挥经营管理中的职能，同时进一步理顺党、政、工三者关系，发挥集体承包的群体功能，使承包指标具有先进性、科学性，并落实到基层、岗位及家庭农场。同时，按照《中华人民共和国全民所有制工业企业法》的要求，落实企业的自主权，不断提高企业自我积累、自我发展的能力。

在审核制度上，1983—1999 年一直执行"一支笔"制度，重要事项均由场长签字负责。2000 年以后，从财务制度审核开始实行"双签制"，即场长和党委书记共同签字负责。场长负责制和经济责任制一直沿用至 2017 年。2017 年后，实行党委书记（属于法定代表人）负责制和经济责任制一直沿用至今。

2000 年以后，农场法定代表人与集团公司签订资产经营责任书，实行集体承包负责。按"工效挂钩"和"两个低于"的原则健全职工分配制度，对经营者实行考核和奖罚办法。职工的分配按照农垦内部"工效挂钩"办法执行。

2017 年 12 月，根据中共广东省农垦集团公司党组《关于进一步深化广东农垦企事业单位领导人员管理体制改革的实施意见》的规定，为了把加强党的领导与完善公司治理结构结合起来，农场在维持全民所有制企业体制不变下，明确农场党委书记（法定代表人）为一把手，农场场长为二把手。

第二节　经济责任制

一、农场对基层单位的责任制

1981 年以前，实行三级管理形式，农场对分场、生产队主要是以行政手段管理。生产队实行"三定一奖"责任制，颁发几个生产责任制管理条例，实际上生产队只按农场的计划组织生产劳动，没有经济指标，不承担经济责任。

1951—1981年，农场对生产队实行的责任制，是按生产计划定额落实、超计划定额给予奖励制度。

1982年，农场对生产队和工商业单位实行"三定承包，联产计明，包干上级，超收全留（成分成），短收不补，亏损自负"的经济责任制。

1983年，农场对生产队和工商副业实行"服从计划，经营自主，包干上涨，超产全留，自负盈亏"的大包干经济责任制，包干内容：包括任务、直接成本、税金、利润等，任务承包后，承包单位的各项生产，必须纳入计划经济的轨道。在首先完成和超额完成生产、财务、基本建设计划，保证利润指示上缴，完成各项费用的前提下，行使自主权，并对所承包的生产任务和经济成果负全部责任。

1985年，农场兴办以职工家庭农场承包为主体的多种生产承包形式，共办1539个，参加家庭农场劳力4105人（其中职工2518人）。家庭农场基本分三类：承包型家庭农场1431个，集资联营和自费经营家庭农场108个。

（1）兴办家庭农场原则：①职工家庭农场在农场领导下，以职工家庭为主体组成的生产经营单位，以经营农业（含种植业、林业、牧业、渔业及其副产品加工业）为主，兼营其他。它在农场内部是独立核算、自负盈亏、相对独立的经济实体。家庭农场成员是生产劳动者，又是经营者。②是种植橡胶、多种经营、工农商综合发展的联合体。家庭农场具有多种组织形式，例如单户经营，联户经营和合作式的家庭农场。按经营形式划分，家庭农场可分为承包型家庭农场，开发性家庭农场和集资联营式家庭农场。③农场职工及家属成员均可参加家庭农场，家庭农场必须由懂生产、会经营的人任场长。④农场和职工家庭农场之间，在行政上是上下级的隶属关系，在经济上是合同关系，是大农场套小农场统与分的关系。⑤凡具备条件，经本人申请、农场批准，即可成为家庭农场。

（2）家庭农场的经济责任：①按合同规定的种类、数量、质量，上交产品，如完不成合同规定任务时，应负责赔偿。②按合同规定上缴和利润及承担的各项费用，要按期履行合同上交。有正当原因确实不能完成时，要申请转贷，计付利息，故意拖欠，不履行合同者，要严肃处理，严重的要收回土地（岗位），开除出职工队伍。③要切实管理和保护好划给家庭农场经营的土地、林木等在册作物及供使用各类生产资料和公共设施，因掠夺性经营或其他问题损坏的要照价赔偿。④要不断提高土地肥力，促进生产和生态环境的改善。⑤要如实地汇报生产经营情况，提供各类核算材料。⑥每个职工每年要参加6天义务劳动和按规定完成农场各项公共义务，不完成义务劳动的，要按顶工工资交费（当时顶工日每日2.5元）。

二、家庭农场享有的经营自主权

（1）对承包的土地有权进行自主经营，并可进行承包任务以外的多种经营项目，允许亦农亦工，主副结合。

（2）除农场规定统一收购的产品外，其他农副产品自产自销或由农场代销。

（3）有权安排生产作业计划和劳动计划。

（4）可以自行支配劳力，可以换工，也可以雇请少量帮工、临时工和聘请技术顾问，可以派家庭农场人员外出学习、参观、交流先进经验或对外提供技术服务和输出劳务。

（5）有权确定家庭农场内部的管理制度和分配方法。

（6）可自筹资金购买生产设备、农机具、运输机械。可按省规定从事营业性和非工农业性运输。

（7）有资金信贷和运营权，允许家庭农场向银行立户贷款，或从其他渠道筹集生产资金，自主支配资金的投放和运用。

1992 年，进一步完善大农场套小农场的经营体制。以家庭农场为主的多种承包形式；提高适度规模经营；发挥生产队对家庭农场管理、指导、协调和服务功能；职工适度经营非承包经济；鼓励待业职工子女上农业岗位就业。本年，家庭农场职工管理的橡胶中小苗由 500 株扩大到 1200～1500 株，割胶树从 500 株扩大到 750 株，甘蔗管理从 14 亩扩大到 20～30 亩，茶叶管理定额从 4 亩扩大到 6～10 亩，水稻管理定额从 4 亩扩大到 20～40 亩。

1994 年，推行家庭农场"两费"自理，改变了"两费"依靠农场垫付的局面。

1985 年开始实行家庭农场责任制，有 2321 户 6538 人从事家庭农场工作，主要经营橡胶、茶叶、甘蔗、水稻产业，当年社会总产值 2904 万元，家庭年均产值 1.25 万元。1985—1996 年，累计职工家庭农场 2.3 万户 6.59 万人，年均 1949 户 5492 人；总产值 93299 万元，年均产值 7775 万元；累计实现利润 336.4 万元，年均实现利润 28 万元；累计上缴利税 608 万元，年均上缴利税 50.67 万元。1996 年，职工家庭农场实现"生产资料费用自理、生活费用自理、自负盈亏"，职工家庭农场经营运作成熟，一直沿用至 2017 年底。

1985—1991 年，农场工商建单位实行"计划指导，核定资金，经营自主，独立核算，包干上缴，超产全留（或分成），自负盈亏"的承包经济责任制。

农场对工商建单位的经济承包任务实行"五定"：①定上缴企管费标准；②定包干上缴指标（利润）；③定上缴费用（劳保福利等费）；④定考核指标，主要是流动资金周转率、资金利润率、（每百元创产值多少）、全员劳动生产率、产品质量指标、固定资金净值增长比例、技术进步和技术改造指标；⑤定职工收入及集体福利指标、精神文明建设（含计划生育率）指标及安全生产指标。

1989年，农场办的第二、第三产业单位，属独立核算的工商企业，经营机制为"自主经营、自负盈亏、自我约束、自我发展"。核定主要产品产量、产值或营业额、成本、利润、流动资金等；实行核定产品加工成本、制成率和质量要求，节约成本留用或分成，超过成本自付；职工实行计件、定额、岗位工资等形式，把职工收入同经营效益和工作实绩挂钩。

1991年，采用"自主经营、自负盈亏、自我发展、自我约束"的经营形式，签订承包合同，缴交承包经营抵押金，厂长（经理）、书记、会计由农场聘任，确立"上缴利润、包干指标、一定一年、指标不变、超收全留"的办法。

执行过程中调整"基数固定、确保上缴、逐年递增、超收全留、歉收自补、强化监督"的承包责任制，并实行"三定"：定上缴基数、定固定资产增值、定流动资金限额，"四放开"：放开经营权、分配权、用工权、人事管理权，"一监督"：考核监督。

1991年后，农场的第二、第三产业由于受到市场的冲击，自我发展的空间受到制约，产品更新换代的能力不足，经济效益逐年下滑，出现亏损现象，农场针对这部分单位实行关、停、并、转措施进行改制，采取承包责任制和租赁方式进行管理。

1991—1999年，对未改制的工副业单位实行承包责任制。

1996年，实行上缴指标，"一定一年、包干上缴，超收全留"，上缴指标每年递增20％。按照当时农场的社会环境和经济条件，无法扶持第二、第三产业的生存和发展，称之为"放水养鱼"。

1991—2020年，已改制的第二、第三产业的单位，承租农场厂房、场地、设备等固定资产，实行租赁经营。签订租赁合同，按合同约定管理。定租赁费用、经营自主、自负盈亏、租期一定一年或多年的，租赁费用按比例逐年递增，经营者以自有的房屋或人民币抵押。不给流动资金、不担保、不贷款。

2010—2020年，全面实行经营责任目标管理。

三、农场对职工承包经营责任制

现行的职工、家庭农场、集体承包经营是农场的基本经营方式，分为生产性和经营性承包两种类型，生产性为承包农场指令性生产任务，按照农场的生产技术措施，农场统一供应生产物资，产品全部上缴农场，年终按照产品数量和质量兑现劳动报酬；经营性承包是以分散经营为主，签订承包合同，按照经营的对象，土地确定上缴指标，承包者自主经营。

1953年前，农场实行事业管理，工人实行等级工分制。在工人中曾实行过《生产责任制暂行实施条例》，明确工人和管理范围、任务、定额、工作要求，如橡胶苗圃每人管理1000株，橡胶定植后岗位管理30亩800株，造林苗圃管理1.5亩，定植管理20亩1万株，并具体规定了操作规程和技术措施的要求。农场干部和各类人员也制定了岗位职责暂行条例。

1954—1961年，根据南华垦殖局橡胶林业各种工人工资制度的规定和工资的调整，职工一律实行等级工资制，工人月薪日计，干部按月计。

1962—1965年，全场在实行等级工资不突破工资总额的前提下，曾实行：①计时工资资加奖励的生产责任制。生产队完成任务，个人完成定额可领足计时等级工资，超产（工人超定额）奖励。②综合计件工资加奖励的生产责任制，即统一订出一个平均工资水平（当时定为月薪23元）作为计算日工分（10分）工资的标准，实行定额计分，以分计酬。③计时和作业定额计件工资加奖励的生产责任制。在实行作业定额计件工资时，老工人工资高于平均工资水平的给予级差补贴。

1967年，工人恢复等级工资月薪日计。

1979年，按照广东省农垦总局《关于实行奖励、计件工资制度有关问题的意见》，鼓励凡具备条件实行计件工资的工种和单位，可试行计件工资制度。

1982年以前，农场对职工的责任制基本上是等级工资制。

（一）联产计酬与承包经营责任制

1981—1983年，农场实行联产计酬的经济责任制。对生产队六大指标（即生产或产品指标、利润、成本、收支、流动资金、银行贷款指标）进行生产队独立核算，工人按完成产量比例计发工资。1983年，农业工人生产岗位实行"服从计划，产品（或费用）包干上缴，超产品定价收购，费用自负，盈亏自负的大包干"办法。这种大包责任制的推行，开始打破农工的等级工资制。同时，工副业实行"包干上缴，自负盈亏"的财务大包干的承包责任制。

1984年，在联产计酬的基础上，实行大包干经济责任制，农场承包给生产队，生产队承包给职工个人或家庭农场，以生产队为核算单位。场对队采用"定收定支、包干上缴、以收抵支、超收全留、超支不补"的办法。农场内部从联系产量核计报酬转向"承办家庭小农场，大农场套小农场"的经营体制；以户为单位，在承包的土地上逐步实行自筹资金、自主经营、自负盈亏。

随着工副业单位实行财务大包干责任制后，工人实行计件工资。计件工资一种是从销售总收入中提取一定比例作为职工的劳动分配总额，再制定计件单价，实行计件。一种是以单位人平均工资为标准，制定定额工资单价，按件计酬。

1985 年兴办职工家庭农场，成为单独核算的生产承包单位。农业实行"以户（劳）为单位，服从计划，自投资金（或有偿占用），自主经营，定额上缴，自负盈亏"的承包形式，坚持做到"五到户"（承包到户、两费自理到户、盈亏核算到户、包干上缴到户、劳动分配兑现到户），坚持"以地养人"的原则，工人不再领取固定的等级工资，年中预付生活费，年终以产品结算，多产多收入，进一步体现了职工的经济责任制。长期亏损的二级企业通过个人或集体抵押承包，实行"国有民营"。

1987—1991 年，工副业单位，继续完善和提高企业承包经营责任制。场办工业企业实行风险抵押承包。在工人中进一步实行计件工资制，按件计酬，即工人工资将以分岗位投入、指标、质量承包、工作量多少，时间长短，效益的高低来计发。对生产的产品进行"正品结算（合格产品）""废品受罚"的形式，并扣留计件工资的 20%～30% 作为产品质量跟踪的考核。产品质量在销售过程中出现质量问题，要按其程度扣减和不发回扣减的部分工资。

1988—1993 年，推行场长任期目标责任制，建立和完善对承包经营者的绩效（包括农场社会总产值、国民生产总值、固定资产投资、净资产保值增值、营业收入、利润总额、职工年均收入等多项指标）考核体系和考核奖罚办法。

1991—1995 年，落实企业承包经营责任制，按核定指标、自负盈亏、包干上缴、增收留成、亏损自负的原则进行。

同时，承包管理制度的改革，打破了"大锅饭"的格局，承包的甘蔗岗位面积在 25 亩以上，水稻播种岗位面积在 40 亩以上，其他经济作物的承包也相应提高定额，管理定额和实际承包规模比 1986 年以前增加了 1/3 以上。

（二）"两费自理"利益联结机制

1994 年，推行家庭农场"两费"自理（职工生活费和管理费农场不再垫付，职工自理），改变了"两费"依靠农场垫付的局面，同时，农场推行全员风险抵押金制度，场级 5000 元、副场级 4500 元、科级 3500 元、副科级 3000 元，科员 2500 元，办事员及其他人员 2000 元；二级企业承包经营者个人实行了抵押承包，厂长 3000 元、书记 2500 元、副职干部和其他干部 2000 元的抵押金，1996 年起，抵押金额改称"经营责任金"，2000 年后不再实行经营责任金制度。

2000 年，职工家庭农场的经营规模不断扩大，每个职工家庭农场的承包面积从 10～20 亩提高至 20～45 亩，劳动效率得到提高。

2007年，在大农场套职工家庭小农场"统分结合"的经营体制不变，在"统"的方面管得多一点，从主导产业经营的实际出发，按照市场经济的规律，通过"统"来引导家庭农场成为农业生产化经营的一个重要环节，使职工家庭农场实行风险共担、利益共享，进一步推进规模化经营，培育一大批现代家庭农场。

2010年，推进甘蔗生产种植"两费"自理，使甘蔗生产风险从农场，单承担变为农场和家庭农场共同承担的管理模式，增强家庭农场经营的自主性和创造性，减少农业挂账、死账现象。

2016年，坚持和完善职工家庭农场为基础，大农场统领小农场的农业经营，积极推进农业适度规模经营，2017年，印发《关于创新农业经营体制提升农场经营能力的意见》，进一步推进区适度规模化经营。

（三）计件工资与工效挂钩

1990年，按照规定按"实现税利"考核，企业的经济效益、职工年平均收入，以企管部门审计结果为准。

1994年，建立企业自我发展、自我约束机制，搞好企业内部配套改革，正确处理国家、集体和职工个人的三者利益关系。制定合理的分配政策，增加企业的积累提高企业自我发展能力，在内部实行按劳动者贡献分配报酬制度。同时，制定奖罚制度。严格实行工效挂钩，即企业职工总收入与企业经济效益挂钩浮动。计算办法为：以上年实现的各项主要经济指标为基数，在利润等主要指标比上年增长的情况下，根据增长部分按1：0.3～1：0.7增提分配基金。

1997年，继续推行企业经营责任百分制考核，进一步完善承包经营责任制，实行"工效挂钩"。对企业经营者月收入实行最高限额，规定企业经营者月收入实行预发上年月平均收入的80％，并核定最高限额，待年终审计后根据全年任期目标完成情况和有关规定计发，多退少补。继续实施企业经营者奖励方案。

1983年以前，农场执行高度集中计划经济体制。经营生产方面，企业内部完全按计划体制管理，执行"统购统销"的政策，农场只重视生产，不重视市场内部经营管理方面，企业的发展方向、产业结构、分配政策以及科学试验等各种计划，农场按照上级下达的计划指标编制具体实施方案的计划经济管理体制。

"大农场套小农场"双层经营方针。1984年10月，农场按照上级的部署积极探索"大农场套小农场"经营管理体制，试办以职工家庭为个体单位的小农场，实行分散经营，以统为主，统分结合。计划内的农产品由农场统一收购，按规定进行处理，职工家庭农场一律不准自主变卖。

1989—1991年，在联产计酬基础上，农场实行大包干经济责任制，承包岗位，实行多年不变。分两级承包，即农场包到生产队，生产队包到户或个人，以生产队为核算单位场对队采用"定收定支、包干上缴、以收抵支、超收全留、超支不补"的办法。

1999年，农场经济出现了较大波动，经济跌入历史低谷。

2016年后，农场按照农垦局确立"垦区集团化、农场企业化"的改革和经营指导思想。加快转变发展方式，推进资源资产整合、产业优化升级，切实发挥农场的骨干引领作用，为推进信息化、城镇化、农业现代化提供有力支撑。

第三节　经济结构

一、所有制结构

农场是国有企业，性质属全民所有制。在改革开放初期，以全民所有制为主，集体所有制经济比重小，个体所有制经济成分更小。改革开放后，农场的经济成分发生明显变化，公有和私有共存，国有经济和私营经济共同发展。

集体经济始于1959年，主要是基层单位职工食堂为改善职工生活的养猪、种菜。每个单位配备1～3人种菜、养猪，供给集体食堂。有部分单位还集体种少部分粮食、薯类。经营少量的副业增加集体收入，以供给食堂养猪和弥补集体食堂粮食和经济开支的不足。

1951—1961年，农场无个体经济。1962年划给职工家庭少量土地（每人0.1亩）种薯类、蔬菜，并允许饲养少量禽畜，称为职工家庭副业的自给性生产。1964年曾禁止家庭副业。1965年4月，贯彻中央批准，农垦部制定"关于国营农场经营管理制度的规定"（即16条），恢复了职工家庭副业，仍属自给性生产。"文化大革命"时期，又把家庭副业作为"资本主义的尾巴"割掉。1978年中共十一届三中全会以后，恢复家庭副业，允许职工家庭养猪牛、养"三鸟"、种菜，经营店铺等。兴办家庭农场后，家庭副业不受限制。之后，少数职工承包经营商业、办店经商、搞运输、办小工厂、个体经济有所发展。1991年末，全场个体经营户46个（商业个体经营户33个，运输个体经营户13个）。

二、所有制成分变化

20世纪80年代中期，农场内所有制成分在发生变化。

（一）农场加快与农村联营、与省内外企业联营、与港商、外商合资或合作经营

（1）农场内实行和提高家庭农场"两费"自理水平。农业承包工人实行"两费"自理，达81%。

（2）1990年以来，农场对二级工副业单位实行干部集体经济承包责任制或场内职工承包。但对长期亏损、无人愿意租赁或承包的，实行关、停；对扭亏有望、有市场空间的，转给私人或集体采取租赁、抵押承包等形式经营。经营者和员工要以现金或房产等抵押，使员工实现"贴身经营"。

经营的商业铺面场地较多，为盘活这部分资产，农场对这部分资产实行租赁经营。实行承包闲置厂房、经营商店（门市）3600多个，场地出租980000平方米。

（二）自营经济

1989年起，农场把自营经济列入规划，鼓励引导职工发展自营经济，当年自营经济种植面积2906亩，每个承包岗位安排3亩，主要种植作物有茶叶、橙子、咖啡、三华李、胡椒等，全年产值111万元，利润40万元，占经济总量10%。1996年受强台风袭击后，贯彻落实广东省农垦总局"下胶上林上蔗"号召，鼓励职工发挥自身优势、勤劳致富，实施"30＋3"（30亩甘蔗＋3亩自营经济作物）经济发展模式，自营经济得到较快发展。

1989—2016年，自营经济年均种植面积3000亩，每个岗位年均面积稳定在3亩以上，年均产值23C万元，销售总收入98万元，占经济总量的10%，累计实现利润1800万元，累计从事自营经济岗位10836个，年均岗位387个，每个岗位年均实现利润18000元。其中，2016年种植面积最大，达9987亩，经济效益最好，收入5992.2万元，利润32150元；受14级超强台风"彩虹"的影响，2015年经济效益最差，种植面积9871亩，全年亏损3948.4万元。

2017年，自营经济种植面积10321.55亩（不含外包），每个岗位6.18亩，产值3600万元，总收入3100万元，占经济总量8.5%，每个岗位利润9300元。

三、产业结构

建场初期，种植了大批橡胶树，由于缺乏经验，生长不良，死亡严重，同时台风、寒害的破坏损失严重。当时，摆在面前农场有两条路：一条是坚持自力更生，积极开展多种经营，为橡胶生产再度上马创造条件；另一条是依赖国家，继续走单一经营的道路。在这个紧要关头，上级党委指示：必须走第一条路，争取光明的前途。

全场职工发扬"南泥湾精神"，在开展多种经营上走出一条路子来。1955—1957年，一方面大力造林，改造自然环境；一方面大量种植农作物，积极发展畜牧业。经过三年艰苦奋斗，生产大有起色，从 1958 年开始，农场就走上了盈利的道路。事实让职工进一步懂得，必须坚持"一业为主，多种经营"模式，才能把农场办得更好。由此，湖光农场进入了一个经营策略的重要转折点。

（1）以林保胶，以短养长。没有林就没有胶，要种胶必须先造林。每两亩橡胶林有 1 亩防护林，防护林网控制了所有橡胶地段，使常风速度减弱，蒸发量降低，空气湿度提高，为橡胶生长创造了良好环境。农场取了以短养长的做法，利用橡胶幼苗郁闭前的空闲地面，种植香茅和油粮作物，平均每亩橡胶地有 0.5 亩地的香茅，年产油 4～5 千克，匹配一亩橡胶的投资。这样既可以保持水土，又可以改良土壤；既有利于橡胶生长，又降低了橡胶抚育成本；既改善职工生活，又为国家积累资金。1963 年冬新建的优秀队，1964 年种了橡胶 1500 株，造林 144 亩，种香茅 250 多亩，生产原粮 20405 千克，花生 1800 多千克，全年总收入 73672 元，总支出 54143 元，相抵后，盈余 19529 元，相当于橡胶投资。这就等于国家不用投资、不供给粮食，而发展了橡胶。

（2）农牧结合，互相促进。从 1956 年起，农场积极发展畜牧业，推动农牧结合发展。实现平均每 15 亩地 1 头牛，每 35 亩地 1 头猪。畜牧业发展，不仅解决了职工肉食，为生产提供了畜力，还为农业生产提供大批有机肥料。平均每年可积有机肥 5000 多千克，加上绿肥和水肥，平均每株橡胶可施优质厩肥 15～25 千克，水肥一担以上，农经作物每亩也有 1500～2500 千克。肥多粮多。粮食增产了，反过来又促进了畜牧业。1961—1964 年，共产粮食 855 万千克，除职工口粮外，提供了饲料粮 72.5 万千克，平均每年近 20 万千克，保证了牧业的发展。

（3）主副结合，互相适应。整个生产的主要组成部分是四大项：橡胶、粮食、香茅、畜牧。在生产安排上，把橡胶放在第一位，确保搞好；粮食、香茅、畜牧都保持一定的水平，使之互相适应。全盘生产步调一致，形成一个有机的整体。但在之前，农场对这一规律认识还不深，比例掌握不好，也受过挫折，出过问题。1962 年，春季遇旱，种植香茅缺水。是抗旱抢种，还是靠天等雨种植，由于考虑了人工抗旱成本高、工效低的一面，忽视了人的积极性因素的一面，一直等到下了透雨再种植，因而错过种植时机，春种香茅面积很少，大部分留到秋季种植。种得晚的，产量低，总产减少，收入也减少，当年亏损 19 万元。农场加深了对农业内部规律和自然规律的认识，以后每年保持一定的香茅面积，提早抗旱抢种，实现了增产增收，全面发展，继续盈利。

农场的发展壮大起着示范作用。1959 年，农场除接收了 1984 名移民外，还带领了当地 1715 名农民走上全民所有制的道路。到 1965 年，农场各方面都发生了大变化。志满村就是一个有代表性的例子。并入农场后，人的观念改变了，生产发展了。新种了 460 亩橡胶，400 多亩香茅和枫茅。1965 各项农作物产量都超过并场前历史上最高的 1957 年。1965 年早稻亩产 368.5 千克，比 1957 年的 92.5 千克提高了 2.9 倍，比附近麻章公社龙井生产队 1965 年早稻亩产 130 千克高出 238.5 千克。春花生亩产 68.5 千克，比 1957 年的 43.5 千克提高 57⅗。番薯亩产 848.5 千克，比 1957 年的 225 千克提高 2.8 倍。群牛由原来的 75 头增加到 117 头，另增加羊 104 头。

自 1951 年建场至 1979 年，农场产业结构基本是农业为主，工业为辅。农业主要是橡胶、粮食作物和畜牧业。其他经济作物（香茅、甘蔗等）没有长期固定经营项目。工业是一些简陋的加工厂。加工农产品，为职工生活服务或出售原料，属内向型企业，在前 20 年中，农场多次调整产业结构，但全属于调整农场内部的农业结构，即以橡胶为主，发展种植业和畜牧业。

1978 年 7 月，国务院转发农垦部《关于尽快把国营农场办成农工商联合企业的座谈纪要》。根据《纪要》精神，联系橡胶容易受风、寒害的破坏、风险大的实际情况，确定以 "一业为主，多种经营，全面发展，农工商综合经营" 的方针，即在坚持以橡胶为主，有计划地更新橡胶园的同时，调整农业结构，积极发展工商运建等行业。

（一）以橡胶生产为主的产业结构

从建场起至 1996 年，橡胶生产一直是主业。虽然多次遭受特大风、寒害（1952—1981 年），遭受特大寒流和 14 次强台风的袭击，橡胶损失惨重，但它一直是主要经营项目。农场曾掀起三次植胶高潮。第一次是 1952—1956 年，累计定植橡胶 6.19 万亩，154.4 万株。第二次是 1960—1969 年，累计定植面积 2.09 万亩，51.85 万株。第三次是 1970—1975 年，到 1975 年末，达到 3 万亩，81.85 万株。1979 年将老实生树淘汰，当年更新橡胶 5100 亩。1981—1991 年，橡胶更新垦地累计面积 1876 亩，6.87 万株，淘汰 2660 亩，9.91 万株。到 1991 年底，实存橡胶 2.4 万亩，50.67 万株。种植面积占全场开垦面积的 22%。1996 年，农场按照上级的部署，农场执行广东省农垦总局做出的 "压胶、下林、种甘蔗" 的战略决策，特别是遭受第 15 号强台风袭击后，加快淘汰被强台风袭击折断损坏的橡胶树和防风林的季度，全部改种甘蔗作物。彻底改变 "橡胶唯一" 经营的模式，确立农场以甘蔗为主、多种经营、全面发展的产业经营布局。2013 年，建立甘蔗种植 20000 亩的现代农业节水灌溉示范基地。

（二）发展林业

1954 年，橡胶遭受特大强台风和寒流侵害后，总结经验教训，实施 "以林保橡胶树" 方针，大力发展人工林，增加种植防风林带面积，将原来 300 亩一个方格的橡胶林段改为

15亩一个方格。做到两亩橡胶就有一亩防风林保护。1955年，林业面积已达到1.2万亩，到1988年，林业面积达2.42万亩。从1971年开始对部分防护林段进行更新，到1991年底止，累计造林更新面积3823亩，1991年实存林面积2.20万亩，历年累计产木材8.84万立方米。

1958—1999年，农场累计造林3.96万亩。其中，1964年森林覆盖面积最高，达到2.81万亩；1998年覆盖率最低，林业9940亩；1999年森林覆盖面积达11086万亩。

2000—2017年，农场累计植树造林5689.5亩，年均造林316亩；其中，2001年造林面积最大，达1590亩；2005年造林面积最少，无造林，原因是早期种植树木刚成材，未砍伐。2017年，存有林业1245亩。

（三）调整种植业结构

1951—1955年，种植业主要是橡胶，1955年从单一经营转向多种经营，大力发展粮食、香茅和花生等农作物和畜牧。1978年后，确定了"在巩固橡胶生产的基础上，大力发展甘蔗、茶叶等经济作物，实行橡胶茶叶并举，茶叶甘蔗并举，促进生产、劳动力、经营的良性循环"的方针。在种植业中，主要有两类作物，一类是粮油作物；一类是经济作物。20世纪80年代后，国家实行经济改革开放，计划经济转变为市场经济，农副产品放开经营，橡胶生产国家不再投入资金发展，干胶以进口为主，取消粮、油、糖指标供应等一系列，同时，农场连续受到台风和寒害的破坏，导致主产业—橡胶基本毁坏，林业等长期作物都受到不同程度损坏，为此，农场按照农垦局的部署，全面调整农场种植业的结构，这也是建场以来最大的一次调整。

1. 粮油作物　1955年开始种植水稻和旱稻，当年播种面积1604亩（其中水稻234亩，旱稻1370亩）。1980年后，旱稻停止种植。从1955年起，30多年来，为解决粮食自给自足，水稻播种面积一直保持在8000亩左右，1991年，水稻播种面积8400亩。1992—2017年，年均种植在7231亩以上，年均单产480千克。其中，2008年，种植面积14593亩；最低的是1994年，种植面积3307亩。现有的水田部分被承包作为水稻制种，职工自种解决口粮。1971年开始冬种小麦，当年播种面积983亩，1979年停止种植。1954年开始种植花生，1960—1981年，每年播种面积都在1400亩以上，1988年停止种植。为发展畜牧业，1955年开始种植薯类饲料作物，到1961年，种植面积达到1.77万亩。1980年后，随着畜牧业的开放，改由职工家庭业余种植。

2. 经济作物　经济作物的调整反复较大。1978年以后逐步稳定，经济效益明显提高。1955年开始种植香茅，至1966年底，香茅面积累计达6.83万亩，共生产香茅油8.62吨。1967年后香茅种植面积逐渐减少，到1976年停止种植。

1956 年开始种植甘蔗 378 亩。1965 年停止种植，1974 年复种。从 1978 年起，甘蔗种植由往年的 400 亩左右增加到 1000 亩以上，在 1991 年达到 1.29 万亩，占全场开垦利用的土地面积的 12%。1991—1996 年，年均种植在 1.5 万亩以上 1996—2003 年，年均种植在 2.75 万亩以上；2004—2017 年，年均种植在 2.48 万亩以上。现在，甘蔗生产是农场的支柱产业。随着农场可种植土地面积的逐年减少，农业可耕种面积相应减少。

1974 年开始种植茶叶，1991 年结存 1495 亩，占全场种植面积的 13%。1974—1991 年，茶叶累计种植面积 3051 亩。1991 年，茶园面积 1999 亩。1995 年，茶叶面积 978 亩。1996 年，受台风袭击，茶叶面积 490 亩。2000 年，茶叶收获面积 185 亩。

2003 年 1 月，农场将茶厂转包给私人经营后，茶叶转为私人经营，茶叶种植也转为私人种植管理。

1985 年开始种植水果，当年种植橙子、香蕉等 214 亩，1989 年，职工开始自营发展水果面积 817 亩，种植的品种主要有香蕉、橙子、三华李、荔枝、龙眼、火龙果等，最多达到 1431 亩，1991 年，农场种植的水果基本淘汰改种甘蔗等作物。1989—2016 年，年均种植 6000 亩，其中，2016 年种植面积 10770 亩，2017 年，职工自营水果面积 10060 亩。

1989—2016 年，种植蚕桑养蚕，年均种植面积达 850 亩。2000 年，职工种蚕桑面积 1830 亩。2017 年，蚕桑种植面积仅剩 30 亩，生产岗位 5 个。

2006 年开始职工种植花卉，当年种植总面积 2300 亩。2006—2016 年，年均种植花卉 4200 亩。其中，2011 年经济效益最好，种植面积 4900 亩，利润 2205 万元；2015 年种植面积 5300 亩。2017 年，花卉种植面积 3500 亩。种植的花卉品种有富贵竹、散尾葵、黄花风铃、鸭脚柴、海枣树等。

上述经济作物，除水果的经济效益较差外，其他的经济作物产值较高、经济效益较好。

（四）发展畜牧业

自 1954 年开始发展畜牧业。1959 年国家农业、农垦部曾联合通知，将农场作为种苗培育繁殖的基地，曾大力发展优良品种。畜牧业以饲养黄牛、奶牛、猪、羊、"三鸟"、兔、鹿等为主。饲养黄牛主要是使用和积厩肥。

（1）养牛。1954 年，饲养 46 头；1969 年，达 3629 头；1970—1979 年饲养头数在 3000～40000 头；1984 年，全部耕牛折价归职工家庭农场所有，仅有育成牛和群牛，公养牛头数一度为 604 头；至 1991 年，全场饲养黄牛 1978 头，其中公养牛 570 头，私养牛 1408 头。1991 年以后，取消供养牛，私养牛的头数逐年减少。截至 2020 年底，农场私养牛 123 头（其中仔牛 30 头）。

饲养奶牛主要是产鲜奶供应市区。1955 年办专业奶牛场，当年饲养奶牛 17 头，逐渐发展到 1991 年的 390 头，其中产奶牛 165 头，育成牛 125 头，犊牛 60 头。1991—2009 年，年均奶牛存栏 185 头，其中 2002 年产奶量最多，奶牛存栏 300 头。受市场价格等因素的影响，奶业经营效益逐渐下滑，奶牛存栏数逐渐减少，从 1991 年的 390 头减少到 2010 年的 110 头。2010 年，公养奶牛全部淘汰。

（2）养猪。1954 年，公养生猪 136 头；1959 年，增至 3318 头（内职工集体饭堂 144 头）。以后由于饲料不足，用工较多，饲养量减少。1977 年后，职工饭堂基本停止养猪。1979 年允许职工家庭养猪。1984 年，全场饲养猪 14269 头，其中公养生猪 3098 头，占总数的 21％，私养 1.11 万头，占总数的 79％。1991 年，全场养猪 9719 头，其中公养生猪 2228 头，私养 7.49 万头。

1976 年以前，养猪主要是自用，商品率很低。1979 年后，商品率不断提高，特别是 1979 年允许职工家庭养猪以后，养猪业产值增长较大。2000 年，饲养生猪 23822 头（内含公养生猪 10506 头），出栏 12476 头（内含公养生猪 6567 头），年末存栏 11346 头（内含公养生猪 5909 头）。2005 年，饲养生猪 34840 头，出栏 24014 头。2006 年，公养生猪全部转为职工私养。

（3）养羊。1957 年开始饲养，当年养羊 122 只；1965 年发展到 853 只；1967—1983 年，饲养数在 100～300 只；1984—1987 年，饲养 70 只以下；1991 年，饲养 40 只。农场养羊主要是供农场内自用。

（4）养"三鸟"。1957 年开始饲养，当年达 4195 只，其中集体饲养 4000 只；1960—1977 年，饲养数在 1000～4000 只；1973—1978 年，向国家上交部分产品；1984 年，停止公养，改为私人饲养。

（五）发展工业

1954—1978 年，农场先后兴建了香茅厂、淀粉厂、修配厂、橡胶加工厂、粮油加工厂、炼乳厂、砖厂。这些工厂，加工农产品和为生活服务生产型的经营单位。产品单一经济效益差。1955—1978 年的 20 多年中，每年工业产值在 10 万～600 万元。1978 年以后，为增大工业产值在总产值中的比重，实行农工商综合经营，兴建了饮料厂、皮革制品厂、纸箱厂、五金厂、酒厂、茶厂、装饰家具厂、橡胶制品厂等。此后，农场办工厂开始从内向型转为外向型，对产品进行多层次加工和综合利用，工业生产的商品率逐渐提高。1987 年，工业总产值 1601.7 万元，比 1978 年的 219.83 万元翻了近三番。1991 年末，全场有橡胶加工厂、橡胶制品厂、皮革制品厂、装配厂、建材预制件厂、乳制品厂、茶厂、酒厂等 12 间，工业拥有固定资产原值 777.45 万元，净值 457.5 万元，投入资金 1401.2 万元，从业人员 1417 人，工业总产值 2692.3 万元，占总产值的 39.3％，产品销售收入 2504.9 万元，产品销售税金 179.6 万元。

农场发展工业，主要以农场资源作为原材料，如橡胶、茶叶、鲜奶等。每年所创造的产值都占工农业总产值的一半以上。

1996 年受强台风影响后，大部分工厂经营比较困难，市场销路较差，大部分工厂倒闭或转产。到 2017 年，还有皮鞋厂、茶厂、纸箱厂、木工厂等，工业固定资产原值 1512 万元，净值 827 万元，从业人员 358 人，工业总产值 8310 万元，产品销售收入 7541 万元，产品销售税金 229 万元。

1991—2003 年，下溪茶厂累计加工干茶叶 1300 吨，年均加工干茶叶 100 吨，累计实现总利润 835.5 万元，累计上缴利税是 103 万元。2004 年 1 月，农场将茶厂转包给私人经营。

1958 年建立炼乳加工厂，1976 年注册了"湖光牌"牛奶商标，1990 年底更名为乳业制品厂，以生产炼乳和巴氏消毒鲜牛奶为主，2000 年，该厂改制为湛江市湖光奶业有限公司，2001 年，鲜奶产量 900 吨，巴氏消毒鲜牛奶 378 万杯，生产酸奶 550 万杯，利润 50 万元。2001—2016 年，累计加工鲜牛奶 3850 吨，累计销售收入 2233 万元，共实现利润 36 万元，累计上缴利税 125 万元。2004 年 4 月 6 日，农场和广东燕塘乳业、湖光、湛江肯富置业有限公司等 3 家公司合资建立湛江燕塘乳业有限公司 2011 年 11 月 9 日，湖光农场将持有股份全部转让给燕塘乳业，"湖光牌"牛奶退出市场。

1997 年后，农场连续受到台风和寒害的破坏，导致主产业—橡胶林基本毁坏，橡胶加工厂停产，厂房出租。

1992 年，橡胶加工制品厂年总产值 1470 万元，1993 年，年产值 1136.3 万元。1996 年，工业产值 507.3 万元，1996—2016 年期间，累计利润 12642 万元。2010 年，工业产值 1537 万元，利润 1221 万元；2014 年生产效益最差，工业产值 1714 万元，盈亏平衡。2017 年，工业产值 11204 万元。

1991—2017 年，皮鞋厂累计生产皮鞋 1090 万双，累计销售收入 38600 万元，1993 年注册了"大钱皇"商标。1995 年生产皮鞋 57 万双，年产值 4847 万元。2017 年，生产皮鞋 32 万双，年产值 1112 万元。

1991—1995 年，五金厂销售收入累计 121 万元，累计利润 26 万元。1995 年因转制而停办。

1991—2017 年，纸箱厂累计生产纸箱 2800 万平方米、纸盒 700 万个，累计销售总收入 9790 万元。1996 年，因受强台风袭击，厂房、机械设备受灾严重，受灾经济损失 320

万元，生产能力为历年最低，生产纸箱 9 万平方米，年产值 21.8 万元。

1991—1996 年，酒厂累计生产白酒 1360 吨，累计销售收入 508 万元，1997 年酒厂停产。

1989—1997 年，装饰家具厂共生产家具 1.9 万件，销售收入 704 万元。1997 年末停产。

（六）办商业、建筑业、交通运输业

商业、建筑业、交通运输业作为农场的产业经营，是分别从 1980 年、1983 年、1985 年开始的，经营效益均有所提高。

1992—2016 年，累计施工房屋面积共 11.8 万平方米，竣工房屋面积共 8.1 万平方米，完成土石方共 3.9 立方米，总产值 8700 万元。2017 年，从业人员 8 人。

表 8-1　1991 年湖光农场各业产值及占比

项目	合计	林业			茶叶	甘蔗	水稻	畜牧业	渔业	其他	备注
		小计	其中 橡胶								
产值（万元）	3676	1642		1131.6	261.5	854	238.8	468.9	101.4	109.4	
占比（%）		44.7		30.8	7.1	23.2	6.5	12.8	2.7	3	

表 8-2　1991 年湖光农场种植业各类作物产值及占比

项目	合计	糖蔗	茶叶	水稻	水果	其他
产值（万元）	1463.7	854	261.5	238.8		109.4
占比（%）		58.4	17.9	16.3		7.5

表 8-3　1952—1991 年湖光农场社会总产值

单位：万元

| 年份 | 合计 | 社会总产值 | | | | |
		农业	工业	建筑业	交通运输业	商饮服务业（含个体经营户）
1952	86	86				
1957	118.96	73.52	45.44			
1967	440.16	200.68	239.48			
1972	452.93	298.98	153.95			
1977	905.75	466.03	439.72			
1984	2904.5	1556.6	897.5	70.4	120	260
1985	2947.8	1356.6	1190.7	129.5	35.3	235.7
1986	3598.6	1618	1468	96.2	164.6	251.8
1987	3994	1879.3	1601.7	112.7	167	233.3
1988	4891	2394.7	2052.5	185.4	109.7	148.7
1989	6438.4	2933.22	3134.4	133.8	97	140
1991	6846.6	3676	2692.3	170.4	145.3	162.6

表 8-4　1980—2020 年湖光农场职工平均创造价值及平均收入

单位：元

年份	职工平均劳动创造价值	职工平均收入	人均收入
1980	1601	193.2	193.2
1981	1854	223.7	223.7
1982	2159	260.5	260.5
1983	2698	325.5	325.5
1984	3180	383.7	383.7
1985	3275	751.2	751.2
1986	3663	1017.5	1017.5
1987	3866	1142.2	1142.2
1988	7491	1213.6	1213.6
1989	9553	1406.8	1406.8
1990	9129	1451.1	1451.1
1991	12222	2355.8	2355.8
1992	6518	3373	2280.7
1993	10014	4391	2969.0
1994	12643	4884	3302.3
1995	15929	5120	3461.9
1996	14265	6161	3679
1997	16996	6914	3507
1998	18235	6167	2529
1999	14147	4583	2145
2000	14216	5849	2217
2001	13832	5760	1960
2002	14518	6094	2164
2003	16836	6534	2251
2004	18433	7500	2401
2005	20746	8563	2630
2006	22483	9388	2916
2007	24598	10399	3215
2008	25687	11269	5744
2009	29748	13011	9704
2010	34656	17158	12501
2011	39733	20154	14050
2012	47608	24183	16593
2013	50090	28308	19326
2014	54045	30970	21296
2015	61225	32990	22502
2016	67587	34693	23852
2017	73913	36453	25153
2018	77680	37826	26632
2019	82205	35079	27977
2020	89257	35747	28004

表 8-5　1952—2020 年湖光农场各业总产值

单位：万元

| 年份 | 第一产业 | 第二产业 | | 第三产业 | | | |
		工业	建筑业	交通运输业	批发零售业	住宿及餐饮业	其他服务业
1952	86						
1957	73.5	45.4					
1962	364.4	340.0					
1967	200.7	239.5					
1972	299.0	154.0					
1977	466.0	439.7					
1984	1556.6	897.5	70.4	120	164	83	13
1985	1356.6	1190.7	129.5	35.3	133.6	89.1	13
1986	1618	1468	96.2	164.6	132.3	103.5	16
1987	1879.3	1601.7	112.7	167	141	78.3	14
1988	2394.7	2052.5	185.4	109.7	96	42.7	10
1989	2933.2	3134.4	133.8	97	91	31	18
1990	2955.8	2251	181.3	107	139	71.7	22
1991	3676	2692.3	170.4	145.3	97.5	36.1	29
1992	3341.6	2587.1	163.6	184.4	164	33.4	44
1993	3573.5	5300	190	233	487	181.2	49
1994	4909.2	6573.8	235	245	411.3	229	40
1995	5504.8	8729.5	251.7	382.5	651.5	362.7	46
1996	4960.6	7889.8	236.7	392.5	375.4	372	38
1997	7061.5	8165.9	255	406	681.5	399	27
1998	7494.2	8690.6	346.4	460.7	806	396	41
1999	5566.3	6500	352	464	880	354	31
2000	6257.9	6433.5	286	487	415	286	51
2001	5750	6519.6	250	514	425	329	44
2002	5788.8	6926.8	264	536	519	426	57.6
2003	7685.9	7312.8	271	550	481	410	125
2004	8994.7	7336.8	378	564	195	616	348.6
2005	10996.4	7649.8	355	315	260	610	559.4
2006	11702.5	8413.7	431	340	288	683	625
2007	13311.9	8756.8	441.9	396	310	743	638
2008	13993.6	9257.3	450	568	288	558	572
2009	15431	9566.5	2451	621	364	672	642
2010	17388.9	10775	4056	648	426	751	611
2011	21689.2	11024.8	4336	672	436	789	786
2012	22199.0	12576.3	9923	814	489	815	792
2013	28118.8	14280.3	13082.2	838	957.7	1387	1426
2014	29528	15193	11993	978	2396	1989	1968
2015	31897	19565	11234	1129	2680	2560	2160

（续）

年份	第一产业	第二产业		第三产业			
		工业	建筑业	交通运输业	批发零售业	住宿及餐饮业	其他服务业
2016	33793	21418	12856	1210	2488	2805	3017
2017	36493	23276	13808	1931	2699	2945	2761
2018	38371.0	12726.6	25617.6	1994.0	3397.0	2930.0	2644.0
2019	40636.6	12985	26991	2098	3667	3077	2750
2020	41789	11707	24311	1603	4001	3087	2759

表 8-6 1952—2020 年湖光农场地区生产总值（净产值）

单位：万元

年份	第一产业	第二产业		第三产业			
		工业	建筑业	交通运输业	批发零售业	住宿及餐饮业	其他服务业
1952	28.4						
1957	25.1	14.2					
1962	120.3	112.2					
1967	67.2	80.2					
1972	100.2	51.6					
1977	158.5	149.5					
1984	529.2	305.2	23.9	40.8	55.8	28.2	4.4
1985	461.2	404.8	44.0	12.0	45.4	30.3	4.4
1986	550.1	499.1	32.7	56.0	45.0	35.2	5.4
1987	639.0	544.6	38.3	56.8	47.9	26.6	4.8
1988	814.2	697.9	63.0	37.3	32.6	14.5	3.4
1989	997.3	1065.7	45.5	33.0	30.9	10.5	6.1
1990	1005.0	765.3	61.6	36.4	47.3	24.4	7.5
1991	1249.8	915.4	57.9	49.4	33.2	12.3	9.9
1992	1801.6	414.9	50.3	25	21.5	16.8	18
1993	1950.4	1384.9	57.2	41.9	142.4	57.1	102.5
1994	2086	1902.2	53.5	103.5	73	68.9	126.2
1995	2414.9	3539.7	58.3	133.5	171.8	111.9	136.4
1996	1990.1	3194	54	139	161.1	149	234.2
1997	2915	3303.3	57.7	140.8	231.6	154.9	224.2
1998	3523	3672.4	52.7	151	190.9	180	158.2
1999	2946	2151.3	56.3	143.5	222.5	151.5	152
2000	2500.5	1950.4	51.4	145	193.6	141.4	131
2001	2541	2333	47.3	190	254.4	143.6	141
2002	2605	2545.2	35.2	221.2	247.1	148.1	161.2
2003	3766.1	3437	68	248	230.8	115.8	298.3
2004	4328.9	3919	83.1	247	149	177	427
2005	5423.1	3956	54.9	247.5	174.5	157	436
2006	5945.6	4584	61.5	285.4	180	175	488.5

（续）

年份	第一产业	第二产业		第三产业			
		工业	建筑业	交通运输业	批发零售业	住宿及餐饮业	其他服务业
2007	6785.9	4849	60.1	304.2	182	201.5	536.8
2008	7103.1	4906	60	315	158.8	154.4	973.2
2009	7837	5080.6	613	322.8	196.6	193	1059.7
2010	8903	5678	1135	331	221.1	311.2	1116.8
2011	11052.6	5807.2	1300.8	334.3	241.3	327.1	1203.7
2012	11581.5	6610.4	2976.5	345	301.6	462	1746.7
2013	16973	4084.2	5421.1	359	622.5	640	2461.2
2014	19349	4306	3598	524	1518	881	2524
2015	19868	5841	3502	769	1847	1123	3153
2016	21074	6560	3814	663	2274	1761	2914
2017	22739	7304	3900	739	2444	2414	2651
2018	23471.4	3708.0	7657.1	1263.5	2109.7	2867.4	2257.0
2019	24886	3819	8112	1362	2200	1963	2472
2020	23818	3041	7724	1102	2356	2360	2011

表8-7　1990—2020年湖光农场农业产值构成

单位：万元

年份	种植业				林业	畜牧业	渔业
	稻谷	糖蔗	茶叶	水果			
1990	246.6	735	274.9	25.9	1007.5	399.5	145.4
1991	292.3	894	246	31.4	1642	468.9	101.4
1992	150.9	1129.6	235.6	53.6	1692.5	430.6	100.4
1993	88.7	1349.1	264	72.1	1062.7	440.7	175
1994	138.9	1368	211.2	890	1147.7	742.5	236.5
1995	196.6	1762.5	124.9	825.7	1327.5	602.7	257.4
1996	235.3	1915.2	65.6	65	1279.6	870.2	313.5
1997	239.1	4140	18.4	41.4	220.7	1738.4	315
1998	175.7	3958.5	12.5	372.2	7.8	2293.8	299.6
1999	172.7	2400	8.6	359.8	13.9	1986	249.6
2000	203.5	3200	10.6	630	3.1	1648.9	215.5
2001	154.3	3362.6	11.3	33	21.6	1619.9	207.5
2002	164.5	2418.6	10.8	121.7	18.5	2527.5	213.5
2003	200.3	2392.5	10.8	1786.4	20.6	2704	247.5
2004	250	3151.2	19.9	1852	40.4	3058	283.8
2005	263	4459.6	21.1	2144.7	57.3	3368	302.5
2006	286.3	5409.2	21	1649	76	3489	337.2
2007	1206.7	5651.7	17.5	1443	113.3	3937	412.5
2008	1531.8	5320.9	19.2	1364.7	46.5	4627	454.2

（续）

年份	种植业				林业	畜牧业	渔业
	稻谷	糖蔗	茶叶	水果			
2009	1223.8	5582	30	1973.3	28.1	5174	813.5
2010	1375	7044	33	2039.5	60.8	5347	892.2
2011	1404.4	9760	30	3085.9	53.9	6016	807
2012	1755	5544	38.5	2768.9	78.05	7147	927.55
2013	2092.7	5740.0	39.6	4393.3	131.9	7250	1142.4
2014	2071	5168	27	7062	423	7798	1248
2015	2025	4924	29	9118	254	8667	797
2016	1822	5278	30	8873	230	10397	789
2017	1402	7758	29	9025	178	11245	856
2018	1290	8411	29	10374	32.5	9118	1500.69
2019	1175	9064	27	10723	18.6	8236	1580
2020	1009	9717	27	11072	17	7353	1477

表 8-8　2000 年以来湖光农场重大对外合作经营合同

序号	承包人	土地位置	面积（亩）	用途	合同年限（年）	起止日期
1	王金都	柳东队、志满村队	1017.5	水果花木	25	2000 年 8 月 1 日—2025 年 7 月 30 日
2	湛江高新花卉发展有限公司（黄钢）	9 队	1133.17	花卉	19	2008 年 1 月 1 日—2027 年 12 月 31 日
3	湛江利苑农业发展有限公司（陈树杰）	里场队、红桥队	300	畜牧养殖、种植	20	2009 年 3 月 1 日—2029 年 2 月 28 日
4	银河公司	三队	1119	花卉	15	2002 年 6 月 1 日—2017 年 12 月 31 日

四、土地管理与开发利用

1. **土地调处回收**　农场土地长期被周边农村村民大量蚕食侵占，橡胶等作物也常遭破坏。1991 年，农场设立国土管理科后，把保护土地放在重要的位置，加大土地纠纷调处力度，坚持"杜绝被占地，逐步回收历史被占地"的土地维权原则，农场采取强有力措施，维护土地合法权益。2005 年，通过土地信息化地籍管理，制定农场正常耕种和被占地专页档案，分类确认历史被占地和新发生的被占地，对 2006 年 1 月 1 日前被占地制订回收计划，定期回收；对 2006 年起新发生的被占地，当年全部收回。2005—2020 年，农场回收历史被占地约 2867.07 亩，回收新被占地约 1066.25 亩。

（1）针对零星占地和个人占地，农场自行组织力量回收。发书面通知给占地农民，限定时间内自行清理，到期未清理的，则由国土、公安、司法、治安队一齐出动，采取强制的手段，用拖拉机犁翻被占土地。2005年7月，农场组织回收八队、红桥队历史被占土地36宗296亩。所回收土地签订书面移交书移交给所在生产队耕作管理。

（2）通过市县（区）镇政府司法、国土等部门到现场协助回收土地。2004年2月开始，在遂溪县调处办建新镇政府的积极配合下，农场组织回收六队历史被占土地，当时占地周边村庄主要有卜巢村、苏二村、溪泊路村。至3月13日止，农场共强制回收六队历史被占土地54宗539亩，并签订书面移交书移交给六队管理。

回收被占土地过程中，也发生一些占地人违抗事件：例如，2005年7月，农场在遂溪县调处办及岭北镇政府的积极配合下，组织回收遂溪县岭北镇望高村民侵占的土地20宗103.9亩，回收过程中发生肢体冲突事件。又如2007年6月28日下午，农场在麻章区政法委组织，湛江市公安局十八科、麻章公安分局、湛江农垦局、志满派出所及广前公司治安队配合下，前往谭高队糖寮园139号甘蔗地回收耕地时，遭到麻章镇畅侃村村民反对，造成人员受伤。事后畅侃村一村民被拘留判刑。

（3）通过司法诉讼、行政复议回收土地。在调解不下的情况下，农场通过法院诉讼判决回收被占地，有效地制止占地行为。2007年，农场起诉邻近西边山村、内村村民侵占七队的平田坑土地，通过法院判决胜诉回收101.44亩被占土地。

截至2020年底，农场还有历史被占地22204.85亩，已建立历史被占地数据库，制订回收计划，主要通过协议回收方式回收。

2. 土地确权登记发证　依据2001年2月2日公布的《国务院办公厅转发国土资源部、农业部关于依法保护国有农场土地的合法权益的意见》和2003年1月9日公布的《广东省国土资源厅关于进一步加快农村集体土地所有权登记发证工作的通知》精神，农场于2003年成立土地确权登记发证工作领导小组，认真做好土地确权登记发证的各项前期工作，派专职人员参加业务培训。本次农场土地登记发证，全部采用新版的数字化正射影像图作为宗地底图，以建场初期的规划版图为权属依据，按土地详查时的面积、地类图斑资料进行确权登记发证工作。

农场土地确权登记发证工作从2006年开始，按照先易后难的原则，与地方部门沟通协调，加大争议地调处力度，采用法律手段维护农场土地合法权益，做到解决一宗、申领一宗，至2020年底，已领回国有土地使用权证268宗，面积92830.52亩。

随着土地确权发证工作的开展，农场同时开展山林权证（换）发证工作，2004年开始开展该工作，农场林地林权换发证共申报73宗面积43396.76亩。至2005年底，完成林地林权登记换发证任务72宗面积40916.155亩。农场山林权证换发证工作一个显著特点就是：重点选择边缘地和水土保护地进行换发证。

2017 年，农场按照农垦局的要求，组织全面梳理，开展土地权籍调查工作，建立了土地权属数据库，为发证工作奠定了基础。截至 2020 年底，农场土地总面积 96119.76 亩，已确权领证地面积 91641.38 亩（包括土地证和山林权证），未发证地面积 4478.38 亩，其中 3101.54 亩被周边农村领取了农村集体土地所有权证，其中属农场耕作土地 87.61 亩，属农村耕作土地 3013.93 亩。

3. 建设用地管理 2010 年底，农场完成土地利用总体规划编制，获得了土地利用总体规划独立版本（2010—2020 年）。对土地利用的布局、结构、用途等进行了全面部署，将安居工程预留地、部分项目实施预留地以及基本农田保护区等指标分解、选址划定等进行合理布置。根据农场经济发展和建设需要在原有规划基础上对小城镇规划进行重新修编。农场 2014 年被纳入湛江市西城新区规划，为发展带来新的机遇。

农场认真贯彻执行《中华人民共和国土地管理法》《广东农垦农场（公司）场部小城镇规划建设管理暂行规定》，加强建设用地管理，严格用地审查，对各项非农建设的用地选址、范围面积、用途等进行实地勘测、审查协助办理用地报批手续。在农场危房改造、小城镇建设的过程中，严格执行小城镇和生产队的规划，盘活农场的存量建设用地，规划利用旧宅基地，控制规划新宅基地，做到节约规范用地，防止出现空心队现象。同时，以（2010—2020 年）土地总体规划图、建设用地土地使用权证等为依据，规划利用好每一块建设用地，有效避免违法用地现象。

农场内部职工住房用地和小型公益、公共设施用地，由个人或单位提出申请，经农场相关部门审核同意后，上报批准。建设项目用地，由用地单位或个人向农场书面申请，农场国土部门根据土地利用总体规划，核定面积和范围，按规定权限审批。

4. 建设用地有偿使用 为了确保职工长远利益，经省农总局批复同意，农场在湛江市辖区范围的土地，对土地出让金收益进行安排：属商住用地的，土地属农垦，用地指标是政府的，土地出让净收益由市政府与农场原则上按 5∶5 进行分成；土地和用地指标都属农垦的，政府与农场按 3∶7 进行分成。征收土地补偿款专款专用，用于职工安置补助和农田建设。

5. 土地开发整理补充耕地 农场利用省财政出资投资的"土地开发整理补充耕地"项目，将农场未利用地、园地、山坡地以及建设用地开发改造为耕地。从 2009 年 9 月开始施工，历时 3 年半的时间。项目涉及农场的土地总面积 27498.71 亩，按照要求建设水利及交通设施，其中，水井 64 口，水塔 59 座，蓄水池 5 个，泵房及水泵 64 个，变压器 27 台，发电机组 17 台，铺设浇灌管网设施 198441.11 米，铺设砂石路 92818.16 米。截至 2013 年 3 月，完成了项目的施工、检查验收并交付使用，极大地改善农用地的水利灌溉设施和田间道路，在抗旱灌溉及耕作作业、运输中发挥了有效的作用。

6. 加入湛江西城新区规划　2010—2020 年，湛江市将农场纳入西城新区规划，累计征用农场土地 10623.35 亩，沈海高速公路、粤海铁路、湛海铁路、湛江西站、省道 S374 线、国防设施建设、500 千伏港城输变电工程、湛江疏港大道建设、湛徐高速公路、湛江教育基地、广东广垦机械有限公司、湛江粤广物流有限公司、湛江市劳教戒毒所、湛江市公安局看守所、湛江海湾二期工程、湛江商业物流城、湛江东海岛铁路项目、湛江市人民警察培训学校、湛江公安消防局训练基地、太和工业园二期、中共湛江市党校迁建项目、玉湛高速、广东美辰水果蔬菜综合加工项目等 21 个相继落户农场境内。

7. 土地信息化管理　农场将每一块土地数据输入农垦土地信息中心，以自然分布情况，绘制成现状图进行编号，建立以生产队为单位的土地地块面积档案，通过地籍档案与实地面积核对，掌握农场自用土地、被占土地情况。2006 年又对土地耕种、收益情况的档案资料整理归档，基本掌握了各生产队每一地块作物、何人耕种、土地收费标准、是否交费和对内占、外占耕种等情况。至 2006 年底，场内土地建立土地信息化管理，实施地籍档案的规范化、精准化、科学化管理。截至 2010 年底，农场已完成矢量化、地籍档案建档工作，并在农场国土、生产、企管、财务建立"四合一"档案，依靠信息化地籍档案全面掌控场内土地承包、收租、种植计划安排、回收土地等情况，使农场更加有效、准确地使用和管理现有的土地。

第四节　计划管理

一、计划管理体制

建场以来，计划管理一直执行统一领导、分级管理体制。农场执行粤西（湛江）农垦局下达的计划。农场计划管理的职能部门计划科（现为经营计划科）、分场（公司）、生产队（厂）配备专职统计员，生产班设记录员，各建立统计原始记录、统计台账和统计报表和定期汇报等制度。

农场的土地利用、产业结构、作物布局、财务及基本建设投资、生产指标等，根据上级下达的计划指标，由农场确定；分场（公司）、生产队（厂）按农场下达的计划指标编制具体的实施方案，实行高度集中的计划体制。

二、计划内容

随着生产、建设的不断发展，计划的内容也不断完善。20 世纪 50 年代初期，发展计划经济，生产单一，作物产品少，发展生产所需的物资都是国家调拨。建设项目不多，计划简单，项目少，主要在生产、基建方面开展活动。

1955 年后，实行"一业为主，多种经营，全面发展"的方针，作物产品增多，建设加大，因而扩大了计划内容，增加产品加工、销售及建设投资等计划项目。

20 世纪 70 年代以后，开始重视发展文化教育，提高职工文化生活水平和进行集体福利事业建设，从而在编制计划中增加社会发展计划。

20 世纪 80 年代后，提出物质文明和精神文明建设一齐抓、计划一齐下，计划内容更丰富。

三、计划的编制、执行和检查

农场从 1953 年开始系统地编制年度、季度计划，生产队制订月度计划和年度作业计划。编制计划的程序是：农场计划由生产单位提出建议指标→报分场（公司）综合评估→上报农场→经过综合平衡→正式批准下达。

计划分总体计划、五年计划和短期计划（年度、季节、月度、旬度作业计划）等，总体计划、五年计划由农场编制，衡量计划期内各种因素的变动及影响，在人力、物力、财务综合平衡基础上提出长期（一般为五年）；计划的分年指标方案，确定企业在生产建设上的总体发展方向，即为总体规划。

1955 年 7 月，农场编制第一个五计划《1953—1957 年生产建设规划》，这个规划总要求是：在巩固橡胶生产的基础上，以发展香茅为主，结合农、林、牧多种经营，争取逐年达到粮食、饲料、氮肥、蔬菜部分或全部自给，并为城市提供副食品。此后，每五年编制一个五年计划。年度计划是农场经济发展和社会发展的具体行动计划，是计划的主要形式。计划科根据上级下达的计划指标和农场的长期规划，会同有关部门综合平衡，编制年度计划草案，经农场党委研究，提交职工代表讨论通过。

农场、分场（公司）、队分别根据年度计划编制各自的季度计划、月度计划、年度作业计划，按照计划组织安排统一的生产经营活动。

确定的计划需要层层贯彻、严格执行，分场（公司）、队要提出执行计划的具体措施，场部机关各职能部门要做监督保证工作，主动为基层服务。按农场每季、分场每月、队每旬分别组织检查计划的执行情况，发现问题及时解决。对超额完成计划的进行奖励，没有完成计划，根据未完成比例实行经济处罚。

计划批准下达后，一般不作全面修改，在执行过程中，因特殊情况变化（严重自然灾害），经努力仍达不到，可做适当调整。调整面要小，一年调整一次，并必须经过农场职工代表大会讨论通过。

四、计划工作的改革

20 世纪 80 年代以前，实行的计划管理体制过于集中，管得过严。80 年代后，随着经济体制的改革，计划管理也相应进行了改革。农场实行"统一计划分级管理"体制以后，坚持大的方向宏观控制管住管好，小的方面微观放开放活的原则，逐渐缩小指令性计划，加大指导性计划。各项计划的编制、管理、组织实施、监督检查等工作，均由有关部门分工负责、互相合作。企业计划包括长期计划、年度计划、季度计划、月份计划（或阶段性计划）。年度计划包括生产计划、固定资产投资计划、劳动工资计划、财务收支计划、成本计划、物资供应计划等，规定橡胶、甘蔗、茶叶、林业、水稻为指令性计划，其他项目均属指导性计划范围，鼓励职工在完成指令性计划的同时，积极自费发展种养业和第三产业。

在调整产业结构中，充分发挥计划的作用，改革单一农业模式，单一橡胶的产业结构，积极发展适应于农场自然优势的多种经营项目，并加快发展工业，重点发展在工业加工和骨干工业，积极发展第三产业。此外，还有社会总产值、国民生产总值、职工平均收入等。年度计划的编制般采用"两上两下"办法，即由农场提出年度计划建议指标并上报湛江农垦局，农场根据上级控制指标正式编制年度计划，并按照上报建议指标的程序逐级上报，然后逐级下达基层单位。

五、统计管理

（一）统计指标

农场执行上级规定的统计报表制度，分为综合、专业统计两类。综合统计报表反映农场各方面情况，由计划统计部门负责编制，有土地面积、土地开垦、橡胶和防护林与覆盖植物种植、橡胶育苗、老胶园生产、劳动工资等多个统计年报表。随着生产建设的发展，专业统计报表是综合统计报表的补充，为各职能部门业务管理工作服务，由各专业部门负责统计填报人事、基建方面的统计报表由有关部门负责；有工业、基建、机务、物资、产品、经贸、人事、劳动工资、教育、卫生、计划生育等方面的定期统计报表，实行专业部门负责制。

除定期统计报表外，农场还实行快速统计报告制度，将主要项目的生产进度用旬报的方式报告，将干胶等主产品生产进度汇总发送领导及有关部门掌握情况。

随着经济体制的改革，统计工作由全民所有制经济统计转变为多种经济成分统计；由基本上是农业统计转变为农、工、商、运、建、服等多行业统计；由生产型统计转变为生产经营型统计的三个转变，进一步完善统计制度和统计指标体系。1993年后，农场逐步建立的综合指标（农垦社会总产值、国内生产总值、国民收入、自营经济等）、反映长期资金投入固定资产活动指标、反映非农业的统计指标；运用不变价、可比价、现行价等开展统计分析。1997年，按国家新的国民经济行业分类，分为国有经济和非国有经济进行统计，一直延续至2020年。

（二）统计方法

统计调查方法由过去单纯的全面调查向全面调查、典型调查、重点调查相结合的统计方法转变，农场还实行了抽样调查和家计调查，根据产业、经济成分和作物结构的不同而采用不同的调查方法，按照改革总思路进行。

1. **公有经济** 公有经济的第一产业（农业）多数单位采用"以账代表"形式，由生产队从承包户收集资料汇总上报到场部（例如，由分场汇总后报场部）；第二产业（工业）统计的方法一般由车间（或班组）收集汇总，一级级上报到厂部；由工厂上报到农场。第三产业（批零贸易、餐饮业等）直接从财务部门获取资料上报。

2. **非公有经济** 非公有经济的第一、第二、第三产业多采用抽样调查的统计方法，特别是职工家庭副业生产、职工或非职工经营的工、商、餐饮、服务业等，多采用重点调查或典型调查的结果来推算总体的方法。

3. **自营经济** 自营经济既有公有经济，又有非公有经济，既包含国有民营，也包含民有民营，占整个社会总产值的比重逐年增加，统计方法采用全面调查和非全面调查相结合的方法，一般由农场收购加工的，按实际生产数量统计；水果按岗位估产全面统计；水稻产量按等距起点、半距抽样的方法进行随机抽样调查。商业零售、私人运输业采用询问式的家计调查方法，除此之外，还采用抽样调查方法进行统计。

（三）统计手段

20世纪80年代初，农场统计工作还是手工汇总。80年代末，计算机在统计工作中得以运用。1993 年起，农场计划统计部门配备了专用计算机，月报、季报、年度报表由纸质报表和计算机数据双重保存。2000 年月报、季报、年度报表实行计算机汇总，统计资料由纸质报表和计算机数据库并存，实现统计手段现代化。2001 年使用"超强报表"统计工作软件，该软件配套 Excel 一起使用，具有强大的数据库功能，能便捷地汇总、审核、查询、存储数据，为多维度交叉数据分析提供了技术支持，一直延续使用至 2016 年。2016 年底，在广东省农垦总局发展计划处和信息中心的"超强报表"的基础上，推行"久其"统计报表软件。

第五节　财务管理

一、管理体制

农场是湛江农垦局领导下独立核算的单位，对全场的财务活动实行全面的经济核算，建立统分结合的管理体制，即集中统一管理，分级核算，农场是在场长为法人代表的集体领导下，实行岗位承包，承担经济责任的原则，并给予相对独立的经营自主权，做到责、权、利密切结合，以调动各方面理财的积极性。

农场财务科在场长的领导下统一负责组织和领导全场的财务会计工作。统一管理全场的资金和合理安排使用资金，计划全场的财务成果，并对上级负责缴款、借款、接受拨款，保证完成上级下达的财务计划指标，汇集资料对上级编报，组织检查和监督全场的财务执行情况。

分场属农场的派出机构，不搞经济核算，配一名会（统）计，负责组织检查，监督本分场内各单位的财务执行情况，并协助队搞好经济核算，保证本分场完成农场下达的财务指标。生产队在农场统一领导下，管理生产队的财务、物资，核算指标内的财务开支。实行自主经营，独立核算、定额包干上缴，自负盈亏，并建立好家庭农场台账，搞好承包经济核算。

家庭农场是农场的一个经营层次，在农场、生产队统一指导下，实行自主经营、单独核算、定额上缴、自负盈亏。建立财务制度，加强管理，搞好盈亏核算。

农场办工业、交通运输、建筑和各种服务单位，在农场的统一领导下，建立财务制度，加强资金管理，实行自主经营、独立核算、计算盈亏、定额上缴。财务工作基础好，对外结算业务量大的工副业单位，为便于工作，经农场批准，可在银行开设账户，办理贷款，但贷款须经农场批准并担保。

二、管理制度

（一）管理制度的制定和执行情况

1954年以前，实行事业单位统一的财务管理制度，农场内一切开支由农场财务科预算拨款结算，统一经济往来，不搞核算。

1978年从前，财务管理总的原则是执行国家农林部颁发的《国营农场财务管理暂行办法》，1979年后执行国务批转财政部、国家农垦局《关于农垦企业实行财务包干的办法》。在各个时期农场的具体做法是：

1955—1965年，实行企业化管理，农场内部财务开始实行经济核算和盈亏计算；作业区（分场）、生产队开始核算直接发生的费用，实行简单核算，反映企业盈亏，但不搞全面经济核算。

1965—1968年，贯彻执行中央批准的《关于改革国营农场经营管理制度的规定（草案）》（即16条），农场内财务收支、成本的盈亏全部由农场负责核算。生产队对已核定的计划指标负经济责任，有权对指标的工资总额负责核算。生产队对已核定的计划指标负经济责任，有权对指标的工资总额，包干的生产费用，包干的福利基金以及超产（超收）统筹安排使用。

1969—1974年（兵团时期）实行定收定支，收支包干，保证上缴（或差额补贴），超收分成、少收挂账、超支不补、一年一定的制度。

1975—1978年，实行"定收定支，收支包干，结余留用，超支抵扣或挂欠"的财务制度。

1979—1982年，开始实行工人岗位责任制，农场对生产队实行定收，定支超收分成，分级核算。

1983年正式开始财务大包干，农场将任务、直接费用、销售费用、税金、利润等全面包到生产队，生产队对农场负经济责任。生产队对工人实行"三定"到户，综合承包，联产计酬，工人收入与产量挂钩。企业的生产流动资金由财政拨款补充改为银行贷款解决。

1984年，在联户计酬、财务大包干的基础上，试办职工家庭农场，逐级承包，即农场包到生产队，生产队包到户（个人）以生产队为核算单位。农场包给队采取"定收、定支、以收定支、超收全留、超支不补、包干上缴"的做法，并规定生产资料不准划给私人所有，指导性计划作物（除橡胶、茶、蔗、粮外）农副产品可自行处理。同时，湛江农垦局拨给农场的资金以无偿使用改为有偿使用。

1985—1992年，农场执行《国营农场财务会计制度》，该制度主要对财务计划管理、固定资产管理、流动资金管理、专用拨款管理、基本建设资金管理、成本管理、利润管理、加强党的领导和坚持民主理财等方面进行具体规定，继续实行财务大包干，农场对职工家庭农场实行资金有偿占用，三级管理（农场、分场、生产队），三级核算（农场、生产队、家庭农场）。各项生产，财务计划都层层分解落实到家庭农场，实行家庭经营，定额上交超额分成，联产计酬，定位收购、费用包干，自负盈亏。基建投资由拨款改为贷款。

1993—2006年，农场执行《农业企业会计制度》，其内容包括：农业企业会计工作的任务和准则，成本计算规程，财产清查方法，会计报表的种类、格式以及编制、报送的方法和程序，会计档案的保管办法和会计人员的职责权限等。

2007—2017年，农场执行《企业会计准则》，企业会计准则体系包括基本准则、具体准则和应用指南。基本准则为主导，对企业财务会计的一般要求和主要方面做出原则性的规定，为制定具体准则和会计制度提供依据。基本准则提纲包括总则、会计信息质量要求、财务会计报表要素、会计计量、财务会计报告等内容。

（二）制度与办法的完善

1984年后，农场兴办职工家庭农场，为建立、完善"大农场套小农场"双层经营体制，农场对生产队核算逐步过渡到对家庭农场（承包户）承包结算。

1986年，农场会计科目增设"应收家庭农场款""应付家庭农场款""待转家庭农场上缴款"等科目。农场逐步建立起便于家庭农场（承包户）进行经营活动的内部信贷制度和结算业务：由农场统收统支变为分户自负盈亏；由农场筹集和管理资金变为由家庭农场分别筹集和管理；由农场核算产品成本变为家庭农场的分户核算。

2010年，农场执行《农垦集团公司资金集中管理以及财务收支预算管理暂行办法》，将资金归集到农垦结算中心，统一管理，统一调配使用。通过农场编制的资金收支预算，严格控制成本费用开支，提高了资金使用效率，提升了整体管理水平和管理效果。

三、财务改革

（一）机构

农场的财务管理实行农场、分场、生产队三级管理、三级核算，下管一级。实行农场、分场、生产队三级管理，农场、生产队两级核算。1984年开始兴办职工家庭农场，随着"大农场套小农场"经营体制的建立和完善，农场实行农场、生产队两级核算，也有农场、生产队、职工家庭农场三级核算。农场（集团公司）的财务管理兼有垦区农垦事业费、农场事业费预决算，国有资产运营监督，实施资产、成本、利润管理等行政事业职能和企业管理职能。

（二）纪律政策

1. 行业法规制度 1981—1992 年，农场执行《国营农场财务会计制度》，该制度主要对财务计划管理、固定资产管理、流动资金管理、专用拨款管理、基本建设资金管理、成本管理、利润管理、加强党的领导和坚持民主理财等方面进行具体规定。

1993—2006 年，农场执行《农业企业会计制度》，其内容包括：农业企业会计工作的任务和准则（会计科目及其使用说明，会计凭证的种类、格式，填制、传递、审核整理的方法和程序，账簿的种类格式以及记账方法、记账程序和记账规则），成本计算规程，财产清查方法，会计报表的种类、格式以及编制、报送的方法和程序，会计档案的保管办法和会计人员的职责权限等。

2007—2017 年，农场执行《企业会计准则》，企业会计准则体系包括基本准则、具体准则和应用指南。基本准则为主导，对企业财务会计的一般要求和主要方面做出原则性的规定，为制定具体准则和会计制度提供依据。基本准则提纲包括总则，会计信息质量要求、财务会计报表要素、会计计量、财务会计报告等内容。

2. 制度完善 1984 年后，农场兴办职工家庭农场，为建立健全"大农场套小农场"双层经营体制，农场对生产队核算逐步过渡到对家庭农场（承包户）承包结算。

1986 年，农场会计科目增设"应收家庭农场款""应付家庭农场款""待转家庭农场上缴款"等科目。农场逐步建立起便于家庭农场（承包户）进行经营活动的内部信贷制度和结算业务：由农场统收统支变为分户自负盈亏；由农场筹集和管理资金变为由家庭农场分别筹集和管理；由农场核算产品成本变为家庭农场的分户核算。

2010 年，农场执行《农垦集团公司资金集中管理以及财务收支预算管理暂行办法》，将资金归集到农垦结算中心，统一管理，统一调配使用。通过农场编制的资金收支预算，严格控制成本费用开支，提高了资金使用效率，提升了整体管理水平和管理效果。

3. 企业资金筹措 为了盘活了闲置资金，增强了经济效益。从 2015 年 1 月起，农场资金全部归集到广东省农垦集团公司。

（三）工作检查

农场的财务工作检查主要是外部检查和内部检查。外部检查主要由湛江农垦局主导的各项检查，如财务督导检查、会计信息质量检查、小金库专项治理检查、扶贫资金项目专项检查、中央国有资本经营预算执行情况检查、年终工作检查等。内部检查主要是农场对下属单位的财政资金督导检查、全面预算执行检查等。

（四）会计电算化

1993 年，农场配置了新的计算机、打印机和用友 UFO 电子报表软件，实现了报表汇总电算化。1998，逐步推广使用《农垦会计核算软件》。1999 年，建立基于 WINDOWSNT 的会计电算化局域网和电子邮件系统。2001 年，农场成立了会计电算化中心，全面实行集中的会计核算管理模式，极大地提高了农场的财务核算水平和业务处理能力，并且缩短了农场与职工（农户）的结算周期，有效促进了农场的经济发展

2007 年，农场使用金蝶 K3 网络版财务核算软件，方便了上级部门对农场资金流向和财务状况的监管。2012 年起，将原有的金蝶 K3 软件升级为金蝶 EAS 财务核算软件，增加了核算和财务管理功能。

四、资金管理

资金管理坚持统一领导管理，统筹兼顾，计划使用，专款专用的原则。资金包括固定资金、流动资金和专用资金。

（一）固定资金管理

农场的胶园、茶园、生产性林木和同时具备单项项目在 500 元以上；使用年限在一年以上的设备、房产、建筑物、机械、车辆工具、仪器等，符合以上两个条件的划为固定资产。不同时具备这两个条件的为低值易耗品。但有些重要的生产设备，单项价值虽不到 500 元，使用年限在一年以上的，也列为固定资产。

固定资金来源主要是基本建设完成转入。基本建设资金来源主要是上级拨入、银行贷款、单位自筹和外单位拨入的基建投资。

农场财务科设固定资产会计员负责管理，基层单位有会计、统计员负责核算，建立固定资产卡片，定期进行核对，保证财物相符。

划给各单位的固定资产，根据"谁使用，谁管理"的原则，建立固定资产管理责任制，建立保管、使用、养护、维修、检查制度。

固定资产的投资，一律报计划，经农场批准后执行。固定资产的转让、调出、变价出售等，按审批权限逐级上报批准后执行。

固定资产除防风林木、牲畜不提折旧外，其余均按规定计提折旧和大修理费，所提的

折旧费和大修费等列入"专用基金"，折旧费用于固定资产的更新，大修理费专用于固定资产的修理，坚持"节约留用，超支不补"的原则。

固定资产的清理报废，经过单位领导审查和技术鉴定，报农场批准后，才能报废。

（二）**流动资产管理**

农场流动资金包括：各种库存材料、低值易耗品，材料、在产品、待摊费用、产畜和役畜、幼畜和育肥畜产成品、库存商品、现金和银行存款等。

流动资金的来源包括：①主要由国家农业财政拨给一定数量的流动资金，形成自有流动资金；②不足资金部分，一方面靠银行贷款，另一方面靠募集职工的闲散资金。从1984年起，国家不再给农场拨付流动资金，使用流动资金主要靠银行贷款。

对于流动资金的管理，建场初期实行供给制，财务实行实损实销。从1955年起，逐步实行农场、分场、生产队三级管理，年农场、生产队两级核算，生产和建设分别安排，以费用定额计算出全年总消耗量作为资金供应限额，按月按阶段拨款。结算方式是使用内部结算券和农场内转账的办法。1985年后，逐步转向"三自"经营，实行限额借款，流动资金有偿占用。农业单位由农场按生产成本总额的一定比例核定，限额内的借款资金按银行规定的贷款利息计收。工商建运业由农场按销售收入总额和次数核定，限额内占用资金按银行贷款利率按月计收利息，超限额占用资金加收利润。超限额贷款由农场统贷统还，但要办理农场内贷款合同。家庭农场生产经营所需的流动资金以自筹为主，农场预借生产资料费（主要是种子、肥料）和限额生活费，资金有偿使用，预借款按生产周期从产品款中扣回。

对各种材料、低值易耗品等，根据本单位的生产需要，有计划地领用和采购，坚持"急用先购，缓用后购，超储不购"的原则，防止不足和被压，以加速资金周转，提高资金使用率。各种在产品主要是承包给职工或家庭农场经营的各种作物，按农场生产技术措施进行托管。各种产品严格遵守农场有关规定处理权限，对指令性产品（胶、茶、粮、蔗）不得任意处理，违者按有关规定处罚，库存备用金，由财务科根据生产计划的需要每年核算一次，按照经营责任的要求，建立健全采购、验收、领发、保管使用制度，按会计核算要求，设置账卡，进行登记。

（三）**专用基金管理**

专用基金包括：更新改造资金、大修理资金、利润包干结余资金、职工福利基金、奖励基金和储备基金。

（1）更新改造资金。这部分资金由单位自筹形成的固定资产所计提的折旧基金固定资产变价收入等组成，每年增加额按规定计提15％作为上缴国家电源交通重点建设基金，节余部分由农场按计划安排使用。

（2）大修理基金。这部分资金按规定提取，专用于固定资产大修理基金，由各使用单位提取使用。大修理基金坚持先提后用，超支不补，节约留用的原则。

（3）利润包干结余资金。在实行财务包干管理办法的前提下，当年实现的利润包干结余，首先上交7％用于拨付县、区、乡（镇）的地方利润分成款，然后将结余部分划分为四项专用基金。其中，发展生产基金占50％，在生产发展基金中再提取20％作为自补生产流动资金；职工福利基金占15％；奖励基金占15％；储备基金占20％。包干利润留成基金要坚持先存后用的原则。

（4）职工福利资金。这部分资金由农场财务科按职工工资总额11％提取，使用比例是：①职工医疗费占7％，该项经费由农场核定给农场医院进行包干使用；②幼托费占2％；其他福利费占2％（包括困难补助），这两项经费由农场财务科统一管理。

（5）工会经费。由农场财务科按职工工资总额的2％提取转拨给工会管理和安排使用。

（6）储备基金。建立灾害储备基金，要求单位和家庭农场在丰收之年，从超收部分提取一定比例的资金作为储备基金。逐年增加储备，储备量达到抗御中等以上自然灾害所需资金。该项基金平时可参加周转，但年终必须补齐，以备灾年的需要。

（四）成本核算

建场初期，财务实行实报实销，没有成本核算。转向企业化管理后，逐步建立成本核算制度，实行农场、生产队（班、组）核算，农场计算生产成本，生产队计算生产直接成本，班、组实行定额核算，生产班组定额计算，是以固定价格和作业项目完成数计算节约和超支情况。

表8-9　1955—1991年湖光农场投资及回收情况

单位：元

| 年份 | 本年投资额 | | | | 年底累计投资额 | 本年回收 |
	合计	上级投入基建投资	无偿调入固定资产	无偿调出固定资产		
1955					2721600	
1956	1180726	1180726			3902326	（一）41840
1957	469980	469980			4372306	（一）106906
1958	466240	466240			4838546	395186
1959	1146034	1146034			5984580	514442
1960	357717	357717			6342297	584216
1961	524861	524861			6867158	383046
1962	899300	899300			7766458	（一）74342

（续）

年份	本年投资额				年底累计投资额	本年回收
	合计	上级投入基建投资	无偿调入固定资产	无偿调出固定资产		
1963	1240300	1240800			9007258	291800
1964	1417221	1417221			10424479	8322
1965	1472318	1472318			11896797	1105018
1966	1576000	1576000			13472797	647366
1967	838800	838800			14311597	169796
1968	932347	932347			15243944	（一）501784
1969	852900	852900			16096844	（一）230496
1970	1663700	1663700			17760544	（一）137395
1971	2354916	2354916			20115460	（一）301497
1972	1486095	1486095			21601555	（一）197958
1973	1231680	1231680			22833235	（一）73056
1974	2188064	2188064			25021299	（一）13894
1975	1645691	1645691			26666990	689811
1976	1395845	1395845			28062835	251755
1977	845288	845288			28908123	355336
1978	2004300	2004300			30912423	459878
1979	2918400	2918400			33830823	1125102
1980	1892200	1892200			35723023	（一）235203
1981	1774000	1774000			37497023	2220
1982	1552300	1552300			39049323	3182
1983	2257700	2257700			41307023	384
1984	1266000	1266000			42573023	2950
1985	3336000	3336000			45909023	2172
1986	1026000	1026000			46935023	2667
1987	1000000	1000000			47935023	3647
1988	2749000	2749000			50684023	3444
1989	971000	971000			51655023	3854
1990	1604000	1604000			53259023	4173
1991	1827000	1827000			55086023	5005

表 8-10　1992—2020 年湖光农场投资及回收情况

单位：万元

年份	本年投资额				年底累计投资额	本年回收
	合计	上缴投入基建投资	无偿调入固定资产	无偿调出固定资产		
1992	7.58	7.58			5516.18	0.40
1993	357.90	357.90			5874.08	0.42
1994	410.40	410.40			6284.48	0.31

（续）

年份	本年投资额				年底 累计投资额	本年回收
	合计	上缴投入基建投资	无偿调入固定资产	无偿调出固定资产		
1995	1497.20	1497.20			7781.68	0.42
1996	0.00	0.00			7781.68	0.04
1997	517.40	517.40			8299.08	0.22
1998	225.90	225.90			8524.98	0.25
1999	233.80	233.80			8758.78	−0.70
2000	4471.40	4471.40			13230.18	−0.38
2001	2057.20	2057.20			15287.38	−0.05
2002	408.30	408.30			15695.68	0.06
2003	419.10	419.10			16114.78	−0.19
2004	9958.10	9958.10			26072.88	0.08
2005	0.00	0.00			26072.88	0.18
2006	0.00	0.00			26072.88	0.25
2007	268.60	268.60			26341.48	0.27
2008	390.30	390.30			26731.78	0.70
2009	341.00	341.00			27072.78	0.50
2010	93.60	93.60			27166.38	0.41
2011	486.30	486.30			27652.68	0.41
2012	309.40	309.40			27962.08	0.54
2013	1949.00	1949.00			29911.08	1.17
2014	2444.10	2444.10			32355.18	1.54
2015	1329.00	1329.00			33684.18	1.74
2016	2152.10	2152.10			35836.28	1.84
2017	990.50	990.50			36826.78	1.58
2018	1385.30	1385.30			38212.08	1.32
2019	1053.30	1053.30			39265.38	1.54
2020	2049.50	2049.50			41314.88	0.96

表 8-11　1952—1991 年湖光农场固定资产投资增减情况

单位：万元

年份	本年增加额	本年减少额	累计余额	备注
1952—1955			215.17	
1956	60.9	9.54	266.53	
1957	27.99	99.72	194.8	
1958	64.95	7.87	251.88	
1959	53.01		304.89	
1960	55.65	2.04	358.5	
1961	80.4		438.9	
1962	134.3	147.12	426.08	

（续）

年份	本年增加额	本年减少额	累计余额	备注
1963	74.42	21.35	479.15	
1964	97		576.15	
1965	106.66		682.81	
1966	87.84	193.95	576.7	
1967	56.58	2.12	737.27	
1968	55.2	0.32	792.15	
1969	84.11	37.42	838.84	
1970	115.2	2.17	951.87	
1971	168.2	1.38	1118.69	
1972	133.05	4.32	1247.42	
1973	113.33	0.66	1360.09	
1974	191.05	7.4	1543.74	
1975	137.69	3.04	1678.39	
1976	159.15		1837.54	
1977	125.92		1963.46	
1978	139.67	1.76	2101.37	
1979	219.02	147.74	2172.65	
1980	286	361.51	2097.34	
1981	171.09	4.87	2263.56	
1982	155.6	26.66	2392.5	
1983	213.93	22.18	2584.25	
1984	120.42	4.89	2699.78	
1985	237.13		2936.91	
1986	36.74		2973.65	
1987	271.91	68.83	3176.73	
1988	466.4	387.6	3255.53	
1989	192.5	5.1	3442.93	
1990	177.9	186.8	3434.03	
1991	132.7		3566.73	

表 8-12　1992—2020 年湖光农场固定资产投资增减情况

单位：万元

年份	本年增加额	本年减少额	累计余额	备注
1992	73.27	100.9	3539.1	
1993	357.9	0	3897	
1994	410.4	0	4307.4	
1995	1497.2	0	5804.6	
1996	0	183.7	5620.9	
1997	517.4	954.3	5184	
1998	225.9	173.2	5236.7	
1999	233.8	174	5296.5	
2000	4471.4	31.6	9736.3	

（续）

年份	本年增加额	本年减少额	累计余额	备注
2001	2057.2	23.4	11770.1	
2002	408.3	174.8	12003.6	
2003	419.1	463.3	11959.4	
2004	9958.1	0	21917.5	
2005	0	41.9	21875.6	
2006	0	2162	19713.6	
2007	268.6	0	19982.2	
2008	390.3	0	20372.5	
2009	341	79	20634.5	
2010	93.6	401	20327.1	
2011	486.3	83.1	20730.3	
2012	309.4	130	20909.7	
2013	1949	10009.4	12849.3	
2014	2444.1	0	15293.4	
2015	1329	0	16622.4	
2016	2152.1	0	18774.5	
2017	990.5	0	19765	
2018	1385.3	1480.2	19670.1	
2019	1053.3	0	20723.4	
2020	2049.5	0	22772.9	

表 8-13　1983—1991 年湖光农场银行贷款情况

单位：万元

项目	1983 年	1984 年	1985 年	1986 年	1987 年	1988 年	1989 年	1990 年	1991 年
年末贷款余额	50	530	1250	1086.7	973.3	628	1692.5	993	1778

表 8-14　1974 年和 1991 年湖光农场流动资金占用情况

年份	定额流动资金	储备资金		生产资金		产品资金	
		金额（万）	占比（%）	金额（万元）	占比（%）	金额（万元）	占比（‰）
1974	238.94	94.95	39.7	124.94	52.3	19.05	8.00
1991	1651.8	626.8	37.9	511.4	31.0	513.6	31.1

表 8-15　1960—1988 年国家拨给湖光农场的流动资金

单位：万元

期间	期初流动资金	本期增加	本期减少	期末流动资金
1960—1968 年	105.4	115.19		220.59
1969—1974 年	220.59	3.21		223.8
1975—1988 年	223.8	86		309.8

表 8-16　1980—1991 年湖光农场专用基金结存情况

单位：万元

| 年份 | 合计 | | | 其中 | | | | | |
| | | | | 更改基金 | | | 包干基金 | | |
	增加	支出	结存	增加	支出	结存	增加	支出	结存
1980	141.08	151.15	106.91	68.47	111.411	37.81	31.36	3.58	47.07
1981	189.7	152.7	143.9	56.4	30.1	64.1	95.4	70.9	71.6
1982	320.9	205.9	258.9	148	131.9	80.2	126.5	32.3	165.8
1983	479.8	380.3	358.4	136.9	86.3	130.8	154.7	247.1	73.4
1984	279.8	417.9	220.3	178.3	161.8	147.3	27.8	88.5	12.7
1985	125.6	491.7	−145.8	135	383.1	−100.8	−57.8	65.2	−110.3
1986	215.9	177.2	−107.1	154.5	105.1	−51.4	31.6	30.9	−109.6
1987	551	358.7	85.2	367.8	250.6	65.8	8.5	1.1	−102.2
1988	384.5	194.1	275.6	186.1	114.5	137.4	23.4	5.3	−84.1
1989		321.9	565.7	583.1	97.2	623.3		21.3	−105.4
1990	555.3	769.8	351.2	313	477.8	458.8	99.7	104	−109.7
1991	567.3	490.9	427.6	414	268.6	603.9	0.8	145.5	−245.4

表 8-17　1980—1991 年湖光农场管理费支出情况

单位：万元

项目	1980 年	1981 年	1982 年	1983 年	1984 年	1985 年	1986 年	1987 年	1988 年	1989 年	1990 年	1991 年
工资和福利费	16.38	15.3	18.3	18.5	10.2	19.2	30	35	57.6	115.3	147.8	127.7
职工教育经费			2.4	6	8	1.2	20.5	9.4	9.4	2.9	7.4	3.3
固定资产折旧	19.45	18.3	17.9	18.4		2.6	2.4	17.2	2.6	2.2	14.1	36.2
固定资产处理	2.53	1.7	1.4	2.2	15.5	14.3	13.8	1.9	31.8	3.1	56.3	5.4
道路维修	0.95	1.1	1.2	1.6		16	7.6	5.1	0.3			29.7
利息支出	1.37	2.7	2.5	2	5	2.5	117.5	28.7		18.2	47.5	0.9
差旅费	1.35	1.4	1.9	2.2	3.1	3.6	2.8	3.1	5.1	5	3.9	4.9
农场内交通费		1.4	1	4.3	6.7	13.6	4.2	7.4	20	15.7	14.6	21.5
低值易耗品		0.3	0.2									
仓库管理费						1.1	1.6					
公务费	5.83	5.1	6.1	6.5	13.6	17.9	18.5	12.7	13.6	14.8	4.7	23
其中：会议费	1.01	1.3	1.7	1.8	1.9	5.1	4.1					
邮电报刊	0.24	0.4	1	1.1	2	2.2	2.2					
办公费	3.66	2.4	2.4	2.6	8.2	8.6	1.5					
照明费	0.92	1	1	1	1.5	2	10.7					
工会经费									10.4			
农场内公安经费		1.3	2	2.8	1.1	1	1.6	2.5	8.8			
其他费用		0.9	0.7	5.7	14.8	17	36.8	36.2			69	88.1
保险费												
中小学经费补差费												

表 8-18　1992—2020 年湖光农场管理费支出情况

单位：万元

项目	1992 年	1993 年	1994 年	1995 年	1996 年	1997 年	1998 年	1999 年	2000 年	2001 年
工资和福利费	154.8	385	108.7	337.1	319	367.1	346	264.3	334.5	299.5
职工教育经费	4	2.1	0	2.7	5.2	3.1	1.6	2.4	7.1	3.8
固定资产折旧	45.6	67.9	2.3	114.8	88.7	74.9	81.4	90.8	82.6	90
固定资产修理	67.6	52.1	11.6	38.7	96.7	21	58.7	11.6	35.9	24.9
道路维修	1.1									
利息支出	59.6									
场内交通费	40.1		21.5							
低值易耗品										
仓库管理费										
公务费	16.5	28.5	64.8	97.5	83.5	56.4	29.1	41.4	39.4	56.9
其中：会议费										
邮电报刊										
办公费		18.2		36.7	28.8	27.6	21.1	31	34.8	25.1
照明费										
工会经费	18.2	26.3								
场内公关经费										
其他费用	80.8	264.1	111.9	264.3	289	264.4	281.2	274.7	233.7	240
保险费		231.5	152.3	839.8	801.2	827.3	830.4	939.3	1002.9	1047.9
中小学经费补差价										
差旅费	8.3	8.8	2.2	21.4	8.2	12.4	7.9	8.2	6.5	6.8
开办费摊销					10.9	4.9	7.3	7.3	1.9	1.4
税金								0.4	0.2	0.4
技术开发费				14.4	2.9			1.6		
住房公积金										
咨询费										2.4
诉讼费										8.3

（续）

项目	2002年	2003年	2004年	2005年	2006年	2007年	2008年	2009年	2010年	2011年
工资和福利费	332.1	268.4	352.5	239.5	283.5	146.1	89.2	142.5	291.4	346.9
职工教育经费	6.5	6.5	10.9	4.3	7.8	4.6	2.9	14.5	7.6	15.8
固定资产折旧	144.6	99.5	44.3	30.1	63.7	108.8	117.2	119.6	108.2	87.1
固定资产修理	33.8	37.8	15.7	19.8	18.9	27.5	30.5	95.8	92.3	49
道路维修						4.5	12	1.8		3.8
利息支出										
场内交通费										
低值易耗品										
仓库管理费										
公务费	58.1	53.6	63.4	34	36.6	53	46.7	40.3	204.8	267
其中：会议费										
邮电报刊										
办公费	32.7	47.9	35.7	40	108.9	22	11.5	1.4	56.1	85.3
照明费										
工会经费	18.5	18.3	22.3	16.6	19.3	33.9	35.3	36.4	58.1	73.9
场内公关经费										7.6
其他费用	299.5	206.8	188.6	116	440	179.9	185.4	186.8	117.3	94.1
保险费	1156.5	1189.7	1051.4	572.8	758.5	651.2	534.3	447.6	427.3	268.5
中小学经费补差价										
差旅费	22.6	33.2	45.9	27.3	3.7	13.3	2.8	0.6	5.2	11.7
开办费维销	2.6	0.4								
税金	1.5					9.9	1.2		21.6	11.6
技术开发费					13.1	16.6	18.7	18.9	19	13.1
住房公积金				7.9					14.2	59.9
咨询费	0.8			0.2						
诉讼费	9.1	9.1		1.9						

（续）

项目	2012年	2013年	2014年	2015年	2016年	2017年	2018年	2019年	2020年
工资和福利费	899.3	1296.5	1469.2	1515.2	1291.4	1401.4	981	843.9	804.7
职工教育经费	29.2	9.8	28.6	12.3	16.5	41.9	-1.5	0.2	0
固定资产折旧	134.8	135.7	247	333.6	255.3	267.5	274.2	281.7	256
固定资产修理	157.8	158.6	146.6	61.8	141.9	22.6	56.2	54.6	43.3
道路维修	20.7	106.3	28.5	18.9	15.4	19.1	20.7	10.9	6.4
利息支出									
场内交通费									
低值易耗品									
仓库管理费									
公务费	193.6	168.3	82.4	14.9	16.9	14.5	17.1	16.1	9.9
其中：会议费									
邮电报刊									
办公费	153.9	137.2	69.3	43.5	34.3	28	29.8	27.7	29.7
照明费									
工会经费	96.3	99.4	49.7						31.7
场内公关经费									
其他费用	167.2	171	94.6	110	172.9	235.3	116.5	147	155.8
保险费	629	242.2	1025.6	1045.7	898.9	864.7	2251.5	2386.7	1480.4
中小学经费补差价									
差旅费	16.9	20.5	20.4	11.7	7.8	7.9	7.9	10.1	4.4
开办费摊销									
税金	20.4	40.8	27.8	26.6	26.8	26.4			
技术开发费		3.1							
住房公积金	77.6	94.8	102.9	105.8	107	122.9	133.1	144.2	146.2
咨询费									
诉讼费									

表 8-19　1991—2020 年湖光农场银行贷款情况

单位：万元

项目	1991 年	1992 年	1993 年	1994 年	1995 年	1996 年	1997 年	1998 年	1999 年	2000 年
年末贷款余额	1778	1350	193.6	166.2	183.6	177.6	198.6	205.8	259.8	259.8
项目	2001 年	2002 年	2003 年	2004 年	2005 年	2006 年	2007 年	2008 年	2009 年	2010 年
年末贷款余额	259.8	3148	3079.5	3050.5	3050.5	3050.5	3050.5	3050.5	3050.5	2990.5
项目	2011 年	2012 年	2013 年	2014 年	2015 年	2016 年	2017 年	2018 年	2019 年	2020 年
年末贷款余额	2975.5	2970.5	2970.5	2970.5	0	0	0	0	0	0

表 8-20　1992—2020 年湖光农场货币资金变动情况

单位：万元

年份	期初余额	期末余额	本年增减额	备注
1992	313.1	258.3	54.8	
1993	258.3	309.9	−51.6	
1994	309.9	490.6	−180.7	
1995	490.6	338.7	151.9	
1996	338.7	251.6	87.1	
1997	251.6	158.3	93.3	
1998	158.3	155.4	2.9	
1999	155.4	157.2	−1.8	
2000	157.2	319.4	−162.2	
2001	319.4	311.7	7.7	
2002	311.7	272.1	39.6	
2003	272.1	401.1	−129	
2004	401.1	331.9	69.2	
2005	331.9	289.1	42.8	
2006	289.1	366	−76.9	
2007	366	433.3	−67.3	
2008	433.3	280.6	152.7	
2009	280.6	1615.4	−1334.8	
2010	1615.4	1701.4	−86	
2011	1701.4	1903.3	−201.9	
2012	1903.3	2837.3	−934	
2013	2837.3	2604.5	232.8	
2014	2604.5	2716.3	−111.8	
2015	2716.3	1553.1	1163.2	

（续）

年份	期初余额	期末余额	本年增减额	备注
2016	1553.1	1804.6	−251.5	
2017	1804.6	2577.4	−772.8	
2018	2577.4	1338.9	1238.5	
2019	1338.9	1910.7	−571.8	
2020	1910.7	1404.5	506.2	

五、审计工作

（一）内审机构及工作要求

1. 机构　1987年，农场设立审计科，依据《国务院关于审计工作暂行规定》《关于内部审计工作若干规定》等文件精神，执行湛江农垦局审计处印发的《内部审计工作实施细则》，明确了内审机构的主要任务、机构的主要职责权限、内审工作的内容、基本程序及主要方法。

2017年末，农场内审机构1个，配备内审人员2人。

2. 建设工程预结算部门设置　根据广东省《工程造价咨询单位资质管理办法（实行）细则的通知》的精神，加强基建工程造价审核工作，2010年农场被农垦授权具备资质的单位进行基建工程预结算。

3. 工作权限　农场内部审计机构在审计管辖范围内，内部审计机构履行职责的权限是：①要求被审计单位按时报送生产、经营、财务收支计划、预算执行情况、决算、会计报表和其他有关文件、资料；②参加本单位有关会议，召开与审计事项有关的会议；③参与研究制定有关的规章制度，提出内部审计规章制度，由单位审定公布后施行；④检查有关生产、经营和财务活动的资料、文件和现场勘察实物；⑤对与审计事项有关的问题向有关单位和个人进行调查，并取得证明材料；⑥对正在进行的严重违法违规、严重损失浪费行为，做出临时制止决定；⑦对可能转移、隐匿、篡改、毁弃会计凭证、会计账簿、会计报表以及与经济活动有关的资料，经本单位主要负责人或者权力机构批准，有权予以暂时封存；⑧提出纠正、处理违法违规行为的意见以及改进经济管理、提高经济效益的建议及后续跟踪审计；⑨对违法违规和造成损失浪费的单位和个人，给予通报批评或者提出追究责任的建议；⑩有权向上级内部审计机构反映本单位的情况和问题；⑪上级内部审计机构对下级内部审计机构管辖范围的重大审计事项，可以直接进行审计。

4. 工作程序　内部审计工作的主要程序：①根据上级部署和本单位的具体情况拟订年

度内部审计工作计划和审计项目计划，经本部门、本单位主要负责人或权力机构批准后实施。②实施审计前，根据审计项目计划组建审计小组，并向被审计单位送达审计通知书以及将审计事项、审计范围、审计时间、审计组成员名单和联系电话、审计部门的监督电话，向被审计单位公示，增加审计透明度，实现审计与被审计单位的双向监督特殊审计业务可在实施审计时送达。被审计单位须配合审计小组的工作，并提供必要的工作条件。③派出审计小组实施审计。在审计小组开始审计工作前编制好有助于实现审计目标的审计工作方案。审计小组遵守内部审计准则规定，按照单位主要负责人或者权力机构的要求实施审计。④审计小组在归纳，整理和综合分析审计工作底稿的基础上，形成审计结论与建议，出具审计报告（征求意见稿）。⑤审计报告（征求意见稿）书面征求被审计单位或被审计人的意见，被审计单位在收到审计报告征求意见之日起 10 日内提出书面反馈意见。⑥审计报告在充分征求被审计单位意见的基础上经必要的修改后，连同被审计单位的反馈意见及时送内部审计机构负责人，未设内部审计机构的，直接报单位主要负责人复核、审定。⑦内部审计机构应将审计报告提交被审计单位和组织的适当管理层，根据审计项目及单位主要负责人的批准，适度将审计报告（结果）向被审计单位进行公示，并要求被审计单位在规定期限内落实纠正措施。⑧内部审计机构须适时安排后续审计工作，并把它作为年度审计计划的一部分。⑨内部审计机构须建立内部审计档案，按照有关规定进行妥善保管。

（二）历年主要工作

内审机构依法对各单位开展审计工作，各年度根据审计目标调整侧重点内审工作初期围绕增产节约、增收节支的中心工作开展审计调查，发现问题，完善部门、单位内部的经济责任制度和内部控制制度。审计从三个方面着手：①严防五个失控，即资金失控、产品失控、成本失控、基建失控和社会集团购买力失控。②堵塞损失浪费漏洞，包括资金、物资、产品、设备等的损失浪费。对减盈增亏的原因进行审计，制定扭亏增盈措施。③对债权债务严加审查，查处弄虚作假，钻改革空子，为团体和个人谋利问题，维护国家利益，制止和纠正乱摊派，乱集资和其他侵犯企业合法经济权益问题，支持和促进企业改革，揭露和纠正官僚主义所造成的国家财产严重损失浪费问题，促进经济效益的提高。

2008 年后，审计工作以"适应经济发展新常态，创新审计理念"和"审计全覆盖并常态化"为指导思想，以促进改革和发展为中心，把关于"三重一大"决策制度、规范经营、国有资产监管、项目资金管理等工作要求融入各项审计任务中对资产负债的真实性、合法性、风险管控、内部管理和工程项目等重点工作进行审计，查处各类弄虚作假、违法违纪行为。审计从五个方面着手：①执行宏观政策情况；②"三重一大"等决策制度的执行和贯彻，重大决策的合规、合法和科学性；③内部管理的科学化及提质增效情况；④财务收支的真实、合法和效益性；⑤反腐倡廉建设，遵纪、守法、守规情况。

1. 资产经营经济责任审计　2011 年，农场原经营者（法定代表人）接受上级的离任进行专项的审计。

2013—2014 年，上级按照新的要求对农场原经营者（法定代表人）的离任进行专项的审计。通过座谈志会并发放无记名情况调查表等形式进行审计，形成了离任审计报告，审计意见和建议给予经营者任职期间客观、公正的综合评价。

2015 年，上级对农场原法定代表人的离任进行了离任审计并出具了审计报告。

2. 经济效益审计　1993 年，农垦对湖光鞋厂进行经济效益审计。湖光鞋厂 1987 年开始投产，到 1990 年连续亏损，1990 年亏损 90 多万元，1991 年进行审计后，该厂采纳审计建议，健全完善定额、劳动力、产品材料出入库等管理制度，1992 年工厂盈利 74.2 万元。

3. 专项审计　2008 年 5 月，根据农场和农垦畜牧公司的要求，审计处对农场和农垦畜牧公司出资组建的湛江市湖光肉牛出口场 2003 年至 2008 年 4 月的资产及经营情况进行了审计，通过清算、为终止合作合同工作提供了依据。

4. 其他审计事项　2012 年，广东中正会计师事务所和湛江市律德会计师事务所对农场的内部控制情况进行审计调查，对农场存在的问题或不足提出审计意见及建议。

第六节　技术管理

技术管理分农业生产技术管理和工业生产技术管理，由农场生科、工业科负责。

（一）农业生产技术管理

主要是技术措施的制定与执行。当上级颁发的技术规程下达后，即组织科技人员和有关部门人员学习讨论，然后结合农场具体情况，制定本单位的实施细则，（一般是一年一订），并布置有关人员进行示范，认为切实可行后，提交职工代表大会通过，然后颁布给基层（分场、生产队、班组、工人）贯彻执行。

凡属上级没有技术措施规定，又需要进行的生产作业，由农场自行编制技术措施，并在实施前先进行小面积实验，通过可行性鉴定后再总结经验、全面铺开。

重大的技术改革，通过严格试验、示范、掌握数据，并报上级主管部门审批才逐步推广。

各级生产领导必须坚决贯彻执行上级制发的技术措施、不得任意修改或降低质量标准。如没有坚决贯彻执行或执行不当，造成损失浪费时，要追究负责人的责任，并进行经济处罚。

各项技术措施执行之前，要向工人进行技术传授和现场操作示范。对某些技术较强的作业（如割胶等），采取短期培训考核合格后才准开展工作。

当某项技术措施执行后，要及时组织检查验收，农场每季或阶段组织一次全场性生产大检查，分场每月或每季组织一次全分场的生产检查。同时进行评比，交流经验，写出专项总结，上报上级有关部门。

为贯彻执行好技术措施，对"三员"（技术员、植保员、辅导员）除加强经常性管理教育外，定期轮训，组织学习，提高其技术水平和工作素质。

（二）工业技术管理

主要由工业科制定技术标准，即对工业产品和设备的质量、规格、性能、检查方法和有关产品的包装、储存、运输等技术提出要求，经农场职工代表大会讨论通过，然后颁布执行。

工厂按工业科规定的技术标准组织生产，按工艺要求办事。健全各产品的工艺规程、工艺卡，工序片及操作规程，用好管好设备，同时组织工人学习技术，提高技术操作水平。

工业科围绕着提高产量、质量、安全与经济效益这个中心，抓好技术革新，组织群众开展技术革新活动，1981年开始在各厂加强计量工作和全面质量管理工作，成立QC小组，即质量管理小组，至1991年底，全场共有QC小组22个。工业科配备专职人员负责计量工作，从原料、辅助材料、半成品等，全面进行质量检查，严格把关。

工厂配备人员负责计量工作，设置各种计量器具、检测工具，包括通用量具，专用量具、仪器、仪表，建立三级计量制工作，即产品和原材料，燃料等出厂要有计量，在生产产品入库、领用、原材料、能耗等方面有计量，在制品半成品、成品的质量上有测试、检测手段。严格执行"自检、互检、专人检验"三结合的质检制度，做到产品质量有标准，检验有数据，出厂有合格证，有检验员的签章。

设备进行日常检查和定期检查，维修保养配专职或兼职人员管理设备卡片、修理登记档案。

第七节　劳动工资管理

农场职工一直是按全民所有制职工的身份管理。1984年起进行全民所有制劳动合同制用工试点，至1991年止，共招收劳动合同制工人1388人。1986年以来，雇用农场外临时工327人。工资制度基本上是实行等级工资制。1982年随着农场对生产队实行"三定承包，联产计酬"的经济责任制，农场工人实行"三定承包到劳"，开始打破农场工人的等级工资制。1985 年开始兴办职工家庭农场，农场工人不再按月领取固定的等级工资。

一、劳动工资制度

（一）用工管理体制

1979—1985 年，企业在指标内按条件吸收工人，具体招工由农垦局审定；企业"自然增长"（农场职工子女达到劳动就业年龄）的劳动力采用包干安置就业办法。

1985 年后，劳动力管理制度逐步改革，扩大企业用工自主权。

2009 年，农场执行《关于农场劳动用工岗位定编有关问题的通知》的规定，按照岗位定员定编计划内劳动用工，实行以岗定人的原则，超编的岗位不能新增人员。

2014 年，农场执行《关于招用合同制职工有关事宜的通知》，从 2015 年 1 月起新招用人员需报农场劳动部门，并填写"招用合同制职工申报名册表"，经审核批准后由用人单位签订劳动合同。此办法一直沿用至 2020 年。

（二）用工制度

1983 年，农场开始在新招工人中试行劳动合同制，次年全面推行。1984 年，全面兴办职工家庭农场，职工家庭农场可以自主吸收其家庭成员做工或雇请帮工。1995 年，全面实行全员（含固定工）劳动合同制，所有招收的新职工全部为合同制职工。

2008 年，执行《中华人民共和国劳动合同法》，健全和完善劳动用工管理规定，并提交职工代表大会通过实施。新招人员应符合以下条件：男 45 周岁以下、女 35 周岁以下；身体健康，经农场医院体检合格，能够从事正常的生产经营活动；安心在满江农场工作。

2011 年，印发《关于加强农场劳动合同管理的意见》，部署劳动用工和劳动合同清理工作，重新修订、印制《广东省农场劳动合同》，按新劳动合同文本签订劳动合同。

2015 年以后，农场按照《关于调整农场集团公司所属企业本部管理人员编制的批复》，在企业管理人员编制数不变的前提下，调整社区管理人员编制数，调整后农场机关管理人员编制总数为 45 人，其中，社区管理人员 18 人。

二、工资

（一）工资制度变化

农场初创时，沿用工业的职工固定等级工资制。1952 年，正式工人最初每月工资 14～16 元，后分为 18、20、22、25 元 4 个等级；干部实行供给制，每人每月发伙食费，一般干部每月伙食费 12 元，股（营）以上干部 18 元，并供给衣服、蚊帐、棉被等物。

1953 年，首次实行工资改革。正式工人工资实行计时工资制，不分等级，一律每月 106 分，分值不固定，依当月物价指数浮动，实行改革后，平均每分约为 0.432 元；干部由供给制改为薪金制，工资类型分为行政和农、工技术级，其中行政级分为 30 个等级，农、工技术级分为 8 个等级。

1956 年下半年，又进行了全面工资调整。

1958 年，按照华南垦殖局指示，农、林、牧、副、渔工人执行 12 级工资制（低工资标准），最低级月薪为 18 元，最高月薪为 41.6 元。从此以后，干部工资按已有等级工资调升。

1963 年又规定，对 1958 年以前参加的正式工人平均工资控制水平为 33.64 元（一级为 29 元）；对 1958 年以后参加的农民、并村农民的工资设下延二级，一级工资为 24 元/月，二级为 26.5 元/月。

1965 年，贯彻"16 条"和"61 条"，曾一律以 29 元为基数月薪日计（按完成作业计工分），使工资在 29 元/月以下的工人可以通过积极劳动来增加收入，老工人则实行困难补贴，以维持收入水平。

1966 年后，又恢复原来的等级工资制。

1971 年调整工资后，将农、牧工人工资标准，改为 7 级工资制，每级 29 元，7 级为 63.8 元，取消了下延二级。

1981 年，农场曾实行基本工资加奖励，根据年终决算发奖金。

1985 年起，实行职工家庭农场承包，对承包家庭农场的职工，不再按月发等级工资。工人原级别工资实行全额浮动，统一工资标准将工资和福利费等计入生产成本，平时预借生活费，年终按实际劳动成果决算，超产全留，多超多得，欠产自负。工副业工人同样按完成产品数、质量计算计件工资。但保留原工资级别作为退休后核算发退休金的依据。

（二）工资调整

建场来，按国家规定。进行了 10 次工资调整。其中全面调整的有 1953 年、1965 年、1983 年、1986 年、1990 年、1991 年；调资率在 40％～50％的有 1963 年、1973 年、1977 年、1981 年。据统计，1986 年全场有 5926 人调整工资，月增资总额 11.6 万元，并为事业单位（学校、医院、派出所）244 人调整工资，月增资总额 2162.5 元。1990 年 8 月，全场有 4972 人调整工资（其中干部 576 人，工人 4394 人），月增资总额 5.35 万元，同时为事业单位（学校、医院、派出所）33 人调整了工资（其中干部 551 人，工人 3722 人），月增资总额 4.91 万元。

（三）农场机关及家庭农场工资

从 1986 年起，农场就在农场推行"两费（即生产费、生活费）自理"家庭农场经营方式，作物年终收获产品后结算，缴清应缴的地租和农场垫支部分费用后，全部收益归职工所有。

自 1988 年开始，农场职工的劳动报酬形式主要分为两大类：一类是实行计时工资加奖罚，主要是管理人员、后勤人员和其他不适宜"包干分配"的人员，其中农场机关及卫生部门等实行企业工资制，按照工资的不同职能，将工资分为基础工资、职务工资、工龄津贴和奖励工资四个部分发放；另一类是实行经济承包、联产计酬、包干分配，主要是家庭农场职工，其中第二、第三产业企业按国家和省制定的同行业工资标准参照所在地同类企业工资执行情况执行，实行经济承包责任制后的具体分配形式有计时工资、计件工资、经济承包包干工资等。

1989 年，制定《关于贯彻〈广东农垦实行企业工资总额与经济效益挂钩的具体实施方案〉的实施意见》，拓宽企业内部分配的自主权。同年实行专业技术职务聘任制企业单位专业技术人员增资改革，兑现专业技术职务工资，办理了部分人员的升级增资审批手续。企业按国家和省的规定提取工资总额，采取多种分配形式和办法。此后，企业内部分配的自主权逐步扩大。

2005 年 5 月 1 日，农场机关和生产队管理人员工资及奖励、补贴由农场通过职工代表大会的形式，进行集体协商决定，通过制定《农场经营管理方案》的方式予以确定，此办法一直沿用至今。

（四）企业经营者工资

企业经营者工资是按照农垦局的规定执行。

1988 年，对财务决算盈利并完成当年农场场长、经理任期目标有经济承受能力的企业职工可实行 3％晋级亏损企业和亏损单位不能实行 3％升级，实行国家机关、事业单位工资制度的人员不实行 3％升级。

1989 年 9 月，根据转发广东省农垦总局《关于企业领导干部奖金分配问题的通知》，对企业领导干部奖金分配问题做了规定，经营者个人的年收入在全面完成和超额完成任期内年度责任目标、职工工资收入比上年增长的情况下，才能高于职工年平均工资收入的 1～3 倍。

2004 年后，多次对企业经营者年薪制方案进行修改，经营者基本薪金 2014 年提高 10％，2008 年提高 8％，2010 年提高 10％。

2011 年企业经营者基本薪金标准总体调升 10％～25％。

2012 年，企业经营者基本薪金标准总体调升 10％，将土地目标管理责任制专项考核奖罚办法从《湛江农企业经营者年薪制暂行方案》中分解出来，单独考核。

2013 年，企业经营者基本薪金标准总体调升 10％，并对《农场企业经营者年薪制暂行方案》进行了修改。

2016 年，新修订了《湛江农企业负责人经营业绩与薪酬考核暂行办法》，规定企业负责人薪酬水平与企业资产、经营规模、盈利能力、职工平均收入水平挂钩，实行动态管理，企业负责人年薪总收入实行封顶管理，最高不得超过本单位当年在岗职工平均收入的 8 倍，实行差异化考核，对部分考核指标进行了调整。

2017 年，参照此办法对企业负责人基本薪金进行了调整，考核指标体系进一步完善。

三、职工社会保险管理

(一)管理体制

从 2003 年 7 月 1 日起，按照属地管理的原则，将农场的养老保险纳入湛江市社会养老保险统筹管理，养老保险基金的收付实行全额结算，离退休人员基本养老金全部实行社会化发放。

2013 年 4 月，农场职工养老保险管理业务移交属地政府后，实现了社会保险全面属地化管理。

(二) 养老保险

农场是全民所有制单位，职工执行国家规定的退休制度。1985 后，农场开始进行企业职工养老基金内部统筹，并上缴调剂金。1997 年，农场职工的参保信息及退休人员的待遇按省及当地社会保险统筹规定执行，采用湛江市社保局社会保险信息管理系统记录及核定退休人员的待遇，实施电脑化管理。

20 世纪 80 年代中期开始，直到 2013 年 3 月底止，农场职工的社会养老保险一直无法纳入当地社会保险统筹，养老保险基本由农场自行解决。因离退休人员逐年增多、统筹能力严重不足、收支缺口大而又没有来源，在相当长的时期内，退休人员基本养老金未能按时足额发放。

2003 年 7 月—2006 年 6 月，农场养老保险基金的收支缺口采取广东省养老保险调剂金、省财政、农场各负担 1/3 的办法解决（即"三家抬"政策），一定三年不变，每年新增缺口资金由农场承担。

2013 年 4 月起，农场的离退休人员全部移交属地麻章区社保局管理，实行统一的社会养老保险制度。农垦系统养老保险移交属地管理后，缴费单位及个人大部分能按时足额缴费，经过调整后，离退休人员平均月养老金已达到 3500 元，基本养老金也能按时足额领到，运作基本正常。

2020 年底，参加企业职工基本养老保险 1272 人，离退休退职人员参加企业职工基本养老保险 2609 人，其中，离休人员 4 人、退休人员 2605 人。

（三）失业保险

2015 年前，农场未参加失业保险，2016 年 1 月，农场职工参加当地失业保险。失业保险缴费费率为 2%，其中，企业负担 1.5%，职工个人负担 0.5%。从 2016 年 3 月 1 日起，为减轻企业负担，根据《转发关于调整失业保险费率的通知》规定，湛江市失业保险费率暂由现行规定的 2% 降至 1%，其中，用人单位费率由 1.5% 降至 0.8%，个人费率由 0.5% 降至 0.2%。截至 2020 年底，参加企业职工失业保险参保人数为 1272 人。

（四）工伤保险

2013 年 8 月，农场纳入了当地职工工伤保险统筹，全面落实了职工工伤保险制度。2020 年底，农场参加企业职工工伤保险参保人数为 1272 人。

（五）医疗保险

2003 年 3 月，由于农场经营效益不稳定，无力参加企业职工基本医疗保险，而只能参加城乡居民基本医疗保险。

2003 年 11 月，纳入太平洋保险公司住院医疗保险；从 2008 年起，职工全部纳入中国人民财产保险公司湛江市分公司的城乡居民基本医疗保险统筹。2016 年，职工参加城乡居民基本医疗保险。

2018 年 1 月起，农场均已纳入湛江市城镇职工基本医疗保险。在职职工和离退休人员均参加了基本医疗保险，职工的医疗待遇得到保障，2020 年底据统计，现参加湛江市基本医疗保险的职工 1272 人、离、退休人员 2645 人，农场年缴费约 1303 万元。

（六）生育保险

2016 年 1 月 11 日，农场参加职工基本医疗保险所在地参加生育保险。农场的生育保险费由社会保险费征收机构负责征收。生育保险费由用人单位按月缴纳。职工个人不缴纳生育保险费。2020 年，农场有 1272 人参加职工生育保险，用人单位按照本单位上月职工工资总额 0.5% 的比例缴纳生育保险费。

表 8-21　1952—1991 年部分年份湖光农场职工人数、工资、奖金统计

年份	职工人数（人）	工资总额（万元）	人均年工资（元）	奖金总额（万元）	人均年奖金（元）
1952	1586				
1953	2182				
1954	1600				
1955	1386	57.18	412.6		
1960	3369	94.76	281.27		
1961	3145	92.38	293.74		
1967	4052	146.84	362.38		
1974	5627	547.99	973.85		
1975	5766	245.54	425.84		
1979	6477	324.19	500.5		
1980	6467	358.08	553.7		
1981	6435	402.69	625.78		
1983	6409	546.2	852.23		
1985	6470	753	1163		
1988	6529	840	1286	126.08	193
1989	6740	886.8	1315	278.9	414
1990	6274	1387.5	2202	644.6	1027
1991	5602	1273.5	2273.3	530.6	947

第八节　劳保福利

一、劳动保护

农场曾享受劳保用品待遇的工种共有 52 种，享受劳保用品共 26 项，即工作服、胶雨衣、布围裙、布袖套、胶围裙、胶袖套、纱手套、帆布手套、胶手套、毛巾、防护眼镜、草帽、解放鞋、水壶、工作帽、防水鞋、安全帽、绝缘手套、搭布、高温鞋、安全带、肥皂、口罩、绝缘鞋、雨披等。

劳保用品的发放与管理工作，由农场劳资科统一掌握，工商副业和服务单位根据现工作岗位进行规划、审批、采购、保管、发放。农业单位 1984 年自办家庭农场以来，将劳保福利费计入产品成本，减少上缴费用，自购自用。

二、劳动保险

劳动保险工作按国家规定执行，正式职工都可享受退休或离休的医疗待遇；职工的直

系亲属死亡丧葬补助待遇。对无子女和直系亲属的孤寡老职工，农场有敬老院，集中抚养，有专职医务人员护理，生活从优照顾，做到老有所养。1991年底止，全场退、离休职工已达2008人，按劳动保险条例给予补助。

三、假期待遇

对职工的假期待遇，1981年前按劳动保险条例规定，夫妻分居两地，子女与父母分居两地的，享有未婚探望父母、已婚探望配偶的探亲假期待遇，假期工资照发，路费报销。1981年3月，国务院颁布《关于职工探亲待遇的规定》，同配偶在一起居住的职工，每四年可享受一次探望父母的探亲假，假期工资照发，路费由职工个人负担本人月工资总额的30%部分，公家报销其余的部分。夫妻分居又不和父母在一起的职工，除享受探望配偶的探亲假外，还享受4年一次探望父母的探亲假。为鼓励"一对夫妇只生一个孩子"规定的女职工，独生子女产假由原来的56天成为3个月，独生子女一次性补助100元。2016年，执行"一对夫妻生育两个孩子"政策后，女方享受产假178天，男方享受15天陪产假。

四、社区管理

1. 国有农场办社会职能改革　建场初期，由于没有社会依托，在开展经济建设的同时，兴办和承担了教育、医疗卫生、文化体育、公安等各项社会事务。20世纪90年代后，为减轻农场和职工负担，理顺社会管理体制方面的关系，2001年和2013年分别将公安、社保职能移交地方政府管理。2018年1月，农场职工医院移交给广垦（湛江）医疗健康有限公司管理。2018年9月，农场中小学基础教育移交属地地方政府统一管理。截至2018年10月，农场承担的办社会职能主要包括社会综合治理、计划生育、司法、民政、人民武装、"三供一业"等各类社会行政性、事业性和服务性职能。

2. 机构设置和人员配备　从2012年起，根据广东省农垦总局实行农场内部分离社会职能、成立社区管理委员会改革的部署，各农场（产业化公司）均设立了社区管理委员会，加挂社区管理委员会牌子，实行一套班子、两块牌子管理。社区管委会领导一般设置为一正三副，农场党委书记兼任社区管委会主任，场长兼任副主任，另外两个负责综治维稳和工会的副职领导兼任副主任。社区管委会下设社区综合办、社区建设办、综治信访办和社会事业管理办4个社区工作职能部门。

2015 年，农场将工会放在社区，共设置 5 个社区工作职能部门。社区管委会领导由农场党委书记兼任社区管委会主任、负责综治维稳和工会的副职领导兼任副主任，场长不再兼任副主任。按照一正二副或者一正一副设置管委会领导班子。机关社区管理人员共有18 人（其中，社区管委会领导 3 人，机关社区内设机构管理人员 15 人）；农场按照 3～5个生产队设立了 1 个社区居委会的标准设置社区居委会，农场共设立了 1 个社区居民委员会，9 个居民小组，并根据《中华人民共和国城市居民委员会组织法》和《中华人民共和国村民委员会组织法》选举产生了居委会成员 9 人。

2016 年底，广东省农垦总局选定农场为开展垦区社区服务管理体制机制创新试点之一，承担为探索广东农垦社区管理与服务改革创新路径、先行先试的任务。2017 年按时完成新建社区服务中心的建设工程，并完成了社区部门的搬迁、制度牌匾上墙，实现了社区管理部门与生产经营部门分开办公。2018 年 2 月，广东省农垦总局在农场举行了广东农垦社区服务创新试点农场与华南农业大学、广东省北斗星社会工作服务中心购买社工服务及项目研究合同签订仪式。2018 年 3 月 6 日广东省北斗星社会工作服务中心专业团队入驻试点单位开展工作，试点工作正式启动。

五、社区建设和管理职能

公安、社保等社会职能移交地方政府管理后，至 2018 年 10 月，国有农场承担的主要办社会职能类型、具体职责、承担机构如下：

1. **社区综合办公室** 社区工作上传下达、党建工作、党务公开、共青团、关工委工作、宣传教育、精神文明、文化信息等，职工培训及居民教育和就业培训、指导，社区文件和档案管理、印章管理、文化宣传（包括有线广播、有线电视、网络等）、民族事务、侨务及难民管理、协调社区管理各项事务等。

2. **社区建设办公室** 小城镇和居民点规划、建设与管理，房屋及公共房产管理（包括拆迁），水库移民后期扶持工作，社区、作业区道路及桥梁规划、建设与管理，环境绿化管理，一事一议公益事业，以及编制社会职能管理财政资金使用预算计划等。

3. **综治信访办公室** 安全保卫、治安管理、维稳、信访、居民自治管理、民事调解、场群关系协调、司法（法律服务）、派出所、户籍管理、民兵训练、征兵，社区各种场所及道路、车辆安全、消防管理、防洪抢险；市容监察、环境保护等。

4. **社会事业管理办公室** 民政（优抚恤、敬老、助残、济困、低保、居民最低生活保障、赈灾、改）、居民社保（养老医疗、失业、工伤、生育保险）、离退休人员管理、居民委员会，社区劳动事务代理，丧葬管理，农场企业生产和居民生活水电气的管理与服务，社区物业管理与服务，环境卫生管理，计划生育，幼儿教育管理等。

社企内部分离后，农场的职能分为企业经营、党群工作、社区管理三大块，但企业性质不变，仍然实行企业法人负责制，社区管委会在农场法人负责制和农场党委班子集体领导下的国有农场社区管理组织体制和运行机制。农场社区居民委员会的设立和运作由农场社区管理委员会负责。

中国农垦农场志丛

第三编

组织机构

中国农垦农场志

第九章 党组织

农场党组织设有党委会、党总支、党支部和党小组。

1952年9月，农场建立和健全党的组织，农场设党支部、党小组。

1953年，垦殖场开始合并，垦殖场建立党委，党组织由地方党委领导。

1955年3月，建立中共国营湖光垦殖场临时委员会。

1957年4月，垦殖场改称农场，垦殖场党委改称农场党委。选举产生中共广东省国营湖光农场第一届委员会，受华南垦殖局高雷分局党组织和遂溪县委领导，以后受粤西（湛江）农垦局党组（党委）和湛江市郊委领导。

1969年4月—1974年，随着农场的改编，农场党委也改为"中共广州军区生产建设兵团第八师第十九团党委"，受八师党委领导。党的组织有团级党委1个、连队党支部48个，团党委设常委。

1975年，随着农场恢复农垦体制，农场的党委名称恢复为"中共广东省国营湖光农场委员会"，分场设党总支，生产队设党支部。农场组织部门与其所在地组织部双重管理，隶属于湛江市郊区组织部管理。

1991年末，设有党委1个、党总支12个、党支部82个、党小组137个。全场有党员1024人（含预备党员34人），占全场职工总数的18.3%。

2013年4月，农场名称变更为"广东省湖光农场"，党委名称变更为"中共广东省湖光农场委员会"。属下7个党总支：新坡、志满、五里、场直、工副业、机关党总支。

2018年11月，对农场基层党组织进行调整：保留志满党总支，新坡、五里、志满合并；保留高阳党总支；撤销场直、工副业党总支，成立社区党总支；保留机关党总支。调整后，全场为4个党总支；原48个党支部调整设置为22个党支部，并在12个基层党支部设立党小组27个。

2020年4月，撤销志满党总支、高阳党总支、社区党总支、机关党总支，设立社区第一党总支、社区第二党总支。

2020年11月，农场名称变更为"广东农垦湖光农场有限公司"，党委名称变更为

"中共广东农垦湖光农场有限公司委员会"。

第一节　党的代表大会

（一）党委班子建设

1952—1953 年，垦殖场设党支部；1953—1957 年，垦殖场设党委；1957—1969 年，改为农场党委；1969—1974 年，改为团党委；1975 年，恢复农场党委。1989—1999 年，农场领导班子实行党委集体领导的场长分工负责制，农场领导班子成员包括：党委书记、场长、副书记、纪委书记（工会主席）、副场长。2000—2016 年，实行党委集体领导和场长（法定代表人）负责制，领导班子成员包括：场长（法定代表人）、党委书记、副书记、纪委书记（工会主席）、副场长。1974—2013 年，党委名称为"中共广东省国营湖光农场委员会"，2013 年 12 月起更名为"中共广东省湖光农场委员会"，2020 年 12 月起更名为"中共广东农垦湖光农场有限公司委员会"，实行党委集体领导和书记（法人代表）负责制，领导班子成员包括：党委书记（法定代表人）、副书记（场长）、纪委书记（工会主席）、副场长。

党委下设基层党总支和党支部。

（二）历届党的代表大会

1. **中共广东省国营湖光农场第一次党员代表大会**　1957 年 4 月 26—28 日，召开"中共广东省国营湖光农场第一次党员代表大会"，唐占甲做工作报告。大会的主要议程是：贯彻党的八届二中全会精神，提出"大力开展增产节约，想尽办法，千方百计争取农业丰收，达到经济自给"的生产任务；确定湖光农场今后的工作方向是"以畜牧为主，相应地种植饲料作物，运当地发展香茅，抚育好重点管理的橡胶"。选举产生了由唐占甲、王永久、王秀、肖一训、赵炎初、花进有、唐宏斌为委员，王树品、刘建辉为候补委员的第一届委员会，唐占甲为党委书记。

2. **中共广东省国营湖光农场第二次党员代表大会**　1960 年 3 月 13—16 日，召开"中共广东省国营湖光农场第二次党员代表大会"，郭柏林做工作报告。大会的主要议程是：总结第一届党委工作；贯彻全国农垦会议和广东省委六级干部会议精神；研究决定大力开展以技术革新和技术革命为中心的增产节约运动问题。布置 1960 年的生产工作任务，提出"以畜牧为主，大力发展橡胶，结合多种经营"的方针。选举产生第二届委员会，郭柏林为党委书记。

3. **中共广东省国营湖光农场第三次党员代表大会**　1961 年 9 月，召开"中共广东省国营湖光农场第三次党员代表大会"，郭柏林做工作报告。大会确定了湖光农场经营方针是："以粮食为基础，巩固发展橡胶，保持现有的各种作物，妥善安排自给性的生产，在粮食作物发展的基础上，有计划有步骤地发展畜牧生产"。选举产生第三届委员会，郭柏林为党委书记。

4. 中共广东省国营湖光农场第四次党员代表大会　1963 年 2 月 1—13 日，召开"中共广东省国营湖光农场第四次党员代表大会"，出席代表 306 名，穆振华做工作报告。大会主要议程是：贯彻执行调整国民经济的方针政策和中共八届十中全会决议精神，为实现 1963 年生产新高潮和政治思想大丰收而努力奋斗。选举产生第四届委员会，党委委员是：穆振华、李荣、王金昌、花进有、杨耀武、王树品、叶春林、史忠林、吴金山、姜望芝、李长明、谢维南、蒋允钧、李坚平、蔡其芬。候补委员是：宋文义、李德安。穆振华为党委书记。

5. 中共广东省国营湖光农场第五次党员代表大会　1964 年 6 月 10 日，召开"中共广东省国营湖光农场第五次党员代表大会"，穆振华做工作报告。大会主要议程是：以"五反"和社会主义教育精神为指导，检查分析农场存在的问题和根源，确定整改措施和制度，确保国家计划的完成和超额完成。选举产生了由穆振华、王金昌、李荣、黎霞生、姜望芝、花进有、杨耀武、叶春林、王树品、齐林荣、谢维南、蒋允钧、李长明、邹嘉麟、吴金山等 15 人为委员，李德安、高华为候补委员的第五届委员会，穆振华为党委书记。

6. 中共广州军区生产建设兵团八师第十九团第一次党员代表大会（即中共广东省国营湖光农场第六次党员代表大会）　1971 年 3 月 14 日召开本次党员代表大会，张孝谦做工作报告。大会主要议程是：高举毛泽东思想伟大红旗，在党的九大的团结胜利路线指引下，认真搞好路线教育和读马列、毛主席著作的群众运动，传达贯彻中央文件精神，促进"农业学大寨，工业学大庆"运动的深入开展。选举产生中共第八师第十九团第一届委员会。党委委员是：张孝谦、吴荣福、王金昌、花进有、贾善余、朱树林、毛光荣，黎霞生、王化忠、刘建辉、段士兴、李德安、朱忠全、吴金山、张维永、方仲甫、江瑞华、吴泗英、廖兆铭。党委常委有：张孝谦、吴荣福、王金昌、花进有、贾善余、朱树林、毛光荣、黎霞生、王化忠。张孝谦任党委书记。

7. 中共广东省国营湖光农场第七次党员代表大会　1976 年 7 月 19—22 日，召开"中共广东省国营湖光农场第七次党员代表大会"，王金昌做工作报告，到会代表 187 名。大会主要议程是：传达贯彻毛主席重要指示，以及社教运动的重要指示；党委副书记陈仲达辅导学习 1976 年两报一刊的"七一"社论；场长花进有介绍参观大寨的收获与体会。选举产生第七届委员会，党委委员是：王金昌、花进有、陈仲达、肖柱荣、姜望芝、刘建辉、吴妃由、李中、詹丽华、伍尚贤、叶春林、刘国胡、翟惠英、张公利、凌继宝、廖振球、吴同陆、吴金山、余美霓、王树品、殷庚。党委常委是：王金昌、花进有、陈仲达、肖柱荣、姜望芝、刘建辉、李中、吴妃由、詹丽华。王金昌为党委书记。

8. **中共广东省国营湖光农场第八次党员代表大会** 1980 年 9 月 18—20 日，召开"中共广东省国营湖光农场第八次党员代表大会"，刘明超做工作报告，出席代表 129 名。大会主要议程是：审议党委工作报告，讨论通过湖光农场发展经济的十年规划纲要和大会决议；选举出席湛江市第四次党代会代表。选举产生第八届委员会。党委委员有：刘明超、花进有、姜望芝、刘建辉、邹嘉麟、王成仁、王树品、吴金山，周介文、肖柱荣、李中、吴妃由、戴款诗、冯黄胜、史焕炽、罗赖、周世轩、罗卓光、毛宗一、方仲甫、苏火贵、曹继彬、杨国球。党委常委是：刘明超、花进有、姜望芝、刘建辉、邹嘉麟、王成仁、王树品、吴金山、周介文。刘明超为党委书记。选举产生第一届纪律检查委员会，姜望芝为纪委书记。

9. **中共广东省国营湖光农场第九次党员代表大会** 1988 年 6 月 26—28 日，召开"中共广东省国营湖光农场第九次党员代表大会"，党委书记李中做工作报告，出席代表 156 名。大会主要议程是：贯彻中共十三大会议精神；总结第八届党代会以来的工作，研究党在新时期的思想政治工作；讨论决定全场党的思想建设、组织建设和农场的经济建设等重要问题。选举产生第九届委员会。党委委员是：李中、黄德清、刘国胡、杨国球、李卫国、黄锦访、廖恩、李全森、曾宪煌。李中为党委书记。

10. **中共广东省国营湖光农场第十次党员代表大会** 1991 年 10 月 27—28 日，召开"中共广东省国营湖光农场第十次代表大会"，党委书记黄锦访做工作报告，应到会代表 205 名，因病因事请假的代表 11 名，实到代表 194 名。大会选举产生第十届党委会和党的纪律检查委员会。党委书记：黄锦访；党委副书记：黄德清、曾宪煌；委员：杨国球、陈和添、雷以强、张胜、杜福坚、周碧。纪委书记：曾宪煌；纪委副书记：廖恩；委员：江保、陈建国、古捷先、刘秀彬、林茂国。

11. **中共广东省国营湖光农场第十一次党员代表大会** 1996 年 12 月 28 日，召开"中共广东省国营湖光农场第十一次代表大会"，党委书记黄锦访做工作报告，应到会代表 210 名，因病因事请假的代表 16 名，实到代表 194 名，大会选举产生第十一届党委会和党的纪律检查委员会。党委书记：黄锦访；党委副书记：曾宪煌；委员：张胜、陈和添、刘学华、梁建辉、杜福坚。纪委书记：曾宪煌；纪委副书记：杜福坚；委员：陈马玉、刘先福、罗德生。

12. 中共广东省国营湖光农场第十二次党员代表大会　2003 年 7 月 28—29 日，召开"中共广东省国营湖光农场第十二次代表大会"，党委书记史良欣做工作报告，应到会代表 216 名，因病因事请假的代表 16 名，实到代表 200 名。大会选举产生第十二届党委会和党的纪律检查委员会。党委书记：史良欣；党委副书记：梁建辉、林国坚；委员：王理生、苏奎、杜福坚、张胜。纪委书记：林国坚；纪委副书记：陈霜；委员：林茂国、彭保生、廖华全。

13. 中共广东省国营湖光农场第十三次党员代表大会　2008 年 10 月 7—8 日，召开"中共广东省国营湖光农场第十三次党员代表大会"，党委书记林国坚做工作报告，应到会代表 151 名，因病因事请假的代表 10 名，实到代表 141 名。大会选举产生第十三届党委会和党的纪律检查委员会。党委书记：林国坚；党委副书记：梁建辉；委员：王理生、廖华全、陈振南。纪委书记：廖华全；纪委副书记：陈霜；委员：钟玉兴、彭保生、翟南广。

14. 中共广东省国营湖光农场第十四次党员代表大会　2017 年 3 月 30 日，召开"中共广东省国营湖光农场第十四次党员代表大会"，党委书记梁文彩做工作报告，应到会代表 113 名，因病因事请假的代表 7 名，实到代表 106 名。大会选举产生第十四届党委会和党的纪律检查委员会。党委书记：梁文彩；党委副书记：陈悦；委员：吴小东、全由章、廖东、黄所、蔡德梁。纪委书记：吴小东；纪委副书记：陈霜；委员：傅真晶、王松、覃黑龙。

第二节　党组织建设

一、政治建设

20 世纪 50 年代，党组织贯彻"积极慎重"和"逐步发展，逐步巩固"的建党方针，农场党委结合生产开展建党工作，有计划、有组织地发展党员，以建党推动生产的发展，以发展生产为建党创造群众基础，做到严格审查、培养成熟、及时发展。

1960 年，开展创"三好"（思想好，生产好，生活好）党支部（小组）活动。实行抓两头、带中间的办法，抓好组织建设，通过发展新党员消灭落后支部和空白组（班）。作业区建立起党总支，使党员数量在原有基础上按基本职工人数提高 1%～6%，全场党员数量由占职工人数的 11% 提高到占职工人数的 15%～17%。

1961—1965 年，实行整顿、巩固、提高的组织建设方针，积极慎重地发展新党员，开展创"五好"(即政治思想好、领导生产建设好、执行党的政策好、党的模范作用好、党的组织建设好)党支部和优秀党员活动。从思想上纯洁党的组织,健全党的组织生活制度和民主生活,扭转组织管理涣散现象,强化党组织的战斗堡垒作用。

1966—1969年,组织工作是:突出政治,以抓革命促生产为中心,以向全体党员灌输毛泽东思想为根本,每月举行一次党支部大会、两次党小组会、上一次党课。支部书记日常的唯一中心任务是抓好毛主席著作的学习,使全体党员都成为"四个模范"。

1970—1972年,实行整党建党一齐抓,以建党"五十字纲领"为方针,搞好思想整顿,纯洁和健全党的组织,开展"批修、整风","吐故纳新",把各级党组织建设成为能领导无产阶级和革命群众对阶级敌人进行战斗的朝气蓬勃的先锋队组织。

1973—1975年组织建设的中心,是加强党的"一元化"领导,对党员进行党的基本路线教育和党的观念教育,加强基层党组织建设,学好党章,坚持积极慎重的建党方针,注重从三大革命实践,特别是从"批林批孔"运动中发展新党员,增强党的新鲜血液。

1976—1978年,抓好党支部的整风,坚持"每季一小整,半年一大整"的制度。在思想整顿的基础上,加强党的组织建设和积极分子的培养教育,积极慎重地在青年、妇女中吸收新鲜血液,努力实现"队建支委会,班有党员,先进队做到班有党小组"的目标。

1979—1982年,着重抓好党的思想建设和组织建设,加强党的领导,端正党风,健全组织生活和支委会,发扬党内民主,恢复党员的小组思想汇报制度和"三会一课"制度,开展批评和自我批评,定期对党员进行党课教育,抓紧培养在"四化"建设中的英雄模范人物加入党组织,同时注意在知识分子和文教、卫生、技术人员中发展党员。

1983—1987年,重点抓好党风整治工作。先后开展了两次整党,参加整党的党员1800多人次。整党中,结合进行了以学习党章和四项原则为主要内容的思想教育,并通过整党,健全了党的组织,调整了领导班子。

1988—1991年,以学习邓小平建设有中国特色社会主义理论为主要内容,提高对改革的认识。1988年下半年至1989年上半年,围绕马克思主义哲学基本观点和方法开展学习,坚定了建设有中国特色的农垦事业的信心。1989年6月,农场按照湛江农垦局党委的部署,开展学习中共十三届四中全会公报,全体共产党员和广大职工坚持"四项基本原则",坚定不移地走改革开放。组织建设围绕"全面,深入,创新"六个字,广泛开展"创造争优"和党员联系户活动,实行六种制度(即岗位责任制、学习制度、民主生活会制度、抓党风责任制、办试点制度、调查研究和汇报制度),建立"四簿四册"(即会议记录簿、党费收缴登记簿、好人好事登记簿、检查情况登记簿和党员花名册、发展党员名册、党员联系户登记册、党组织和党员奖励登记册),贯彻"积极慎重,坚持标准,改善结构、保证质量"的十六字方针，切实做好发展新党员工作，重点是从青年工人、优秀知识分子以及在改革开放中涌现出来的先进模范人物和妇女中发展新党员。

20世纪80年代末至2020年，党委中心组的学习制度从形成至今一直从未间断。以中心组为理论学习的主要阵地，中心组成员结合工作实际谈学习体会，使党的思想政治作风建设贯穿农场经济社会发展全过程，有效提升党委班子成员自身的理论水平、政治觉悟、组织领导方法和科学决策能力，有效管理和推动农场的生产经营、经济发展、社会稳定等各方面工作。

1990—1991年，从抓基层党组织建设入手，大力加强各级党组织的思想、纪律和作风建设，认真贯彻落实中共十三届六中全会精神，密切党同人民群众的联系，健全党支部工作制度，建立"十簿十册"，落实党支部目标管理工作责任制，广泛深入地开展"创先争优""党员联系户"和创优达标活动，强化各级党组织的政治核心领导作用，按照"十六"字建党方针，积极慎重地抓好组织发展工作，着重培养第一线中青年入党，改善党员队伍结构。

1992—1995年，重点学习和掌握邓小平建设有中国特色社会主义理论，进一步适应改革开放新形势和社会主义市场经济形势，特别是学习邓小平南方谈话精神，进一步解放思想、转变观念。1992年，农场党委成员组织分场（公司）、队级（工厂）以上的干部进行理论学习。联系农场实际，提高对改革开放的认识，探索如何扩大外引内联，通过"筑巢引凤""借船出海"方式，改善投资环境，促进农场外向发展、搞活经营等。

1996—1999年，农场党员在深入开展"双学"（学习党章、学习邓小平理论）活动，采取集中自学、听课、讨论的方式进行学习，进一步解放思想、转变观念，开阔发展思路，提升党员干部对市场经济认识水平和驾驭能力。1999年，开展"三讲"（讲学习、讲政治、讲正气）学习教育以及"两思"（致富思源、富而思进）专题讨论，农场党委班子成员带头讲学习、讲政治、讲正气，把"三讲"学习、"两思"讨论与农场产业结构、经济发展等各项工作结合起来，使农场各级党组织及党员在改革发展中，在思想上、政治上与党中央保持高度一致。

2000—2005年，农场党委以中心组在深入学习"三个代表"重要思想的同时，对广大党员进行"三个代表"重要思想专题培训，从而党员提高改革的自觉性和工作的主动性。2001年，农场按照中央和两级农垦局党组的部署，围绕纪念建党80周年、纪念农垦建垦50周年，开展"颂党恩、讲传统、创新业"主题系列教育，组织了以"颂党恩、讲传统、创新业"为主题的活动。2002年11月，中共十六届一中全会以后，农场党委学习"三个代表"重要思想及胡锦涛视察广东的重要讲话精神和科学发展观，结合"保增长、保民生、保稳定"的目标任务。开展了"三个代表"重要思想学习教育活动，印发了《关于在全场开展"三个代表"重要思想学习教育活动的通知》。学习教育活动按照学习培训、对照检查、整改提高三个阶段进行，同时组织"双基"学习培训班，提升农场各级干部思想认识和工作能力。经过两年的学习教育，取得了推动农场经济发展和增加职工收入有进展、减轻农场工人负担有成效、干部队伍思想和工作作风有明显改进的活动效果。

2006—2012 年，农场以实践科学发展观为作风建设主线，从抓思想政治作风建设入手，结合农场改革发展需要，提高干部的政策水平和干事能力。2005 年 1 月，农场党委利用一年半时间，在全场党员中开展了以实践"三个代表"重要思想为主要内容的保持共产党员先进性教育活动，主要引导广大党员学习贯彻党章，以及中共十六大和中共十六届三中、四中全会精神，坚定理想信念、坚持党的宗旨、增强党的观念。认真解决党员和党组织在思想、组织、作风以及工作方面存在的突出问题，较好地达到了提高党员素质、加强基层组织、服务职工群众、促进各项工作的目标要求。2009 年 3 月，农场列入第二批深入学习实践科学发展观活动单位，学习实践活动从 3 月开始，到 8 月基本完成，历时半年。农场党委制定和印发了《关于开展深入学习实践科学发展观活动的实施方案》，成立了由党委书记林国坚任组长，场长梁建辉、副场长王理生和陈振南、纪委书记兼工会主席廖华全、场长助理林茂国任副组长的活动领导小组。按照学习调研、分析检查、整改落实三个阶段六个环节进行，通过"三学三落实""四查找四明确"，广泛开展"共克时艰党旗红，奋发有为创佳绩"主题实践活动，努力推进"五个争先行动"，取得了"三促进二加快一保持"和党员干部受教育、科学发展上水平和职工群众得实惠的良好效果，受到了麻章区委和湛江农垦局党组的充分肯定。2011 年，围绕"双庆"（庆祝建党 90 周年及庆祝农垦建垦 60 周年）活动，突出抓思想政治教育，宣传农场在社会经济建设、小城镇建设、安居工程等方面的改革成效。

2012 年以后，农场将以习近平同志为核心的党中央治国理政综述作为纲领，学习贯彻中共十八大、十九大精神、习近平新时代中国特色社会主义思想，开展一系列党的群众路线教育实践活动，以及"三严三实"学习教育、"两学一做"学习教育等思想政治主题教育。

2012—2014 年，以反对"四风"（即反对形式主义、官僚主义、享乐主义和奢靡之风）为重点，扎实开展党的群众线路教育实践活动，开展干部纪律教育学习月活动，邀请党校教授做学习辅导报告等，进一步强化党员干部的思想意识、工作作风和领导水平。根据《中共中央关于在全党深入开展党的群众路线教育实践活动的意见》（中发〔2013〕4 号）文件精神、广东省委和两级农垦局党组文件精神，湖光农场作为第一批开展党的群众路线教育实践活动单位，农场党委制定和印发了《深入开展党的群众路线教育实践活动实施方案》，活动以"照镜子、正衣冠、洗洗澡、治治病"为总要求，坚持以正面教育为主，坚持批评与自我批评，坚持讲求实效，坚持分类指导，坚持领导带头，通过结合实际重点抓好 12 项工作，突出特色，实行规定动作和自选动作同步推进，双管齐下，富有成效地完成了教育实践活动的目标任务。

2015 年 4 月，农场党委根据中央、广东省委和两级农垦局党组的部署，深入开展了"三严三实"专题教育活动，采取个人自学、集中学习、专家讲座、重点发言相结合的形式，开展专题研讨，党委成员在学习研讨中，以解决问题为重点，确保了专题教育取得较好的成效。通过深入查摆领导干部在工作、生活和作风中存在的"不严不实"行为，推动各级领导干部把"三严三实"作为修身做人用权律己的基本遵循、干事创业的行为准则，争做"三严三实"的好干部。

2016—2020 年，农场结合农场实际，把"两学一做"学习教育作为党建工作的首要任务，重点学习中共十九大精神、习近平总书记关于加强国有企业党的建设新精神、全面从严治党新要求，制定了《关于在全场党员中开展"学党章党规、学系列讲话、做合格党员"学习教育实施方案》，明确了全体党员的学习要求和科级以上党员领导干部的学习要求，在抓好规定动作的同时，从"学、做、督、改"上狠下功夫，创新教育载体，推动"两学一做"创优创效。开展了"戴党徽、亮身份、尽责任、做表率"活动，组织在职党员"两学一做"学习教育测试 100%，满分率达 100%。

2018 年举办了中共十九大精神宣讲报告会，邀请了湛江市委讲师团成员、广东海洋大学教授张建刚，为全场干部做宣讲，到会的干部共 110 多人；在职党员订阅《习近平新时代中国特色社会主义思想三十讲》读本 430 册，并开展了学习活动；编排《学习贯彻习近平新时代中国特色社会主义思想，全面落实党的十九大精神》宣传板报；编印了《党的十九大精神学习问答》并下发到全场各单位宣传学习，共发放各类中共十九大精神学习辅导书籍 400 多本；参加了垦区学习习近平新时代中国特色社会主义理论和十九大精神知识竞赛，荣获廉江、麻遂片二等奖和垦区总决赛三等奖。

2019 年，农场党委成员参加广东省第一批"不忘初心、牢记使命"主题教育学习，党委制定了《关于开展"不忘初心、牢记使命"主题教育实施方案》，主题教育的根本任务是：深入学习贯彻习近平新时代中国特色社会主义思想，锤炼忠诚干净担当的政治品格，团结带领人民为实现伟大梦想共同奋斗；要将力戒形式主义、官僚主义作为主题教育重要内容，教育引导党员干部牢记党的宗旨，坚持实事求是的思想路线，树立正确政绩观，真抓实干，转变作风。主题教育时间从 2019 年 6 月初开始，至 8 月底基本结束。同时，扎实抓好党委中心组理论学习，做到集中学习有计划、有书面通知、有学习资料、有考勤登记、有专题辅导、有个人研讨、有中心发言、有会后撰写心得体会。全年共组织中心组成员学习四次，中心组成员撰写心得体会 130 多篇。开展"党员领导干部领学带督学"活动，农场党委班子成员深入到基层党组织联系点，开展上专题党课活动，每个农场领导为党员上专题党课 2 次以上，以上率下促学习和抓落实。

同年，认真学习贯彻习近平总书记在"不忘初心、牢记使命"主题教育工作会议上的重要讲话和重要指示批示精神，深刻认识开展这次主题教育的重大意义，始终聚焦主题主线，围绕"守初心、担使命，找差距、抓落实"的总要求，聚焦"理论学习有收获、思想政治受洗礼、干事创业敢担当、为民服务解难题、清正廉洁做表率"的目标要求，将"学习教育、调查研究、检视问题、整改落实"四项重点措施贯穿主题教育全过程，紧密结合农场实际，创造性地开展工作，推动主题教育深入开展，按时、保质完成了主题教育各项工作，取得了显著成果。组织离退休党支部的支委到农垦第二医院、南华农场等单位，观摩学习该单位离退休党支部组织建设和"党建创星"工作的先进经验；组织机关退休职工党支部共 30 多名党员到遂溪县乐民镇黄学增故居纪念馆开展"不忘初心、牢记使命"主题党日活动，现场接受教育。

2020 年，农场党委中心组集中学习 4 次，完成心得体会 116 篇，党委班子成员到挂钩联系点做辅导培训和上党课 12 场次，参加所在党支部组织生活会 6 场次，观看警示教育片 1 场次，受教育的党员干部 60 多人；围绕"做合格党员"目标，农场根据党支部特点和党员工作、生活实际，积极开展重温入党誓词、党员志愿服务、党员承诺活动等，以丰富的内容和形式进一步增强党员党性和自觉意识。

二、组织建设

（一）组织设置及人员配备

2002 年，农场完善企业法人治理结构，保证党组织在企业经营决策、管理和监督上发挥核心作用，从组织上落实法人治理结构中的党委成员的配备。2003—2004 年，根据农场离退休党员和流动党员多等实际问题，重新整合撤并党组织。2016 年，农场使用湛江农垦党务信息网络管理系统，实现对基层党组织、党员全覆盖网络化管理。2016 年，农场按照湛江农垦党组织建设在公司法人结构中的法定地位的要求，完善组织建设。全面优化基层党组织设置，强化党支部班子建设。2017 年，抓好党的组织及工作机构同步设置，进一步完善党组织法人治理结构。

农场按照农场组织结构及党员分布情况，及时调整设置基层党组织。把党支部建在基层，根据实际情况划分党小组。2018 年，按照整合组织资源、强化政治功能、聚焦存在问题、找准突出短板的思路，将全场 48 个党支部调整设置为 22 个党支部，并在 12 个基层党支部设立党小组 27 个。完成了全场党支部改选工作，选优配强党支部班子成员 75 名。通过优化支部调整设置，提升了基层党组织的战斗力。

2020 年，对设置不规范、超员的党组织进行了调整设置，使全场党总支及党支部的党员人数符合规定：一是撤销了高阳分场党总支、志满分场党总支、机关党总支等 3 个党总支，原下辖的党支部由农场党委直接管理；二是将社区党总支拆分为社区第一党总支、社区第二党总支，将机关退休职工党支部拆分为机关退休职工第一党支部、机关退休职工第二党支部；三是新设立社区退休第三党支部，将社区退休第一党支部、社区退休第二党支部的部分党员转入社区退休第三党支部。

（二）换届选举

农场党组织严格按照党章及《中国共产党基层组织选举工作暂行条例》的规定，农场党委一般届满五年换届一次，党总支、党支部一般届满三年换届一次，同时按照程序，由农场党委集体讨论决定，报上级党组织批准。

2020 年，农场有党委 1 个、党总支 2 个和党支部 21 个，23 个基层党组织均已完成换届选举工作，配齐了基层党组织班子，进一步加强了党的基层组织建设。

（三）人员配置

2020 年 12 月，农场有专职党务工作人员 11 人、兼职党务工作人员 13 人。

（四）支部建设

截至 2020 年 12 月底，农场共有基层党组织 23 个（党总支 2 个、党支部 21 个），党员 736 人（在职党员 162 人、离退休党员 506 人、其他党员 68 人。其中，35 岁以下党员 640 人，占 87.0%；具有大专以上文化党员 185 人，占 25.1%；女党员 183 人，占 24.9%），以及预备党员 2 人。专职党务工作人员 11 人、兼职党务工作人员 13 人。

1. 班子配置　农场采取换届选举或增补的方式，选拔任用思想政治素质好、工作能力强、协调能力强的"一好双强"型优秀干部为党支部领导班子成员，选拔思想政治素质好、理想信念坚定、宗旨观念强、群众基础好、能团结带领职工群众共同致富的党员干部担任党支部书记。

2. 创先争优　农场坚持在基层党组织和党员中深入开展创建先进基层党组织、争当优秀共产党员活动，以争先创优活动起到示范带动作用，并转化为促进经济发展、维护社会稳定的动力。

1992年，中共湛江市委表彰先进党组织：新坡分场党总支、东桥队、下溪机队、构件厂、中学、家具装饰厂党支部；优秀党员：刘汝梅、冯义理、周克、周炳光、麦华安、王孟筠、丰树根、李培秀、陈明坤、王达、唐广富；优秀党务工作者：黄锦访、黄德清、廖恩、邓培义。

1994年，湛江农垦局表彰先进党组织。其中，先进基层党委：农场党委；先进党支部：东路队、酒厂、机关第一党支部；优秀共产党员：马绍智、吴妃由、刘殿仁、张昌友、钟敬业、罗增力、黄康用、叶河清、黎伯书、邹九、庞光廷、冼郁周、钟康养；优秀党务工作者：曾宪煌、刘学华、江保。

1995年，总结推广先进党支部经验，推进支部达标争优深入开展。湛江农垦局表彰先进党支部：东路队、乳制品厂、九队；模范共产党员：刘杰和；优秀共产党员：罗昌盛、杨明、庞光廷、王理生、陈忠福、杨秋、钟观伦、陈德孝、陈志兴、何永东、廖金强、钟福东、罗自刚；优秀党务工作者：梁建辉。同时，农场在全场树立2个先进党总支、11个先进党支部、64名优秀共产党员和13名优秀党务工作者，宣传学习先进党组织和优秀共产党员的先进事迹。

1996年，在中青年领导干部中开展争先创优，树立农场中青年领导干部先进典型。同年，湛江农垦局表彰先进党支部：八队、旅游服务公司、七星岭队；优秀共产党员：刘秀南、刘学华、李日生、黎伯书、钟福东、杨国华、王理生、凌兰、郑有庄；优秀党务工作者：马绍智。同年，在"七一"表彰活动中，农场评选出2个党总支、10个先进党支部、67名优秀共产党员和10名优秀党务工作者。自开展争先创优活动，农场每年"七一"前夕都会评选表彰一批先进党总支、先进党支部、优秀共产党员和优秀党务工作者，以此鼓励全体党员干部职工牢记党的宗旨，艰苦奋斗、努力进取、积极工作。

1997年，湛江农垦局表彰先进基层党组织：湖光农场党委为先进基层党委；先进党支部：乳制品厂、中学、新桥队；优秀共产党员：黄锦访、苏逢进、马绍智、罗寿栋、钟福乾、刘国生、柯少凌、邱钧汉、何秀莲、廖国炎；优秀党务工作者：邓培义、王永社、李全森。

1998年，湛江农垦局表彰先进基层党委：农场党委；先进党支部：第一小学、十队、乳制品厂；优秀共产党员：刘学华、冼广浩、刘培芳、李广烈、苏葵、梁生、廖锡茂、陈永、刘先福、廖道坚、邓培义；优秀党务工作者：李日潮、麦华安、黎燕露。同年，农场授予高阳分场党总支等14个党组织"先进党组织"称号，李日生等64名党员"优秀共产党员"称号，庞光廷等11名党务工作者"优秀党务工作者"称号。

1999年，湛江农垦局表彰先进党支部：乳制品厂、畜牧公司、谭河队、花木种苗、机关第四党支部；优秀共产党员：邓培义、庞光廷、黄马明、张雪霞、罗海玲、麦华安、黄康用、吴同陆、柯少凌、陈明坤、钟福乾、李日生、刘学华、陈德孝；优秀党务工作者：李日潮、廖国炎、黄锦访、曾宪煌。同年，农场授予志满分场党总支等13个党组织"先进党组织"称号，蔡应泉等65名党员"优秀共产党员"称号，庞光廷等12名党务工作者"优秀党务工作者"称号。

2000年，湛江农垦局表彰先进党支部：湖光奶业公司、志满派出所、第一小学；优秀共产党员：邓培义、李光平、罗国光、吴拾来、杨秋、邓锡芬、陈秉、罗德生、黄群珍、陈德孝、陈永、李华京；优秀党务工作者：刘国生、史良欣。同年，农场授予高阳分场党总支等12个党组织"先进党组织"称号，黄惠芳等66名党员"优秀共产党员"称号，李日潮等10名党务工作者"优秀党务工作者"称号。

2001年，湛江农垦局表彰先进党支部：奶业公司、职工医院、谭河队；优秀共产党员：梁建辉、陈永、邓培义、张秋、李日潮、黄惠芳、李日生、阮景日、黄康在、龙文桂；优秀党务工作者：史良欣。同年，农场授予高阳分场党总支等10个党组织"先进组织"称号，刘国增等58名党员"优秀共产党员"称号，授予黄惠芳等10名党务工作者"优秀党务工作者"称号。

2002年，农场授予邓培义等55名党员"优秀共产党员"称号，杨秋等10名党务工作者"优秀党务工作者"称号。

2003年，湛江农垦局表彰先进党支部：八队；优秀共产党员：陈永、黄阳梅、刘金玲；优秀党务工作者：史良欣。同年，中共湛江市麻章区委表彰先进党委：农场党委；先进党支部：职工医院、高岭队、五里仔队部、湛江市湖光奶业有限公司；优秀共产党员：梁建辉、杨秋、吴锡全、黄观其、刘明显、邱庆宁、黄惠芳、陈国生、廖振杰、邱钧汉、吴开澎；优秀党务工作者：林国坚、苏葵。同年，农场授予高阳分场党总支等8个党组织"先进党组织"称号，陈国生等58名党员"优秀共产党员"称号，苏葵等9名党务工作者"优秀党务工作者"称号。

2004年，农场深入实施固本强基工程建设，开展"四看四想四促进"活动。建立固本强基工程联系点、示范点和重点帮扶单位5个，分别由5名场级以上领导干部实行挂钩联系。同年，农场授予志满分场党总支等9个党组织"先进党组织"称号，钟日兴等63名党员"优秀共产党员"称号，张公利等8名党务工作者"优秀党务工作者"称号。同年，经过湛江农垦集团公司党组综合评定，农场被确定为垦区一级党建工作目标管理达标单位，被表彰为先进党委，农场党委实现了扭亏为盈，366户特困职工实现了脱贫，职工年平均收入由2000年的5849元提高到2004年的7500元，职工群众得到了真正的实惠。

同时，农垦局表彰先进党支部：八队；优秀共产党员：罗德生、黄阳梅、周少芳；优秀党务工作者：林国坚。同年，中共湛江市麻章区委表彰先进基层党委：农场党委；先进党支部：三队、十队、第一小学、湛江市湖光奶业有限公司；优秀共产党员：梁建辉、王理生、邱钧汉、黄惠芳、揭业权、李桂明、邓培义、钟康养、钟日兴、阮南光；优秀党务工作者：史良欣、苏葵。

2005年，湛江农垦局表彰先进基层党组织：农场党委先进党委；十强固本强基示范点：八队党支部；十佳党员示范岗：黄康在；十佳"一帮一"党员：符建荣；先进党支部：八队；优秀共产党员：王理生、黄康在、王松；优秀党务工作者：史良欣。同年，湛江市麻章区委表彰先进基层党委：农场党委；先进党支部：三队、高岭队、医院；优秀共产党员：周少芳、李桂明、符建荣、陈国生、钟日兴、张秋；优秀党务工作者：林国坚、杜福坚。同年，农场授予五里分场党总支等9个党组织"先进党组织"称号，王松等65名党员"优秀共产党员"称号，杨秋等9名党务工作者"优秀党务工作者"称号。

2006年，湛江农垦局表彰先进党委：农场党委；红旗党支部：八队；模范共产党员：黄康在；优秀共产党员：黄阳梅、王松；优秀党务工作者：史良欣。麻章区委表彰先进党支部：高岭队、五里队、第一小学；优秀共产党员：王理生、陈振南、刘金玲、李桂明、周少如、陈国生、余庆生、张超雄、潘志清；优秀党务工作者：林国坚、邓培义。同年，农场授予五里分场党总支等9个党组织"先进党组织"称号，王松等66名党员"优秀共产党员"称号，杨秋等10名党务工作者"优秀党务工作者"称号。

2007年，湛江农垦局表彰先进党委：农场党委；先进党支部：五里队；优秀共产党员：王松、陈国生、戴美云；优秀党务工作者：林国坚。同年，湛江市委表彰梁建辉为优秀共产党员。湛江市麻章区委表彰先进基层党委：农场党委；先进党支部：八队、三队、高岭队、医院；优秀共产党员：王理生、陈流荣、李桂明、邱庆宁、农绍前、邱钧汉、张超雄、黄惠芳、陈德孝、陆杏园；优秀党务工作者：杨秋、杜福坚。同年，农场授予五里分场党总支等8个党组织"先进党组织"称号，王松等53名党员"优秀共产党员"称号，杨秋等9名党务工作者"优秀党务工作者"称号。

2008，湛江农垦局表彰先进党支部：三队；优秀共产党员：廖华全、李桂明、农绍前；优秀党务工作者：杜福坚。湛江市麻章区委表彰先进党支部：高岭队、五里队、蚕业公司、第一小学；优秀共产党员：梁建辉、陈国生、李日生、周少芳、杨秋、钟康养、张超雄、黄惠芳、陈马玉、戴美云；优秀党务工作者：陈德孝。同年，农场授予高阳分场党总支等9个党组织"先进党组织"称号，王松等53名党员"优秀共产党员"称号，苏葵等9名党务工作者"优秀党务工作者"称号。

2009年，农场授予新坡分场党总支等8个党组织"先进党组织"称号，王松等48名党员"优秀共产党员"称号，杨秋等9名党务工作者"优秀党务工作者"称号。

2010年，湛江农垦局表彰先进党支部：燕塘公司党支部；优秀共产党员：廖华全、刘世坤；优秀党务工作者：陈霜。同年，农场授予五里分场党总支等8个党组织"先进党组织"称号，李桂明等55名党员"优秀共产党员"称号，陈霜等7名党务工作者"优秀党务工作者"称号。

2011年，农场深入开展"创先争优"活动。湛江农垦局表彰先进党支部：十队；优秀共产党员：杨献志、陈日光；优秀党务工作者：苏葵；党员种蔗能手：杨献志。同年，湛江市麻章区委表彰先进基层党委：农场党委；先进党支部：三队、八队、湛江燕塘奶业有限公司、第一小学；优秀共产党员：阮南光、廖金玉、陈康就、陈光海、陈雄、刘国志、黄惠芳、阮水生、李桂明；优秀党务工作者：林家斌、钟玉兴。同年，农场开展量化考核、领导点评活动，授予高阳分场党总支等7个先进党支部"先进党组织"称号，陈流荣等54名党员"优秀共产党员"称号，苏葵等9名党务工作者"优秀党务工作者"称号。

2012年，湛江农垦局表彰2010—2012年垦区创先争优先进基层先进党支部：十队党支部；优秀共产党员：陈光海。同年，湛江市麻章区委表彰创先争优先进党支部：三队、五队、八队、医院；优秀共产党员：阮南光、符伟强、周少芳、苏耀华、李桂明、王松、崔宝成、钟玉兴、林健。同年，农场授予直属党总支等8个党组织"先进党组织"称号，阮南光等56名党员"优秀共产党员"称号，苏葵等7名党务工作者"优秀党务工作者"称号。

2017年，农场按照上级党委制定了在职党组织、离退休三套星级评定标准，8个党支部评定为一星级。

2018—2020年，农场树立党员示范岗、党员先锋岗88个，党员示范岗在示范表率工作中发挥了积极的示范带头作用。

2018年，农场党委组织职工干部、党总支书记、党支部书记30多人次，分赴五一农场、幸福农场等农场取经，观摩学习兄弟单位"党建创星"工作的先进经验，取得较好的成绩，本年度被农垦局党委评为二星级党委。同年，农场党委召开纪念建党98周年表彰大会，16个党支部被评为星级党支部，其中二星级党支部8个、一星级党支部8个，39名优秀共产党员受到通报表彰。农场对被农垦局评上星级的党支部书记给予奖励1000元，对挂钩联系党支部"党建创星"成功的挂钩干部每人奖励500元。为提高基层党支部书记的工作积极性，从当年5月起，对基层党支部书记每人每月发放职务补贴 100 元。

2019 年，农场党委被农垦局党委评为二星级党委，十队党支部被评为标杆基层党组织，八队党支部被评为党员活动阵地示范点。同年，湛江市麻章区委表彰先进党支部：八队、十队；优秀共产党员：陈丽斌、邱黎君；优秀党务工作者：黄海霞、邱庆东。农场党委召开纪念建党 98 周年表彰大会，15 个党支部被评为农场星级党支部，其中三星级党支部 3 个、二星级党支部 5 个、一星级党支部 7 个，39 名优秀共产党员受到通报表彰。

2020 年，湛江农垦在"七一"表彰标杆基层党组织：十队党支部；优秀党员服务队：八队党支部党员服务队。农场召开了纪念中国共产党成立 99 周年表彰大会暨党建和党风廉政建设工作会议，对 15 个星级党支部、26 名党员先锋示范岗、5 个疫情防控和复工复产先进集体、10 名疫情防控先进个人进行通报表彰。

3. **"三会一课"**　农场坚持把基层党支部的"三会一课"作为重要制度，做到每季度召开一次党员大会、上一次党课，每月召开一次支部委员会、一次党小组会。坚持党员领导干部讲党课制度，党委书记每年至少为基层党员讲一次党课。"三会一课"紧紧围绕农场中心工作和职工群众关注的实际问题，不断采用新的活动方式和载体，提高学习教育实效，增强党组织的吸引力和凝聚力。党课形式以领导领学、个人自学、定期讲学、媒体辅导等方式，开展"微型""基层""廉政"等党课教育。同时，组织党员干部到廉政警示教育中心等教育基地接受教育。

把"三会一课"列入考核，要求各党支部每月召开一次支部委员会，每季度召开一次党员大会、上一次党课，进行现场指导和培训。2017 年，规范"三会一课"学习计划，把学习党章、党规与习近平总书记系列讲话贯穿始终，把学习中央从严治党最新精神贯穿始终，有效防止了"三会一课"表面化、形式化、娱乐化、庸俗化。

4. **党员发展**　农场的党组织根据地方组织部每年下达的发展党员指导数，制订党员发展计划，组织入党积极分子和发展对象参加培训，积极培养吸收了一批优秀知识分子以及生产工作一线的工人、能手、青年、妇女入党，进一步充实了党组织的新鲜血液。

1989—1991 年，农场共发展党员 93 名，占党员总数的 9.1%。1991 年，农场党员总人数为 1024 人。1992 年，农场发展党员 45 人，其中 35 岁以下者占 64.4%，具有高中以上文化水平的人占 53.5%，生产第一线工人占 28.9%。

2014 年，按照"控制总量、优化结构、提高质量、发挥作用"的发展党员"十六字"新方针，注重对入党积极分子的教育、培养、考察，优中选优，全年发展党员 2 人，与上年度同比减少 89.5%。

2017年，开展党员组织关系集中排查工作，采取"一查二访三走进"的方式，排查出失联党员1名、停止党籍者1人。2020年，农场发展党员2名。截至2020年，农场有736名党员，其中在职党员162人、离退休党员506人、其他党员68人。

三、制度建设

农场坚持制度治党、依规治党，重视制度建设，推动全面从严治党向纵深发展。

1991年，党委进一步建立和完善基层党支部建设的制度，制订年度计划、季度检查、年终总结的检查评比制度，每季度召开一次党建工作例会制度，党建工作联系点制度等，进一步强化组织建设。

1992年，农场党委每年召开2次以上民主生活会，按照规定的评议程序，事前做好评议的准备工作，事后认真对待评议意见，及时提出整改意见和措施，党委班子成员分头下到基层一起召开民主生活会。支部平均召开专题组织生活会4次。

1997年，农场把考核作为抓班子建设的有力抓手，以考促建，以考促改。每年对农场科级干部进行一次考核，一直坚持到2020年。

1998—1999年，农场严格执行农垦制定的"十项考核"制度，开展自查、抽查工作，对存在的问题及班子成员存在的问题进行整改。

1999年8月，对农场的党费收缴和管理工作进行全面检查，做到"五统一"，即统一党员交纳党费登记表、统一重新审查核定收缴标准、统一收缴时间、统一建立转账专户、统一存入规定的银行。

2003年底，通过机构调整撤并和人员分流，精简机构15个，减少生产队（分场）机构2个，共精简管理人员20人。

2009年，基层党支部开展党务公开、民情日记、党组织书记述职三项基础工作任务。本年，农场严格执行《湛江农垦集团公司（农垦局）"三重一大"议事规则和决策程序规定》，召开党委会议集体讨论决定，进一步强化民主集中制，健全和完善权力运行监督机制。通过综合运用民主推荐、民主测评、民意调查、个别谈话、实绩分析、综合评价等办法，改进工作，提高工作能力。

2013—2014年，农场以反对"四风"（即反对形式主义、官僚主义、享乐主义、奢靡之风）为重点，新增和修改完善了一批作风建设相关制度，形成长效机制，促进了作风转变和工作落实。

2017年10月，组织党员积极广泛开展"党的生日、扶贫济困日、党员活动日、驻点联系群众日"活动,并形成长效机制,常抓不懈。

2018年以来,农场党员志愿服务队18支,招募志愿者202人,每年每名志愿服务队均开展志愿活动12次以上;开展"党员一帮一""党员为职工群众办实事好事"等活动。

2018年,全场22个党支部开展"不忘初心、牢记使命,重温入党誓词"主题党日活动,其中,机关3个在职党支部组织党员60多人和机关退休职工党支部的退休党员20多人到廉江鹤地水库党史教育基地开展了主题党日活动,接受了党史、党的宗旨教育,增强了党性意识。

2019年,落实发展党员和党费收缴工作。依照党员发展工作流程发展党员,举办了2019年入党积极分子培训班。一年来,全场发展新党员3名,预备党员转正7名,收缴党费47695.2元。

2000年,明确农场党委书记是企业党建工作的第一责任人,按分管责任包干抓党建。党委工作部门具体管理党建工作,基层党支部设立完成目标任务的党建责任制,实行基层党建工作实施量化考核。

2020年,农场要求支部书记每月至少完成一篇帮助职工群众排忧解难的日记,记录生产队发展建设事宜,共记录300多件;所有党支部设有党务公开栏,定期公开;支部书记每年述职一次,并由支部党员按"优秀、称职、合格、不合格"等名次进行测评。

表 9-1 1956—2020 年湖光农场党组织和党员数量

年份	基层党委(个)	基层党总支(个)	基层党支部(个)	党员人数(人)	发展党员(人)
1956	1		13	257	122
1959	1	5	15	280	120
1961	1	5	23	310	100
1976	1	7	53	715	141
1980	1	8	69	841	15
1981	1	10	79	842	34
1982	1	10	77	923	26
1983	1	12	83	938	15
1984	1	12	89	938	21
1985	1	12	87	922	12
1986	1	11	90	953	30
1987	1	12	88	990	42
1988	1	12	85	1004	25
1989	1	11	87	995	26
1990	1	11	84	1009	37
1991	1	12	83	1024	30

（续）

年份	基层党委（个）	基层党总支（个）	基层党支部（个）	党员人数（人）	发展党员（人）
1992	1	12	83	1054	45
1993	1	11	80	1063	37
1994	1	11	80	1081	29
1995	1	10	77	1068	18
1996	1	11	73	1067	26
1997	1	12	71	1077	18
1998	1	13	70	1083	8
1999	1	12	70	1078	8
2000	1	9	64	1068	4
2001	1	9	56	1080	27
2002	1	9	49	1084	27
2003	1	7	49	1091	10
2004	1	7	49	1044	17
2005	1	7	49	979	18
2006	1	7	49	970	10
2007	1	7	52	971	9
2008	1	7	52	970	12
2009	1	7	52	978	6
2010	1	7	52	976	7
2011	1	7	52	980	15
2012	1	7	52	969	10
2013	1	7	47	985	19
2014	1	7	47	985	2
2015	1	7	49	973	8
2016	1	7	48	958	8
2017	1	7	48	922	7
2018	1	4	22	858	6
2019	1	4	19	772	3
2020	1	2	21	736	2

表 9-2　2020 年湖光农场党总支一览

单位	建立时间	调整时间
志满分场党总支	1959 年 1 月	2020 年 4 月撤销
五里分场党总支	1955 年 2 月	2018 年 4 月撤销
新坡分场党总支	1958 年	2018 年 4 月撤销
柳秀分场党总支	1955 年	2003 年 5 月撤销
高阳分场党总支	1983 年 11 月	2020 年 4 月撤销
工业党总支	1990 年 2 月	2018 年 4 月撤销

（续）

单位	建立时间	调整时间
建筑公司党总支	1979 年	1997 年 12 月撤销
农机公司党总支	1979 年	1995 年 3 月撤销
畜牧公司党总支	1982 年	2001 年 1 月撤销
教育党总支	1985 年	2001 年 1 月撤销
橡胶制品厂党总支	1983 年	1999 年 7 月撤销
直属党总支	1984 年	2018 年 4 月撤销
社区第一党总支	2020 年 4 月	
社区第二党总支	2020 年 4 月	

表 9-3　1991 年湖光农场基层党支部一览

单位	建立时间	单位	建立时间	单位	建立时间	单位	建立时间
志满分场	1984 年	红桥队	1963 年	柳秀茶队	1977 年	茶厂	1975 年
一队	1962 年	五里仔队	1960 年	下溪茶队	1976 年	乳制品厂	1990 年
二队	1959 年	五里村队	1959 年	志满机队	1972 年	五金厂	1983 年
志满村队	1969 年	东路队	1967 年	新坡机队	1981 年	纸箱厂	1983 年
新桥队	1958 年	大岭队	1964 年	五里机队	1980 年	酒厂	1981 年
八队	1952 年	高阳分场部	1986 年	高阳机队	1961 年	中学	1976 年
下溪村	1961 年	九队	1962 年	柳秀机队	1975 年	第一小学	1976 年
新坡分场	1958 年	十队	1959 年	供电所	1985 年	医院	1969 年
三队	1955 年	高阳队	1963 年	修配厂	1970 年	派出所	1988 年
四队	1960 年	高岭队	1966 年	汽车队	1976 年	供销科	1980 年
东桥队	1954 年	七星岭队	1967 年	畜牧公司部	1982 年	老干部	1984 年
东风队	1969 年	朝阳茶队	1975 年	鸡场队	1959 年		
新坡村队	1963 年	柳秀分场部	1986 年	兽医站	1980 年		
谭高队	1958 年	七队	1959 年	橡胶制品厂	1981 年		
新墟茶队	1975 年	西岭队	1967 年	商业公司	1980 年		
五里分场	1958 年	柳东队	1963 年	林木公司	1983 年		
五队	1952 年	里场队	1959 年	装饰家具厂	1984 年		
六队	1955 年	养殖场	1974 年	湖霞公司	1983 年		

表 9-4　2020 年湖光农场基层党支部一览

单位	建立时间	单位	建立时间	单位	建立时间
三队	1955 年	十队	1959 年	机关第一党支部	2020 年
四队	1960 年	高阳队	1963 年	机关第二党支部	2020 年
五队	1952 年	七星岭队	1967 年	机关第三党支部	2020 年
五里仔队	1960 年	七队	1959 年	机关退休第一党支部	2020 年
谭河队	2003 年	八队	1952 年	机关退休第二党支部	2020 年
		下溪队	1961 年	机关退休第三党支部	2020 年

（续）

单位	建立时间	单位	建立时间	单位	建立时间
				社区退休第一党支部	2020 年
				社区退休第二党支部	2020 年
				社区退休第三党支部	2020 年
				社区居委会第一党支部	2020 年
				直属党支部	2018 年

注：因历年农场机构体制改革，表中为湖光农场 2020 年基层党支部现状。

第三节　党委主要领导人更选

表 9-5　历年湖光农场党委领导一览

姓名	职务	在职时间月
唐占甲	党委书记	1955 年 2 月—1958 年 12 月
陈介三	党委书记	1957 年 8 月—1959 年 9 月
郭柏林	党委书记	1958 年 12 月—1963 年
穆振华	党委书记	1963 年—1968 年 12 月
吴荣福	党委书记（现役军人）	1970 年 1 月—1971 年 7 月
张孝谦	党委书记（现役军人）	1971 年 7 月—1973 年 11 月
穆振华	党委书记	1973 年 11 月—1974 年 2 月
王金昌	党委书记	1974 年 2 月—1978 年 8 月
刘明超	党委书记	1979 年 2 月—1987 年 12 月
李　中	党委书记	1987 年 12 月—1989 年 8 月
黄锦访	党委书记	1989 年 8 月—2000 年 3 月
史良欣	党委书记	2000 年 3 月—2006 年 4 月
林国坚	党委书记	2006 年 4 月—2011 年 4 月
吴忠培	党委书记	2011 年 4 月—2016 年 3 月
梁文彩	党委书记	2016 年 9 月—2018 年 4 月
陈　悦	场　长（党委副书记）	2018 年 4 月—2019 年 6 月
	党委书记（法人代表）	2018 年 5 月—2020 年 11
	湛江农垦集团公司（农垦局）党组成员、董事、副总经理（副局长）董事长（法人代表）	2020 年 11 月至今
喻天宏	场　长（党委副书记）	2019 年 9 月至今
李　荣	党委副书记	1963 年—1968 年 12 月
张孝谦	党委副书记（现役军人）	1970 年 1 月—1971 年 7 月
吴荣福	党委副书记（现役军人）	1971 年 7 月—1972 年 2 月
贾善余	党委副书记（现役军人）	1971 年 7 月—1972 年 12 月
邵春安	党委副书记（现役军人）	1972 年 2 月—1973 年 11 月

（续）

姓名	职务	在职时间月
王金昌	党委副书记	1973 年 12 月—1974 年 2 月
黎霞生	党委副书记	1974 年 11 月—1978 年
姜望芝	党委副书记	1974 年 11 月—1983 年 7 月
陈仲达	党委副书记	1976 年 5 月—1985 年 5 月
肖柱荣	党委副书记	1976 年 3 月—1978 年 10 月
花进友	党委副书记	1980 年 9 月—1983 年 6 月
姚光久	党委副书记	1981 年 7 月—1988 年 2 月
曹继彬	党委副书记	1983 年 6 月—1985 年 11 月
唐达森	党委副书记	1983 年 7 月—1984 年 7 月
李 中	党委副书记	1984 年 7 月—1985 年 11 月
刘国胡	党委副书记	1986 年 10 月—1991 年 5 月
黄德清	党委副书记	1988 年 7 月—1992 年 6 月
曾宪煌	党委副书记	1991 年 5 月—2002 年 10 月
黄治成	党委副书记	1992 年 7 月—1994 年 8 月
梁建辉	党委副书记	2000 年 4 月—2010 年 11 月
林国坚	党委副书记	2002 年 10 月—2006 年 4 月
吴登孟	党委副书记	2010 年 11 月—2012 年 10 月
赖荣光	党委副书记	2010 年 10 月—2014 年 11 月
万 发	党委副书记	2014 年 11 月—2016 年 4 月
陈 悦	党委副书记	2017 年 9 月—2018 年 4 月
梁文彩	党委副书记	2018 年 4 月—2019 年 6 月
喻天宏	党委副书记	2019 年 9 月至今
姜望芝	纪委书记	1980 年 11 月—1983 年 7 月
刘国胡	纪委书记	1986 年 10 月—1991 年 2 月
曾宪煌	纪委书记	1991 年 5 月—2002 年 12 月
林国坚	纪委书记	2002 年 10 月—2007 年 4 月
廖华全	纪委书记	2007 年 4 月—2016 年 3 月
吴小东	纪委书记	2016 年 3 月至今

第四节　思想政治工作

一、体制与机构

20 世纪 50—60 年代，农场设置宣传科作为思想宣传工作机构；随着管理体制经的变化，生产建设兵团时期，团部政治处设宣传科；1974 年恢复农垦体制后，设立宣传科；90 年代后，农场的宣传科与人事部门合并为政工部；2014 年 7 月后，独立设置宣传科。

农场的思想政治工作是在农场党委的统一领导下，采取党、政、工、团、妇齐抓共管的办法，按照农场各个时期党的中心任务，结合职工的思想实际进行的。其职责主要包括：贯彻执行上级宣传工作的方针、政策；负责农场思想政治、理论和社会宣传、教育工作；调查分析干部职工的思想动态；负责与意识形态和新闻舆论部门联络工作；负责农场领导班子中心组学习，负责规划、部署精神文明建设工作；负责对内、对外的宣传和新闻报道工作。

农场组建初期，进行了以思想发动为主要内容的转企业化教育，批判保守落后和墨守成规的右倾思想以及供给制雇佣观点，贯彻学习中共第八次全国代表大会文件精神，开展增产节约、争取丰收、达到自给的宣传教育方针，保证垦殖场由事业管理转向企业管理，保障发展多种经营的贯彻落实，使广大职工树立起为建设垦殖事业而奋斗的信心和决心。

1958—1960年，思想政治工作的主要内容是以"反右倾、鼓干劲"为中心，在职工中进行系统的社会主义过渡时期总路线教育和社会主义思想教育，提高了职工的社会主义思想觉悟，树立多快好省建设社会主义的思想。同时，结合纠正"共产风"，开放自由市场，还对职工进行了大好形势、自由市场问题和农场远景的教育，解决了部分职工不安心农场的问题。

1962—1964年，主要开展以"五反""四清"为内容的社会主义教育运动和增产节约运动，广泛宣传"学习雷锋""南京路上好八连"和"一厘钱精神"，批判资本主义思想倾向。

1965—1968年，深入开展学习毛主席著作群众运动，活学活用毛泽东思想，宣传贯彻《关于改革国营农场经营管理制度的规定》和中共中央八届十二中全会精神，大抓机关革命化和职工思想革命化，动员职工投入以"五好"为中心的比、学、赶、帮活动。

兵团时期的思想政治工作，主要是围绕贯彻落实中共九大和中共十大会议精神，突出政治，活学活用毛泽东思想，狠抓职工的思想革命化，提高干部战士的思想觉悟和路线斗争觉悟，促进生产、工作和战备。同时，在全场范围内开展"北学殷庚，南学林淑丽"的活动，促进"农业学大寨"运动的深入开展和生产的"大干快上"，扭转亏损局面。

1975—1978年，贯彻中共十一大会议精神和"抓纲治场"的方针，大张旗鼓地宣传学习社会主义新时期的总任务，学习全国五届人大通过的新宪法，大办政治夜校，从路线、干劲、作风三个方面促进思想革命化。深揭狠批"四人帮"的罪行，结合党的基本路线教育，广泛开展"三大讲""两本账"和路线对比活动，进行"一批二打三整顿"，从政治上、思想上、组织上不断肃清"四人帮"的影响，拨乱反正，把长期以来被"四人帮"搞乱的思想、颠倒的路线和是非逐步纠正过来。

1979—1981 年，以贯彻中共十一届三中全会精神为中心，落实党的政策，抓好以经济建设为中心、坚持四项基本原则的宣传教育和民主法制教育。号召全场干部职工学习对越自卫反击战烈士朱国（农场职工子弟）的英雄事迹，整顿农场秩序。广泛开展"五讲四美"及"学雷锋、树新风"活动，保证各项生产任务的完成。

1982—1983 年，思想政治工作结合经济工作一起进行，大力宣传大包干经济责任制，学习贯彻中共十二大精神和经济建设十条方针。开展以共产主义为核心的爱国主义、社会主义思想教育，推动"五讲四美"和"全民礼貌月"活动的深入进行，为落实大包干责任制提供可靠的思想保证。

1984—1985 年，组织干部职工学习 1983 年、1984 年中央 1 号文件，清除"左"的思想影响，广泛宣传兴办职工家庭农场的目的和意义，统一全场职工对兴办职工家庭农场的认识，打消职工怕完不成任务、拿不回等级工资等思想顾虑。

1986 年，在对党员进行党性教育的基础上，认真总结和吸取前两年经商失误的经验教训，从思想上查找原因，从经营上摆正方向，从经济上堵塞漏洞，从作风上纠正华而不实的做法。加强对干部工人的法纪和道德教育，消除由于案件发生所产生的互相埋怨、消极抵触、失去信心的思想情绪，把全体职工的思想统一到改革上来，齐心协力克服困难、振兴湖光。

1987 年，以加强精神文明建设、保障改革开放的顺利进行为着重点，抓好干部理论教育，学习贯彻中央于 1987 年公布的 1～6 号文件，大张旗鼓开展坚持四项基本原则、反对资产阶级自由化斗争，广泛进行法纪教育和职业道德教育，树立社会主义新风尚，培养"四有"职工队伍。

1988—1989 年，围绕学习和贯彻中共十三届四中、五中全会精神，教育职工明辨是非，旗帜鲜明地反对资产阶级自由化思潮，在政治上、思想上、行动上与党中央保持一致。开始形成农场党委学习中心组的学习制度。

1990 年，把稳定作为压倒一切的头等大事来抓，深入进行以贯彻落实中央十三届四中、五中、六中全会精神为主要内容的思想政治教育，针对不同对象，分层次、分类型抓好职工的思想工作。结合治理整顿，加强各级领导班子建设，整顿干部队伍，教育干部树立经济持续、稳定、协调发展的思想。全面开展职工道德教育、普法教育和消除"七害"的斗争，发动全场职工大搞精神文明建设，整治环境，健全完善文化娱乐设施，稳定职工的思想，为经济建设创造良好的环境条件，克服"一手硬、一手软"的状况。

1991 年的思想政治工作以全面贯彻执行党的"一个中心，两个基本点"基本路线，开展坚定社会主义信念的形势教育为中心内容，深入宣传学习中共十三届七中全会精神，大力加强精神文明建设，狠抓对四项基本原则的教育和对治理整顿、深化改革认识的教育，排除僵化和自由化两种错误思想的干扰和影响。动员全场职工抗灾夺丰收，克服市场疲软、资金不足等困难，发扬"艰苦创业，团结奋进，求实开拓，积极奉献"的农垦精神，调动一切积极因素，深化企业改革，为全面完成农场两个文明建设任务而奋斗。

中心组学习从未间断。从20世纪80年代末形成农场党委学习中心组的学习制度，到2020年，每年学习4~6个专题，领导班子成员带头发言，中心组各成员结合自身工作谈学习体会，通过学习不断加强提升党委思想政治觉悟、领导组织能力及科学决策能力，有效推动深化改革、改善生产经营、维护社会稳定、促进民生事业等方面的工作发展。农场中心组紧紧围绕党在各时期的中心思想和政治任务，在成员中开展读书学习活动，逐步拓宽领导干部的知识面，提高其知识素养和学习能力。

1989—1995年，这一时期的思想政治工作以学习邓小平建设有中国特色的社会主义理论为主要内容，提高对改革的认识。重点学习和掌握邓小平建设有中国特色的社会主义理论，特别是学习邓小平南方谈话精神。

1996—1999年，主要针对企业改革和转换经营机制方面的实际问题进行学习，深入开展"双学"（学习党章、学习邓小平理论）活动。

2000—2005年，以中心组学习、专题学习会、专题研讨会的形式深入学习"三个代表"重要思想，分期分批次对农场党员进行"三个代表"重要思想专题学习培训。

2006—2012年，以实践科学发展观为思想政治教育主线，紧紧围绕广东省农垦总局提出的"推进农业现代化，打造跨国大集团，建设美好新垦区"的目标抓好理论学习，提高领导干部的政策水平和改革创新能力，调动党员干事创业积极性主动性创造性。

2012—2015年，以落实中央"八项规定"、反对"四风"为重点，学习党章、中共十八大报告、《习近平治国理政（第二卷）》以及中央和省委印发的教育实践活动和"三严三实"专题教育读本。

2016—2017年，把"两学一做"学习教育作为理论学习的首要任务，学习重温《党委会的工作方法》《"两学一做"学习教育读本》等。

二、加强思想政治教育工作

1989—2017年，农场历届党委高度重视思想政治工作，根据各个时期的形势和任务，在职工中开展社会主义、爱国主义、集体主义、社会主义道德和法制以及党的路线方针政策及艰苦奋斗等方面的教育。围绕和结合农场的经济建设目标以及生产经营管理中职工的思想实际，开展经常性思想政治工作。

（一）思想教育的主要内容

以毛泽东思想、邓小平理论、"三个代表"重要思想、科学发展观、习近平新时代中国特色社会主义思想为指导，学习贯彻中共十四大、十五大、十六大、十七大、十八大、十九大会议的重要精神，紧紧围绕农场改革和发展，把加强职工思想政治建设和经济建设统一起来抓，不断适应新形势、新任务的要求。先后开展了创先争优、群众路线教育实践活动，以及"三严三实""两学一做"等思想政治教育，使党的方针政策更加深入人心。

20世纪90年代初，农场开展以"职业理想、道德、技能、纪律"为主题的教育，在职工中营造遵纪守法、敬业爱岗、团结友善、崇尚科学、勤劳致富的氛围。

1989—1991年，以学习邓小平建设有中国特色的社会主义理论为主要内容，提高干部职工改革的认识。

1992—1995年，围绕如何适应改革开放新形势和社会主义市场经济形势等问题，开展一系列学习。重点学习和掌握邓小平建设有中国特色的社会主义理论，特别是学习邓小平南方谈话精神。

1996—1999年，深入开展"双学"（学习党章、学习邓小平理论）活动，主要研读《邓小平文选》《中共中央关于建立社会主义市场经济体制若干问题的决定》，进一步解放思想、转变观念、开阔发展思路。

1999年，开展"三讲"（讲学习、讲政治、讲正气）学习教育以及"两思"（致富思源、富而思进）专题讨论。

2000—2002年，按照中央和两级农垦局党组的部署，农场党委开展了"三个代表"重要思想学习教育活动，印发了《关于在全场开展"三个代表"重要思想学习教育活动的通知》，对党员干部职工进行"三个代表"重要思想专题教育。学习教育活动按照学习培训、对照检查、整改提高三个阶段进行，经过对"三个代表"重要思想的深入学习教育，取得了推动农场经济发展和增加职工收入有进展、减轻农场工人负担有成效、干部队伍思想和工作作风有明显改进的活动效果。

2003年，农场参加农业科技入户示范，科技人员直接到户、良种良法直接到田、技术要领直接到人的长效机制。

2005年1月，根据中央和两级农垦局党组的部署，农场党委利用一年半时间，在全场党员中开展了以实践"三个代表"重要思想为主要内容的保持共产党员先进性教育活动，主要引导广大党员学习贯彻党章以及中共十六大和中共十六届三中、四中全会精神，坚定理想信念，坚持党的宗旨，增强党的观念。认真解决党员和党组织在思想、组织、作风以及工作方面存在的突出问题，较好地达到了提高党员素质、加强基层组织、服务职工群众、促进各项工作的目标要求。

2006—2012年，以实践科学发展观为思想政治教育主线，抓好思想政治作风建设。2009年3月开始，根据中央、广东省委、湛江市委和湛江农垦局党组的部署，湖光农场被列入第二批深入学习实践科学发展观活动单位，学习实践活动从到8月基本完成，历时半年。农场党委坚持把中央"八项规定"作为党员干部学习教育的重要内容，将其贯穿于日常学习教育特别是在"两学一做"学习教育活动中，充分利用全体干部职工会议、文件传阅、党委中心组学习、支部"三会一课"等方式，传达学习中央"八项规定"精神及上级相关实施意见，加深干部职工对文件精神的理解，增强贯彻落实"八项规定"的责任感、紧迫感，提高贯彻落实的自觉性、坚定性。不断引导全体党员干部职工统一思想、提高认识，牢固树立廉洁自律、勤俭节约的优良作风，从每一项工作做起，从每一个细节入手，坚持忠诚干净干事、依法依规办事，切实把"八项规定"内化于心、外化于行，树立党员干部良好形象。

根据中央"八项规定"精神，农场不断完善企业规章制度，坚持以制度管人管事，强化制度的刚性约束。加强人财物管理，完善内部监督机制，促进廉政建设，防止违规违纪现象发生。

2011年围绕"双庆"活动（纪念建党90周年及纪念农垦建垦60周年）抓思想政治教育，教育中突出宣传改革成果。

2012—2017年，将以习近平同志为核心的党中央治国理政综述作为学习纲领，学习贯彻中共十八大和十九大精神、习近平新时代中国特色社会主义思想，开展党的群众路线教育实践活动，以及"三严三实""两学一做"学习教育等。提高党委班子的思想政治觉悟、组织领导能力及科学决策能力，提高干部职工的思想政治觉悟，有效推动农场在深化改革、生产经营、经济发展、社会稳定、民生幸福等方面的工作。

根据《中共中央关于在全党深入开展党的群众路线教育实践活动的意见》、广东省委和两级农垦局党组文件精神，湖光农场党委制定了《深入开展党的群众路线教育实践活动实施方案》，开展党的群众路线教育实践活动，坚持以正面教育为主，坚持批评与自我批评、讲求实效、分类指导、领导带头，通过结合实际重点抓好12项工作，实行规定动作和自选动作同步推进，富有成效地完成了教育实践活动的目标任务。

2015年4月，根据中央、广东省委和两级农垦局党组的部署，农场党委深入开展了"三严三实"专题教育活动，通过深入查摆领导干部在工作、生活和作风中存在的"不严不实"问题，推动各级领导干部把"三严三实"作为修身做人用权律己的基本遵循、干事创业的行为准则，争做"三严三实"的好干部。

农场党委根据中央、广东省委和两级农垦局党组的工作部署，结合农场实际，制定了《关于在全场党员中开展"学党章党规、学系列讲话、做合格党员"学习教育实施方案》，明确了全体党员的学习要求和科级以上党员领导干部的学习要求。同时，创新教育载体，推动"两学一做"创优创效。开展"戴党徽、亮身份、尽责任、做表率"活动，组织在职党员"两学一做"进行学习教育考试100%，满分率达100%。

在中共十九大召开后，农场党委把学习宣传贯彻中共十九大精神作为首要政治任务，迅速传达学习，掀起学习热潮。2017年10月26日，农场组织了全体干部集中收看湛江农垦局召开的中共十九大精神专题报告视频会，收听湛江农垦十九大代表陈燕华宣讲中共十九大精神。2017年12月，农场党委班子成员参加了湛江市委党校举办的湛江市领导干部学习贯彻中共十九大精神轮训班。2017年12月底，农场组织了代表队参加麻章区举办的学习中共十九大现场知识竞赛，获得三等奖。

2018年1月8日，农场举办学习贯彻中共十九大精神宣讲报告会，报告会邀请了湛江市委宣讲团成员、广东海洋大学海洋政治与战略研究室主任张建刚教授主讲，张建刚教授从中共十九大代表的新特点、中共十九大的大会主题、中共十九大的6个主要成果、中共十九大报告的8个新亮点、"八项规定"在"中共十九大"等五个方面，对如何学习和领会中共十九大精神进行生动精彩的宣讲和诠释。全场干部共160多人聆听了宣传报告。

农场党委中心组和各基层党支部都把十九大精神作为重要学习内容多次开展集中学习。农场统一购买了《党的十九大工作报告读本》等各类中共十九大精神学习辅导书籍资料，下发到全场各单位宣传学习。农场党委还组织开展各类活动，推动十九大精神在农场落地生根、开花结果。例如，开展"不忘初心、牢记使命"主题教育活动；组建18支党员服务队，开展志愿服务活动；开展"四个日子"党员活动日；开展"七一"系列纪念活动等。

（二）开展思想教育的主要活动

1. 辅导教育 1989—2017年，以邓小平理论、"三个代表"重要思想、科学发展观、习近平新时代中国特色社会主义思想为主导，学习贯彻中共十三大、十四大、十五大、十六大、十七大、十八大、十九大的重要精神，紧紧围绕垦区改革和发展，把加强学习型组织建设和建立现代企业制度统一起来，通过学习不断适应新形势新任务的要求。先后开展了创先争优活动、群众路线教育实践活动、"三严三实"学习教育活动、"两学一做"学习教育活动等。

根据不同时期的学习重点做专题辅导学习，采取职工群众喜闻乐见的形式，做好党的理论进行宣传教育工作和学习培训工作。通过上课辅导，开展基层理论宣讲、形势政策教育、社会主义核心价值观宣传、爱国主义教育、党史国史教育等，引导党员干部群众坚定理想信念。

1990—1991年，在党员中广泛开展"三基"（党的基本指导思想、党的基本路线、党的基本理论）教育、防止和平演变教育，以农场拍摄党员教育片，组织党员观看党员教育片为主要教育手段，邀请专家学者做专题辅导报告。

2009年后，以"双学"（学理论、学知识）、"双带"（党员带头致富、带领职工致富）、"三培"（把党员培养成致富能手、把致富能手培养成党员、把党员致富能手培养成基层干部）活动为抓手，培养一支解放思想、开拓创新、带领职工致富奔小康的基层干部队伍。

2. 开展广泛的教育活动

（1）特色实践活动。2000—2005年，农场通过加强思想政治工作提高改革的自觉性和做大做强农垦事业的主动性，开展"献爱心、建和谐、创佳绩、保稳定"特色实践活动。

2002—2004年，掀起了学习"三个代表"重要思想新高潮，重点学习胡锦涛视察广东的重要讲话精神和科学发展观。同时，组织"双基"学习培训班，提升各级领导干部干事创业激情和能力。进一步贯彻落实"三个代表"重要思想和胡锦涛总书记视察广东的重要讲话精神，践行"三个代表"担当，推动农场事业发展。

2005年1月开始，围绕"提高党员素质、加强基层组织建设、服务职工群众、促进经济发展"的目标，开展"我为党旗添光彩"主题实践活动。农场机关及下属的二级单位共7个党总支、49个支部、979名党员参加了该活动。

2008—2009年，农场参加第二批深入学习实践科学发展观活动，举办培训班6场，学习会4次，参加党员342人次。

2010—2012年，在基层党组织和党员中开展创先争优活动，在加快经济发展方式转变上、在"规划到户、责任到人"扶贫工作中、在维护社会稳定建设和谐区、在转变作风抓落实、在学习型党组织、在做好各项工作等方面创先争优。

（2）党风党纪教育活动。每年党委与湛江农局党组签订党风廉政建设责任书，开展纪律教育学习月活动。历届农场领导班子始终高度重视纪律教育工作，从1992年起，坚持每年开展纪律教育学习月活动，教育广大党员干部遵守党纪、政纪、法纪，廉洁从政，保持共产党员本色永不褪色。

1996—1998年，开展了以"讲学习、讲政治、讲正气"为主要内容的党性党风党纪教育。举办培训班12期，轮训党员680人次；播放电教片2场，观看人次280人次；组织反腐倡廉演讲3场，开展党性党纪知识赛3场，参加人数692人次；组织条规考试2场次，参加人数 453 人次。

2000 年，开展以成克杰、胡长清等重大典型案件为反面教材的警示教育，受教育 360 人次。组织党员、干部观看电教片 2 场次。

2002 年，重点学习《腐败警示录》《艰苦奋斗廉洁从政》等正反典型读本，观看《慕绥新、马向东案件警示录》等警示教育片及《情系百姓》等正面典型教育片，共有 560 人次党员参加学习教育月学习。

2016—2017 年，在巩固党的群众路线教育活动、"三严三实"专题教育成果的基础上，采取正面教育与反面警示相结合的方式，组织党员干部到反腐教育基地和党员教育基地观摩学习 3 场次，观看警示教育片 3 场次，受教育的党员干部 235 多人次。

农场紧扣纪律教育学习月主题，结合实际丰富教育学习内容、创新教育学习形式，提高纪律教育的针对性和实效性，开展了形式多样的纪律教育学习活动。包括组织学习好相关辅导教材、组织观看纪律教育电教片、举办党章党规党纪教育培训班等。利用正反面典型教育弘扬正气、树立典型，增强党员干部的思想政治素质和拒腐防变的能力，营造风清气正政治生态。

通过纪律教育学习月活动，农场党风、作风、学风进一步改善。党员干部的宗旨观念、职责意识明显增强，工作作风明显好转，为职工群众服务的观念更加牢固，廉洁从政和遵纪守法的自觉性得到进一步提高。纪律教育学习月活动切实有效地帮助广大党员干部进一步筑牢了防腐拒变的思想防线。

农场党委坚持把中央"八项规定"作为党员干部学习教育的重要内容，将其贯穿于日常学习教育中。充分利用全体干部职工会议、文件传阅、党委中心组学习、支部"三会一课"等方式，传达学习"中央八项"规定精神及上级相关实施意见，加深干部职工对文件精神的理解，切实把"八项规定"内化于心、外化于行，树立党员干部的良好形象。

（3）"继续解放思想，坚持改革开放，促进农垦科学发展"活动。2004—2009 年，开展"继续解放思想，坚持改革开放，促进农垦科学发展"学习活动，通过"五个结合"学习活动与专家专题辅导相结合，与解决经济社会发展关键问题相结合，与边学边改相结合，与"双学"宣讲相结合的活动方式，排查问题，认清面临的形势、困难、挑战，探索科学发展新思路新举措。农场党委印发了《关于开展深入学习实践科学发展观活动的实施方案》，按照学习调研、分析检查、整改落实三个阶段进行，广泛开展"共克时艰党旗红，奋发有为创佳绩"主题实践活动，努力推进"五个争先行动"，取得了"三促进二加快一保持"和党员干部受教育、科学发展上水平、职工群众得实惠的良好效果，受到了麻章区委和湛江农垦局党组的充分肯定。

请专家学者做专题辅导报告，组织干部工到学习教育基地观摩学习，观看活动教育片，使干部职工受教育 250 多人次。干部职工参加各类培训 360 人次。

（4）社会主义荣辱观教育活动。2006 年以后，开展以"八荣八耻"为主要内容的社会主义荣辱观教育活动，积极引导和规范职工群众社会道德生活，明确是非标准和价值导向。"知荣辱、树新风、促和谐"正逐步转化为干部群众的自觉行动。

3. **典型宣传** 2011 年，围绕"双庆"活动（庆祝建党 90 周年及庆祝农垦建垦 60 周年），抓好思想政治教育，教育中突出宣传改革成果，大力宣传建设农垦以来的各类典型人物、先进事迹和致富经验，不断掀起树先进、学先进、赶先进的热潮。

2013 年，以党的群众路线教育实践活动为契机，结合垦区农场实际，开展接地气的实践活动。领导干部到基层与职工群众同吃、同劳动，帮助单位和职工解决热点难点问题，开拓发展思路，引导职工勤劳致富。

（三）制度、阵地、队伍

几十年来，农场党委按照上级党委的部署和要求，不断创新思想政治工作，使思想政治工作有计划、有目标、有步骤地进行，不流于形式，每年都有新内容、新变化、新进步。

1. **制度建设** 农场重视思想政治工作制度建设，始终坚持党对思想政治工作的领导，认真落实各级党组织，抓好思想政治工作的主体责任，确保"哪里有工作，哪里就有党员，哪里就有党组织，哪里就有思想政治工作"，强化党组织的政治引领和思想教育功能。

2. **阵地建设**

（1）设立志愿服务站、志愿服务队（岗），大力开展青年志愿者服务活动，围绕职工群众需求有针对性地开展志愿服务。成立了 4 支相对固定的社区志愿者活动队伍，分别是湖光农场机关党员志愿者服务队、湖光农场中小学生志愿者服务队、广场舞骨干队伍志愿服务队和广东海洋大学大学生志愿服务队。其中，湖光农场机关党员志愿者服务队制定相关的志愿者队伍组织架构、管理制度以及定期开展志愿者服务活动，定期协助开展健康讲座、青少年暑期成长体验营、职工运动会等；湖光农场中小学生志愿者队结合服务活动进行宣传、招募志愿队伍成员，制定初步的管理制度，协助开展爱心义卖、社区安全宣传、社区环保宣传等活动；广场舞骨干队伍志愿服务队组织骨干成员参加麻章区、湛江市等举行的广场舞大赛，屡次获奖；广东海洋大学大学生志愿者协助共同开展"齐行动、齐参与、共创美好家园"环境卫生宣传，包括参与环保墙壁绘画志愿活动等，与农场社区建立志愿者服务基地，以便更加系统地开展志愿服务。

（2）统筹宣传文化、科学普及、体育建设等服务功能，统一规划设计，落实专人负责。农场建有乒乓球场、篮球场、阅览室等多功能的文化活动场地，以及配套休闲广场 1 个、大型体育场 1 个、基层生产队文化室（文化信息服务站）8 个。

3. **队伍建设** 农场以党委领导下的宣传部门为主组建思想政治工作队伍，生产队组建以党支部书记为主、以党员为骨干的思想政治工作队伍。思想政治工作是党委书记、副书记、纪委书记、工会主席，以及各级组织人事、宣传、纪检、工会、共青团等部门的主要职责。形成党委统一领导、各部门齐抓共管的工作格局。

三、精神文明建设

农场弘扬农垦人艰苦创业精神，建设"四有"职工队伍，文明示范点、示范岗相继建成，精神文明建设取得较好成绩。

（一）机构

1991—2016 年，成立农场精神文明建设委员会，委员会下设文明办，负责指导农场精神文明建设。场属各单位相应建立精神文明领导小组，由党、政、工、青、妇等组织的领导成员组成，按照湛江农垦局要求，实施精神文明建设承诺目标责任制，每年订立精神文明承诺目标项目，落实责任领导、责任部门和责任人，按照承诺的目标任务完成。

2017 年后，农场成立党建和精神文明建设工作领导小组。领导小组下设办公室，具体负责农场精神文明建设的日常工作，确保各项工作有序开展。各党总支成立相应领导小组，负责各自的党建和精神文明建设工作。

（二）规划

根据上级的工作部署，结合实际，每个时期都制定相应的精神文明建设工作规划。

1989—1991 年，以学习邓小平建设有中国特色的社会主义理论为主要内容，提高对改革的认识。

1992—1995 年，为适应改革开放新形势和社会主义市场经济形势，开展一系列精神文明创建工作，例如落实一系列规章制度、培养"四有"新人和开展学习孔繁森先进事迹活动等。

1993 年，认真落实"一岗两责"制度、精神文明建设检查和评比制度、干部职工定期政治学习制度、联系点工作制度、政工部门联席会议制度、队规民约制度、安全责任人制度、民主管理制度、评选"双文明家庭"制度、清洁卫生制度等 10 项精神文明建设工作制度。以"两校"（党校和职工学校）、"一中心"（文化活动中心）为主加强农场精神文明阵地建设。农场各基层单位都有闭路电视网络、摄像设备、调频广播等。

1993 年，抓住培养"四有"新人这个精神文明建设的根本，在青年中开展"讲国情、谈场情""爱我农垦、爱我农场"主题教育，使一大批青年对农垦农场前景充满信心，安心扎根农场。

1996—1999 年，随着经济体制改革进一步深化，改革和调整的任务相当重，干部职工的思想观念、企业的经营机制和管理体制都需要切实转变。这一时期的精神文明建设工作也围绕这一中心展开。

2006—2012 年，农场大力建设精神文明建设阵地，先后建立文体中心，利用体育场广泛开展丰富多彩的群众性文体活动。

2012 年以后，农场围绕学习贯彻中共十八大和十九大精神、习近平新时代中国特色社会主义思想，开展党的群众路线教育实践活动，进行"三严三实"学习教育、"两学一做"学习教育等。

2012—2017 年，成立党员志愿服务队，开展"党员一帮一""党员为职工群众办实事好事""党员帮扶困难职工"等活动。党员示范岗在示范表率、致富奔小康工作中发挥了积极的示范带头作用。

2000 年以来，结合农场实际规划开展了一系列具有湖光农场特色的精神文明创建活动：一是开展"爱我湖光"为主题的文明创建活动；二是开展"湖光是我家、发展靠大家；场兴我荣、场衰我耻"等企业精神教育活动；三是组织"爱我湖光，勤劳致富报告团"到各基层单位巡回演讲；四是开展企业精神、安居工程小区名称大讨论和征集活动，吸引了广大干部职工积极参与，踊跃投稿。

2000 年以来，在农场大力规划开展社会主义核心价值观实践活动。首先，广泛开展道德实践活动。以诚信建设为重点，加强社会公德、职业道德、家庭美德、个人品德教育，形成修身律己、崇德向善、礼让宽容的道德风尚。大力宣传先进典型，评选表彰道德模范，形成学习先进、争当先进的浓厚风气。深化职工道德宣传日活动，组织道德论坛、道德讲堂、道德修身等活动，把开展道德实践活动与培育廉洁价值理念相结合，营造崇尚廉洁、鄙弃贪腐的良好社会风尚。其次，深化学雷锋志愿服务活动。大力弘扬雷锋精神，广泛开展形式多样的学雷锋实践活动，采取措施推动学雷锋活动常态化。以社区为重点，以相互关爱、服务社会为主题，围绕扶贫济困、应急救援、大型活动、环境保护等方面，围绕空巢老人、困难职工、残疾人等群体，组织开展各类形式的志愿服务活动，形成我为人人、人人为我的社会风气。把学雷锋和志愿服务结合起来，建立健全志愿服务制度，完善激励机制和政策法规保障机制，把学雷锋志愿服务活动做到基层、做到社区、做进学校、做进家庭。再次，深化群众性精神文明创建活动。在突出社会主义核心价值观的思想内涵上求实效。推进文明社区、文明单位、文明家庭等创建活动，开展全民阅读活动，不断提升群众文明素质和社会文明程度。开展礼节礼仪教育，在重要场所和重要活动中升挂国旗、奏唱国歌，在学校开学、学生毕业时举行庄重简朴的典礼，使礼节礼仪成为培育社会主流价值的重要方式。加强对群众文明旅游的宣传教育、规范约束和社会监督，增强群众旅游的文明意识。最后，发挥军垦文化怡情养志、涵育文明的重要作用。建设军垦文化展览馆，加强对军垦文化思想价值的挖掘，做出通俗易懂的当代表达，赋予新的时代内涵，使之与中国特色社会主义相适应，让军垦文化在新的时代条件下不断发扬光大。重视民族传统节日的思想熏陶和文化教育功能，丰富民族传统节日的文化内涵，培育特色鲜明、气氛浓郁的节日文化。开展移风易俗，创新民俗文化样式，形成与历史文化传统相承接、与时代发展相一致的新民俗。

此外，农场还运用公益广告传播社会主流价值、引领文明风尚。围绕社会主义核心价值观，加强公益广告的选题规划和内容创意，形成公益广告传播先进文化、传扬新风正气的强大声势。利用互联网和手机媒体要发挥传输快捷、覆盖广泛的优势，运用多种方式扩大公益广告的影响力，例如在公共场所、公共交通工具的适当位置悬挂、张贴公益广告。

（三）活动

1. "五好"达标建设　1991—1995年，农场广泛开展精神文明建设评比达标活动，对场每年搞一次检查评比，场对队每年搞两次检查评比。设置垦区生产队建设"五好"达标和"双文明"达标条件。其中，生产队建设"五好"达标条件是：文化设施好、环境整治好、绿化美化好、清洁卫生好、集体福利好。创建"双文明"生产队达标条件则是："双文明"生产队要在生产队建设"五好"达标的同时，再实现领导班子建设好、思想政治工作好、民主管理好、生产任务完成好、职工经济收入好等"五好"。

1992年以来，农场全面开展社会主义思想教育。始终坚持以经济建设为中心，坚持社会主义思想教育为主线，坚决执行"两个为主""两个不变""两个不整"的政策，使农场职工特别是青年经过教育，树立了热爱农场的思想。

1994年，农场两级坚持"两个文明一起抓、两副重担一肩挑"，全面开展"三个基本教育"和"十个懂得教育"等活动；建立和落实定期政治学习制度联系点工作制度、政工部门联席会议制度、队规民约制度、安全责任人制度、民主管理制度、评选"双文明家庭"制度、清洁卫生制度等一系列精神文明建设工作制度。

1995年，农场开展了基层生产队"五好"达标建设评选活动，共表彰了"五好"达标生产队6个、"双文明"达标生产队6个，同时还涌现出数以千计的优秀生产队干部，有效促进基层生产队精神文明建设。

2. **"十百千"工程建设活动** 2007 年，湛江农垦稳步推进新农场建设，全面实施"十百千"（10 个农场场部小城镇、100 个基层居民点和 1000 职工家庭）建设工程，湖光农场为重点工程建设。

3. **"四德五心六歌"活动** 2010 年，农场按照垦区要求开展"四德五心六歌"活动。其中，"四德"是指社会公德、职业道德、家庭美德、个人品德；"五心"是指把忠心献给祖国、把爱心献给社会、把诚心献给职业、把孝心献给父母、把信心留给自己；"六歌"是指开展学唱《我的祖国》《走进新时代》《实现梦想》《母亲》《为了谁》《湛江，可爱的家乡》6 首歌活动。

本年，农场组队参加垦区举行"永远的颂歌"文艺巡回会演。

4. **"唱红歌、赞农垦"活动** 2011 年，农场参加农垦局举行了庆祝建党 90 周年、建垦 60 年"唱红歌、赞农垦"文艺会，以宣传在党的领导下农场取得的成就。近 60 名演员参加演出，观众 500 多人。

2013 年，农场参加农垦局举办的"祖国颂歌"国庆节文艺会演。职工自编自导自演，以合唱、独唱、小组唱、广场舞等群众性自娱自乐的表演形式喜迎祖国 64 岁华诞。

2015 年，举办了湛江农垦"祖国在我心中"暨纪念抗战胜利 70 周年文艺会演。该会演在 4 个片区巡回演出，参加演出的演员超过 500 人。

5. **绿化清洁活动** 2007 年以后，农场全面实施绿化清洁工程。成立了组织机构，建立健全了管理制度、领导问责制和长效机制，进行全面动员布置。在职工群众广泛参与下，农场环境绿化、美化取得了显著成效。群众参与环境整治 412 人次，完成环场林、环队林、环路林种植 30 多亩，营区植树 2000 多棵、种花 6000 多株、植草 3500 平方米，投入资金 10 多万元，做到"一路一树、一路一景"。

截至 2017 年，农场部小城镇建成街道纵横交错、道路硬底化、绿化立体化、功能区健全的小城镇。职工在商店、银行、农贸市场、体育场及文化娱乐设施健全的环境中安居乐业。

6. **评比表彰活动** 20 世纪 90 年代，精神文明建设主要围绕创建文明单位、开展"讲文明、树新风"等活动来开展。橡胶制品厂、八队、七队、七星岭队、柳东队、农场中学、第一小学等单位分别被评为湛江市文明单位，其中七队被授予广东省精神文明建设先进单位荣誉称号。2002 年，湛江农垦局文明委进行年度精神文明建设工作检查，对农场精神文明建设工作全面考核，农场被评为垦区精神文明建设表扬单位。此后，农场更是在各项精神文明评比表彰活动中屡获殊荣。

四、宣传工作

几十年来，农场借助垦区内外各类媒体平台加大宣传力度，构建平面、视听和网络等媒体互动的新闻宣传格局。累计对外刊发各类报道的文字稿件 2000 多篇、电视新闻稿 900 多条，其中头版稿件 30 多篇、专版稿件 10 多篇；刊发图片 90 多张；10 多名优秀通信员先后受到表彰。

（一）节庆宣传

2017 年，农场从实际情况出发，围绕庆祝中华人民共和国成立 68 周年暨纪念建立农垦 66 周年，开展了主题突出、内容丰富、群众喜闻乐见的"五个一"系列活动：开展一次农垦改革文件的宣传活动、举办一次"让历史告诉未来"照片视频征集活动、开展一次"老农垦"座谈慰问活动、组织一次喜闻乐见的文体娱乐活动、开展一次红色影视和专题片展播活动。此外，农场还制作宣传栏，发布中央、广东省农垦改革文件和中共十九大精神解读内容，帮助职工群众更好地理解把握精神实质。

（二）参与地方会展

农场组团参加湛江市历届的博览会，展示农场的特有产品，例如胶制品、奶制品、鞋类、茶叶、饮料等。2017 年，在湛江举办的东盟农博会上，农场在农垦展馆设展位，展示茶叶、饮料等产品，借助东盟博览会的人气和知名度，把客户引进来、让产品走出去。

五、文化建设

农场职工队伍主要由中国人民解放军林业工程第二师官兵、翻身农民、知识青年、民工、水库移民和归国华侨等组成，军垦文化、知青文化、岭南文化、归侨文化、雷州文化等不同文化在内交相融合，形成了独具特色的农垦企业文化。农场以文化提升农场形象，积极丰富职工群众的业余文化生活，展现职工群众积极向上、爱垦敬业的精神风貌。农场的文化建设主要体现在以下几个方面：

（一）阵地

充分利用新农场建设的机遇，用新眼光、新标准，兴建新的文化体育阵地，积极搭建文体活动新平台。截至 2020 年，场部建有集多功能于一体的文化活动场及配套休闲广场；建有大型体育场 1 个，位于场部核心区，占地面积 1.95 万平方米，配备 300 米环形跑道 1 个。此外，还有足球场 1 个、游泳池 3 个、标准篮球场 2 个、排球场 2 个、乒乓球台 5

张、老人门球场地 1 个、老人活动中心 1 间、露天影院 1 间、健身器材一批，日均健身职工群众逾 500 人。另外还建有 8 个基层生产队文化室，职工群众休闲娱乐、锻炼身体时有好去处。农场还通过文化信息资源共享工程项目建起 8 个文化信息中心、6 个基层生产队文化信息服务点、5 个视频会议点，使职工群众共享文化发展的成果。

（二）文艺队伍

20 世纪 80 年代，农场成立业余文工团或业余文艺演出队，一些生产队也成立业余文艺演出队或文艺演唱组，在重大节假日、大型会议或会演时进行演出。农场的业余文艺演出队不仅到农场内部各基层单位巡回演出，有时也到附近农村、县城和兄弟单位演出。20 世纪 80 年代以后，由于电影、电视节目增多，业余文艺演出活动略有减少，同时农场中小学、幼儿园组织的文艺晚会活动的次数则有所增加。

（三）文化活动

广泛开展适合农场职工的群众性文化活动，满足职工群众文化需求。1989—2020 年，每逢重要节庆、纪念日，农场都开展一系列群众性文化活动。一方面，充分发挥各类公共文化服务设施如大型体育场，基层生产队文化室的作用，开展健康向上、形式活泼、便于群众参与的文化活动；另一方面，结合国庆、建党、长征胜利纪念、抗战胜利纪念等重大周年节庆日，依托春节、清明、端午、中秋等民族民间文化资源，组织职工群众开展瞻仰革命圣地、参观主题展览、开展读书演讲、组织知识竞赛、举办书画美术摄影展，以及举行灯会、赛歌会、竞技比赛等各具特色的文化体育活动，累计举办文化体育类活动 160 多次，参加的职工群众 4500 多人次。农场还对群众性文化活动中涌现出的各类文化人才和文化活动积极分子进行鼓励和扶持，为广大群众成为农场文化建设者提供广阔的舞台。

（四）体育比赛

农场每年都组队参加垦区举办的职工篮球赛、羽毛球赛、乒乓球赛、广场舞、健身舞等各类体育比赛。参加的职工人数达 60 人次。

2004 年 11 月，组队参加麻章区"计生杯"运动会，参加的项目有男、女篮球、拔河项目比赛。

2010 年，为庆祝"五一"国际劳动节，组队参加湛江农垦工会麻遂片区举办的职工羽毛球混合团体赛。

2010 年 8 月，组队参加迎接 2014 年广东省运动会在湛江市举行的湛江市第十一届体育节、全民健身日、"沙湾杯"第四届社区运动会，获得男子乒乓球第四名、女子乒乓球第三名、男子羽毛球第八名、男子篮球第八名、拔河比赛第六名，并获得体育道德风尚奖。

2011年，组队参加垦区举办的湛江农垦"庆五一、贺垦庆"职工篮球初赛和总决赛。

2015年，组队参加垦区举办的"庆五一"麻遂片区职工篮球赛。

2016年，组队参加垦区举办的"庆五一"职工羽毛球比赛；派人参加垦区组织的民族舞骨干培训培训。2016年、2017年连续两年派人参加垦区主办的太极拳培训班学习。

2017年，组队参加湛江农垦举办的职工运动会麻遂片区举行选拔赛，比赛项目设篮球、乒乓球、羽毛球3个大项及8个小项。从预选赛中脱颖而出的18个单位代表队148名运动员共进行了100余场赛事角逐，决出了8个项目的冠军，观众人数近2万人次。同年9月，组队参加了以"中国梦·劳动美"为主题的垦区职工广场舞大赛。

（五）多媒体

20世纪80年代以后，农场购置了成套的放像机、录像机、摄影机等设备，除录制和放映文艺节目外，还摄制了大量新闻片、英模事迹片，资料片、风光片、教育片，形象地宣传农场精神文明建设的成就和经验，其中多部新闻片分别在中央电视台、省市级电视台播放。

第十章　领导机构

第一节　领导体制

在 1968 年以前，实行农场党委领导下的场长分工负责制，农场领导班子为党委书记、场长、副书记、副场长。

1969—1974 年，广州军区生产建设兵团时期，实行党委领导下的首长分工负责制，领导人为团长、政委、副团长、副政委。

1974 年 9 月，撤销兵团，恢复党委领导下的场长分工负责制。

1986 年 1 月 18 日，广东省农业委员会、粤西农垦局根据农场建场历史、干部配备等情况，将农场定为正处级单位。

1988 年起，农场实行党委领导下的场长任期目标责任制全面推开，场长行使企业的重大决策权、生产指挥和干部任免权；党委从直接决策、指挥转到发挥保证监督作用和做好企业的思想政治工作上来。

2013 年，为了理顺国有农场社区管理关系，农场成立社区管理委员会，按居民居住点分布成立若干个社区居民委员会，将农场内现有的社会行政事业职能分离出来，农场履行企业管理职能，社区管理机构行使社会行政事业服务职能。

2017 年 4 月，根据广东省农垦总局的要求，农场维持全民所有制企业体制不变，明确农场党委书记为一把手及企业法人代表，农场场长为二把手。

2020 年 11 月 17 日，垦区两级局对属下农业企业实施公司改制，"广东省湖光农场"更名为"广东农垦湖光农场有限公司"。农场有限公司设党委书记（董事长、法人代表）、党委副书记（董事、总经理）、董事（副总经理）、纪委书记（工会主席、监事）。

第二节 行政领导人更迭

表 10-1 历年湖光农场行政领导一览

姓名	职务	在职时间
李振山	场长	1951 年 11 月—1955 年 1 月
陈介三	场长	1955 年 1 月—1959 年 5 月
王金昌	场长	1959 年 5 月—1968 年 12 月
	团长	1973 年 11 月—1974 年 9 月
吴荣福	团长（现役军人）	1970 年 10 月—1972 年 2 月
张孝谦	政委（现役军人）	1970 年 1 月—1973 年 11 月
朱树林	参谋长（现役军人）	1970 年 1 月—1974 年 9 月
邵春安	团长（现役军人）	1972 年 2 月—1973 年 11 月
王金昌	团长	1973 年 11 月—1974 年 9 月
穆振华	政委	1973 年 11 月—1974 年 9 月
刘明超	场长	1974 年 9 月—1976 年 2 月
花进友	场长	1976 年 2 月—1983 年 6 月
曹继彬	场长	1983 年 6 月—1985 年 11 月
李 中	代理场长	1985 年 11 月—1986 年 10 月
	场长	1986 年 10 月—1987 年 12 月
黄德清	场长	1987 年 11 月—1992 年 6 月
黄治成	场长	1992 年 7 月—1994 年 7 月
黄锦访	场长	1994 年 6 月—1999 年 1 月
刘学华	代理场长	1999 年 1 月—2000 年 4 月
梁建辉	场长	2000 年 4 月—2010 年 11 月
吴登孟	场长	2010 年 11 月—2012 年 10 月
赖荣光	场长	2012 年 10 月—2014 年 11 月
万 发	湛江农垦集团公司总经理助理兼场长	2014 年 11 月—2016 年 4 月
陈 悦	场长	2017 年 9 月—2018 年 4 月
	党委书记（法人代表）	2018 年 5 月—2020 年 11 月
	董事长（法人代表）	2020 年 11 月至今
朱克华	副场长	1951 年 1 月—1957 年
王金昌	副场长	1955 年—1957 年 12 月
	副团长	1970 年 1 月—1973 年 11 月
乔晓怀	副场长	1955 年—1957 年
陈大谓	副场长	1956 年 12 月—1957 年
王 定	副场长	1958 年—1963 年
周 杰	副场长	1959 年 4 月—1962 年
杨作相	副场长	1959 年—1962 年

（续）

姓名	职务	在职时间
史忠林	副场长	1960 年—1974 年
曾冬旭	副场长	1962 年—1965 年
赵　斌	副场长	1962 年—1964 年
花进有	副场长（副团长）	1963 年—1976 年 2 月
杨耀武	副场长	1963 年—1969 年
王树品	副场长	1963 年—1968 年 7 月 1974 年 11 月—1983 年 7 月
刘明超	副团长	1973 年 10 月—1974 年 9 月
于荣德	副团长（现役军人）	1973 年 1 月—1973 年 2 月
	副政委（现役军人）	1973 年 2 月—1974 年 9 月
孙连甲	副政委（现役军人）	1970 年 1 月—1974 年 9 月
贾善余	副政委（现役军人）	1970 年 8 月—1972 年 12 月
李　荣	副团长	1973 年 9 月—1974 年 9 月
黎霞生	副政委	1973 年 9 月—1974 年 11 月
凌继宝	副场长	1974 年 11 月—1976 年 12 月
叶春林	副场长	1974 年 11 月—1983 年 4 月
吴金山	副场长	1974 年 11 月—1983 年 7 月
刘建辉	副场长	1975 年 1 月—1983 年 12 月
伍尚贤	副场长	1975 年 11 月—1978 年 5 月
王成仁	副场长	1978 年 4 月—1987 年 12 月
段士兴	副场长	1978 年 4 月—1981 年 6 月
邹嘉麟	副场长	1978 年 8 月—1983 年 3 月
肖柱荣	副场长	1978 年 10 月—1981 年 6 月
周介文	副场长	1980 年 2 月—1987 年 4 月
曹继彬	副场长	1981 年 6 月—1983 年 6 月
雷以强	副场长	1983 年 7 月—1992 年 12 月
何柱灼	副场长	1983 年 7 月—1986 年 10 月
陈和添	副场长	1983 年 7 月—1999 年 10 月
司徒华	副场长	1984 年 1 月—1994 年 12 月
李卫国	副场长	1986 年 7 月—1995 年 5 月
黄锦访	副场长	1987 年 12 月—1989 年 8 月
李　中	副场长	1988 年 7 月—1989 年 1 月
曾宪煌	副场长	1989 年 12 月—1994 年 12 月
张　胜	副场长	1991 年 5 月—2006 年 3 月
李全森	副场长	1993 年 5 月—1996 年 2 月
陈建国	副场长	1993 年 5 月—1996 年 2 月
梁建辉	副场长	1996 年 2 月—2000 年 3 月
刘学华	副场长	1996 年 2 月—1999 年 3 月
	副场长	2000 年 3 月—2002 年 10 月

（续）

姓名	职务	在职时间
冯伟强	副场长	1999 年 2 月—2001 年 2 月
李广烈	副场长	1999 年 5 月—2002 年 2 月
刘先福	副场长	1999 年 5 月—2002 年 2 月
王理生	副场长	2004 年 11 月—2012 年 1 月
陈振南	副场长	2005 年 9 月—2011 年 4 月
吴忠培	副场长	2006 年 3 月—2008 年 5 月
全由章	副场长	2011 年 4 月—2018 年 1 月
彭保生	副场长	2011 年 4 月—2015 年 3 月
黄立峥	副场长	2012 年 2 月—2015 年 10 月
包代义	副场长	2015 年 3 月—2016 年 9 月
陈 悦	常务副场长（法定代表人）	2016 年 4 月—2017 年 9 月
廖 东	副场长	2016 年 11 月至今
黄 所	副场长	2016 年 11 月至今
罗成武	副场长	2018 年 1 月至今
黎霞生	政治处主任	1965 年 4 月—1970 年 1 月
	政治处主任	1971 年 11 月—1973 年 11 月
李维森	政治处主任	1970 年 1 月—1971 年 11 月
朱忠全	政治处主任	1973 年 9 月—1974 年 11 月
姜望芝	政治处主任	1974 年 11 月—1980 年 8 月
花进有	调研室主任（享受正场待遇）	1983 年 7 月—1987 年 4 月
周介文	调研员（享受副场待遇）	1983 年 7 月—1987 年 4 月
邹嘉麟	调研员（享受副场待遇）	1983 年 7 月—1988 年 3 月
吴金山	调研员（享受副场待遇）	1983 年 7 月—1986 年 12 月
何柱灼	调研员（享受副场待遇）	1983 年 10 月—1988 年 11 月
王树品	调研员（享受副场待遇）	1983 年 7 月—1988 年 7 月
黄锦访	调研员（享受正场待遇）	1999 年 3 月—2002 年 11 月

注：20 世纪 70 年代中期部分场领导任职出现间断的原因，主要是兵团期间，农场由现役军人管理，按照部队的编制配属干部，部分原农场配备的场领导不再任职。兵团解散后，现役军人撤离农场，农场逐步恢复部分农场领导的原职。

表 10-2　1991 年湖光农场领导班子状况

现职人数（人）	平均年龄（岁）	文化结构				专业结构			
		大专		中专		高级职称		中级职称	
		人数（人）	占比（%）	人数（人）	占比（%）	人数（人）	占比（%）	人数（人）	占比（%）
10	51.9	5	50	5	50	4	40	6	60

表 10-3　2001 年湖光农场领导班子状况

现职人数（人）	平均年龄（岁）	文化结构						专业结构					
		本科		大专		中专		高级职称		中级职称		初级职称	
		人数（人）	占比（%）	人数（人）	占比（%）	人数（人）	占比（%）	人数（人）	占比（%）	人数（人）	占比（%）	人数（人）	占比（%）
8	46.8	1	12.5	6	75	1	12.5	1	12.5	6	75	1	12.5

表 10-4　2011 年湖光农场领导班子状况

现职人数（人）	平均年龄（岁）	文化结构				专业结构			
		本科		大专		高级职称		中级职称	
		人数（人）	占比（%）	人数（人）	占比（%）	人数（人）	占比（%）	人数（人）	占比（%）
5	48.2	2	40	3	60	1	20	4	80

表 10-5　2020 年湖光农场领导班子状况

现职人数（人）	平均年龄（岁）	文化结构				专业结构			
		本科		高级职称		中级职称		初级职称	
		人数（人）	占比（%）	人数（人）	占比（%）	人数（人）	占比（%）	人数（人）	占比（%）
6	49	6	100	2	33.4	3	50	1	16.6

第三节　职能部门

农场的职能部门主要是根据上级统一编制和围绕各个时期任务的要求自行编制。建场以来，机构变动比较大，有的设置不够合理，有的部门出现反复变换的情况。近年来，经过逐步调整、理顺，职能部门设置不断趋于合理和完善。本着协调管理、为改革开放服务、为两个文明建设服务、为方便基层生产和职工家庭农场服务的原则设置职能部门。

1955 年，农场组织机构按照精简与加强的原则，设有场长办公室、生产科、基建科、会计科、人事科、监察室、保卫科、党委办公室等 8 个职能部门。

1956 年，增设经理室。

1957 年，撤销人事科、保卫科、监察室 3 个科室，其业务工作归党委办公室，经理室、基建科、会计科、计划科四个科室合并为经理基建科，财务计划科。

1959 年，为适应大力发展畜牧业的需要，成立畜牧生产办公室。

1960 年，根据生产发展需要，部分部门又进行了调整，职能部门设党委办公室、行政办公室、财务科、计划科、农牧科、劳资科、保卫科、供销科、农机科和工业基建科。

1961 年，增设人民武装部。

1965 年，党委办公室改为政治处。

1966—1968 年，设政治处、行政办公室、机务科、基建加工科、计劳科、武装部、派出所。

兵团时期，为军队团级编制，团机关设置司令部、政治处、生产处、后勤处，团长、政委、司令部参谋长、政治处主任等为现役军人。

1974 年 10 月，兵团撤销，恢复农垦体制，设政治处、行政办公室、保卫科、武装部、生产计划科、财务供销科、工建科、机运科等 8 个职能部门。

1978年，增设计划生育办公室。1978年5月，建立并村办公室和工业加工科。

1979年2月，农场进行体制改革，成立湖光农工商联合企业公司，职能部门设行政办公室、党委办公室、生产科、基建科、机务科、计划科、供销科、工业加工科、保卫科、武装部、财务科。

1979年到1980年3月，为适应体制改革的需要，将部门行政管理机构变为企业管理机构，即：供销科改为供销公司，机务科改为机运公司，生产科设畜牧生产公司，基建科改为基建公司，招待所与服务组改为商业服务公司。

1981年，根据上级指示，撤销农场党委办公室，恢复组织科、宣传科、增设教育科，同时，生产科改为胶茶林公司，下设一个茶叶分公司，机务公司改为"农机合一"的农机公司，保卫科恢复为派出所。

1984年7月，农场体制改革后，按照精简、效能、统一的要求，职能部门实行党政企分线管理，设有组织科、宣传科、派出所、教育科、行政办公室、政策研究室、生产科、计划科、财务科，计划生育办公室、武装部等11个职能部门。

1985年，财务科、生产科、计划科分别改为财务结算中心、农业技术服务中心和劳动服务公司；撤销行政办公室、政策研究室，成立场长（经理）办公室、行政管理科，增设农场群办公室和调查研究室。

1986年，为适应办家庭农场的需要，改变行政管理机构为服务型机构，进行机构调整和改革，保留组织科、宣传科、派出所、教育科、场长办公室、管理科、计划生育办公室、撤销劳动服务公司、农业技术服务中心，财务结算中心、粮油饲料公司、恢复劳动工资科、生产科、财务科、供销科、工业科。

1988年，农场群办公室改为护林办公室，成立司法办公室（法律服务所）。

1989年，撤销场长办公室、行政管理科，恢复办公室；成立经管计划科、审计科；恢复人事科、监察科，分别与组织科和纪委合署办公。

1991年，农场职能部门经过调整，协调和理顺，按照高效、精干的原则，定编为组织（人事）科、宣传科、教育科、司法办、国土科、计划生育办公室、生产科、工业科、财务科、劳资科、经管计划科、办公室、供销科、审计科、派出所。

1992年1月，土地管理科更名为"国土科"。

1993年2月，农场设立房地产开发总公司、旅游服务公司、生活服务公司、农业发展公司。

1993年2月，设立计财科，合并经营计划科、财务科；设立监审科，合并纪检会、监察科、审计科；劳资科更名为"劳动服务公司"，供销科更名为"供销公司"。

1995 年 3 月，撤销农机站。

1997 年，设立志满建设管理办公室。撤销柳秀分场，成立柳东农业发展公司、柳新农业发展公司。

1999 年，经营管计划科更名为"企业管理科"。撤销柳东农业发展公司、柳新农业发展公司，恢复柳秀分场。

2000 年 4 月，湛江市湖光奶业制品厂更名为"湛江市湖光奶业有限公司"。2000 年 11 月，设立"五部一室"，即：设立政工部，合并组织人事科、宣传科、教育科、团委、纪检、监察科、审计科；设立政法部，合并司法所、国土科、派出所、武装部、建设办；设立生产科技部，合并工业科、生产科；设立企管部，合并企管科、劳资科、劳动服务公司、安委会；设立财务部，合并财务科、结算中心；设立办公室，合并办公室、计划生育办；成立农业园，属二级单位。

2001 年 1 月，设立蚕业有限公司。

2003 年 5 月，设立办公室；设立企业发展部，含企管、劳资、社保、安全生产；设立生产科技部，含农业、工业、机务；设立政工部，含组织人事科、宣传科、团委、纪检、监察科、审计科；设立政法部，含司法、国土、武装、综治；设立工会，计划生育办与其合署办公，并负责殡葬工作；设立资产经营公司、农业发展公司、供销经营部、生活服务公司、建设办、保卫科。撤销柳秀分场、农业园。

2003 年 5 月，设立建设办。

2004 年 4 月，设立保卫科，归政法部管理。

2007 年 12 月，设立职工安居工程办公室，水库移民危房改造办公室合署办公。

2009 年 1 月，设立办公室、劳动和社会保障科、企业管理科、组织人事科、生产科、财务科、审计科、纪检监察科、国土科、教育科、工会、计划生育办公室、宣传科、团委、保卫科、武装部、建设办公室、供销科、司法所，撤销政工部、财务部、生产科技部、企业发展部、政法部、供销公司。

2009 年 10 月，设立社区管理办公室。

2011 年 6 月，设立安居工程建设办公室，建设办、移民办、房改办合署办公。

2011 年 12 月，设立综治信访维稳办公室。

2012 年 11 月，设立广东省湖光农场社区管理委员会、行政办公室、企业管理科（审计科）、财务科、国土管理科、生产技术科、人事政工科（劳资、宣传、纪检）、工会（团委）、综合建设办、综治办、社会事业办。

2014 年 3 月，设立自营经济办公室、水电安装协调办公室、审计科（恢复）。

2014 年 6 月，设立社区综合办。

2014 年 12 月，设立追债办公室、物业管理办公室，撤销农业发展公司、资产公司。

2016 年，设立安居办公室，撤销水电协调办公室。

2017 年 5 月，撤销广东省湛江农垦湖光第二小学。

2018 年 1 月，广东省国营湖光农场医院划归广垦（湛江）医疗健康有限公司。

2018 年 9 月，广东省湛江农垦湖光第一小学、广东省湛江农垦湖光中学划归麻章区教育局管理。

2018 年 11 月，设立高阳分场，合并原高阳分场、志满分场；设立志满分场，合并原新坡分场、五里分场。

2019 年 8 月，设立纪审科，合并纪检监察科、审计科。

2020 年 4 月，撤销追债办公室，并入物业管理办。

2020 年 7 月，撤销纪审科，设立监督检查室；恢复审计科，与监督检查室合署办公；撤销教育科。

表 10-6　1991 年湖光农场基层单位一览

单位	建立时间（年份）	单位	建立时间（年份）	单位	建立时间（年份）	单位	建立时间（年份）
志满分场	1959	五里分场	1955	柳东队	1963	汽车队	1963
一队	1952	五队	1952	里场队	1959	畜牧公司	1982
二队	1959	六队	1952	柳秀村队	1959	粮食加工厂	1975
志满村队	1959	红桥队	1963	柳秀茶队	1977	五金制品厂	1985
新桥队	1958	五里仔队	1959	下溪茶队	1960	橡胶制品厂	1978
八队	1952	五里村队	1959	乳制品厂	1981	预制件厂	1981
下溪村队	1959	东路队	1966	革制品厂	1979	下溪机队	1960
新坡分场	1958	大岭队	1963	纸箱厂	1983	志满机队	1901
三队	1952	高阳分场	1959	酱料厂	1981	新坡机队	1901
四队	1952	九队	1962	治安队	1981	五里机队	1960
东桥队	1954	十队	1958	湖光中	1965	高阳机队	1960
东风队	1966	高阳队	1963	第一小学	1959	柳秀机队	1964
新坡村队	1959	高岭队	1960	第二小学	1959	第二施工队	1984
谭高队	1958	七星岭队	1967	第三小学	1959	商业公司	1979
新塘茶队	1975	朝阳茶队	1974	第四小	1959	林木公司	1984
打石队	1969	柳秀分场	1955	五里学校	1959	第一施工队	1984
茶厂	1981	七队	1954	医院	1952	装饰家具厂	1984
下溪茶队	1974	西岭队	1967	供电所	1982	湖霞商贸公司	1983
苗圃队	1985	兽医站	1974	修配厂	1959	建筑工程公司	1979
养殖场	1970	茶厂	1981	酒厂	1981	橡胶加工厂	1964
五金制品厂	1985	农机站	1979	鸡场队	1959		

表 10-7　2020 年湖光农场基层单位一览

单位	建立时间（年份）	单位	建立时间（年份）	单位	建立时间（年份）
志满分场	1959	高阳分场	1959	饮料公司	2013
二队	1959	一队	1952	茶厂	1981
志满村队	1959	八队	1952	治安队	1981
三队	1952	下溪队	1959	施工队	1984
四队	1952	九队	1962		
东风队	1966	十队	1958		
新坡村队	1959	高岭队	1960		
谭高队	1958	七星岭队	1967		
谭河队	1969	七队	1954		
五队	1952	西岭队	1967		
六队	1952	柳东队	1963		
红桥队	1963	里场队	1959		
五里仔队	1959	柳秀村队	1959		
五里村队	1959	柳秀茶队	1977		
东路队	1966				
大岭队	1963				

第十一章 干 部

第一节 干部来源及数量

1968年以前，农场级干部和机关干部是由1954年前转业的中国人民解放军四十三军、林业工程第二师干部、大学毕业生为主构成的。基层干部、作业区干部以排以上干部为主；生产队干部则以班长、战士和1953年调入农场的土改干部以及从老工人中选拔的干部为主。

20世纪50年代，农场内干部数量稳定在300人以内。60年代，农场接收部分国家分配的大学毕业生到农场工作，选拔一部分有文化基础的工人先进分子担任基层干部，干部数量逐年有所增加。到1969年，全场干部人数达562人，占职工比例的12.8%。

1969—1974年兵团期间，农场级主要领导由现役军人担任，并增加了一批现役军队干部。

1974年后，农场、分场、生产队级干部领导班子逐步调整，同时实行离退休制度。干部队伍结构和文化专业结构都有较大的变化，革命化、年轻化、知识化、专业化程度明显提高。截至1991年底，全场干部总数为819人，已离退休的干部124人。

1992年，农场干部共有807人。其中，本科学历27人，大专学历115人，中专学历231人，高中及以下学历434人；取得高级职称者9人，取得中级职称者80人，取得初级职称者562人；35岁及以下人员数为352人，36～45岁人员数为221人，46～55岁人员数为149人，56岁及以上人员数为85人。农场干部中，文教、卫生干部有233人。另外，农场还有离退休的干部129人。

2003年，农场干部共有373人。其中，研究生学历1人，本科学历23人，大专学历107人，中专学历147人，高中及以下学历95人；取得高级职称者9人，取得中级职称80人，取得初级职称562人；35岁及以下人员数为114人，36～45岁人员数为135人，46～55岁人员数为105人，56岁及以上人员数为19人。农场干部中，文教、卫生干部有170人。另外，农场还有离退休的干部280人。

2010年，农场干部共有355人。其中，研究生学历1人，本科学历72人，大专学历

107 人，中专学历 102 人，高中及以下学历 73 人；取得高级职称者 9 人，取得中级职称者 104 人，取得初级职称者 195 人；35 岁及以下人员数为 97 人，36～45 岁人员数为 83 人，46～55 岁人员数为 136 人，56 岁及以上人员数为 39 人。农场干部中，文教、卫生干部有 153 人。另外，农场还有离退休的干部 444 人。

2020 年，农场干部共有 151 人。其中，研究生学历 1 人，本科学历 80 人，大专学历 42 人，中专学历 14 人，高中及以下学历 14 人；取得高级职称者 4 人，取得中级职称者 22 人，取得初级职称者 101 人；35 岁及以下人员数为 33 人，36～45 岁人员数为 22 人，46～55 岁人员数为 49 人，56 岁及以上人员数为 47 人。农场还有离退休的干部 244 人，其中离休干部 4 人：胡连生、谢荣、钟世芳、严成。

第二节　干部管理体制

农场的干部管理体制主要是根据农垦体制变动和上级指示设立的，各个时期有所不同。

1952—1953 年，干部任免由华南垦殖局统一分级管理，农场级干部由华南垦殖局任免，科级干部由高雷垦殖分局任免，一般干部由农场任免。1954 年，农场行政领导干部由华南垦殖局代中共中央华南分局任免，科级干部和一般干部由粤西垦殖分局任免，党委、团委、工会领导干部由地方党委任免。1955 年，农场级干部（含工会主席、团委书记）由粤西区党委任免。1958 年，农场领导干部由湛江地委任免。1959 年 8 月，正场级干部由广东省农垦厅任免，科级干部由湛江农垦局任免，一般干部由农场任免。1962 年 7 月，正场级干部由广东省农垦厅协助省委组织部管理。

兵团时期，实行军队干部管理体制，正团级干部由广州军区直接任免，副团级干部由广州军区生产建设兵团任免，营级、正连级干部由八师任免，副连级、排级干部由团部任免。

1974 年 10 月，恢复农垦体制，农场（处）级干部由湛江地委任免，科级干部由湛江农垦局任免，一般干部由农场任免。1988 年，广东农垦干部管理体制实行广东省农垦总局和地方党委双重管理，以垂直管理为主，分级管理。其中，农场处级干部由粤西（湛江）农垦局任免，正职报广东省农垦总局备案；科级干部下放农场管理，由农场任免（除组织人事、财务、纪检报局任免）；一般干部由农场任免。由农垦局下达指标，实行定编定岗。2020 年，农场干部定编人员 130 人（含场部机关、社区管理人员 45 人）。

第三节　干部管理机构

1952—1957 年，农场设人事科。1958 年，农场由政工办公室（1969 年改为政治处）管理干部工作。

1969—1971 年，兵团期间，团政治处管理干部，政治处配备干部干事。

1974 年 10 月，恢复农垦体制，农场设政治处，配备干部干事。1977 年，设组织科，由组织科管理干部工作。1979 年，农场成立党委办公室，撤销组织科，由党委办公室管理干部。1981 年，撤销党委办公室，恢复组织科。1990 年，为方便内外业务联系，增设人事科，与组织科合署办公，一套人马，两个牌子。2000 年，设立政工部（宣传科、教育科、团委、纪检、监察科、审计科），合署办公。2012 年 11 月，设立人事政工科。

表 11-1　1991 年湖光农场各类干部基本情况一览

单位：人

类别		总数		文化程度					政治面貌		年　龄							
		合计	其中女干部	本科及以上	大专	中专	高中	初中及以下	党员	团员	25岁及以下	26～30岁	31～35岁	36～40岁	41～45岁	46～50岁	51～55岁	56～60岁	61岁及以上
工程技术人员		45	1	6	7	7	5	20	33	5	0	10	8	2	5	1	8	8	3
其中	高级工程师	2		2					2								2		
	工程师	3		2		1			3				1				1		1
	助理工程师、技术员	39	1	2	7	5	5	20	28	4		9	7	2	5	1	5	8	2
	无职称者	1				1				1		1							
农业技术人员		71	5	8	10	25	12	16	55	7	5	12	5	13	8	9	11	7	1
其中	高级农艺师	6	2	4		2			6							1	3	2	
	农艺师	11		4	1	6			11						1	5	4	1	
	助理农艺师、技术员	52	2		8	16	12	16	38	5	5	12	5	13	8	7	3	1	
	无职称者	2	1		1	1			2	2									
卫生技术人员		90	37	0	3	14	24	49	20	1	3	13	19	18	14	16	4	3	0
其中	正副主任医师																		
	主治医师	2	1			2			2								2		
	医（护）师（士）	88	36		3	12	24	49	18	1	3	13	19	18	14	16	2	3	
	无职称者																		
统计人员		57	11	0	3	18	19	17	25	1	2	14	17	5	6	5	3	5	0
其中	高级统计师																		
	统计师	1			1				1							1			
	助理统计师、统计员	56	11		2	18	19	17	24	1	2	14	17	5	6	4	3	5	
	无职称者																		

（续）

类别	总数		文化程度					政治面貌		年龄								
	合计	其中女干部	本科及以上	大专	中专	高中	初中及以下	党员	团员	25岁及30岁以下	26~30岁	31~35岁	36~40岁	41~45岁	46~50岁	51~55岁	56~60岁	61岁及以上
经济人员	30	0	0	6	2	8	14	24	1	0	2	5	7	4	4	1	7	0
其中　高级经济师																		
经济师	2				1		1	2								1		1
助理经济师、经济员	27			6		8	13	22			2	5	6	4	3	1	6	
无职称人员	1				1			1					1					
政工人员	85	6	0	14	10	6	55	67	0	2	6	9	3	12	11	12	29	1
其中　高级政工师	2			1			1	2							1		1	
政工师	29	1		6	2		21	29				3	1	2	4	3	15	1
助理政工师、政工员	54	5		7	8	6	33	36		2	6	6	2	10	6	9	13	
无职称人员																		
教学人员	138	61	5	37	62	14	20	27	31	20	26	19	32	12	15	10	4	0
其中　中学高级																		
中学一级	5	2	1	3	1			3					3				1	1
中学二级、三级	38	10	2	30	6			8	7	3	10	10	9	1	4	1		
小学高级	3	2			3			3									2	1
小学一级、二级、三级	86	44		3	49	14	20	13	18	11	16	9	23	8	11	6	2	
无职称人员	6	3	2	1		3			6	6								
其他专业技术人员	1	0	0	0	1	0	0	1	0	0	0	1	0	0	0	0	0	0
其他党政干部（行政）	236	41	3	15	53	52	113	130	25	20	25	56	28	41	13	13	35	5

表 11-2　2000 年湖光农场各类干部基本情况一览

类别	总数		文化程度						政治面貌	年龄			
	合计	其中女干部	研究生	本科	大专	中专	高中	初中及以下	党员	35岁及以下	36~45岁	46~55岁	56岁及以上
工程技术人员	13	0	0	3	0	4	3	3	11	2	8	3	0
其中　高级工程师													
工程师	1				1				1		1		
助理工程师、技术员	11				1	4	3	3	9	1	7	3	
无职称者	1				1				1	1			
农业技术人员	55	0	0	0	7	19	12	17	48	9	20	16	10
其中　高级技术职称													
中级职称	6				3	1	2		6		5	1	
助理职称、技术员	49				4	18	10	17	42	9	15	15	10
无职称者													

（续）

类别		总数		文化程度					政治面貌	年龄			
		合计	其中女干部	研究生	本科	大专	中专	高中	初中及以下	党员	35岁及以下	36～45岁	46～55岁	56岁及以上
卫生技术人员		69	29	0	0	6	20	19	24	28	15	20	29	5
其中	正副主任医师													
	主治医师	5				1		1	3	5	1		2	2
	医（护）师（士）	61	28			3	19	18	21	23	11	20	27	3
	无职称者	3	1			2	1					3		
会计人员		75	35	0	0	12	43	12	8	46	26	35	13	1
其中	高级会计师													
	会计师	14	3			7	2	3	2	13	3	9	2	
	助理会计师、会计员	61	32			5	41	9	6	33	23	26	11	1
	无职称者													
统计人员		32	7	0	0	2	20	4	6	22	12	9	8	3
其中	高级统计师													
	统计师	2	1			1	1			1			2	
	助理统计师、统计员	30	6			1	19	4	6	21	12	9	6	3
	无职称者													
经济人员		24	2	1	1	8	6	3	5	22	1	13	8	2
其中	高级经济师													
	经济师	8		1	1	4	1		1	8		5	2	1
	助理经济师、经济员	16	2			4	5	3	4	14	1	8	6	1
	无职称者													
政工人员		60	2	0	1	18	12	11	18	59	5	24	23	8
其中	高级政工师	3				2	1			3			1	2
	政工师	13			1	9	1	2		13		6	6	1
	助理政工师、政工员	44	2			7	10	9	18	43	5	18	16	5
	无职称人员													
教学人员		133	72	0	6	59	58	6	4	31	76	23	24	10
其中	高级职称	7	1		2	5				3		1	4	2
	中级职称	49	22		3	26	14	2	4	19	9	15	17	8
	初级职称	71	43		1	26	40	4		8	61	7	3	
	无职称人员	6	6			2	4			1	6			
其他专业技术人员		0	0	0	0	0	0	0	0	0	0	0	0	0
其他党政干部（行政）		52	6	0	0	3	22	11	16	31	7	29	12	4

表 11-3　2010 年湖光农场各类干部基本情况一览

| 类别 | 总数 | | 政治面貌 | 专业技术等级 | | | | 文化程度 | | | | | 年龄 | | | | | |
	合计	其中女干部	党员	高级	中级	初级	未聘任专业技术职务	研究生	本科	大专	中专	高中及以下	35岁及以下	36~40岁	41~45岁	46~50岁	51~55岁	56岁及以上
工程技术人员	13		12	2	11				1	2	4	6			1	5	5	2
农业技术人员	34		30		4	30			4	3	15	12	5	4	3	7	9	6
卫生技术人员	32	19	15				32			7	15	10	6	1	9	6	5	5
教学人员	121	68	32	6	80	35	0	0	44	62	14	1	64	13	17	8	8	11
经济人员	18	1	13		5	13		1	8	4	3	2	4		1	6	3	4
会计人员	52	24	42	0	8	44	0	0	6	12	29	5	5	7	5	25	8	2
统计人员	11	2	9			11						1		1	8	1	1	
政工人员	27	2	27	3	5	19			5	8	6	8	3	3	1	5	10	5
其他专业技术人员																		
其他党政干部（行政）	47	1	36				47		3	7	9	28	10	7	10	11	6	3

表 11-4　2020 年湖光农场各类干部基本情况一览

| 类别 | 总数 | | 政治面貌 | 专业技术等级 | | | | 文化程度 | | | | | 年龄 | | | | | |
	合计	其中女干部	党员	高级	中级	初级	未聘任专业技术职务	研究生	本科	大专	中专	高中及以下	35岁及以下	36~40岁	41~45岁	46~50岁	51~55岁	56岁及以上
工程技术人员	8		7				8		5	2		1	2	3	1			2
农业技术人员	47		43		4	43			16	21	6	4	8	2	4	13	5	15
卫生技术人员																		
教学人员	1		1		1				1						1			
经济人员	6	2	6		5	1			6					3	2		1	
会计人员	27	9	20		6	21			18	7	2		8	1	3	1		7
统计人员	5		5			5			2	2	1							5
政工人员	31	4	30	4	6	21			20	6	1			3	2	2	6	10
其他专业技术人员	2	2	1			2			1	1							1	1
其他党政干部（行政）	24	5	15				24	0	12	3	2	7	9	2	1	4	0	8

第十二章　群团组织

第一节　工　会

一、组织情况

1955年1月，建立湖光垦殖场工会。1957年，改为湖光农场工会。1966年以前，农场工会主要工作包括：进行职工思想政治教育；组织职工学习文化；维护职工的合法权益和举办文化福利事业；结合农场各个时期的中心任务和工作，开展社会主义劳动竞赛。1966年下半年，农场工会停止活动，工会组织解体。1978年11月，根据广东省总工会、广东省农垦总局《关于恢复工会各级农垦工会的通知》，农场成立恢复工会筹备领导小组，由副场长吴金山兼任组长。1978年11月27日，农场召开广东省国营湖光农场第六次工会代表大会，选举产生了工会委员会，从而恢复了工会组织。根据《关于恢复各级农垦工会的通知》规定，农场工会主要负责人配备相当于农场级副职干部，农场工会恢复后的工会主席由副场长吴金山担任。

1978年恢复工会组织以后，生产队、工厂纷纷建立工会小组。农场的工会主席根据通过民主选举产生，由上级党委任命，工会主席为单位班子成员。"广东省国营湖光农场工会"的名称一直沿用到2013年4月，此后更名为"广东省湖光农场工会"。

农场工会组织认真履行工会的社会职能，工会（含退休管理委员会）的主要职能包括：负责组织、落实维护职工的合法利益和民主权利；协调工会组织建设、宣传教育、职工劳动竞赛、劳模管理工作；建立和健全职工代表大会制，负责主持职工代表大会的日常工作，指导监督企业职工代表大会制度建设；开展场务公开民主管理，监督落实企业"三重一大"工作，吸引职工群众参加经济建设和改革，组织职工参加企业的民主管理；广泛深入开展社会主义劳动竞赛，开展不同工种同业务的竞赛，总结交流推广经验，通过竞赛达到互相学习、互相帮助、取长补短、共同提高，真正使工人树立职工当家做主的精神，促进生产，提高劳动效率；对困难职工进行帮扶、维权、自然灾害救助、送温暖慰问、办理低保，帮助其从事自营经济等工作；工会财务、统计工作、工会经费管理核算；组织开展女职工工作；加强对职工的教育，不断提高职工的思想政治觉悟和文化素质；负责企业及社区文化、群众文娱体育，每逢喜庆日子组织开展文体活动，协调管理学前教育工作；协助党委做好精准扶贫工作，以及完成地方政府交给的扶贫开发工作任务；负责退休职工和女职工工作的指导和协调管理工作，督促政策的落实；加强离休、退休党支部和活动场所建设，组织开展有益于离退休人员身心健康的文体活动；做好退休人员的管理服务和医疗保障工作；做好退休人员统计工作。

二、工会负责人更迭

表 12-1　历年湖光农场工会负责人一览

姓名	职务	在职时间
王永久	主席	1955 年 1 月—1957 年 12 月
朱美星	主席	1958 年 1 月—1961 年 11 月
王本钰	主席	1961 年 12 月—1962 年 12 月
叶春林	主席	1963 年 1 月—1966 年 12 月
吴金山	主席	1978 年 12 月—1981 年 6 月
杨国球	主席	1981 年 6 月—1996 年 1 月
曾宪煌	主席	1996 年 1 月—2000 年 6 月
林国坚	主席	2002 年 6 月—2007 年 4 月
廖华全	主席	2007 年 4 月—2016 年 3 月
吴小东	主席	2016 年 3 月至今
杨国球	副主席	1978 年 12 月—1981 年 7 月
刘国胡	副主席	1982 年 10 月—1986 年 10 月
罗兴尧	副主席	1986 年 11 月—1988 年 7 月
李全森	副主席	1989 年 1 月—1996 年 5 月
张　靖	副主席	2011 年 12 月—2016 年 11 月

三、主要工作

(一) 职工代表大会

工会委员会是职工代表大会的工作机构。职工代表大会建立职工代表大会主席团（组）长和小组负责人联席会议制度，根据会议内容召开联席会议，按照农场在册职工人数的 5%～25%确定职工代表，职工代表任期与职工代表大会届期一致，可以连选连任。职工代表中具有工人、技术人员、管理人员、企业领导人员和适当比例的女职工。随着职工代表大会制度的建立和完善，职工代表大会工作逐步走向程序化、规范化。职工代表大会的职权得到较好的落实，在审议企业重大决策、监督行政权力、维护职工合法权益等方面发挥了积极作用。

职工代表大会审议的主要内容包括：单位年度工作报告，企业各项方案和规定，月份和年度计划等，其他提交职工代表大会审议的相关方案、议案、制度等，农场领导班子成员在职工代表大会上的述职报告等。此外，还会对单位领导班子、成员进行民意测评。

农场第1~7届职工代表大会实际上是先进生产者、先进工作者表彰大会。自1979年恢复工会以来，农场逐步建立健全职工代表大会制度。随着1981年7月颁布的《国营工业企业职工代表大会暂行条例》和1986年9月颁布的《全民所有制工业企业职工代表大会条例》的贯彻实施，职工代表大会进一步加强了农场的民主管理，较好地发挥了工会组织和职工代表大会在审议农场重大决策，监督行政领导，维护职工合法权益等方面的作用。

从1981年湖光农场第9届职工代表大会开始，职工代表大会实行常任制，每两年进行改选。自1982年第10届职工代表大会开始，职工代表大会与工会会员代表大会一起召开，后改为职工代表大会每5年为一届。职工代表大会每年至少召开一次全体会议。

1. **农场第一届职工代表大会** 1956年9月8日召开。主要议程：听取副场长王金昌的工作报告，讨论1957年生产计划，讨论养猪、养鸡、种菜及改善职工家庭生活的问题。

2. **农场第二届职工代表大会** 1958年12月22日召开。主要议程：听取副场长王金昌的工作报告；通过1959年农业、工业、畜牧业生产规划，讨论贯彻农业生产的"六字方针"和"八字宪法"；讨论劳动工资等问题；讨论政治挂帅，大搞群众运动，开展社会主义劳动竞赛问题；讨论发展"三鸟"（鸡、鸭、鹅），改善职工的生活问题。

3. **农场第三届职工代表大会** 1959年7月28日召开。主要议程：听取副场长王金昌的工作报告；讨论生产、基建、财务计划；讨论廉江、龙头等地移民成为农场新职工后的生产、工资、生活福利问题；讨论增产节约问题；讨论农场粮食、油类、肉类、蔬菜供应自给，并大量供应城市的问题；讨论开展群众性的养"三鸟"运动。

4. **农场第四届职工代表大会** 1962年12月召开。主要议程：听取场长王金昌的工作报告；讨论1963年生产财务计划；讨论因地制宜发展多种经营；讨论生产责任制，讨论奖励方案，讨论家庭副业政策；讨论办好职工集体食堂问题。

5. **农场第五届职工代表大会** 1965年3月8日召开。主要议程：贯彻湛江农垦局政工会精神，以"阶级斗争为纲"，以"五好"为目标，开展"比、学、赶、帮"运动，审议通过农场党委书记穆振华关于1965年生产、政治工作任务的报告；讨论通过经营管理方案；讨论关心职工生活、安全生产问题；讨论实现钱、粮、油、肉、菜自给的规划；讨论计划生育有关问题；讨论有关办好半工半读学校改革全日制学校的问题。

6. 农场第六届职工代表大会　1965 年 8 月 4 日召开，出席职工代表 374 人。主要议程：听取农场党委书记穆振华、副场长杨耀武关于中央批转《农垦经营管理十六条》规定的精神及具体实施办法的报告；讨论"十六条"规定；讨论"三定一奖"（定产量、定生产费用、定工资总额、超产奖励）；讨论劳动力管理，以及工资分配、劳保福利问题。湛江农垦局副局长陈介三同志到会讲了话。

7. 农场第七届职工代表大会　1966 年 2 月 2 日召开，出席职工代表 510 人。主要议程：农垦部部长王震在会上做了两次讲话，要求把农场建设成为全区、全省、全国的示范农场；听取农场党委书记穆振华报告；讨论农垦部提出的样板农场、样板生产队"八项条件"；讨论并通过提前三年完成"三五"计划的决议；讨论关于学习毛主席著作，突出政治，以"五好"为中心，开展轰轰烈烈的"比、学、赶、帮、超"群众运动；讨论充分利用水源养鱼、种植水生饲料；讨论办好食堂、改善职工伙食的问题。

8. 农场第八届职工代表大会

（1）第一次会议。1979 年 8 月 17 日召开，出席职工代表 52 人。主要议程：通过场长花进有的工作报告；讨论通过关于橡胶整顿的风害寒害或橡胶园更新规则；讨论通过《计划生育群众公约》；讨论通过关于职工家庭养猪若干规定；讨论修改经营方案，以及下半年的计划任务和三年调整规划设想；讨论增产节约规划；讨论提高职工物质文化生活的问题。湛江农垦局副局长王金昌、湛江农垦工会副主席孙寿鹏、湛江市总工会主席陈耀南应邀出席会议并讲话。

（2）第二次会议。1980 年 2 月 8 日召开，出席职工代表 552 人。主要议程：审议通过场长花进有的工作报告；讨论通过《1980 年经营管理方案》《关于 1980 年计划生育工作意见》。

9. 农场第九届职工代表大会

（1）第一次会议。1981 年 1 月 26 日召开，出席职工代表 576 人。主要议程：审议通过场长花进有的工作报告；审议通过《1981 年经营管理方案》；审议《关于 1980 年计划生育情况和 1981 年计划生育工作意见》《关于 1980 年加强思想政治工作的意见》《关于 1980 年计划执行情况和 1981 年计划任务安排的汇报》《关于 1980 年财务结算和 1981 年工作意见》《关于农场 1980 年治安保卫、安全生产工作情况和 1981 年工作意见》。

（2）第二次会议。1981 年 12 月 6 日召开，出席职工代表 552 人。主要议程：听取场长花进有的工作报告；讨论通过 1982 年生产财务计划指标及经营管理方案。

10. 农场第十届职工代表大会

(1) 第一次会议。1982 年 12 月 6 日召开，出席职工代表 594 人。主要议程：审议场长花进有的工作报告；讨论通过《1983 年经营管理方案》；讨论通过生产、财务、劳动工资计划和劳动管理定额；讨论《关于 1983 年计划生育工作的若干规定》《关于 1983 年加强财务管理，严肃财经纪律的若干规定》《关于 1983 年贯彻国务院颁发的〈企业职工奖罚条例〉和〈全国职工守则〉实施细则》《1983 年物资、产品管理制度》《1983 年干部职责范围和考核奖励办法》《1983 年职工全员培训规划》。

(2) 第二次会议。1983 年 4 月 12 日召开，出席职工代表 475 人。主要议程：听取场长花进有传达中共中央政治局委员王震对农场工副业生产、畜牧业生产、多种经营、大包干经济责任制、群众生活等方面的指示及关于《1983 年经营管理方案修改补充办法》的报告；讨论大包干经济责任制。

(3) 第三次会议。1984 年 1 月 21 日召开，出席职工代表 475 人。主要议程：审议通过场长曹继彬的工作报告；听取党委副书记唐达森的政治工作报告；讨论通过《1984 年大包干经济责任制方案》，讨论通过生产财务计划。

11. 农场第十一届职工代表大会

(1) 第一次会议。1984 年 12 月 15 日召开，出席职工代表 534 人。主要议程：审议通过场长曹继彬的工作报告；审议通过《1985 年职工家庭农场实施方案》；讨论通过《1985 年工、商、贸业工作的意见》《1985 年计划生育问题的规定》《1985 年私建公助及改革住房管理制度问题的意见》。

(2) 第二次会议。1986 年 1 月 6 日召开，出席职工代表 511 人。主要议程：审议通过代理场长李中的工作报告；审议通过《1986 年家庭农场经营管理方案》；讨论通过生产计划；讨论通过《1985 年生产财务计划执行情况和 1986 年生产财务计划安排意见》《1986 年财务管理办法实施细则》《1986 年劳动管理规定》；讨论《1986 年商业供销工作意见》。

12. 农场第十二届职工代表大会

(1) 第一次会议。1986 年 12 月 25 日召开，出席职工代表 422 人。主要议程：审议场长李中的工作报告；审议通过《1987 年农业经营方案》《1987 年工业经营管理方案》《1987 年劳动管理规定》《1987 年生产计划》；讨论通过《1987 年农业生产技术管理若干规定》《1987 年财务管理办法暂行补充规定》《1987 年农业生产技术措施》。

(2) 第二次会议。1987 年 12 月 25 日召开，出席职工代表 419 人。主要议程：审议通过农场党委书记李中代表主席团做的工作报告；审议通过《1988 年经营管理方案》；讨论通过《1988 年劳动管理规定》《1988 年农业技术管理措施》《1988 年工业生产技术管理措施》《1988 年干部工作制度和目标管理暂行规定》。

13. 农场第十三届职工代表大会

（1）第一次会议。1988 年 12 月 12 日召开，出席职工代表 399 人。主要议程：审议通过场长黄德清的工作报告；讨论通过《场长任期目标责任制实施细则》《工会主席任期目标实施细则》《场长任期目标责任制计划管理条例》；讨论通过《1989 年经营管理方案》《1989 年财务管理条例》《1989 年物资产品管理条例》《1989 年劳动管理规定》《1989 年干部管理实施细则》《1989 年农业生产技术管理条例》《1989 年工业生产技术管理条例》《1989 年生产计划指标》《1989 年经济合同管理暂行规定》《1989 年关于护林保胶，加强土地管理的规定》《1989 年计划生育若干规定》《1989 年关于医药费管理规定》《关于1989 年治安工作及户口管理的规定》。

（2）第二次会议。1989 年 12 月 18 日召开，出席职工代表 383 人。主要议程：审议通过场长黄德清的工作报告；审议通过《1990 年干部管理条例》《1990 年劳动管理规定》《1990 年财务管理条例》；审议通过《1990 年经营管理方案》《1990 年生产计划指标》《1990 年计划生育若干规定》《1990 年医药管理规定》《1990 年农业技术措施》。

14. 农场第十四届职工代表会议

（1）第一次会议。1990 年 12 月 17 日召开，出席职工代表 351 人。主要议程：审议通过场长黄德清的工作报告；审议通过《1991 年经营管理方案》《1991 年干部管理条例》《1991 年财务管理条例》《1991 年劳动管理规定》《1991 年物资产品管理条例》《1991 年工业经营管理条例》《1991 年农业生产技术管理条例》；审议通过《1991 年职工医疗经费管理若干规定》《1991 年计划生育若干规定》《1991 年国营湖光农场小城镇建设及职工建房用地管理暂行规定》《1991 年石场管理暂行规定》《1991 年治安队管理工作规定》《1991年农业技术措施》。

（2）第二次会议。1991 年 12 月 20 日召开，出席职工代表 351 人。主要议程：审议通过场长黄德清的工作报告；审议通过《1992 年经营管理方案》《1992 年生产计划指标》《1992 年农业生产技术措施》《1992 年财务管理条例》《1992 年干部管理条例》《1992 年劳动管理规定》《1992 年农业生产技术管理条例》《1992 年物资、产品管理条例》《1992 年工业经营管理条例》；讨论通过《1992 年计划生育若干规定》《1992 年职工医疗和医疗经费管理若干规定》《1992 年工业产品销售规定》《1992 年土地管理暂行规定》《1992 年小城镇建设及职工建房用地管理暂行规定》《1992 年治安队管理若干规定》《1992 年安全生产管理若干规定》。

（3）第三次会议。1992 年 12 月 23 日召开，出席职工代表 348 人。主要议程：审议通过场长黄治成的工作报告；审议通过《1993 年经营管理方案》《1993 年生产计划指标》《1993 年财务管理条例》《1993 年劳动人事管理条例》《1993 年农业生产技术管理条例》；讨论通过《1993 年计划生育若干规定》。

15. 农场第十五届职工代表会议

（1）第一次会议。1993 年 12 月 13 日召开，出席职工代表 320 人。主要议程：审议通过场长黄治成的工作报告；审议通过《1994 年经营管理方案》《1994 年生产计划指标》《1994 年财务管理条例》。

（2）第二次会议。1994 年 12 月 23 日召开，出席职工代表 257 人。主要议程：审议通过场长黄锦访的工作报告；审议通过《1995 年经营管理方案》《1995 年生产计划指标》《1995 年干部管理规定》《1995 年劳动管理规定》《1995 年治安综合治理管理规定》《1995 年土地管理暂行管理办法》《1995 年公费医疗管理办法》；讨论通过《1995 年计划生育若干规定》。

（3）第三次会议。1995 年 12 月 23 日召开，出席职工代表 308 人。主要议程：审议通过场长黄锦访的工作报告；审议通过《1996 年经营管理方案》《1996 年干部管理若干规定》《1996 年生产计划指标》《1996 年财务管理办法补充规定》《1996 年干部管理规定》《1996 年劳动安全生产管理规定》《1996 年治安综合治理管理规定》《1996 年社会治安综合治理实施细则》《1996 年土地管理暂行管理办法》《1996 年土地管理规定》《1996 年公费医疗管理办法》《1996 年医疗卫生管理办法》；讨论通过《1996 年计划生育若干规定》。

16. 农场第十六届职工代表会议

（1）第一次会议。1996 年 12 月 6 至 14 日，出席职工代表 298 人。主要议程：审议通过场长黄锦访的工作报告；审议通过《1997 年经营管理方案》《1997 年干部管理若干规定》《1997 年生产计划指标》《1997 年财务管理办法补充规定》；审议通过《1997 年干部管理规定》《1997 年劳动安全生产管理规定》《1997 年治安综合治理管理规定》《1997 年社会治安综合治理实施细则》《1997 年土地管理暂行管理办法》《1997 年土地管理规定》《1997 年公费医疗管理办法》《1997 年医疗卫生管理办法》；讨论通过《1997 年计划生育若干规定》。工会主席曾宪煌做了题为《发扬主人翁精神，狠抓两个文明建设，努力开创工会工作新局面》的工作报告，选出了由 17 名同志组成的新一届工会委员会。

（2）第二次会议。1997 年 12 月 20 日，出席职工代表 225 人。主要议程：审议通过场长黄锦访的工作报告；审议通过《1998 年经营管理方案》《1998 年干部管理若干规定》《1998 年生产计划指标》《1998 年财务管理办法补充规定》《1998 年干部管理规定》《1998 年劳动安全生产管理规定》《1998 年治安综合治理管理规定》《1998 年社会治安综合治理实施细则》《1998 年土地管理暂行管理办法》《1998 年土地管理规定》《1998 年公费医疗管理办法》《1998 年医疗卫生管理办法》；讨论通过《1998 年计划生育若干规定》。

（3）第三次会议。1998 年 12 月 25 日召开，出席职工代表 230 人。主要议程：审议通过场长黄锦访的工作报告；审议通过《1999 年经营管理方案》《1999 年生产计划指标》《1999 年财务管理办法》。审议通过《1999 年干部管理规定》《1999 年劳动安全生产管理规定》《1999 年社会治安综合治理实及创建安全文明小区工作方案》《1999 年医疗卫生管理办法》《1999 年物资管理办法》《1999 年文明建设管理实施细则》《1999 年行政管理规定》《1999 年工业管理规定》《1999 年教育管理规定》《1999 年农业生产技术管理规定》《1999 年规划建设管理方案》《1999 年纪审监督实施细规》《1999 年土地管理暂行规定》《1999 年公费医疗规定》等；讨论通过《1999 年计划生育管理规定》。

17. 农场第十七届职工代表会议

（1）第二次会议。2000 年 11 月 4 日召开，出席职工代表 213 人。主要议程：审议通过场长梁建辉的工作报告；审议通过《2001 年经营管理方案》《2001 年生产计划指标》《2001 年财务管理办法规定》《2001 年干部管理规定》《2001 年劳动、社保与安全生产管理规定》《2001 年精神文明及社会治安治理工作实施方案》《2001 年职工医疗管理规定》《2001 年土地管理规定》《2001 年计划生育管理规定》。

（2）第三次会议。2001 年 11 月 5 日召开，出席职工代表 211 人。主要议程：审议通过场长梁建辉的工作报告；审议通过《2002 年经营管理方案》《2002 年生产计划指标》《2002 年财务管理规定》。审议通过《2002 年干部管理规定》《2002 年劳动、社保与安全生产管理规定》《2002 年精神文明及社会治安治理工作实施方案》《2002 年医疗卫生管理办法》《2002 年土地、规划建设管理规定》《2002 年职工医疗管理规定》；讨论通过《2002 年计划生育管理规定》《2002 年绿化造林方案》。

（3）第四次会议。2002 年 12 月 11 日，出席职工代表 203 人。主要议程：审议通过场长梁建辉的工作报告；审议通过《2003 年经营管理方案》《2003 年生产计划指标》《2003 年干部管理规定》《2003 年劳动、社保与安全生产管理规定》《2003 年精神文明及社会治安治理工作实施方案》《2003 年医疗卫生管理办法》《2003 年土地管理规定》《2003 年财务管理办法》；讨论通过《2003 年职工医疗管理规定》《2003 年计划生育管理规定》。

18. 农场第十八届职工代表会议

（1）第二次会议。2005 年 3 月 28 日召开，出席职工代表 199 人。主要议程：审议通过场长梁建辉的工作报告；审议通过《2005 年经营管理方案》《2005 年财务管理规定》《2005 年干部管理规定》《2005 责任金管理方案》《2005 年干部离任、离岗责任审计暂行办法》《2005 年干部工作责任考核和责任追究制度的规定》《2005 年劳动、社保、安全方案》《2005 年精神文明建设综合治理方案》《2005 年土地、规划建设管理规定》《2005 年计划生育管理规定》《2005 年殡葬改革管理方案》。

（2）第三次会议。2006 年 3 月 23 日，出席职工代表 198 人。主要议程：审议通过场长梁建辉的工作报告；审议通过《2006 年经营管理方案》《2006 年财务管理规定》《2006 年干部管理规定》《2006 年内部审计管理规定》《2006 年劳动、社保、安全方案》《2006 年精神文件建设综合治理方案》《2006 年土地管理实施细则》《2006 年规划建设管理规定》《2006 年计划生育管理规定》《2006 年湖光农场殡葬改革管理方案》。

（3）第四次会议。2007 年 4 月 12 日召开，出席职工代表 187 人。主要议程：审议通过场长梁建辉的工作报告；审议通过《2007 年经营管理方案》《2007 年财务管理规定》《2007 年干部管理规定》《2007 年干部工作责任考核和责任追究实施细则》《2007 年内部审计工作规定》《2007 年劳动、社保、安全管理方案》《2007 年税费改革方案》《2007 年劳动竞赛生产技术措施管理规定》《2007 年精神文明建设暨信访、维稳和社会治安综合治理方案》《2007 年土地管理实施细则》《2007 年规划建设管理规定》《2007 年计划生育管理规定》《2007 年殡葬改革管理方案》。

19. 农场第十九届职工代表会议

（1）第一次会议。2008 年 3 月 28 日召开，出席职工代表 183 人。主要议程：审议通过场长梁建辉的工作报告；审议通过《2008 年经营管理方案》《2008 年财务管理规定》《2008 年劳动、社保与安全管理规定》《2008 年职工危房改造实施方案》《2008 年精神文明建设暨信访、维稳和社会治安综合治理方案》。

（2）第二次会议。2009 年 3 月 30 日召开，出席职工代表 176 人。主要议程：审议通过梁建辉的《解放思想改革开放开创农场科学发展新局面》工作报告；审议通过《2009 年经营管理方案》《2009 年财务管理规定》《2009 年劳动社保管理规定》《2009 年精神文明建设暨信访、维稳和社会治安综合治理工作实施方案》《2009 年干部管理规定》《2009 年干部工作责任考核和责任追究实施细则》《2009 年内部审计工作规定》《2009 年土地管理实施细则》《2009 年规划建设管理规定》《2009 年计划生育管理规定》《2009 年殡葬管理实施办法》。

（3）第三次会议。2010 年 3 月 25 日召开，出席职工代表 182 人。议程：审议通过场长梁建辉的工作报告；审议通过《2010 年经营管理方案》《2010 年财务管理规定》《2010 年劳动社保管理规定》《2010 年精神文明建设暨信访、维稳和社会治安综合治理工作实施方案》《2010 年干部管理规定》《2010 年干部工作责任考核和责任追究实施细则》《2010 年内部审计工作规定》《2010 年土地管理实施细则》《2010 年规划建设管理规定》《2010

年计划生育管理规定》《2010 年殡葬管理实施办法》。

20. 农场第二十届职工代表大会

（1）第一次会议。2012 年 2 月 28 日召开，出席职工代表 179 人。主要议程：审议通过场长吴登孟的工作报告；审议通过《2012 年经营管理方案》《2012 年干部管理规定》《2012 年精神文明建设暨信访、维稳和社会治安综合治理工作实施方案》《湖光农场机关及农业生产单位干部考核奖励和责任追究实施方案》《湖光农场机关及农业生产单位干部考核奖励和责任追究实施方案》《2012 年财务管理规定》《2012 年土地管理实施细则》《2012 年劳动、社保管理规定》《2012 年规划建设管理规定》《2012 年计划生育管理规定》《2012 年内部审计工作规定》《2012 殡葬管理实施办法》。

（2）第二次会议。2013 年 1 月 18 日召开，出席职工代表 178 人。主要议程：审议通过场长赖荣光的工作报告；审议通过《2013 年经营管理方案》《2013 年财务管理规定》《2013 年劳动、社保管理规定》《2013 年精神文明建设暨信访维稳和社会治安综合治理工作实施方案》《2013 年干部管理规定》《2013 年内部审计工作规定》《2013 年土地管理实施细则》《2013 年规划建设管理规定》《2013 年计划生育管理规定》《2013 年殡葬管理实施办法》《2013 年甘蔗生产劳动竞赛方案》《湖光农场机关、分场及生产队干部年度业绩奖励和责任追究实施方案》《湖光农场 2013 年奖学奖教暂行办法》。

（3）第三次会议。2013 年 10 月 25 日召开，出席职工代表 168 人，主要议程：审议通过场长赖荣光的工作报告；审议通过《2014 年经营管理方案》《2014 年财务管理规定》《2014 年劳动、社保管理规定》《2014 年精神文明建设暨信访、维稳和社会治安综合治理工作实施方案》《2014 年干部管理规定》《2014 年内部审计工作规定》《2014 年土地管理实施细则》《2014 年规划建设管理规定》《2014 年计划生育管理规定》《2014 年殡葬管理实施办法》《2014 年甘蔗生产劳动竞赛方案》《湖光农场机关、分场及生产队干部年度业绩奖励和责任追究实施方案》《湖光农场奖学奖教暂行办法》《湖光农场职工补充医疗保险暂行办法》《湖光农场社区环境卫生管理暂行规定》《湖光农场场部小城设房屋拆迁安置及补偿方案》。

（4）第四次会议。2014 年 12 月 9 日召开，出席职工代表 173 人。主要议程：审议通过场长万发的工作报告；审议通过《2015 年财务管理规定》《2015 年经营管理方案》《2015 年劳动、社保管理规定》《2015 年精神文明建设暨信访、维稳和社会治安综合治理工作实施方案》《2015 年干部管理规定》《2015 年内部审计工作规定》《2015 年土地管理实施细则》《2015 年规划建设管理规定》《2015 年计划生育管理规定》《2015 年殡葬管理实施办法》《奖学奖教暂行办法》《职工补充医疗保险暂行办法》《社区环境卫生管理暂行规定》《场部小城镇建设房屋拆迁安置及补偿方案》。

21. 农场第二十一届职工代表大会

（1）第一次会议。2015 年 12 月 18 日召开，出席职工代表 165 人。主要议程：审议通过场长万发的工作报告；审议通过《2016 年经营管理方案》《2015/2016 年榨季糖蔗生产管理规定》《2015/2016 年榨季护蔗工作规定》《2016 年财务管理规定》《2016 年劳动及社保管理规定》《2016 年精神文明建设暨信访、维稳和社会治安综合治理工作实施方案》《2016 年干部管理规定》《2016 年内部审计工作规定》《2016 年土地管理实施细则》《2016 年规划建设管理规定》《2016 年计划生育管理规定》《2016 年殡葬管理实施办法》《奖学奖教暂行办法》《2016 年安全生产管理规定》《职工补充医疗保险方案》《社区环境卫生管理暂行规定》《场部小城镇建设房屋拆迁安置及补偿方案》。

（2）第二次会议。2016 年 12 月 11 日召开，出席职工代表 171 人。主要议程：审议通过常务副场长陈悦的工作报告；审议通过《2017 年经营管理方案》《2017 年财务管理规定》《2017 年劳动及社保管理规定》《2017 年党建及精神文明建设工作实施方案》《2017 年综治及信访、维稳工作实施方案》《2017 年干部管理规定》《2017 年内部审计工作规定》《2017 年土地管理实施细则》《2017 年规划建设管理规定》《2017 年计划生育管理规定》《2017 年殡葬管理实施办法》《2017 年安全生产管理规定》《职工补充医疗保险方案》《社区环境卫生管理暂行规定》《2017 年安居工作管理规定》。

（3）第三次会议。2018 年 3 月 26 日召开，出席职工代表 168 人。主要议程：审议通过场长陈悦的工作报告；审议通过《2018 年经营管理方案》《2018 年财务管理规定》《2018 年劳动及社保管理规定》《2018 年党建及精神文明建设工作实施方案》《2018 年综治及信访、维稳工作实施方案》《2018 年干部管理规定》《2018 年内部审计工作规定》《2018 年土地管理实施细则》《2018 年规划建设管理规定》《2018 年计划生育管理规定》《2018 年殡葬管理实施办法》《2018 年安全生产管理规定》《社区环境卫生管理暂行规定》《2018 年安居工作管理规定》。

（4）第四次会议。2019 年 1 月 18 日召开，出席职工代表 167 人。主要议程：审议通过党委书记陈悦的工作报告；审议通过《2019 年经营管理方案》《2019 年财务管理规定》《2019 年劳动及社保管理规定》《2019 年党建暨精神文明建设工作实施方案》《2019 年综治及信访、维稳工作实施方案》《2019 年干部管理规定》《2019 年内部审计工作规定》《2019 年土地管理实施细则》《2019 年规划建设管理规定》《2019 年"一事一议"财政奖补实施方案》《2019 年计划生育管理规定》《2019 年殡葬管理实施办法》《2019 年安全生产管理规定》《社区环境卫生管理暂行规定》《2019 年安居工作管理规定》。

（二）场务公开制度

工会将涉及企业生产经营管理、职工切身利益、干部廉政自律等重大事项，通过职工代表大会、公开栏等多种形式向职工公开，切实保障职工的知情权，让职工更好地参与企业民主管理，促进企业的改革、发展和稳定。

1990 年，实行《湛江农实行农场（厂、司、所、院、校）务公开制度的意见》，明确重大决策、重要干部任免、重大项目安排和大额度资金使用的"三重一大"要进行民主决策，按程序决策并做好分类记录，重要事项要通过公开栏等形式对职工进行公开。

2011 年，实施场务公开民主管理贯标认证工作，农场被评为 B 级单位。

2017 年，农场按照农垦工会的要求，实行场务公开栏、党务公开栏、生产队队务及党务公开栏，做好场务公开工作。公开内容主要包括年度经济发展目标、场务公开机构、农场基本情况、重大决策及其落实、干部管理、"三公"经费使用、涉及职工切身利益、土地管理、国资处置及产品物资购销的情况等 10 个方面的内容。

（三）职工权益

严格执行农垦工会的制定和落实有关职工权益方面的规定和措施，建立健全集体合同制度，构建劳动关系和谐企业，广泛深入开展职业道德教育。对广东农垦战线劳动模范，其荣誉等级视同地市级劳模，从 2002 年 5 月 1 日起，按每人每月 100 元的标准发放荣誉津贴。工会通过构建和谐的劳动关系，促进了农场和谐发展。

至 2017 年底，农场建立集体协商和集体劳动合同制度，设立劳动争议调解委员会，建立劳动保护监督检查委员会，建立工会劳动法律监督组织。

（四）劳动竞赛

1987 年，农场成立劳动竞赛机构，建立健全了队、分场、场竞赛机构，保证了劳动竞赛的广泛深入、扎实有效。在 1989 年卫生系统开展的劳动竞赛中，农场医院获得片区第一的先进医院，医院防疫站获得片区第一的先进防疫站。

1989—2017 年，紧紧围绕农业生产、工业加工、卫生事业等经济社会活动，广泛开展创先评优、安全生产等生动活泼的职工劳动竞赛活动（如种植橡胶、割胶、种蔗、砍蔗等）。

2002—2014 年，开展以冬种甘蔗、甘蔗高产优质为主要内容的劳动竞赛。农场竞赛以基层单位为主，组织开展形式多样的劳动竞赛活动，结合生产实际，取得较好效果。2004 年，荣获广东省农垦总局劳动竞赛委员会颁发的 2004 年度甘蔗生产劳动竞赛"优胜单位"牌匾。

2011 年，荣获湛江市麻章区总工会"2011 年度全区工作优秀单位"奖牌。

2016 年，荣获麻章区扶贫济困爱心奖铜奖。

表 12-2　部分年份湖光农场工会组织情况

年份	会员		分会（个）	专职干部 I（人）
	人数（人）	入会率（%）		
1955	1325	94.4	5	5
1956	1031	88.7	5	5
1962	852	26.9	23	2
1963	872	36.6	23	2
1964	1506	45.5	23	2
1965	1525	43.8	23	2
1966	1565	40.5	23	2
1982	4523	70.2	78	7
1983	5665	91.0	81	7
1984	5716	91.9	78	8
1986	6151	95.0	85	7
1987	5864	90.4	85	6
1988	4922	75.4	96	7
1989	4987	74.0	94	7
1990	5620	89.6		8
1991	4892	95.9	83	10

表 12-3　历届湖光农场工会会员代表大会情况

届次	时间	代表人数	主要议题
第六届工会会员代表大会	1978 年 11 月 27—30 日	166	吴金山主席做工作报告；学习全国总工会九大文件；选举产生工会委员会
第七届工会会员代表大会	1981 年 1 月 29 日	576	吴金山主席做工作报告；财务工作报告；选举产生工会委员会
第八届工会会员代表大会	1982 年 12 月 9 日	594	杨国球主席做工作报告；财务工作报告；选举产生工会委员会
第九届工会会员代表大会	1984 年 12 月 17 日		杨国球主席做工作报告；财务工作报告；选举产生工会委员会
第十届工会会员代表大会			选举产生工会委员会
第十一届工会会员代表大会	1988 年 12 月 14 日	413	杨国球主席做工作报告；财务工作报告；选举产生工会委员会
第十二届工会会员代表大会	1990 年 12 月 19 日	351	杨国球主席做工作报告；财务工作报告；选举产生工会委员会
第十二届工会会员代表大会	1996 年 12 月 26 日	298	曾宪煌主席做工作报告；财务工作报告；选举产生工会委员会

注：①缺第一至第五届工会会员代表大会资料。
②1996 年后的工会会员代表大会与职工代表大会一同召开。

第二节　共青团组织

一、组织情况

1952年8月，成立了中国新民主主义青年团组织，农场有团委，基层有团总支、团支部。到1955年，农场有团总支3个、团支部12个，团员336名。1957年5月15—25日，根据中国新民主主义青年团第三次全国代表大会的决定，中国新民主主义青年团改名为中国共产主义青年团。1969—1975年兵团时期，团委或称团工委。1976年，团工委恢复为团委，所属分场（中学）设团总支，生产队设团支部。

1990年，农场有团委1个、团总支8个、团支部68个，人数较少的基层单位设青年小组。1997年后，农场有团委2个（其中，中学设二级团委1个，团员162人）、团支部数8个。2007年，农场团委副书记为副科级干部。截至2018年，农场有团委2个、团支部4个，团员总数为175人，团干部6人，团员主要集中在学校和医院等事业单位。2018年后，农场中小学划归政府教育局管理，医院归湛江农垦医疗集团管理后，农场团员总数大大减少。2020年，设团委1个，共青团专职干部1人。

1990年起，农场团委组织开展"团员教育评议活动"，以团支部为单位分四个阶段开展：

第一阶段为学习教育。组织团员学习《中共中央关于加强和改善党对工会、共青团、妇联工作领导的通知》《中国共产主义青年团章程》，以及共青团十二届二中全会通过的《关于在治理整顿、深化改革中进一步发挥共青团作用的决议》和《关于加强团员队伍建设、提高团员素质的决定》。

第二阶段为实践活动。结合"学雷锋、树理想、爱农垦、做贡献"的主题活动，开展"学雷锋、送温暖"、绿化美化、扶困帮工、义务劳动等社会公益活动；开展"十项生产能手"竞赛活动；引导团员立足本职，积极投身"双增双节"运动。通过多种多样、富有实效的实践教育，增强了团员的先进意识和模范作用。

第三阶段为民主评议。从"能否坚持四项基本原则""能否起模范带头作用""能否积极参加学雷锋树新风活动""能否遵守国家法律、法规""能否自觉履行团员义务、执行团的决议"5个方面进行评议。

第四阶段为表彰和处理。对优秀和合格团员由团支部办理年度团籍注册手续，并在其团员证内的团籍注册栏中注明评议情况。该办法成为团员教育的常规做法，每年坚持开展，延续至 2017 年。

1990 年，农场团委开展的青年志愿活动主要是"学雷锋、送温暖"、扶困帮工队、义务植树和美化环境等。其中，团委组织的"学雷锋、便民服务"暨文化广场活动，有 13 个服务队共 2000 多人参加。1993 年之前，成立学雷锋小组 46 个、扶困帮工队 6 个，年均做好事超过 360 件，用实际行动践行青年的使命和担当。

2001 年，农场团委在湛江农垦局团委的部署下，组织青年参加"跨世纪青年农民科技培训工程"的活动，举办了甘蔗、畜牧培训班，每期培训 16 人，分 2 个专业授课，全年培训了 32 人，其中甘蔗班学员 25 人、畜牧班学员 7 人。培训班帮助学员掌握热带农业技术等方面的知识，掌握农垦主要作物及畜牧生长发育的基本规律及不同生产期的主要特性、主要技术病虫害防治及良种选育和鉴别基本知识，要求学员能根据品种、土壤、气候、生产水平及市场需求等情况制订生产计划，能掌握高产优质栽培或养殖技术，能正确识别主要病虫害及症状、掌握正确防治方法。培训班还进行常规教学考试、发证，是较为正规、系统的青年农民培训。

2010 年起，农场团委书记、优秀青年参加农垦团委组织赴广州学习考察活动，先后到广东省农垦总局、广东燕塘乳业公司、燕岭大厦、广东农工商职业技术学院、中山大学黄埔军校旧址、宝墨园、广垦橡胶公司、广垦绿色农产品公司佳鲜农庄等单位进行考察，共同探讨、交流学习。

2010 年，农场团委积极开展"爱在希望家园 关爱留守少年儿童"活动，在农场中心小学挂牌成立"希望家园"，并组织优秀青年对留守儿童和孤贫残疾少年儿童开展学习辅导、心理咨询、情感交流活动。本年，农场团委组织开展了为玉树地震灾区募捐的"南粤甘泉"抗救灾捐款活动，参与"630 广东省扶贫济困日共青团义卖一条街"活动，组织为"中国保尔"王孟筠捐款活动，还在农场职工医院开展了"便民义诊"系列服务活动等。

2012 年，农场团委与共青团湛江市委合作，在农场谭河队共同创建湛江市共青团现代农业创业孵化基地。

2014 年，农场团委开展"继承传统勇担青年使命、建言献策参与农垦发展"征文活动，3 名青年提交了征文 3 篇。本年，农场团委与工会组织青年、退休人员参加湛江市为迎接省运会而组织的全民健身徒步行走活动。2014 年超强台风"彩虹"袭击湛江，团委在农场党委的领导下带领团员青年积极投入到灾后复产工作中，农场有 50 多名青年为尽快恢复灾后农场生产和职工生活而连续半个月奋战在第一线。

2016 年，农场团委组队参加湛江农垦局团委与工会组织的"庆祝抗战胜利 70 周年暨欢度国庆"文艺会演，编排和表演广场舞、情景剧和小品节目。

二、荣誉

（一）农场团委、团支部、少先队获得的荣誉

1983年，农场团委被共青团湛江地委评为"先进团委"。

1983—1991年，连续9年被粤西农垦局团委评为"先进团委"。

1987年，被共青团广东省委、广东省绿化委员会、广东省林业厅、广东省交通厅评为"广东省青少年造林绿化先进集体"。

1989年，被共青团湛江市委评为"先进基层团委"。

1966年，高阳队团支部被共青团湛江地委评为"学习毛主席著作先进团支部"。

1981年，里场队团支部被共青团湛江市委评为"先进团支部"。

1984年，七队团支部被粤西农垦局团委评为"红旗团支部"。

1986年，农场中学团总支被粤西农垦团委评为"先进团总支"。

1987年，农场第一小学少先队大队部被全国少工委授予"全国少先队红旗大队"；

1989年，被共青团湛江市委评为"少先队先进集体"；1990年被粤西农垦局团委评为"少先队先进大队"。

2015—2016年，农场团委被授予湛江农垦"五四红旗团委"。

2014—2017年，农场中学英语教研组被共青团湛江市委认定为"青年文明号"单位。

（二）个人获得的荣誉

1979年，黄惠玲被湛江农垦局团委评为"优秀团员"。

1980年，黄惠玲、康志文、黄玉棋被中共湛江地委农场工作部评为"新长征突击手"。

1982年，张小莲被粤西农垦局团委评为优秀团干部。

1983年，梁文礼、陈炳南、吴育全被共青团湛江市委评为"学雷锋积极分子"。

1984年，高启浩被粤西农垦局团委评为优秀团干部。

1985年，郑碧荣被共青团广东省委评为"新长征突击手"。

1989年，钟建玲被共青团广东省委评为"广东省好少年"。

1989年，崔宝成被粤西农垦局团委评为优秀团干部。

1989年，刘殿仁被粤西农垦局评为垦区"十佳青年"之一。

1989、1991年，黎燕露分别被粤西农垦局团委评为"优秀少先队辅导员"。

1991年，李梅兰、郑彩莲、李桂珍、洪振球、林家培被共青团湛江市委评为"优秀

团员"。

1988年5月4日，崔宝成列席全国共青团第十二次代表大会。

1994—1995年，刘国江分别被湛江农垦局团委评为1993、1994年度"优秀团干部"。

2011年，时任农场场长吴登孟评选为"湛江农垦十大杰出青年"称号。

2015年，在湛江农垦第七届十大杰出青年评选活动中，时任农场副场长包代义被评选为"湛江农垦十大杰出青年"称号。

三、团委负责人更迭

表12-4　历年湖光农场团委负责人一览

姓名	职务	在职时间
肖一训	团委书记	1955年1月—1958年5月
杨耀武	团委书记（兼）	1958年6月—1963年3月
王树品	团委书记（兼）	1963年4月—1964年3月
姜望芝	团委书记（兼）	1964年4月—1969年12月
	团工委书记	1976年1月—1976年6月
李维森	团工委书记（兼）	1970年1月—1971年11月
朱忠全	团工委书记（兼）	1973年9月—1974年11月
肖桂荣	团委书记（兼）	1976年6月—1981年9月
张靖	工会副主席团委书记（兼）	2011年12月—2016年11月
杨国球	团委副书记	1963年4月—1964年11月
李坚平	团委副书记（兼）	1963年4月—1964年4月
汤华	团委副书记	1976年1月—1977年
刘国胡	团委副书记	1981年1月—1982年6月
凌秋平	团委副书记	1982年10月—1983年9月
高启浩	团委副书记	1984年6月—1985年1月
崔宝成	团委副书记	1986年8月—1990年12月
廖华全	团委副书记	1991年2月—1992年9月
刘国江	团委副书记	1992年9月—1995年5月
林家斌	团委副书记	1995年5月—2009年1月
张靖	团委副书记	2009年1月—2011年12月
吴向东	团委副书记	2011年12月至今

四、共青团代表大会

表 12-5　历届湖光农场共青团代表大会

届　次	召开时间	代表人数（人）	主要议题
第一届代表大会	1956 年 4 月	75	场长陈介三致词，肖一训做工作报告，选举产生第一届团委会
第二届代表大会	1963 年 4 月 11 日	80	杨耀武做工作报告，选举产生第二届团委会
第三届代表大会	1978 年 12 月 19—21 日	204	副场长王树品致开幕词，余美霓做工作报告，选举产生第三届团委会
第四届代表大会	1978 年 8 月 29—31 日	248	肖柱荣做工作报告，选举产生第四届团委会
第五届代表大会	1982 年 12 月 15—18 日	201	高启浩致开幕词；凌秋平做工作报告，选举产生第五届团委会
第六届代表大会	1987 年 9 月 19 日	162	党委副书记刘国胡、场长李中致词，钟永华致开幕词，崔宝成做工作报告，选举产生第六届团委会
第七届代表大会	1991 年 11 月 3 日	165	党委副书记刘国胡、党委书记黄锦访致词，崔宝成做工作报告，选举产生第七届团委会

表 12-6　部分年份湖光农场团组织、团员情况

年份	团党总支（个）	团支部（个）	青年数（人）	团员数（人）			团员占青年的比率（%）	专职团干部（人）
				合计	男	女		
1955	3	12	745	336			45.1	3
1974			1528	699	379	320	45.7	
1975		50	1458	725	363	362	49.7	
1978		69	3086	1179	530	649	38.2	2
1979	8	64	2967	1003	465	538	33.8	
1982	10	63	3824	1194	590	604	31.2	3
1983	10	64	4108	1399	612	787	34.1	3
1984	9	68	3524	1371	584	787	38.9	2
1986	10	70	3474	1039	493	546	29.9	3
1987	10	71	3392	1104	550	554	32.5	2
1988	10	73	3594	964	423	541	26.8	3
1989	10	66	3107	995	441	554	32.0	3
1990	9	68	3225	991	401	590	30.7	3
1991	9	70	3332	1012	425	587	30.4	2

第三节　妇女组织

　　1962 年，成立妇女委员会。1966 年前，农场工会内设专职妇女干事，负责妇女工作。1969—1974 年兵团时期，团政治处内设妇女干事，连队有妇女工作小组。1975—1978 年，

农场政治处内设妇女干事。1978年末，恢复工会组织，农场工会内设女工干事，生产队、工厂建立女工小组。1979年，妇女委员会改称女工委员会。1990年，女工委员会改称女职工委员会。1990年前，妇女主任实行兼职，一般由科级女干部担任。1991年起，设专职妇女主任，主任为江瑞华。1992年，杨碧和任女工主任。1997年，黄群珍任女工主任。2003年，何雪萍任女工主任。

女工工作主要是围绕农场各个时期的中心工作和任务，负责教育女职工及其家属，宣传贯彻党和政府保护妇女、儿童的政策法令。针对女职工的特点，关心和解决妇女的切身问题。在妇女中开展评选"三八红旗手""五好女工""文明家庭"等活动，充分调动女工的积极性，发动妇女积极参加社会主义建设，完成农场交给的各项任务，提高妇女的政治文化素质，维护妇女的合法权益；协助工会行政等部门办好托儿所、幼儿园；协助有关部门搞好妇幼卫生保健工作；组织女职工参加职工建功立业、劳动竞赛、文体娱乐等活动，充分发挥"半边天"的作用，展现了广大女职工巾帼不让须眉的精神风貌；在每年"三八"妇女节开展有意义的纪念活动；积极做好女职工先进典型的组织推荐、评先评优工作，充分发挥女职工在生产中的引领、示范和激励作用。

1991年，农场共有女职工2742人。其中，女干部201人，工人1258人，女退休职工1283人；女党员196人，女团员298人。

2020年，农场共有在职女职工439人，占职工人数的34.5%。其中，女干部22人，女工人417人；女党员183人。此外还有女退休职工1687人。农场有女职工组织32个，女职工组织覆盖率达100%。

2004年3月，农场开展"三八"先进表彰活动，对七队等10个先进女工小组、钟培英等10名先进女工工作者、陆杏园等61名岗位女能手、张秋等10户"五好"文明家庭、冯丽芳等10名好妻子、赖彩兰等10名好母亲、姜裕平等10名好媳妇、李雪娟等7名好婆婆给予通报表彰。

2006年3月，农场开展"三八"先进表彰活动，对三队等10个先进女工小组、陆杏园等10名先进女工工作者、邓美等37名岗位女能手、陆连清等9户"五好"文明家庭、陈爱莲等10名好妻子、刘国仙等8名好媳妇、傅瑞娟等8名好婆婆给予通报表彰。

2008年3月，农场开展"三八"先进表彰活动，对三队等7个先进女工小组、李桂明等9名先进女工工作者、廖德芬等55名岗位女能手、陈明飞等8户"五好"文明家庭、陈爱连等8名好妻子、赖彩兰等7名好母亲、周桂玲等8名好媳妇、颜玉芳等8名好婆婆给予通报表彰。

2013年3月，农场开展"十佳岗位女能手"评选表彰活动，授予周昆明、占丽萍、罗惠清、林伍妹、卜玲春、苏玉丽、吴秀琼、莫秋英、袁娟、梁丽萍等 10 名女职工"十佳岗位女能手"荣誉称号。

2015 年 3 月，农场开展"十佳岗位女能手"评选表彰活动，授予周昆明、杨彩霞、李恒娟、陈少梅、李桂明、曾小红、王珊凤、黎海华等 8 名女职工"十佳岗位女能手"荣誉称号。

截至 2020 年底，农场受上级表彰的女职工先进集体 2 个。其中，2006 年，农场被湛江市总工会颁发湛江市女职工安康保险计划推进工作先进集体；2006 年，荣获湛江市麻章区颁发"巾帼建功"协调小组"巾帼文明岗"牌匾。

第十三章　农场保卫

第一节　农场保卫工作

1955年1月—1957年1月，设保卫科。1957年2月—1958年，在党委办公室设保卫干事。1959—1960年，设保卫科。1961—1968年，成立湛江市公安局湖光农场派出所。1969—1974年，在团政治处设保卫干事。1975—1981年，设保卫科。

1981年4月6日，广东省人民政府《关于在广东农垦系统建立公安体制问题的批复》文件中同意撤销农垦系统保卫机构，建立公安体制。1981年9月，农场撤销保卫科，在内部保卫机构的基础上，成立湛江公安局湖光农场派出所，基层单位成立治保小组。

1989年，农场（厂）配备交通民警。

1992年，撤销企业公安编制。同时，广东省公安厅以及湛江市公安局经研究认为，湛江农垦的确需要保留公安机构，但要相应改为地方公安机构，列入地方公安机关建制序列进行管理。因此组建湛江市公安局志满派出所，为正科级机构，所需经费由企业承担。

根据2001年8月发布的《国务院办公厅关于抓紧做好企业事业单位公安机构体制改革工作的通知》，2001年底，农场派出所划归地方公安建制序列，改名为"湛江市麻章区公安分局志满派出所"，其经费、装备、工作、生活设施、后勤保障统一由地方人民政府解决。根据公安部文件规定，农场公安派出所"三基"经费由农场拨付，保证每人每年3.8万元。

2002年11月，农场设立科级综治办，保卫科设在综治办，主要职能是安全保卫、治安防范和综合治理。2007年，保卫科主要负责农场安全保卫、治安管理、维稳、信访、治安员训练、民兵训练、征兵、场（队）容、治安监察等工作。

此外，1978年成立护林组，由农场保卫科领导。1981年改为护林队，属农场武装部领导。1987年护林队划归派出所管辖，同时改名为治安队至今，农场派出所划归地方公安建制后，治安队由保卫科管理。

2006年，荣获"中共湛江市麻章区委2006年度社会治安综合治理先进单位"。

2011 年，荣获"中共湛江市麻章区委政法、信访、维稳工作先进单位"奖牌。

表 13-1　1955—2020 年湖光农场公安保卫机构情况

年份	保卫科人数（人）	派出所人数（人）	治安队人数（人）	治保小组 数量（个）	治保小组 人数（人）	年份	保卫科人数（人）	派出所人数（人）	治安队人数（人）	治保小组 数量（个）	治保小组 人数（人）
1955	3			16	120	1988	12		46	84	329
1956	3			16	120	1989	12		46	83	326
1957	3			17	123	1990	12		51	80	311
1958	3			18	126	1911	11		52	75	302
1959	3	4		17	123	1992	12		54	74	299
1960		4		22	138	1993	12		52	69	192
1961		4		22	138	1994	12		50	67	185
1962		4		32	168	1995	12		49	59	163
1963		4		35	180	1996	12		49	50	141
1964		4		35	180	1997	12		43	53	147
1965		4		32	168	1998	12		43	52	143
1966		4		38	192	1999	12		42	52	145
1967		4		38	192	2000	12		40	43	123
1968		4		43	207	2001	12		34	42	113
1969	8			48	212	2002	1		33	39	109
1970	8			49	215	2003	1		32	43	123
1971	8			47	209	2004	2		32	44	123
1972	8			53	227	2005	2		31	43	120
1973	8			53	227	2006	2		30	43	121
1974	5			55	233	2007	2		31	44	123
1975	5			53	227	2008	1		30	44	124
1976	6			57	250	2009	1		32	58	165
1977	7			61	262	2010	1		29	58	162
1978	8		7	66	1275	2011	1		42	57	160
1979	8		7	67	278	2012	1		42	68	191
1980	8		7	68	282	2013	1		46	68	189
1981	8		7	70	287	2014	1		50	72	200
1982		9	12	75	302	2015	1		44	72	201
1983		12	12	75	302	2016	1		38	73	202
1984		12	20	75	302	2017	1		37	72	199
1985		12	40	75	302	2018	1		30	71	197
1986		12	45	79	314	2019	1		27	70	193
1987		12	45	84	329	2020	1		26	69	194

第二节　民兵组织

一、领导机构

1960 年，在农场办公室内设专职民兵干部。

1961 年，增设人民武装部。

1967—1974 年兵团时期，武装部撤销，由第十九团司令部专管民兵工作。

1974 年，恢复武装部。

1986 年至今，武装部由农场和湛江市麻章区武装部双重领导。

二、民兵组织

1959 年 7 月，农场成立民兵团，下设营、连。由中共湛江市委任命民兵干部，团长王金昌，政委郭伯林，参谋长朱美星。1964 年 10 月，在原来的基础上重新任命民兵团干部，团长王金昌，政委穆振华，参谋长吴金山，政治处主任黎霞生。1969 年 11 月，从各分场、连、团直属单位抽调 86 名武装战士，组建武装值班连，属武装机动力量。1979 年，武装值班连撤销建制。1989 年 5 月，由 30 名基干民兵组成民兵应急分队，也为湛江市郊区民兵应急值班分队。

民兵组织是民兵工作"三落实"（组织落实、政治落实、军事落实）的主要内容。民兵组织每年进行一次组织整顿，达到组织落实、队伍纯洁，使民兵组织与新的生产、行政维织相适应。农场民兵组织有基干民兵、武装民兵、普通民兵。1981 年以后撤销武装民兵。

1985 年，中共中央、国务院、中央军委提出民兵要"减少数量，提高质量，抓好重点，打好基础"。农场基干民兵组织按计划逐年减少。

1991 年，中共中央、中央军委提出民兵要"控制数量，提高质量，突出重点，打好基础"的十六字方针。农场基干民兵做到进出有序、平衡发展、数量稳定、质量优良。

20 世纪 90 年代末至今，农场武装部设在综治办内，主要职能是负责农场治安员训练、民兵训练、征兵等工作。抓好民兵组织建设，提高民兵战斗力，搞好民兵组织落实，做好民兵干部的选拔、培养、使用和管理工作，促进企业发展；开展民兵军事训练，组织参训民兵学习现代军事科技和战术、技术知识；切实搞好一年两度的征兵活动，搞好应征兵员政治审查；带领民兵完成急难险灾任务，组织民兵在节假日巡逻保卫和战备执勤。

第四编

社会生活

第十四章　文化、体育

第一节　文　　化

一、设施

1956 年 7 月，农场开办有线广播站，是农场最早的文化设施。以后陆续添置设备，20 世纪 70 年代增添较多。1991 年，农场投资 3 万元增设了调频广播。

（一）有线广播站

农场的有线广播站建于 1956 年 7 月，开办时只有上海 301 型扩音机 1 台，利用有线电话线路向全场播音。20 世纪 70 年代后，添置了 JK15W 型扩音机两台，WA-750NG 型、上海 2X750NG 型、上海 2X275 型扩音机各 1 台。80 年代以后，又添置了 GF-515 型、FS-800BV 型、KL-8282 型录音机各 1 台；中华 206 型电唱机 1 台。1991 年，开设了调频广播，购置了 KF4 调频发射机 1 台、CY 通用前增音机 1 台、KF-3A 调音机 1 部。有线广播站配有专职广播员，每天播音两个半小时，早上、中午、晚上转播中央人民广播电台新闻节目，每天还安排垦区新闻、农场新闻，以及针对职工中存在的各种思想动向进行教育的节目，用普通话、粤语进行播送，还开展了生产知识、生活知识的讲座及播放歌曲等。农场至今仍保留广播站，主要在场部小城镇范围内播音。现使用的广播器材是品牌 SPIRIT，型号为 AP-3302，功放 50 千瓦，带 7 个高音喇叭。广播站坚持播放早上、中午、下午的上下班号，每天转播新闻节目、农场实讯及音乐等。2020 年新冠肺炎疫情期间，广播站利用每天早、中、晚广播三次，向干部、职工及其家属宣讲新冠肺炎的防控知识和注意事项。

（二）礼堂

农场礼堂建于 1959 年，为砖木结构，总面积 320 平方米。1980 年，改建成有 960 个座位的礼堂，可供开会、观看文艺演出和电影放映之用。因年久失修，成为危房，现已荒废。

（三）露天电影农场

1980年，农场修建了一个有 2000 多个座位的露天电影场，一直延续使用到 2008 年，现已荒废，基本没有使用。

（四）文化室

1982 年，农场工会在场部利用空闲屋开办中心文化室，设有娱乐室、阅览室、图书室、工人之家。娱乐室置有乐器、演出服装、音响、灯光，其中乐器主要有爵士鼓、电子琴、电吉他、电贝司、圆号、小号，小提琴、手风琴等。图书室的藏书达 2500 册。

1984 年后，基层单位普遍设有文化室（站）。1991 年，全场共有文化室 73 个。

（五）录像室及场部公用电视天线、闭路电视

1991 年，农场机关和场部附近单位职工集资 4 万多元设立了录像室，购置了乐声大1/2AI、索尼大 3/4DXC-M3 摄像机各一台，声宝 A62 放像机一台，日立 20 寸彩色电视机2 台。安装了 560 户公用电视天线。

2000 年后，农场逐步接入了电信、联通、移动公司的网络，实现通信，宽带网、无线宽带网、数字电视信号全覆盖。

二、活动

（一）文艺演出

农场一贯重视文娱体育活动的宣传教育功能，从建场以来，先后成立毛泽东思想宣传队、文工团、文艺宣传队、各种球队等专业和业余组织，宣传党在各时期的路线、方针、政策，各类先进人物事迹，农场的好人好事。

文艺演出比较活跃的时期是 20 世纪六七十年代。1966 年 11 月，农场成立了毛泽东思想宣传队，有队员 81 名。兵团时期改称为宣传队，到生产队和农场外单位巡回演出。演出主要是以政治处（宣传科）组织的专业宣传队最受欢迎。此外还有篮球、乒乓球、羽毛球队。当时的广州、汕头、湛江等地知青是农场宣传队和体育活动的主要骨干力量，人才济济。随着广州、汕头、湛江等地知青的逐步回城，1976 年宣传队解散。此后，农场工会、宣传科、团委部门共同主办文艺演出，由文化干事和中小学有文艺专长的教师组织农场职工或中小学生参加表演。每年"五一"劳动节、"六一"儿童节、国庆节、元旦、春节在农场内演出或联欢，以及参加上级组织的会演。80 年代以后，农场各种文娱体育活动基本上是采取业余的形式，工会、宣传科和团委部门抽调骨干组队，参加上级组织的体育活动，农场内的活动以分场为单位参加，同时充分利用农场新建的各类文化体育场地为文体

活动新平台。截至 2020 年，农场基层生产队文化室（文化信息服务站）8 个。群众性文体活动的开展极大地活跃和丰富了职工文化生活，展现了农场职工的积极向上、爱场敬业的精神风貌。

1982 年，工会在农场内挑选有文艺专长的人员，组织了一个 60 多人的业余歌咏队和一个 30 多人的业余音乐队，在农场内外巡回演出。

1983 年，农场参加湛江市"五讲四美三热爱"文艺会演，文艺组织创作的节目《金凤凰》和独唱节目分别获得二、三等奖。

1990 年，农场文艺组参加湛江市的演出，有两个节目分别获得二等奖和三等奖；同年，承办粤西农垦局举办的《农垦之歌》会演。

1989—2020 年，农场坚持每年积极组队参加广东省、湛江市、垦区、麻章区的文艺会演和职工体育比赛，以及劳动节、国庆节、建垦节日、春季等节庆的文艺歌唱，积极排练歌唱、舞蹈、小品等节目，广泛开展了职工篮球赛、羽毛球赛、乒乓球赛、广场舞比赛、健身舞比赛等群众喜闻乐见的文娱、体育健身文体活动。

2001 年，组队参加农垦的纪念建垦 50 周年文艺会演。

2003 年，荣获纪念湛江农垦工会成立五十周年歌咏晚会合唱类节目三等奖，荣获麻章区 2003 年度学习贯彻"三个代表"重要思想知识竞赛第三等奖。

2006 年，荣获"麻章区五一职工歌咏比赛优秀组织奖"。

2010 年，为欢度国庆和庆祝中华全国总工会成立 85 周年，农场组队参加垦区举行"永远的颂歌"文艺巡回会演。同年，荣获湛江市麻章区总工会 2010 年度欢庆"五一"职工文艺会演三等奖荣誉证书。

2011 年，荣获湛江市职工文艺会演铜奖。荣获"广东省妇女联合会 2011 优秀妇女健身队（站）"奖牌。

2011 年，农场组队参加湛江农垦局举办的"唱响红歌，礼赞农垦"暨纪念建党 90 周年、"嘹亮歌声颂农垦"暨纪念湛江农垦创建 60 周年、"祖国在我心中"暨纪念抗战胜利 70 周年等以"劳动创造幸福""祖国颂歌"为主题的爱国爱垦文艺活动。

2012 年，农场协助农垦工会在农场举行"劳动创造幸福"爱国爱垦歌曲大家唱广场歌咏比赛活动。

2013 年，农场组织的参赛队分别荣获湛江农垦麻遂片"祖国颂歌"文艺会演退休职工广场舞类三等奖、湛江体育局千万人群广场舞大赛一等奖、湛江市文化广电新闻出版局 2013 年群众广场舞金奖、麻章区纪念中国共产党建党 92 周年体育健身项目特等奖。

2014 年，农场组队荣获湛江农垦麻遂片"托起朝阳"文艺会演三等奖。同年，荣获湛江体育局"全民健身迎省运"广场舞健身大众组一等奖，荣获湛江体育局"全民健身迎省运"广场舞健身大众组最佳创作奖，荣获湛江市广播电视台"全民健身迎省运"广场舞优秀组织奖，荣获麻章区南粤幸福活动周"农信杯"群众广场舞展演金奖。

2015年，农场组队参加垦区举办麻遂片区"祖国在我心中"暨纪念抗战胜利70周年文艺巡回演出，获得退休职工广场舞三等奖。同年，荣获麻章区中年人广场健身舞比赛特等奖。

2016年，农场组队参加湛江农垦"庆五一"举办了职工羽毛球比赛。荣获麻章区庆五一"中国梦·劳动美"文艺会演一等奖。

2017年，农场参加垦区麻遂廉直属片"中国梦·劳动美"职工广场舞比赛。同年，荣获麻章区"香美黄外村迎新春"健身广场舞比赛二等奖。荣获麻章区欢庆"五一"歌咏比赛优秀奖。

2018年，荣获广东省体育局健身广场舞联赛（中年组）特等奖。荣获麻章区"舞悦幸福　助力创文明"广场舞比赛一等奖。

（二）电影放映

1972年以前，湛江农垦局电影队到农场放映电影。1972年农场成立了电影队，配有16毫米放映机和幻灯机各一台，放映员2人，到生产队巡回放映。同时，麻章、湖光、建新、岭北公社电影队也到农场生产队为职工放映电影。职工每月能看到一次至两次电影。1977年，农场电影队添置了35毫米放映机2台、8.75毫米放映机1台。1979年、1988年又分别购置长江和广州产的16毫米放映机各1台，放映员增加到4人。1990年，农场实行全场职工（含退休工人）每月每人交0.50元电影费，保证电影队在全场定期巡回放映，职工能按期看到电影。进入21世纪后，电影放映设备已经被淘汰，电影放映成为历史，由录像放映、网络电视替代。

1990年、1991年，农场电影队被评为粤西农垦放映先进单位。

（三）摄影、美术、书法

20世纪70年代后，农场开展了摄影、书法、美术等文化业余活动。每年工会都会组织征稿，开展摄影、美术、书法展览和评比。80年代后，摄影、美术、书法在职工、学生中开展得比较活跃。1982年，农场工会组织成立了业余书法美术协会，会员有29人。1983年，农场工会举办了为期三个月的美术等文艺骨干培训班，聘请了湛江市文化宫教师授课，全场参加培训的有80多人。1984年，又相继成立了摄影等7个业余协会，并先后举办了9次摄影、美术、书法评选活动。据1991年统计，这些业余协会为《中国农垦》《南方日报》《羊城晚报》《广东农民报》《广东科技报》《湛江日报》《粤西农垦报》等报刊提供照片 200 多幅，其中有 35 幅获湛江市、湛江垦区奖励。1991—2020 年，农场宣传科、工会、办公室等部门向《湛江日报》《湛江农垦报》《广东农垦》等报刊提供照片 160 多幅。

表 14-1　1991 年场部有线广播站使用的设备

单位：台

器名	型号	数量
扩音机	JK-150W 型	2
扩音机	上海-301 型	1
扩音机	上海 GY2X275-2 型	1
扩音机	上海-2X-275 型	1
扩音机	WA-750NG 型	1
录音机	GF-515 型	1
录音机	FS-800BV 型	1
录音机	KL-8282 型	1
电唱机	中华-206 型	2
扬声器	YH25-3 型	6
调频发射机	KF-4 型	1
增音机	GY 通用前增音机	1
调音机	KF-3A 型	1

第二节　体　育

20 世纪 50 年代建场至今，农场一直坚持开展群众性体育活动，主要由工会组织职工体育活动。农场开展比较普及的项目主要有篮球、羽毛球和乒乓球，以及拔河、老年门球、广场舞等。每逢"五一"、国庆、元旦、春节和大型的纪念活动期间，农场都会以直属、分场和农场教育系统为单位进行球类比赛。比较活跃的时期是 60—70 年代，当时的广州、汕头、湛江等地知青是农场体育活动的主要骨干力量。随着知青的逐步回城，农场已参加工作的职工子女逐渐承担起这些活动。80 年代以后，农场各种体育活动基本上是采取业余的形式，由工会、宣传和团委部门主办，农场内的活动以分场为单位参加。农场抽调体育特长的职工、体育教师组队参加上级组织的体育活动，充分利用农场新建的文化体育场地作为文体活动新平台。

1977 年以来，农场组队参加湛江市青年篮球锦标赛和湛江农垦南片篮球赛，女队获得 2 次亚军，一次第四名；男队获得 3 次第三名。

1987 年 6 月、1988 年 8 月，湛江市少年儿童游泳锦标赛和全国青年水球赛分别在农场举行。

1988 年，农场青年刘华军（男）被选入广东省青年篮球队。

1988 年，农场男子足球队参加农垦遂溪片足球锦标赛，获第三名。

2003 年，荣获湛江农垦工会麻遂片 2004 年纪念"七一"职工乒乓球赛（男队）第二名。

2004 年，荣获湛江农垦工会麻遂片 2004 年纪念"七一"职工乒乓球赛（女队）第二名。

2010 年，荣获湛江市"舒华杯"女子乒乓球比赛第三名奖牌；荣获"沙湾杯"体育道德风尚奖，荣获"沙湾杯"拔河比赛第六名奖牌，荣获"沙湾杯"比赛团体总分第八名奖牌；荣获"嘉庆东方广场杯"羽毛球团体赛第八名奖牌。

2011 年，荣获麻章区"欢乐家杯"羽毛球、乒乓球混合团体比赛体育道德风尚奖，荣获"欢乐家杯"羽毛球、乒乓球混合团体比赛第六名；荣获"广东省妇女联合会 2011 优秀妇女健身队（站）"奖牌；荣获麻章区"迎春杯"乒乓球团体比赛第八名。同年，荣获麻章区"湛江体育局群众体育先进单位"。

2013 年，荣获麻章区"迎春杯"乒乓球团体比赛第八名。同年，荣获麻章区湛江体育局"群众体育先进单位"。

2014 年，荣获麻章区"德利环保杯"乒乓球团体比赛第七名。

2015 年，荣获麻章区第十六届"体育节"篮球比赛（企业组）第三名。

2017 年，荣获麻章区第九套广播体操比赛三等奖。

2018 年，荣获湛江市麻章区职工运动会"五星国际杯"男子篮球赛（机关组）第五名；荣获"巾帼追梦　聚力拼搏"趣味运动会亚军。

一、设施

20 世纪 50—60 年代，农场共有简易篮球场 5 个。1972 年兵团时期，在武装连（现谭河队）建成水泥灯光篮球场 1 个。此后，陆续有 12 个单位修建了水泥灯光篮球场、后来大部分因篮球场灯具损坏、农场地年久失修而废弃，现存 5 个篮球场。1983 年，农场投资 1.61 万元，建成 1 个溜冰场，总面积为 112 平方米。1984 年又投资 40 万元，建成 1 座游泳场，其中内设三个级别的游泳池，南边还附设观众看台，可供 818 人观看比赛。总建筑面积为 7800 平方米。截至 1991 年，共有篮球场 22 个，乒乓球台 50 张，溜冰场、游泳场各 1 座。

2018 年，将场部运动场跑道改造为 300 米标准 6 道塑胶跑道；2019 年，投入 171 万元用于运动场二期建设，主要是将足球场草皮改造为人工草皮。

2020 年底，场部现有综合性文化体育场一个。

二、业余体校

农场业余体校经广东省体委训练二处备案，经湛江市体委、郊区体委批准，于1986年1月成立。

业余体校有专职教练2人，兼职教练3人，辅导员4人。以农场游泳池作为基地，设有四百米跑道、单杠、双杠、吊环、平衡木、木马等体育设施。业余体校以游泳为主要训练项目，附设田径班、篮球班、武术班。学生来源主要为农场职工子女，还招收部分农村学生。截至1991年，参加训练的学生共有127人。业余体校采取集中办班与分散办点、专职教练与兼职教练相结合的办法。开办第一年，就为广东省体校、体工队和湛江市体校输送了10名体育苗子。据1991年统计，业余体校为各类体校（院）输送了38名体育人才，其中广东省体工队7人、广州体育学院2人、华南师范大学体育系4人、广东省体校1人、湛江市运动学校8人、湛江农业专科学校（特招）1人、广东省技术中专（特招）2人、湛江市中心体育学校13人，占学员总数的29.9％。输送的体育苗子中，有1人达到运动健将级、8人为二级运动员。1990年，在输送的体育苗子中，有14人入选湛江市代表队并参加了广东省第八届运动会，夺得金牌3枚、银牌5枚、铜牌5枚，共有27人次获得各项比赛前八名。

曾取得国际赛事和全国比赛名次的农场职工子弟主要有：

魏剑辉，现任天津市游泳中心教练，曾获亚运会比赛第二名；2007年1月，国家体育总局授予广东队跳水教练魏剑辉体育运动荣誉奖章；2009年，广东省政府发布《关于表彰第十一届全国运动会广东代表团先进集体和先进个人的通报》，给予广东省跳水运动管理中心教练员魏剑辉记二等功的奖励。

廖秋良、杨国辉，两人曾是广东省和国家水球队队员，多次参加国际、国内赛事，取得较好成绩。

黄富兴，曾是八一队运动员，参加1999年全国田径邀请赛100米短跑比赛，成绩为10.4秒，获得第一名，被评为"国家体育健将"。

表14-2　截至2020年湖光农场在国家级及省级体育比赛中的成绩统计

单位：人

名次	国家级赛事							省级赛事							
	合计	田径	武术	帆板	跳水	水球	划船	合计	田径	武术	帆板	跳水	水球	排球	划船
第一名	1					1		6		4		1		1	
第二名	2					2		8		5		1	2		
第三名	3	1				2		10	3	2	3	1			1
第四名								3		1		1			1

第十五章　教　　育

1956 年，农场开办职工业余文化学校，设中、高小、小学扫盲班，重点在全部农场职工及其家属中进行扫盲。同年，在较大的生产队开办托儿所。随着适龄儿童的增多，1959 年，农场开办 7 所小学。1965 年，农场开办农业中学，实行半农半读，首届学生毕业后，农业中学停办，1968 年改为全日制普通中学。1975 年 7 月，创办"七二一"工人业余大学。从此，形成了多层次、多种形式的教育体系。经上级验收，1983 年达到普及小学教育的标准，1989 年达到普及 9 年义务教育的标准。

在教育管理体制方面，1967 年以前，农场学校由湛江市郊区教育局领导；兵团组建后，改为兵团领导；1975 年恢复农垦体制后，由粤西农垦局直接领导。此后，农场教育工作受以农垦管理为主，市、郊区领导为辅的双重领导。2018 年 9 月，农场义务教育部分划归政府管理，农场中学、第一小学归属麻章区教育局属地管理。

第一节　幼儿教育

1956 年，由于职工育龄夫妇不断增多，农场相继在一队、三队、四队、五队、六队、七队、八队、九队、十队等 9 个较大的生产队开办了托儿所，当年入托儿童 79 名。1963 年，农场的托儿所逐步发展到 29 个，入托儿童 490 名。1958 年，在托儿所的基础上建立了幼儿园。1979 年，全场有幼儿园 37 个、托儿所 31 个，入托、入园儿童 166 人，入托入园率达 99%。以后，学龄前儿童逐渐减少，部分托儿所、幼儿园停办。截至 1991 年，农场有幼儿园 2 个、托儿所 22 个；农场有幼师和保育员 43 人，其中获得幼教一级教师职称者 1 人、获得幼教二级教师职称者 2 人、获得幼教三级教师职称者 3 人、获得幼教专业合格证书者 3 人。

1975 年，场部幼儿园改名为农场中心幼儿园，接收场部机关、直属单位和场部附近公司、工厂、生产队的儿童入园。农场中心幼儿园占地面积 0.67 公顷，建筑面积 214 平方米。园内有游乐农场、运动场，按入园儿童年龄大小分设托儿所、小班、中班、大班四个班级。农场中心幼儿园在参加垦区及逐溪片少年儿童文艺会演时曾获二等奖 1 次、纪念奖 2 次、被评为湛江市郊区托幼先进集体 3 次、粤西农垦托幼先进集体 1 次。

1980 年，八队幼儿园分别被评为广东省农垦总局、湛江农垦局、湛江市郊区的托幼先进集体。

幼教工作由工会主管，经费由福利费开支。1980 年以后，农场教育科对幼教业务工作进行指导。由于幼儿数量的逐年减少，农场取消基层幼儿园，保留农场幼儿园的编制，20 世纪 90 年代中期至今，对农场幼儿园实行承包管理。自 2003 年开始，农场职工自办幼儿园。到 2007 年，私立幼儿园达 12 家。2013 年实行幼儿园规范化管理后，由当地政府民政、教育局对幼儿园进行核实办证。截至 2020 年，在农场范围内，符合条件的幼儿园有 6 家（包括农场公办幼儿园），其中共有幼师及保育员 68 人，幼儿 612 人。

表 15-1 部分年份湖光农场幼儿入托情况

年份	儿童人数（人）	幼儿园数量（个）	托儿所数量（个）	入园、入托人数（人）
1985	854	1	25	267
1990	1095	2	25	606
1991	1095	2	22	713

表 15-2 1985—1991 年农场中心幼儿园情况

单位：人

年份	在园儿童数量			工作人员数量					
	小计	幼儿园	托儿所	小计	领导	幼师	保育员	医生	服务人员
1985	97	74	23	8	1	3	3		1
1986	103	82	21	8	1	3	3		1
1987	106	85	21	10	1	3	4		2
1988	112	90	22	10	1	3	4		2
1989	117	97	20	11	1	3	5		2
1990	145	130	15	11	1	3	5		2
1991	202	181	21	14	2	4	6		2

第二节 小学教育

一、规模与发展

1959 年，奶牛场（现一队）、二队、三队、五队、六队、七队、九队设立初级小学，教师 19 人，在校学生 546 人。1978 年，农场有完全小学 9 所和教学点 1 个，专任教师 99 人，在校学生 2145 人，是办校初期的 4 倍。到 1979 年，在校学生人数达高峰，共有 2159 人。专任教师增至 102 人。之后，随着计划生育工作的落实，农场学龄儿童人数逐年趋少。为了提高教学质量，1984年，调整农场小学布局，先后撤并了下溪、五里仔、四队、一队、八队、卫东队、六队等学校或教学点。1988年后，撤并柳秀、新坡分场小学。1991年，农场共有完全小学5所、教学点1个，在校学生1233人，专任教师79人。2001年，在校学生1786人，专任教师79人。2002年后，只保留农场中心小学、高阳小学两所小学。2011年，在校学生1223人，专任教师减至73人。2012年，农场第一小学（原农场中心小学）被评为广东农垦示范性窗口学校和麻章区首批义务教育规范化学校。2017年，在校学生1331人，专任教师68人。2018年9月，广东省湛江农垦湖光第一小学划归麻章区教育局属地管理。

二、教学条件

初办小学时，教学用房均为茅房或简易工棚，学生自带课桌、凳、椅，教学设备十分简陋。60年代中期，小学教学用房逐步改建为砖木结构房屋，并逐年设置教学挂图和物理、化学实验仪器等教学设备。60年代，为了改善办学条件，各小学纷纷发动师生开展勤工俭学，用筹集资金建教室和教职工宿舍1223平方米，围墙524米和1幢面积589.92平方米的三层楼教学楼。

20世纪80年代后，小学教学条件得到较大的改善，部分小学校主校道实现硬底化，彻底消灭了危房。到1991年，农场共有教学用房5724平方米，在校学生人均达4.6平方米。并设置学生实验室和图书阅览室。其中，农场中心小学在各个教室均配置二机一幕（录音机、幻灯机和幕布）等电教设施，实验室仪器、体育器材均按广东省颁发的二类学校标准配备，并新建四百米标准跑道一处。2006年1月，动工新建农场第一小学教学楼，为五层建筑，建筑面积1365平方米，投资123.8万元。2008年，动工新建农场第二小学教学楼，为一层半建筑，建筑面积501平方米，投资60万元。截至2017年，农场小学占地面积约12亩，校舍建筑面积约4700平方米；在编教师68人，校领导3人，教学班29个，在校学生1331人；配备有电教室、阅览室、藏书室（藏书2.4万本）、电脑室、教学仪器室、舞蹈室、音乐室、美术室、科学实验室、队部室、体育器材室、广播室、会议室、誊印室以及教师办公室等20多个功能室。

三、教师

20世纪50年代末，教师主要从农场职工中选用。1968—1975年，教师主要从上山下乡城市知识青年中选拔。70 年代后期，城市知识青年陆续回城，教师主要从农场高中毕业的职工子女中选拔。1981 年以后，主要以广东农垦湛江师范学校毕业生充实教师队伍，同时根据上级要求，开办中师函授班进行师资的培训。1987 年，不符合规定学历的 76 名小学教师参加了上级组织的教材教法和专业合格证考试，合格率为 90％，1987 年小学教师职务评聘，其中高级教师 4 人，一级教师 29 人，二级教师 49 人，三级教师 1 人。90 年代后，学校教师队伍的补充，主要招收师范院校大专以上的应届毕业生。1991 年，农场招收师范学校毕业生 3 名、中师函授毕业生 25 名。2018 年 9 月农场小学移交时，小学有高级教师 2 人、中级教师 53 人、初级教师 13 人，教师达标（学历）率为 76.1％，荣获得 25 年以上教育《荣誉证》的教师有：周克、黄惠娜、刘国庆、陈娉珍、颜玉芳、唐美琴、罗卓森、王连珍、张友生、廖道春、廖振辉、陆启杰、陈连英、陈积海、钟其彬、罗文兴、刘德扶、谭胡、马桂英、刘贤华。

四、学制

1966 年以前，小学的学制是初小 4 年、高小 2 年；1967 年，改为 5 年制小学；1982 年起，改为 6 年制小学。

表 15-3   1985—1991 年湖光农场小学教育概况

年份	学校数（个）	教学点（个）	在校学生数（人）	适龄儿童入学率（％）	毕业生升学率（％）	教师数（人）
1985	6	5	1554	100	85.6	83
1986	6	5	1449	100	97.8	85
1987	5	1	1424	100	98.5	85
1988	5	1	1493	100	99.6	84
1989	5		1253	100	97	81
1990	5	1	1278	100	98.4	80
1991	5	1	1233	100	98	79

表 15-4   1985—1991 年湖光农场小学教师文化程度

单位：人

年份	合计	大专	中师（专）	高中	初中
1985	83		6	46	31
1986	85	4	41	12	28
1987	85		50	5	30
1988	84	3	53	8	20
1989	81	6	44	5	26
1990	80	9	38	6	27
1991	79	9	45	9	16

第三节　中学教育

一、规模与发展

1965 年 5 月，在场部开办了半工半读的农业中学，开设初中文化课和作物栽培、植物保护、割胶技术等专业课，在校学生 50 人，教职工 4 人。首届学生毕业后，农业中学停办。1968 年 9 月，在农业中学的基础上开办湖光农场中学。到 1969 年，全场中学增至 6 所（其中含 5 所初级中学），学生人数增至 900 人，教职工增至 72 人。1978 年，中学有 6 所（含初级中学 4 所），在校学生人数达到高峰，为 1593 人，教职工有 98 人。

由于推行计划生育政策，农场内各校生源逐渐减少，部分学校出现班额不足（每班平均不足 30 人），学校布局零散，规模小。为了更好地集中资金办学校、有效地提高教学质量，20 世纪 80 年代起，农场采取撤并的办法调整中学的布局。1981 年，将下溪学校初中部并入场部中学；1988 年，高阳、柳秀、五里、新坡分场学校附属初中部并入场部中学，场部中学专任教师 68 人，在校学生 985 人。1991 年，农场初中升学率为 65.3%，其中考入湛江港一中、湛江市二中和中专共 31 人，占当年毕业人数 17%；高中升学率为 8.1%。1992 年，场部中学专任教师 52 人，在校学生 756 人。2009 年，场部中学被麻章区授予"中考先进学校"，当年中考 800 分以上 2 人、700 分以上 28 人，总分平均 501 分。2002 年后，农场只保留初级中学。2012 年，场部中学被评为广东农垦示范性窗口学校和麻章区首批义务教育规范化学校。2016 年，初中毕业生 140 人，其中考入湛江市一中 2 人、湛江市二中 3 人、岭南师范学院附中 2 人、湛江农垦实验中学 43 人、麻章区一中 36 人。2017 年，场部中学有 10 个教学班，在校学生 357 人，专任教师 41 人，管理人员 2 人和工勤人员 7 人。全部专任教师均具有大专以上学历，其中，研究生 1 人，在读研究生 3 人，本科学历以上 33 人，约占专任教师总数的 73%，专任教师学率达标率 100%。在专任教师中，湛江市骨干教师有 7 人，名教师 2 人，初中高级教师有 6 人，中学一级教师以上有 23 人。

教师参加课堂教学比赛成绩显著。2016 年，黄青燕、曾小红、郭晓燕等 3 位教师参加湛江市高效课堂比赛，分别获化学科一等奖、英语科二等奖、语文科二等奖。2017 年，沈小媚、王俊兵、吴娟、阮毅迪、龙化金等 5 位老师参加湛江市青年教师技能大赛，再获佳绩，王俊兵老师获数学组一等奖，名列第三，其他 4 名老师均获二等奖。2018 年 9 月，广东省湛江农垦湖光中学划归麻章区教育局属地管理。

二、教学条件

1968年，中学教学用房只有4幢瓦房，建筑面积共560平方米，教学设备只有常用的直尺、三角尺，圆规等简单的教具，较复杂的物理、化学实验只能靠教师在课堂上讲解。

20世纪70年代后，农场逐渐增大了教育资金的投入，添置了必需的物理、化学实验器材及配套的教学设施，较复杂的实验由教师在课堂进行演示，简单的实验一般由学生进行实习操作；体育设施增设了篮球场、足球场、单杠、双杠等。1973年，教学用房建筑面积达1280平方米。

20世纪80年代起，为了进一步提高教学质量，农场对场部中学进行了扩建。1981年，新建1幢三层教学楼，建筑面积为789平方米；1983年用自筹资金14万元，建起了二层单元式教师宿舍楼4幢，建筑面积为1294平方米；1985年投资26.4万元，新建1幢三层教学楼，建筑面积为2200平方米；1989年，投入职工集资款32.3万元新建1幢四层教学实验楼，总面积为1351平方米，实验楼设有电教室、生物实验室、物理实验室、化学实验室、音乐室、学生阅览室、教师阅览室、图书室等，其中电教室配置了投影幻灯机、彩色电视机和放像机等；1990年，经上级检查达到广东省二类学校实验标准，被粤西农垦局教育处评为先进实验室；1991年，中学占地面3.33万平方米，校舍建筑面积5755平方米，其中标准化校舍面积4366平方米，学生人均教学用房达7.2平方米，藏书量达1.5多本，人均20本，达广东省三类学校标准；2009年，建筑面积766平方米，三层的综合楼；2010年投资433.06万元。新建湖光中学五层学生宿舍楼，面积2168.24平方米；2012年，投资822万元新建中学教学楼，面积3808平方米，层高四层半，同时投资150万元新建中学科学楼，建筑面积786平方米，五层建筑；2016年1月，完成中学广场绿化面积3000平方米，投资149.26万元；2017年，场部中学校园占地面积79992平方米，校舍建筑面积9663平方米。学校有1个学生食堂、有1幢实验楼、2幢学生公寓和1幢综合楼，有一个标准的400米跑道；学校配有电脑室，每间教室配有多媒体设备，每位教室配有一部台式电脑；学校设有1间图书室和1间阅览室，内藏5.6万本图书。

三、教师

1975年前，中学教师主要从农场的大学生和文化素质较高的上山下乡知识青年中选配，随着知识青年回城和分配到农场的大学生相继离场回城，师资队伍紧缺。1980 年，在遂溪、廉江、海康等县招收了一批农村在职的中学教师以充实师资队伍。1982 年，高中教师达标（大学本科）率只有 12.1%，初中教师达标（专科）率仅是 51.4%。1983 年以后，为了提高教师素质，采取委托培养、鼓励在职教师带薪进修和外聘教师等办法，中学教师的达标率得到了较大幅度的提高。1991 年，初中教师达标率为 78.1%，高中教师达标率为 26%，中学一级教师 6 人，二级教师 23 人，三级教师 16 人。2018 年 9 月移交时，初中高级教师 6 人，中级教师 23 人，初级教师 12 人。

四、学制

1968—1974 年，实行初中二年、高中二年学制；1974 年，改为初中三年、高中二年；1983 年，改为初中三年，高中三年。

表 15-5　1985—1991 年湖光农场中学概况

年份	学校数量（个）	在校学生数量（人）			教工数量（人）		
		合计	初中	高中	合计	教师	职工
1985	1	1361	1049	312	118	87	31
1986	1	1306	1043	263	105	76	29
1987	1	926	442	484	76	55	21
1988	1	985	487	498	87	68	19
1989	1	963	658	305	88	59	29
1990	1	856	628	228	86	51	35
1991	1	801	564	237	79	52	27

表 15-6　1975—2017 年湖光农场学校、幼儿园基本情况

年份	项目	学校数量（个）	教职工数量（人）		在校学生数量（人）		当年毕业生数量（人）
			合计	其中：专任教师	合计	其中：新招生	
1975	普通中学	1	69		1396		
	其中：高中	1			319		
	小学	12	105		2054		
	幼儿园	18	25		434		
1989	普通中学	1	79	50	825	254	169
	其中：高中	1	35	2	167	50	81
	小学	5	95	81	1253	233	214
	幼儿园	2	43	12	335	66	

（续）

年份	项目	学校数量（个）	教职工数量（人）		在校学生数量（人）		当年毕业生数量（人）
			合计	其中：专任教师	合计	其中：新招生	
1990	普通中学	1	80	51	801	249	198
	其中：高中						
	小学	5	98	80	1278	230	219
	幼儿园	2	11	10	348	228	212
1991	普通中学	1	80	52	805	291	312
	其中：高中						
	小学	5	112	79	1233	212	188
	幼儿园	2	12	7	379	265	202
1992	普通中学	1	75	52	756	214	258
	其中：高中	1	22	17	221	54	82
	小学	5	84	72	2017	221	132
	幼儿园	2	12	6	400	250	180
1993	普通中学	1	73	50	754	205	241
	其中：高中	1	22	17	221	51	80
	小学	5	85	73	2021	224	135
	幼儿园	2	12	6	410	260	190
1994	普通中学	1	63	53	721	231	186
	其中：高中	1	10	10	95	36	70
	小学	6	84	80	1717	311	190
	幼儿园	1	1	9	230	30	19
1995	普通中学	1	62	52	766	201	156
	其中：高中						
	小学	6	82	78	1870	345	192
	幼儿园	1	11	8	250	41	21
1996	普通中学	1	64	49	820	430	181
	其中：高中						
	小学	5	90	87	1853	230	182
	幼儿园	1	12	9	210	64	36
1997	普通中学	1	65	47	822	250	141
	其中：高中	1	112	12	83	83	
	小学	4	101	87	1712	325	173
	幼儿园	1	11	8	190	52	34

（续）

年份	项目	学校数量（个）	教职工数量（人）		在校学生数量（人）		当年毕业生数量（人）
			合计	其中：专任教师	合计	其中：新招生	
1998	普通中学	1	62	59	856	299	214
	其中：高中	1	12	12	85	78	20
	小学	3	87	82	1686	223	223
	幼儿园	1	12	8	393	72	73
1999	普通中学	1	65	49	738	281	231
	其中：高中	1	10	10	185	56	52
	小学	3	98	84	1683	268	225
	幼儿园	2	28	8	575	97	97
2000	普通中学	1	64	47	785	300	198
	其中：高中	1	8	8	87	44	4
	小学	3	97	83	1702	283	259
	幼儿园	2	22	9	470	94	94
2001	普通中学	1	55	45	765	311	191
	其中：高中	1	4	4	32		32
	小学	3	90	79	1786	769	269
	幼儿园	1	9	7	314	60	98
2002	普通中学	1	54	38	781	282	182
	其中：高中						
	小学	2	82	70	1891	390	285
	幼儿园	1	9	7	281	49	78
2003	普通中学	1	52	40	767	264	176
	其中：高中						
	小学	2	80	78	1927	420	316
	幼儿园	1	10	7	294	52	84
2004	普通中学	1	52	40	762	256	171
	其中：高中						
	小学	2	78	77	1925	416	316
	幼儿园	1	10	7	294	52	84
2005	普通中学	1	51	39	760	244	173
	其中：高中						
	小学	2	81	80	1931	427	334
	幼儿园	1	6	4	310	56	97

（续）

年份	项目	学校数量（个）	教职工数量（人）		在校学生数量（人）		当年毕业生数量（人）
			合计	其中：专任教师	合计	其中：新招生	
2006	普通中学	1	47	44	723	280	243
	其中：高中						
	小学	1	85	79	2027	337	247
	幼儿园	2	6	4	300	187	86
2007	普通中学	1	45	43	711	256	254
	其中：高中						
	小学	2	79	79	1916	240	352
	幼儿园	1	6	4	241	156	88
2008	普通中学	1	57	49	732	267	253
	其中：高中						
	小学	2	81	79	1664	212	352
	幼儿园	1	6	4	237	151	87
2009	普通中学	1	50	47	872	276	269
	其中：高中						
	小学	2	75	69	1443	191	313
	幼儿园	1	5	4	232	147	82
2010	普通中学	1	52	49	884	289	272
	其中：高中						
	小学	2	76	70	1450	196	318
	幼儿园	1	5	4	234	149	81
2011	普通中学	1	55	52	733	242	207
	其中：高中						
	小学	2	76	73	1223	255	345
	幼儿园	1	5	4	218	168	68
2012	普通中学	1	49	49	753	236	198
	其中：高中						
	小学	2	75	74	1165	321	396
	幼儿园	1	5	4	236	156	86
2013	普通中学	1	50	49	567	194	240
	其中：高中						
	小学	2	73	70	1066	161	226
	幼儿园	1	5	4	219	127	83

（续）

年份	项目	学校数量（个）	教职工数量（人）		在校学生数量（人）		当年毕业生数量（人）
			合计	其中：专任教师	合计	其中：新招生	
2014	普通中学	1	47	46	478	144	185
	其中：高中						
	小学	2	72	68	1143	258	163
	幼儿园	2	15	11	426	269	126
2015	普通中学	1	50	43	398	104	154
	其中：高中						
	小学	2	72	67	1218	245	164
	幼儿园	5	45	38	1100	360	175
2016	普通中学	1	49	42	361	103	140
	其中：高中						
	小学	2	71	66	1274	224	168
	幼儿园	5	51	42	1178	209	181
2017	普通中学	1	48	41	357	115	119
	其中：高中						
	小学	1	69	68	1331	236	179
	幼儿园	5	54	44	1182	224	198

第四节　成人教育

一、职工业余文化技术学习

（一）扫盲

20 世纪 50—60 年代初，以生产队为单位，开办职工业余扫盲班和初级班、初小班、高小班，职工根据自己的文化程度进入相应的班级，采取闲时多学、忙时少学的方法进行学习。至 1959 年底，全场共办了 63 个班，共有 1949 人参加学习。1980—1981 年，农场开展第二次扫盲工作，全场 989 名 45 岁以下的文盲、半文盲职工参加了学习，学习教材使用湛江郊区统一编印的教材，1981 年经湛江郊区教育局检查验收，合格率达 90％。湛江郊区教育局批准农场为基本脱盲单位。

（二）"七二一"工人业余大学

1975 年 7 月，农场创办"七二一"工人业余大学，首批招生 17 人，有 2 名专职教员，兼职教师 33 人。后由于缺少教材和教师，于次年停办。

（三）职工业余技术学校

1980 年，农场开办医院、农机站、胶厂、兽医站、农场茶厂等 5 所职工业余技术学校，对在职干部工人进行分期分批培训。全年参加培训人数达 2794 人次，占全场职工的 33.3%。其中，农机站、胶厂职工业余技术学校办得较为有特色，受到湛江市工农教育委员会的嘉奖。

1981 年 5 月，农场在九队开办农经干部培训班。通过基层推荐和考试，择优选拔 50 名在职青年工人脱产参加专业理论培训。培训班于 1982 年 8 月结业，学员被分配到农场机关、工厂、分场生产队担任干部工作。

二、青壮年职工文化技术补课

1982 年，按全国统一部署，对 1968—1980 年参加工作的初、高中毕业生中实际文化水平达不到初、高中毕业程度的职工进行文化补课。全场参加文化补课的青壮年职工达 2024 人。通过统一考试，有 553 人取得合格证书，合格率为 27.1%；1484 人取得单科合格证书。

三、中央农业广播学校农学教学班

1981 年，农场开办中央农业广播学校农学基础教学班。1981 年首届招生 60 人，共有 8 人毕业；1983 年，第二次招生，农场共有 55 人入学，实行半工半读，共有 54 人毕业；1986 年，开办农学基础教学班、农业会计教学班，学员总数为 120 人，共有 110 人毕业；1987 年，招生 15 人，5 人获毕业；1989 年，招生 100 名，共 98 人毕业。至 1990 年，农场共办 5 期中央农业广播学校农学教学班，学员人数累计 350 人。经过考试，已有 275 人获得毕业证书，成为农场的专业骨干力量。

1988 年，农场中央农业广播学校教学班被粤西农垦局评为学用结合先进集体。

四、电大、函大、自学考试

1979 年以来，农场许多干部、职工积极参加电大、函授、刊授、中专、高等教育自学考试等的学习。1991 年，参加广播电视大学学习的有 16 人，参加大专函授的有 39 人，参加刊授的有 18 人，参加中专教育的有 133 人，参加高等教育自学考试的有 38 人，其中已获得大专毕业证书的有 45 人，获得中专毕业证书的有 112 人。1991—1999 年，农场为了进步提高干部的文化素质，鼓励年轻干部到对口的大专院校进修深造，先后有 63 名脱产和半脱产的进修大专并取得学历。

2001—2010 年，取得院校学历毕业证书的研究生有 1 人、本科生有 10 人、大专生有 10 人，共 21 人。

2011—2020 年，取得院校学历毕业证书的硕士生有 9 人、本科生有 28 人、大专生有 16 人，共 53 人。

表 15-7　1985—1991 年湖光农场中学毕业生升学情况

| 年份 | 初中毕业生 | | | | | 高中毕业生 | | | | | |
| | 人数（人） | 升学人数（人） | | | 升学率（%） | 人数（人） | 升学人数（人） | | | | 升学率（%） |
		农场高中	重点高中	中专			大学本科	大专	中专	其他	
1985	293	207	3	6	73.7	86					0
1986	219	178	7		84.5	83	1	2			3.6
1987	298	162	3	3	56.4	85	2	1			3.5
1988	284	2≠6	3	12	91.9	86			4		5.8
1989	85	41		5	54.1	81	3				3.7
1990	168	104	3	7	67.9	30		1			3.3
1991	182	83	4	27	65.4	74	2	3			6.8

表 15-8　1985—1991 年湖光农场中学教师文化程度

年份	合计	大学本科	大专	中专	高中	初中
1985	87	1	13	11	54	8
1986	75	2	40	20	5	8
1987	81	12	20	33	8	8
1988	68	4	47	15	2	
1989	57	6	45	6		
1990	53	4	45	2	2	
1991	52	6	42	2	2	

表 15-9　湖光农场 1991 年在职参加各类学校业余学习人数

| 类别 | 高 等 教 育 | | | | | | | | 中 等 教 育 | | | | | | 总计 |
	合计	广播电视大学	职工大学	管理干部学院	教育学院	独立函授学院	夜大	其他	合计	教师进修学校	中师函授	职工中专学校	干部中专学校	其他	
人数	138	16	3	15	18	39		47	133	26	4	23	8	72	271

第五节　教育经费

在 1978 年以前，教育经费列为营业外支出，由农场开支。从 1979 年开始，中小学教育经费列为社会性政策性支出。农场的教育经费来源主要由财政部下拨的农垦事业费中的义务教育保障经费、农场税费改革中的教育补助经费和企业自筹三个部分构成，每年由农垦局将国家财政拨款分配到农场，农场包干使用，不足部分由农场自筹解决。

第十六章　科学技术

第一节　机构与组织

农场于 1973 年建立农业科学研究站，地址在下溪村队。1995 年，农业科学研究站迁到现址，并更名为农业畜牧研究站。1979 年，由湛江农垦局拨款，在高阳分场建立橡胶试验站，1984 年撤销。1990 年，农业畜牧研究站分为农业科学研究所（简称农科所）和畜牧品种改良站（后改为兽医站）两个单位，农科所内设气象站、病虫测报站和农作物化验室，配有所长 1 人、副所长 2 人、科研人员 15 人，兽医站配有站长 1 人、技术人员 12 人。

1975 年，农场成立科学技术委员会，周介文任主任；1991 年，黄锦访、黄德清任科学技术委员会主任，陈和添、雷义强、张胜、李卫国任副主任。

1985 年，成立职工技术协作委员会，林文振任主任，黄兰英、罗兴尧任副主任。1991 年，为了加强对科技工作的领导，设立农场科技办公室，主任由副场长陈和添兼任。

20 世纪 80—90 年代，农场职工李卫国、陈兆豪、朱康进作为专家和工作人员参加原对外经济贸易部的援外工作队到非洲扎伊尔工作。1989 年，陈兆豪被评为对外经济贸易部援外先进工作者。2010 年后，农场干部韦求明、蓝浪中与职工何裕团分别被派往广东省农垦总局驻外公司，前往泰国、非洲乍得工作。

第二节　经　　费

农场的科研经费分别由广东省农垦总局、粤西农垦局拨给课题费和按规定在农场内产品款中提取。科研经费的使用实行专款专用的原则，由课题负责人掌握开支，财务部门监督使用，超支部分由农场补贴。1980—1991 年，农场拨付科研费共 143.44 万元。2012 年 10 月，农场拨付农业技术推广经费 18 万元，自筹 8.1 万元，建设农业技术推广站。

第三节 科研成果

农场实行试验、示范、推广的方针，坚持科研为生产服务的原则，围绕农场的生产需要进行选题，同时承担上级下达的科研课题任务，与生产实践相结合，开展科学研究和技术攻关。建场以来取得的科研成果主要有：

- **1979 年** "水稻化杀配制新组合——26 化泾紫"项目获得湛江市科研成果二等奖。

  "耕牛品种改良"项目获得农牧渔业部科研成果二等奖。

  "水稻化杀杂种优势利用"研究项目被评为广东省优秀科学技术研究成果奖。

- **1980 年** "水稻生产机械化"项目获得湛江农垦局科研成果四等奖。

  "水稻化杀配制新组合——26 化泾紫"项目获得湛江农垦局科研成果五等奖。

  "谷物气流输送装置的设计和应用"项目获得湛江农垦局科研成果五等奖。

  "水稻三系撒播（母本）制种技术"项目通过湛江市技术鉴定。

- **1981 年** "耕牛品种改良"项目获得广东省农科院科研成果三等奖。

  "冷冻精液制造"项目获得广东省科技成果二等奖。

- **1982 年** "橡胶树在北纬 18°—24°大面积种植技术"项目荣获国家科学技术委员会颁发的国家科技发明一等奖。

- **1983 年** "水稻'三系'母本撒播及化学除草制造技术研究"项目获得广东省农垦总局科研成果三等奖。

  "水稻直（撒）播化学除草的试验推广和应用"项目获得广东省农垦总局科技推广三等奖。

  "汕优六号水稻撒播高产栽培模式的研究"项目获得广东省农垦总局科研成果三等奖。

  "茶叶密植速成高产栽培技术"项目获得湛江农垦局科研成果一等奖。

- **1984 年** "橡胶树 301 环形针剂采胶技术的研究"项目获得粤西农垦局科研成果一等奖。

  "密植三速茶园的经验"项目获得粤西农垦局科研成果一等奖。

  "水稻撒播化学除草栽培技术的改进"项目获得粤西农垦局科研成果三

等奖。

"水稻品种混合撒播实验研究"项目获得粤西农垦局科研成果四等奖。

"电瓶壳配方的改进"项目获得粤西农垦局科研成果四等奖。

"海垦三天割胶频率割胶"项目获得粤西农垦局科研成果四等奖。

1984 年 "橡胶树 301 环形针剂采胶技术的研究"项目获粤西农垦局科研成果一等奖。

"密植三速茶园经验"项目获粤西农垦局科技成果一等奖。

"水稻撒播化学除草栽培技术的改进"项目获粤西农垦局科技成果三等奖。

"水稻品种混种播种试验研究"项目获粤西农垦局科技成果四等奖。

"电瓶壳配方的改进"项目获粤西农垦局科研成果四等奖。

"海垦三天割胶频率割制"项目获粤西农垦局科技成果四等奖。

"水稻害虫天敌保护和利用"项目获粤西农垦局科技成果四等奖。

"食用菌蘑菇种增减配方的改进"项目获粤西农垦局科技成果五等奖。

"台糖 160 春植表证试验"项目获粤西农垦局科技成果四等奖。

"用干胶测定仪快速测干含量"项目获粤西农垦局科技成果五等奖。

"引进条马血清诱导母体同步发情技术"项目获广东省农科院科技成果三等奖。

1985 年 "汕优六号杂交水稻撒播高产栽培模式"项目获湛江市科技进步四等奖。

1986 年 "橡胶开割树营养诊断施肥的推广应用"项目获粤西农垦局科技推广一等奖。

"玫瑰茄系列饮料的开发利用"项目获粤西农垦局科研成果一等奖。

"橡胶制品的开发"项目获粤西农垦局科研成果一等奖。

"新农药引进及低容量喷雾技术"项目获粤西农垦局科技进步三等奖。

"发展优质稻,提高经济效益"项目获粤西农垦局科技进步三等奖。

"丰年甘蔗闽选 637 试种"项目获粤西农垦局科研成果四等奖。

"'信育诺'饲料添加剂育肥猪试验"项目获粤西农垦局科研成果四等奖。

"兽用驱虫新药'灵特净'驱虫试验效果"项目获粤西农垦局科研成果四等奖。

"猪—鱼结合养殖方法研究"项目获粤西农垦局科研成果四等奖。

"谷物低温干燥机的生产试验"项目获粤西农垦局科研成果一等奖。

● **1988 年**　"粤西垦区猪布氏杆菌病普查"项目获粤西农垦局科研成果二等奖。

"'南华 1 号'缩线割制研究与推广应用"项目获粤西农垦局科技推广三等奖。

"影响热水袋工艺性能因素的探讨"项目获粤西农垦局科研成果三等奖。

"人工释放赤眼蜂防治甘蔗螟虫"项目获粤西农局科研成果示范三等奖。

● **1989 年**　"改进生胶塑炼工艺，节约工时降低能耗"项目获广东农垦 QC 成果二等奖。

"改善车间管理，提高产品质量"项目获广东省农垦总局 QC 成果三等奖。

● **1990 年**　"水稻生产'农机合一'高产高效配套技术"项目获粤西农垦局科技进步一等奖。

"推广水稻化除新配方'扫弗特'"项目获粤西农垦局科技推广三等奖。

"水稻生产机械化：提高生产力的研究"项目获湛江市科技进步二等奖和广东省农业技术推广三等奖。

"茶树'密、速、短、高'"项目栽培技术获广东省科技推广三等奖。

● **1991 年**　"水稻化除新配方'扫弗特'"项目试验推广项目获粤西农垦局科研成果三等奖。

"家禽病防治方法研究"项目获广东省农垦总局科研成果一等奖。

"猪牛五号病防治"项目被评为广东省农垦总局科技进步一等奖和湛江市科技进步一等奖。

"改进生胶塑炼工艺、节约工时、降低消耗"项目获得湛江市 QC 成果三等奖和广东农垦 QC 成果二等奖。

"改进热水袋配方，降低成本"项目获广东农垦 QC 成果二等奖。

● **1992 年**　"云南大叶种密植茶园机械采茶技术研究"项目获广东省农业技术推广三等奖。

"水稻高产栽培技术推广"项目获广东省农业技术推广二等奖。

● **1994 年**　"'丰植灵'系列药物肥在农作物上应用技术"项目获湛江市科技进步奖。

"'千亩吨谷田'高产栽培示范"项目通过农垦局的技术鉴定。

● **1995 年**　"云南大叶种密植茶园机械采茶技术研究""'丰植灵'系列药物肥在农作物上应用技术""'千亩吨谷田'高产栽培示范"科研项目获湛江农垦局科技进步二等奖和两个三等奖。

1996 年 "橡胶炭疽病综合防治"项目获农业部科技进步二等奖。

"香蕉组培苗繁育及反季节栽培技术推广"项目获广东省农垦总局科技进步二等奖。

"猪自动食槽技术运用与推广"项目获广东省农垦总局科技进步三等奖。

"水稻生产机械化,提高劳动生产率的研究""云南大叶种密植茶园机械化采茶技术研究"项目被编入《世界优秀科研成果精选》丛书。

"大面积推广甘蔗良种与品种结构调整"项目获广东省农垦总局科技进步一等奖。

1997 年 "杜大长、皮大长、皮杜大长瘦肉型猪配套增产技术推广"项目获农业部丰收计划三等奖。

"大面积推广甘蔗良种与品种结构调整"项目获得湛江市科技进步二等奖。

"橡胶橡胶树芽接树阴阳刀割胶技术推广应用"项目获得湛江市农业技术推广二等奖。

"仔猪培育综合配套技术推广应用"项目获得湛江市农业技术推广二等奖。

"香蕉组培苗繁育及反季节栽培技术推广"项目获湛江市农业技术推广三等奖。

2009 年 "甘蔗螟虫性诱迷向技术产业化研究及推广应用"项目获广东省农业技术推广二等奖。

2011 年 "测土配方施肥在旱坡地甘蔗上应用"项目获 2008—2011 年度湛江农垦成果一等奖。

2015 年 "基于农业物联网的智慧大田远程监控信息系统研究与推广应用"项目获广东省农业技术推广 2013 年度三等奖。

第十七章　医疗卫生

第一节　医　　疗

2018 年，农场医院的土地、资产、人员整体退出农场编制。划归湛江农垦医疗集团管理。

一、医疗机构与设备

1952 年冬，农场由中国人民解放军林业工程第二师直属队及六团卫生队组建 4 个医疗组，分别设立在湛江、五里、柳秀、溪伯路等垦殖场。医务人员主要来自部队医务工作者和地方卫校的毕业生。

1955 年，卫生队改名为卫生所，卫生人员共有 18 人。医治常见病轻度患者和轻度外伤人员，重伤病者送上级医院或地方医院治疗。后在场部开办职工医院。

1969—1974 年兵团时期，职工医院改称为团卫生队。1971 年由刘杰和为组长，与罗卓柱、刘品岳，何展翼一起组建外科，成为垦区较早开设外科的医院之一。

1974 年恢复农垦体制，团卫生队恢复原名——湖光农场职工医院，并逐步改善医疗卫生条件，充实医疗设备，陆续购置了国产心电图仪、超声波诊断器、A 超机等。1978 年，农场建设新职工医院，建成 1 幢面积为 1118 平方米的三层门诊楼和 2 幢二层楼的病房，配有病床 100 张，利用率达 100%。有医务人员 59 人。

1981 年，经上级批准，职工医院成立了卫生防疫站，协助监督流行病的防治和食品卫生、环境卫生的执行。1982 年，农场职工医院调整了医疗机构，设立了内科（儿科、传染科）、外科（五官科、妇产科）、门诊部（包括内科、骨科、中医、五官科、口腔等诊室）、急救室、手术室、理疗室、制剂室、中西药房和防疫组等。医院还配有救护车。医院外科能做胆囊切除、胃切除等较复杂的中小手术；制剂室能进行常用药输液的生产，年产量为 5 万多瓶。1990 年，农场工会用会费 4.5 万多元为职工购置了一台日本产的 B 超机和一台日本产的心电图机，免费为全场会员服务，也提高了为职工查病治病的水平。

1991 年，农场投资 20 多万元新建了一个有 40 多张床位的精神病区，增设了精神科，大大地改善了医疗卫生条件，是垦区农场职工医院中医疗设备较好的医院之一。1985 年以来，农场职工医院门诊人数 27.16 万人次，治愈率达 67.7%，好转率 29.6%。

1991 年，农场职工医院占地面积 1.93 万平方米，有职工 97 人，其中医务人员 68 人。农场的医务人员（包括职工医院和分场卫生室）中，具有大专以上文凭的有 16 人，具有中专文凭的有 20 人；获得中级职称的有 1 人，获得初级职称的有 113 人，医务人员的职称率达 100%。设有病床 140 张，利用率 100%。

80 年代开始，农场生产队均设有卫生室，分场设卫生所，配有卫生员或医生，现在全场有卫生室 38 个，医务人员 114 人，隶属农场职工医院统一管理，形成了以农场职工医院为中心、分场、生产队的三级疾病防治网。农场积极整顿和改进基层卫生室，加强设备、改善条件、加强对卫生人员的教育，基层卫生室面貌普遍改观，提高了医务人员业务水平。90 年代，农场逐步取消基层卫生室，所有医疗统一由农场医院管理。

1991 年农场职工医院被评为粤西农垦医疗卫生系统先进单位。

2005 年，农场职工医院在 1992 年建立的精神病科的基础上，创办广东省第一家精神疾病康复医疗站，有病床 250 张，每年收治湛江市区和周边乡镇的病人达 1200 人次。

2018 年，农场职工医院占地面积 100 亩，是一家集医疗、防保于一身的设备较为先进、功能较为齐全的综合性医院，是国家一级甲等医院，是湛江市麻章区城乡居民医保的定点单位。医院设有精神康复科、内科、外科、中医、儿科、妇产科、检验科、影像科、老年康复科、药剂科、门诊科、公共卫生及防疫科。医院拥有开放床位 300 张，其中精神科 220 张，综合科 80 张；拥有彩色 B 超、DR、全自动生化仪、血球计数仪、尿液分析仪、动态心电图、心电监护仪、全自动呼吸机、宫颈炎盆腔炎治疗仪、经颅磁治疗仪、脑生物治疗仪、脑电图等一批先进仪器设备，基本满足辅助检查指导临床的需要，能够对常见病、多发病做出正确的诊断和治疗，对急、难、危的病人能够做出早期的诊断和基本的处理，为抢救病人赢得有利的时机和时间，增加抢救成功率。医院年门诊 22152 人次以上，住院 3960 人次以上。

二、医疗队伍

20 世纪 50 年代，农场开设医疗站，医疗技术十分薄弱，60 年代后稍有改善，到了 70 年代中期，农场职工医院的技术力量不断加强。改革开放后，农场的技术人才不断外流，农场医院分配来的各院校毕业生也纷纷调离农场，加上老一批医务工作者均到退休年龄，农场的医疗技术力量遭到削弱。80 年代开始，为了改变这一局面，农场积极采取选送在职医务人员进行短期培训和委托培养等方式，培养医疗技术人才；职工医院举办初级卫生人员短期学习班，由本单位医生担任教师，采用边上课、边临床学习的方式，多形式、多渠道地培养医务人员；现职的医务人员也尽量聘用从医学院校毕业的专业人员。这些措施的落实逐步加强了医疗技术力量。80年代后期，农场为了加强医院的管理，在医院开展公开选聘正、副院长的工作，挑选责任心强、医术水平高、群众基础好的医务人员担任职工医院的领导职务，实行每三年公选一次，由农场领导亲自主持，组织人事科主办。参加选聘的人员在全院职工大会上演讲，员工进行公开、公平、公正的投票，推荐选举产生医院的正、副院长。

1984年，由刘杰和、张振英执笔的文章《农场医院开展外科的体会》在湛江垦区卫生会议上作为报告。1987年、1988年，外科医生刘杰和撰写的论文《骨圆针固定治疗股骨颈中内收型骨折的体会》和《加强生产队卫生室建议》，先后在湛江垦区医药卫生学术年会进行交流，分别获得三等奖和二等奖。

第二节　卫生防疫

从50年代开始，医疗站开展了卫生防疫运动，对全场的职工、家属及幼儿进行鼠疫、霍乱、伤寒等疫苗的注射。定期检疫。1958年，全场开展了6次较大规模的"除四害、讲卫生"的防疫运动。从而消灭疾病传播的渠道。职工发病率由1955年的23.9％降到1958年的13.5％，特别是疟疾发病率由1955年的2.9％降到1958年的0.06％。

60年代后，全场着重进行了寄生虫病、结核病、心血管病、肝炎病、妇科病等的普查，实行重点预防，尤其是肺结核病的普查。由于农场所处的气候条件、地理等因素，农场是肺结核病的高发区，经过30多年的普查普治，到1990年，农场基本上控制了结核病的发病。

1977年，医院防疫组被评为湛江郊区先进班组。

1980年，建立防疫站，配备专业技术医务人员，加强对职业病的监控和防治，加强对流行性疫病的防疫和免疫工作，组织对全场职工适龄儿童实行计划免疫。

1989年，医院防疫站被评为粤西农垦局先进集体。

第三节　环境卫生

20世纪50年代初期，农场成立了爱国卫生运动委员会，在全农场范围内开展了卫生突击运动周、爱国卫生运动月等运动，进行环境建设，基本上改变了过去到处堆垃圾、遍地杂草的恶劣环境。此后，农场队成立环境管理领导小组，把管区的环境建设列入了议事日程。

1977年，场部铺上了450米柏油马路。

1982年以后，通过开展文明礼貌月活动，掀起了整治场部、基层住宅区环境的高潮，有计划、有目的、分步骤地进行综合整治，逐年落实。

20世纪80年代末至90年代初，首先，从治理脏、乱、差入手，将影响场容队貌的猪牛栏、鸡舍、柴火和乱建的柴房进行拆除搬迁，清理污水沟，平整铺设道路。在环境建设中，七队与驻地部队一起，军民携手共建文明队；六队、东桥队治理脏、乱、差，在生产队营区内种植果树，设立花圃花坛，绿化和美化家园成绩显著，《湛江日报》头版头条专门报道该队文明建设的事迹。其次，农场实行卫生大包干，在住宅区内实行了"三化五包"，每幢职工住房选一个负责人，实行楼长监督责任制，有效地整治了环境。1990年，经广东省农垦总局绿化达标验收组全面检查，农场为粤西农垦绿化达标单位。

到1991年，农场各单位都种上果树、风景树，门前屋后和大道两旁种上了花卉和九里香等植物，全场环境基本达到了绿化、美化，为农场广大职工创造了一个整洁、舒适的学习生活和工作环境。

1989—2018年，农场共种植桃花心1279棵、火焰树138棵、小叶榄仁260棵、大叶紫薇360棵、金钱榕130棵、山竹树38棵、芒果树156棵、广州榕50棵、鸡公刺桐35棵、菩提榕20棵、樟树20棵、海枣树25棵、红花凤梨82棵、非洲茉莉花200棵、含笑花200棵、龙船花3500棵、福建茶花400棵、黄榕、黄金梅8500棵，种植草皮7800平方米。

2017年，农场全面铺开环境卫生整治。配备专门清洁员18名、垃圾车2台、铲车1台、洒水车1台、垃圾池8个、垃圾箱16个。各区域、各道路划定10多个清洁卫生责任区，由各机关科室分担清洁任务，做到一天一小扫、一周一大扫，垃圾当天清运，保持清洁卫生。

2018年，改革场部环境卫生管理办法，与湛江市万家美公司签订卫生清洁和垃圾清运合同，在湛江垦区率先引入购买环境卫生先进管理服务模式，并由万家美公司接收在职清洁工17人；通过新建垃圾池和挖掘垃圾坑相结合的方式，推进基层垃圾收集清运工作，形成基层环境卫生整治问责长效机制；将志满大道市场路段、湖光大道机关办公楼至茶厂路段作为环境卫生整治重点地段，实施志满大道管制，彻底整治"乱搭建、乱丢吐、乱排污、乱放养、乱张挂、乱堆放"等违规现象；整治了八队、十队环境卫生，要求基层单位重点整治房前屋后"乱堆乱放、乱搭乱建"现象，加强检查督促、评比验收；划分场部卫生责任区，将机关、学校、医院等单位纳入清洁卫生责任单位，清洁卫生任务落实到责任单位、责任人，建立生活垃圾管理的有效制度。生产队环境卫生脏乱差现象得到较大改观，群众满意度明显提高。

2000年，开展创建生态文明队活动，提出了"开展环境净化、绿化、美化活动，没钱搞净化、钱少搞绿化、有钱搞硬底化"的环境建设方针。实现路段、住宅小区卫生绿化清洁网格化、定人定岗包干管理，全年清理垃圾2000多立方米，种植绿化树3000多棵。

表 17-1　1991 年湖光农场医务人员情况

单位：人

单位	合计	主治医师	主管医师	医师	药师	检验师	护师	医士	药剂士	检验士	护士	卫生员	管理人员	工作人员
农场医院	97	9	1	10	3	2	5	15	4		15	4	7	22
生产队卫生室	40	2		11				21				6		
合计	137	11	1	21	3	2	5	36	4		15	10	7	22

表 17-2　1985—1991 年湖光农场医疗情况

项目	1985 年	1986 年	1987 年	1988 年	1989 年	1990 年	1991 年
门诊人数（人）	4863	40235	47424	35089	31369	38377	35523
住院人次（人次）	815	632	909	909	1024	1139	1100
出院者占用病床天数（天）	7132	8951	9908	6602	6061	11441	14828
出院者平均住院天数（天）	8.75	14.16	10.90	7.26	5.92	10.04	13.48
治愈率（%）	63.27	64.44	65.42	68.70	66.93	69.81	75.30
好转率（%）	32.12	34.22	32.27	27.66	31.65	28.39	20.59
病死率（%）	0.85	1.33	1.10	1.11	1.00	1.16	1.33

表 17-3　1975—1991 年湖光农场主要传染病发病情况

单位：人

年份	痢疾	麻疹	腮腺炎	肝炎	疟疾	水痘	百日咳
1975	81	2	0	103	3	7	2
1976	238	28	10	36	1	63	7
1977	145	73	12	64	1	20	11
1978	134	37	25	55	1	15	0
1979	20	10	51	15	1	39	2
1980	34	0	6	10	1	1	0
1981	25	0	0	16	2	4	0
1982	130	43	0	17	2	0	0
1983	40	3	0	23	0	35	0

（续）

年份	痢疾	麻疹	腮腺炎	肝炎	疟疾	水痘	百日咳
1984	81	5	26	3	0	1	0
1985	36	11	1	7	1	0	0
1986	18	1	0	18	0	0	0
1987	36	3	0	37	1	3	0
1988	26	0	3	3	0	0	0
1989	59	0	0	17	0	1	0
1990	9	0	1	33	0	0	0
1991	22	0	0	25	0	0	0

表 17-4　1979—2018 年湖光农场卫生医疗基本情况

年份	医院床位	医院职工人数合计	其中：医务人员人数			其中：有职称的医务人员人数		
			小计	医院	分场（队）	高级	中级	初级
1979	100	130	126	70	56	医生：10		
1980	100	128	124	68	56	17		
1981	100	136	122	75	47	19		
1986	88	135	113	71	42	23		
1989	90	129	117	73	44		3	102
1990	140	135	111	69	42		3	108
1991	140	138	108	68	40		1	113
1992	140	136	114	70	44		1	113
1993	100	171	144	100	44		6	138
1994	100	143	124	101	23	医生：86		
1995	100	138	120	100	20	62		
1996	80	112	104	84	20	65		
1997	80	112	106	84	22	65		
1998	80	111	104	85	19	60		
1999	80	103	96	74	22	58		
2000	80	101	94	72	22	56		
2001	80	96	89	71	18	54		
2002	80	85	79	67	12	50		
2003	80	68	64	52	12	39		
2004	80	69	64	52	12	39		
2005	80	62	57	52	5	39		
2006	80	62	52	47	5	39		
2007	80	66	57	52	5	43		
2008	80	69	59	54	5	45		

（续）

年份	医院床位	医院职工人数合计	其中：医务人员人数			其中：有职称的医务人员人数		
			小计	医院	分场（队）	高级	中级	初级
2009	80	74	64	61	3		23	
2010	80	71	61	58	3		25	
2011	80	72	62	59	3		25	
2012	80	75	57	57			32	
2013	200	96	92	88	4		40	
2014	229	87	68	64	4		34	
2015	229	86	66	66			32	
2016	229	95	74	74			32	
2017	229	90	75	75			32	

第十八章　荣誉录

　　建场以来，全场职工在社会主义建设中付出了巨大的努力，不少单位做出了显著的贡献，涌现出了一大批先进集体和先进人物。这些先进集体和先进人物多次受到各级领导部门的表彰和奖励，在湖光农场历史上写下了光辉的篇章，他们的奉献精神是全场职工共同宝贵的精神财富。因篇幅有限，本章仅将获市级、农垦局级以上表彰的先进集体和先进人物简录于后。

一、获市级以上表彰的先进集体

表 18-1　历年获市级以上表彰的先进集体一览

单位	年份	荣誉称号
农场第一小学	1978	湛江市教育革命先进单位
	1981	全国农垦系统普遍教育先进集体
	1981	广东省农垦总局先进学校
	1986	粤西农垦局先进学校
	1987	粤西农垦局先进学校
	1987	全国少先队先进集体
	1988	湛江市先进党支部
	1989	全国农垦系统先进教育集体
	1990	湛江市德育工作先进单位
	1990	粤西农垦局先进党支部
	1990	湛江市小学普通话课先进单位
	1991	粤西农垦局先进单位
	1991	粤西农垦局先进党支部
	1991	广东省工委先进集体
团委	1983—1991	粤西农垦局先进团委
	1988	广东省先进团委
	1989	湛江先进团委

（续）

单位	年份	荣誉称号
八队	1978	粤西农垦局先进"三八"妇女班
	1987	粤西农垦局先进团支部
	1996	湛江农垦先进党支部
	2003	湛江农垦先进党支部
	2004	湛江农垦先进党支部
	2005	湛江农垦先进党支部
	2005	十强固本强击示范点
	2006	湛江农垦红旗党支部
五里队	2002	湛江农垦先进党支部
	2007	湛江农垦先进党支部
三队	2008	湛江农垦先进党支部
东路队	1994	湛江农垦先进党支部
	1995	湛江农垦先进党支部
新桥队	1997	湛江农垦先进党支部
九队	1995	湛江农垦先进党支部
谭河队	1999	湛江农垦先进党支部
	2001	湛江农垦先进党支部
十队	2011	湛江农垦先进党支部
	2012	湛江农垦先进党支部
机关第四党支部	1998	湛江农垦先进党支部
	1999	湛江农垦先进党支部
花木种苗公司	1999	湛江农垦先进党支部
酒厂	1994	湛江农垦先进党支部
奶业制品厂（奶业公司）	1995	湛江农垦先进党支部
	1997	湛江农垦先进党支部
	1998	湛江农垦先进党支部
	1999	湛江农垦先进党支部
	2000	湛江农垦先进党支部
	2001	湛江农垦先进党支部
	2002	湛江农垦先进党支部
旅游服务公司	1996	湛江农垦先进党支部
职工医院	2001	湛江农垦先进党支部
畜牧公司	1999	湛江农垦先进党支部
	2002	湛江农垦先进党支部
燕塘湛江公司	2010	湛江农垦先进党支部

（续）

单位	年份	荣誉称号
第一小学	1978	湛江市教育改革先进单位
	1981	全国农垦系统普遍教育先进集体
	1981	广东省农垦总局先进学校
	1986	粤西农垦局先进学校
	1987	粤西农垦局先进学校
	1987	全国少先队先进集体
	1988	湛江市先进党支部
	1989	全国农垦系统先进教育集体
	1990	湛江市德育工作先进单位
	1990	粤西农垦局先进党支部
	1990	湛江市小学普通话课先进单位
	1991	粤西农垦局先进党支部
	1991	广东省工委先进集体
	1991	粤西农垦局先进单位
	1998	湛江农垦先进党支部
	2000	湛江农垦先进党支部
	2015	湛江农垦先进学校
	2016	湛江农垦先进学校
	2017	湛江农垦先进学校
七队	1983	广东省军区军民共建精神文明奖
	1984	广东省精神文明先进单位
	1984	湛江市精神文明先进单位
	1991	湛江市精神文明先进单位
工会	1983	湛江市先进女工委员会
	1984	湛江市托幼工作先进集体
	1986	湛江市社会（企业）为体育先进单位
	1986	粤西农垦群众生活工作先进单位
	1987	粤西农垦局技协先进单位
	1989	粤西农垦工会财务竞赛先进单位
	1990	粤西农垦先进职工之家
	1990	粤西农垦局工会财务竞赛先进单位
	1991	广东省农垦总局工会财务先进单位
	1991	粤西农垦工会财务先进单位
	2006	湛江市女职工安康保险计划推进工作先进集体
	2007	湛江农垦先进职工之家
	2008	湛江农垦先进职工之家
	2009	湛江农垦退管工作先进单位
	2010	湛江农垦退管工作先进单位
	2011	湛江农垦先进职工之家
	2012	湛江市基层老年人体育协会先进单位

（续）

单位	年份	荣誉称号
谭高队	1986	粤西农垦局先进党支部
	1986	粤西农垦局先进集体
	1987	粤西农垦局先进分会
	1990	粤西农垦局先进党支部
	1990	粤西农垦局先进集体
	1990	粤西农垦局先进分会
经管计划科	1982	广东省农垦总局统计工作先进单位
	1989—1991	粤西农垦经管计划先进单位
	1991	粤西农垦水利建设管理先进单位
	1991	广东省农垦总局先进单位
农科所	1982	湛江农垦局科学研究推广科技成果取得显著成绩奖
生产科	1984	湛江农垦科学技术先进集体
	1989—1991	广东省农垦总局粮食丰收计划工作先进集体
	1991	粤西农垦局科技先进集体
橡胶制品厂	1986	广东省农垦局先进党支部
新坡分场	1988	湛江市先进党总支
农场中学	1986	粤西农垦局先进学校
	1989	粤西农垦局先进学校
	1997	湛江农垦先进党支部
志满派出所	1987	湛江市公安工作先进单位
	1987	粤西农垦三年"严打"斗争先进单位
	2000	湛江农垦先进党支部
工业科	1989	广东省农垦总局推进质量管理先进集体
	1990	广东省环境优美企业入选奖
	1991	广东省农垦总局推进QC小组活动先进集体
保险站	1990	湛江市大力开办保险业，为社会保障服务先进集体
七星岭队	1991	粤西农垦局先进生产集体
	1991	湛江市拥军优属先进单位
	1996	湛江农垦先进党支部
宣传科	1991	湛江农垦系统宣传工作先进单位
	1991	粤西农垦局宣传工作先进单位
办公室	1990	粤西农垦局先进科室
	1991	粤西农垦局先进科室
审计科	1990	湛江市先进科室
组织科	1991	粤西农垦局老干工作先进单位
构件厂	1991	粤西农垦局先进集体

（续）

单位	年份	荣誉称号
	1976	广东省农业学大寨先进单位
	1977	湛江市先进党委
	1977	广东省先进单位
	1977	广东省农业学大寨先进单位
	1979	湛江农垦局科技先进单位
	1979	湛江农垦局先进单位
	1982	"橡胶树在北纬18°—24°大面积种植技术"项目获国家科技发明一等奖
	1984	粤西农工商联合企业公司先进单位
	1984	粤西农垦局社会主义精神文明建设先进单位
	1986	湛江市社会企业办体育先进单位
	1989	粤西农垦劳动竞赛达标先进单位
	1990	粤西农垦局社会主义精神文明建设先进单位
	1990	粤西农垦局先进党委
	1990	皮革制品厂广东省环境优美企业
	1991	粤西农垦计划生育先进单位
	1991	全国农垦系统科技先进单位
	1991	湛江农垦局先进党委
	1992	湛江农垦完成计划生育"三率"指标先进单位绿化达标证书
	1992	广东省1990年绿化达标证书
湖光农场	1993	广东省农垦总局综合效益先进单位
	1994	湛江农垦局先进党委
	1995	湛江农垦局先进党委
	1996	湛江农垦局先进党委
	1996	湛江市1991—1995年法制宣传教育先进单位
	1997	广东农垦扭亏为盈先进单位
	1997	湛江农业银行1996—1997度一级信用企业
	1997	湛江农垦局先进党委
	1998	湛江农垦局先进党委
	1999	湛江农垦局先进党委
	2000	湛江农垦局先进党委
	2001	湛江农垦局先进党委
	2001	湛江农垦党建工作目标管理三级单位
	2001	湛江市1996—2000年法制宣传教育先进单位
	2002	湛江农垦局先进党委
	2003	湛江农垦局先进党委
	2004	广东省农垦总局甘蔗劳动竞赛优胜奖
	2004	湛江农垦局先进党委
	2004	湛江农垦局先进单位
	2004	湛江市计划生育先进单位

（续）

单位	年份	荣誉称号
	2004	湛江农垦党建工作目标管理一级单位
	2004	湛江农垦先进党委
	2005	湛江农垦局先进党委
	2005	湛江农垦 2003 年度原水库移民危房改造先进单位
	2005	湛江农垦 2004 年度精神文明建设表彰单位
	2005	广东农垦 2004 年度甘蔗生产劳动竞赛优秀单位
	2005	湛江农垦 2004 年度甘蔗生产劳动竞赛二等奖
	2005	湛江农垦 2004 年度土地管理先进单位
	2006	民主管理厂（场）务公开工作先进单位
	2006	湛江农垦局先进党委
	2006	湛江农垦 2005 年度精神文明建设先进单位
	2006	湛江农垦 2005 年度维护稳定及社会治安综合治理工作表扬单位
	2006	全国农林水利系统模范职工之家
	2006	湛江市女职工安康保险计划推行工作先进集体三等奖
	2006	湛江农垦 2005 年度精神文明建设先进单位
	2006	湛江农垦 2005 年度回收被占土地先进单位
	2006	湛江农垦先进党委
湖光农场	2007	全国第二次经济普查先进集体
	2007	湛江农垦局先进党委
	2007	湛江农垦 2006 年度精神文明先进单位
	2007	湛江农垦先进党委
	2007	湛江农垦 2006 年度精神文明建设表扬单位
	2007	湛江农垦 2005—2007 年度科技工作先进集体
	2007	湛江农垦 2006 年度土地管理目标责任制先进单位
	2007	广东省第二次全国农业普查先进集体
	2008	湛江农垦局先进党委
	2008	湛江农垦 2007 年度甘蔗高产奖
	2008	湛江农垦 2007—2008 年冬种甘蔗劳动竞赛三等奖
	2008	湛江农垦 2007 年度土地管理先进单位
	2008	湛江农垦 2007 年度土地维权保护先进单位
	2008	湛江农垦 2007 年度退管工作先进单位
	2009	湛江农垦民主管理厂（场）务公开先进单位
	2009	湛江农垦 2008 年度退管工作先进单位
	2009	湛江农垦先进职工之家

（续）

单位	年份	荣誉称号
湖光农场	2010	湛江农垦局先进党委
	2010	湛江农垦 2009 年度先进单位
	2010	湛江市和谐消费信誉单位
	2010	湛江农垦先进职工之家
	2011	湛江农垦局先进党委
	2011	湛江农垦退管工作先进单位
	2011	湛江农垦 2008—2011 年度科技工作先进集体
	2012	湛江农垦局先进党委
	2012	湛江农垦 2011 年甘蔗高产优质劳动竞赛二等奖
	2012	湛江农垦先进党委
	2012	湛江市创新管理社会信誉满意单位
	2012	湛江农垦信访工作合格单位
	2013	湛江市群众体育先进单位
	2014	广东农垦生态文明示范社区
	2014	广东省文明守法优秀单位
	2016	湛江市 2012—2016 年"五好"基层关工委
	2017	湛江农垦 2016 年度"五好"基层关工会
	2019	广东省 2018 年度法治文化建设模范企业
	2019	湛江农垦 2018 年度星级党委会
	2020	广东省"高产高糖高效益甘蔗系列新品种引进示范与推广应用"二等奖
	2020	湛江农垦 2019 年度星级委员
	2020	湛江市信访维稳保工作先进单位

二、获市级、农垦局级以上表彰的先进个人

表 18-2　截至 2017 年湖光农场获市级、农垦局级以上表彰的先进个人一览

姓名	单位	职别	年份	荣誉称号
吴泗英（女）	三队	工人	1955	广东省劳动模范
			1956	全国社会主义建设青年积极分子
谢　必	三队	副队长	1955	湛江专区学毛主席著作积极分子
			1959	湛江市先进团员
蔡亦山	构件厂	工人	1959	湛江市先进生产者
			1965—1984	粤西农垦先进生产者
何那茂	新坡分场	副队长	1960	湛江市专区生产标兵
			1961	广东省优秀团员

（续）

姓名	单位	职别	年份	荣誉称号
吴国均	志满分场	场长	1962	广东省农垦总局先进生产者
			1962	湛江农垦局先进生产者
			1963	湛江农垦局先进生产者
黄那钦	东桥队	工人	1963	广东省先进生产者
梁惠兰（女）	下溪队	工人	1963	广东省先进生产者
周克	湖光农场第一小学	校长	1963	粤西农垦局先进教师
			1963	湛江市先进教师
			1973	湛江市先进教师
			1986	广东省农垦总局优秀党员
			1986	粤西农垦先进教师
			1987	湛江市郊教育系统先进教育工作者
			1988	粤西农垦先进教育工作者
			1989	广东省农垦总局优秀教师
			1990	粤西农垦总局先进工作者
			1991	广东省农垦总局优秀党员
			1991	粤西农垦先进工作者
			1991	广东省少先队工作模范
			1993	湛江市教书育人优秀教师
冯义里	东桥队	党支部书记	1991	粤西农垦先进工作者
劳亚怀	五里仔	工人	1976—1977	粤西农垦先进生产者
杨梅芬（女）	东风队	工人	1976	湛江农垦先进生产者
黄培英（女）	二队	工人	1976	湛江农垦先进生产者
谢那琼	二队	党支部书记	1976	湛江农垦先进生产者
吴兆威	七队	工人	1977	广东省农垦总局劳动模范
黄玉茹（女）	鸡场	工人	1979	广东省人民政府劳动模范
			1980	广东省农垦劳动模范称号
			1980	广东省湛江农垦先进生产（工作）者
卢进树	八队	党支部书记	1979	广东省劳动模范
			1978	湛江农垦局先进工作者
			1980	全国农垦先进生产（工作）者
			1989	全国农垦系统先进生产者
			1991	粤西农垦老有所为先进个人
			1991	粤西农垦退休干部先进个人
殷庚	八队	工人	1974	粤西农垦先进生产者
唐广健	第一小学	教师	1979	粤西农垦先进教师
蔡应泉	志满分场	副场长	1979	湛江市青年科技先进工作者
			1982	广东省团委青年科技先进工作者
冯秀娟（女）	三队	卫生员	1976	湛江农垦卫生标兵
			1984	广东省农垦先进女工工作者
罗德玉	八队	医士	1977	粤西农垦卫生先进个人

（续）

姓名	单位	职别	年份	荣誉称号
翟南广	工业科	信息员	1977	湛江市学雷锋积极分子
叶权英（女）	红桥队	工人	1976	粤西农垦先进工作者
钟观保	七星岭队	工人	1977	湛江垦区农业学大寨先进代表
			1978	湛江垦区农业学大寨先进代表
庞丽华（女）	七星岭队	工人	1979	湛江农垦局先进生产者
黄才旋	生产科	科员	1979—1991	粤西农垦局科技先进工作者
			1989—1990	广东省农垦总局先进科技工作者
陈和添	生产科	副场长	1979—1991	粤西农垦局有贡献科技工作者
			1991	广东省农垦总局粮食丰收计划科研先进工作者
			1991	粤西农垦局科技工作先进个人
钟辉彰	生产科	农艺师	1979	湛江农垦局先进工作者
			1991	湛江农垦局先进工作者
张秀宏（女）	新坡村	工人	1979	广东省劳动模范
黄兰英（女）	生产科	科长	1979—1991	粤西农垦局科技先进工作者
			1984	粤西农垦局先进工作者
陈兆豪	基建公司	工程师	1979	广东省先进工作者
			1980	湛江农垦先进工作者
			1980	湛江市优秀党员
			1982	广东省先进工作者
			1982	湛江市劳动模范
			1982	湛江市优秀党员
			1982	湛江农垦局先进工作者
			1989	对外经济贸易部援外先进工作者
陈德孝	农场计划生育办公室	主任 党总支书记	1980	湛江市抗灾模范
			1990	湛江市抗灾模范
			1991	湛江市计划生育先进个人
			1991	湛江农垦局计划生育先进个人
			1995	湛江市计划生育先进个人
			1999	湛江农垦局优秀党员
			2000	湛江农垦局优秀党员
			2002	湛江农垦局优秀党员
黄玉茹（女）	鸡场	工人	1979	广东省劳动模范
吴北程	鸡场	干部	1953	华南垦殖局二等劳模
李陈养	供销支部	党支部书记	1982	粤西农垦局先进工作者
杨碧和（女）	谭高队	党支部书记	1987	广东省总工会优秀工会积极分子
			1987	湛江农垦局优秀工会积极分子
			1990	湛江市党务先进工作者
李陈养	谭高队	工人	1982	湛江农垦局优秀党员

（续）

姓名	单位	职别	年份	荣誉称号
马绍智	东路队	党支部书记	1982	粤西农垦局先进工作者
			1986	粤西农垦局优秀党员
			1990	粤西农垦局优秀党员
			1994	湛江农垦优秀党员
			1996	湛江农垦优秀党务工作者
			1997	湛江农垦优秀党员
胡国轩	东桥队	工人	1981	粤西农垦局"和睦家庭"
刘权兰	七队	工人	1982	广东省劳动模范
翟日英	派出所	干警	1958	湛江市公安局先进工作者
			1959	湛江市公安局先进工作者
			1976	湛江市公安局先进工作者
黄于先	一队	工人	1984—1986	粤西农垦局优秀胶工
				粤西农垦局先进生产者
莫红莲（女）	中学	校长	1985	全国农垦系统先进教师
翟红莲（女）	新坡分场	工人	1985—1986	粤西农垦局先进家庭农场场长
黄美清（女）	一队	工人	1985	粤西农垦局优秀胶工
刘国增	八队	工人	1986	粤西农垦局先进生产者
邓培义	新坡分场 奶制品厂 （奶业公司）	党总支书记 党支部书记	1986	湛江市郊区优秀党员
			1991	湛江市郊区优秀党员
			1997	粤西农垦局优秀党务工作者
			1998	湛江农垦优秀党务工作者
			1999	湛江农垦优秀党员
			2000	湛江农垦优秀党员
			2002	湛江农垦优秀党员
梁雪玲（女）	三队	工人	1985	粤西农垦局优秀胶工
			1986	农、牧、渔业部优秀胶工
刘新虎	计划生育办公室	主任	1985	全国计划生育先进工作者
张原文	橡胶制品厂	党支部书记	1985	广东省职工劳动模范
			1985	粤西农垦局先进工作者
			1986	广东省农垦总局优秀党员
李共英（女）	七星岭队	工人	1984	粤西农垦局先进生产者
张益春	三队	副队长	1987	粤西农垦新长征突击手
陈秋拉	中学	教师	1988	广东省农垦总局先进教师
			1989	湛江农垦局先进教师
杨国英	中学	教师	1988	广东省农垦总局先进教师
			1993	广东省先进教师
邹　荣	中学	副校长	1986	粤西农垦局先进教师
黄国义	中学	教师	1988	粤西农垦局先进教师
崔宝成	团委	副书记	1989	粤西农垦局先进团干

（续）

姓名	单位	职别	年份	荣誉称号
张志权	经管计划科	科员	1986	广东省农垦总局计划工作先进个人
张 胜	经管计划科	副场长	1982	广东省农垦总局计划工作先进个人
李光进	经管计划科	科员	1987—1990	广东省农垦总局经营管理观察点先进个人
			1991	广东省农垦总局经济体制改革先进个人
周世轩	派出所	所长	1987	湛江市三年"严打"先进个人
廖 恩	纪检会	纪检会副书记	1988	广东省纪检先进工作者
			1988	湛江市纪检先进工作者
			1988	粤西农垦纪检先进工作者
			1989	粤西农垦纪检先进工作者
			1990	湛江市纪检先进工作者
			1990	粤西农垦纪检先进工作者
陈培鹏	中学	教师	1989	全国优秀教师
			1986	粤西农垦局先进教师
黄玉林	小学	校长	1982	广东省普教系统先进教育工作者
王鸿基	生产科	干事	1984	粤西农垦先进工作者
曾旗生	农科所	科员	1983	湛江农垦局新长征突击手
吴胜强	生产科	科员	1986—1990	全国农垦系统科研先进个人
			1991	广东省农垦总局粮食丰收计划科研先进工作者
			1991	粤西农垦科技工作先进个人
毛宗一	生产科	党支部书记	1989—1991	广东省农垦总局先进科技工作者
林文振	农科所	副所长	1986	广东省农垦总局工会技协先进个人
			1987	广东省总工会自学积极分子
黎燕露（女）	第一小学	少先队辅导员 副校长	1989	粤西农垦先进辅导员
			1993	湛江农垦优秀党务工作者
罗卓柱	医院	院长	1989	粤西农垦先进工作
			1991	粤西农垦先进工作者
杜福坚	组织科	科长	1989	广东省农垦总局职称改革先进工作者
			1991	粤西农垦优秀组织工作者
			2008	湛江农垦优秀党务工作者
周 碧	宣传科	科长	1988—1991	粤西农垦先进宣传工作者
林家斌	宣传科	干事	1989—1991	粤西农垦先进宣传工作者
刘学华	新坂分场 农场	分场长 党总支书记 副场长 代场长	1989	粤西农垦先进工作者
			1991	粤西农垦先进工作者
			1991	粤西农垦水稻丰收计划先进个人
			1994	湛江农垦优秀党务工作者
			1996	湛江农垦优秀党员
			1998	湛江农垦优秀党员
			1999	湛江农垦优秀党员

（续）

姓名	单位	职别	年份	荣誉称号
招秀清（女）	东风队	工人	1989	粤西农垦农业能手
陈章国	构件厂	党支部书记	1990	粤西农垦优秀党员
许 春	养殖场	工人	1990	粤西农垦先进生产者
李荣桂（女）	三队	工人	1989	湛江市优秀党员
吴寿群（女）	七队	工人	1989	粤西农垦先进生产者
陈永安	保险站	干事	1989 1990	湛江市保险系统先进个人
刘殿仁	橡胶制品厂	厂长 党支部书记	1989	广东省农垦总局优秀党员
			1989	湛江市优秀党员
			1989	粤西农垦"十佳青年"
			1990	粤西农垦优秀党员
			1990	粤西农垦先进工作者
			1991	粤西农垦优秀党员
			1994	湛江农垦优秀党员
张丽平（女）	计划生育办公室	干事	1990	粤西农垦计划生育先进个人
江瑞华（女）	工会	主任	1991	粤西农垦计划生育先进个人
				粤西农垦优秀工会工作者
陈流荣	计划生育办公室	干事	1990	湛江市计划生育先进个人
刘岭松	建筑公司	干事	1990	粤西农垦计划生育先进个人
吴妃由	供销科	科长 党支部书记	1990	为中国农垦事业做出重大贡献奖
			1991	粤西农垦先进科技工作者
			1994	湛江农垦优秀党员
庞光廷	志满分场	党总支书记	1990	粤西农垦优秀党务工作者
			1994	湛江农垦优秀党员
			1995	湛江农垦优秀党员
			1999	湛江农垦优秀党员
杨 文	五里村	工人	1990	粤西农垦团委青工生产能手
廖振华	第二施工队	工人	1990	粤西农垦学雷锋积极分子
钟福初	七星岭队	党支部书记	1990	广东省农垦"双增双节劳动竞赛"积极分子
			1990	粤西农垦讲理想比贡献优秀者
			1991	粤西农垦先进工作者
			1991	粤西农垦优秀党员
胡建锋	第二施工队	干事	1991	粤西农垦先进工作者
郑彩连（女）	新坡村	工人	1991	湛江市优秀团员
刘正芳（女）	七队	工人	1991	粤西农垦先进生产者
陈明坤	八队	队长 党支部书记	1991	粤西农垦优秀会员
			1999	湛江农垦优秀党员

（续）

姓名	单位	职别	年份	荣誉称号
杨国球	工会	主席	1991	粤西农垦优秀工会工作者
				广东省农垦总局优秀工会工作者
李全森	工会	副主席	1991	湛江市优秀工会工作者
	中学	党支部书记		湛江农垦优秀党务工作者
黄志忠	工会	干事	1991	广东省农垦总局工会先进财务工作者
翟志南	工会	干事	1991	粤西农垦优秀工会工作者
刘月云	供销科	党支部书记	1991	粤西农垦安全生产工作者
廖华全	团委	副书记	1991	广东省农垦总局先进团干
	农场	纪委书记	2008	湛江农垦优秀党员
		工会主席	2010	湛江农垦优秀党员
余群芳（女）	保险站	干事	1990	湛江市保险系统先进个人
			1991	湛江市保险系统先进个人
陈明飞（女）	中学	教师	1991	粤西农垦先进教师
丰树根	工业科	党总支书记	1991	粤西农垦优秀党员
吴义乔	经管计划科	副科长	1991	粤西农垦计划工作先进个人
刘国业	第一小学	副校长	1990	粤西农垦先进教师
吴公权	新波村队	工人	1995	湛江市劳动模范
阮进和	五里村	工人		粤西农垦先进生产者
罗秀英（女）	八队	工人		粤西农垦先进生产者
李月英（女）	第一小学	教师	1993	湛江农垦先进教师
吴燕琼（女）	新坡学校	教师	1993	湛江农垦先进教师
梁建辉	高阳分场	党总支书记	1995	湛江农垦优秀党务工作者
	农场	场长	2000	湛江市"三五"普法先进个人
			2004	湛江农垦移民危房改造工作优秀积极分子
			2005	湛江农垦移民危房改造工作优秀积极分子
			2005	湛江市优秀共产党员
			2005	湛江市先进人大代表
			2006	广东省"四五"普法先进工作者
			2006	广东省优秀职工之友
			2006	广东省依法治企先进个人
			2006	湛江市优秀共产党员
			2007	湛江市优秀共产党员
陈建国	农场	场长助理	2001	广东省第五次人口普查先进个人
		副主任	2005	湛江市第一次全国经济普查先进个人
		科长	2009	湛江市第二次全国经济普查先进个人
戴浪青（女）	农场	工会	2015—2019	广东省工会女职工先进工作者
张昌友	新坡队	党支部书记	1994	湛江农垦优秀党员

（续）

姓名	单位	职别	年份	荣誉称号
钟敬业	柳东队	党支部书记	1994	湛江农垦优秀党员
罗增力	高阳队	工人	1994	湛江农垦优秀党员
黄康用	优秀队	党支部书记	1994	湛江农垦优秀党员
	柳东队		1999	湛江农垦优秀党员
叶河清	中学	科长	1994	湛江农垦优秀党员
黎伯书	湖霞公司	经理	1994	湛江农垦优秀党员
			1996	湛江农垦优秀党员
邹九	牛奶场	党支部书记	1994	湛江农垦优秀党员
洗郁周	商业公司	经理	1994	湛江农垦优秀党员
钟康养	五里队	党支部书记	1994	湛江农垦优秀党员
曾宪煌	农场	党委副书记	1994	湛江农垦优秀党务工作者
			1999	湛江农垦优秀党务工作者
江保	党总支	党总支书记	1994	湛江农垦优秀党务工作者
罗昌盛	司法办	主任	1995	湛江农垦优秀党员
杨明	养殖场	党支部书记	1995	湛江农垦优秀党员
王理生	酒厂	党支部书记	1995	湛江农垦优秀党员
			1996	湛江农垦优秀党员
			2005	湛江农垦优秀党员
陈忠福	五里仔队	工人	1995	湛江农垦优秀党员
杨秋	茶厂	党支部书记	1995	湛江农垦优秀党员
			2000	湛江农垦优秀党员
			2003	湛江农垦优秀党员
钟观伦	五里仔	党支部书记	1995	湛江农垦优秀党员
陈志兴	税所	干部	1995	湛江农垦优秀党员
何永东	施工队	党支部书记	1995	湛江农垦优秀党员
廖金强	五队	干部	1995	湛江农垦优秀党员
钟福东	七星岭队	队长	1995	湛江农垦优秀党员
			1996	湛江农垦优秀党员
罗自刚	橡胶加工厂	党支部书记	1995	湛江农垦优秀党员
刘秀南	派出所	党支部书记	1996	湛江农垦优秀党员
李日生	谭河队	党支部书记	1996	湛江农垦优秀党员
			1999	湛江农垦优秀党员
杨国华	橡胶制品厂	党支部书记	1996	湛江农垦优秀党员
凌兰	七队	工人	1996	湛江农垦优秀党员
郑有庄	生产科	科长	1996	湛江农垦优秀党员
黄锦访	农场	党委书记	1996	湛江农垦尊师重教企业领导
			1997	湛江农垦优秀党员
			1999	湛江农垦优秀党务工作者
苏逢进	畜牧公司	党总支书记	1997	湛江农垦优秀党员

（续）

姓名	单位	职别	年份	荣誉称号
罗寿栋	新桥队	党支部书记	1997	湛江农垦优秀党员
钟福乾	七星岭队	党支部书记	1997	湛江农垦优秀党员
			1999	湛江农垦优秀党员
刘国生	新坡分场	党总支书记	1997	湛江农垦优秀党员
			2000	湛江农垦优秀党务工作者
柯少凌	茶厂	工人	1997	湛江农垦优秀党员
			1999	湛江农垦优秀党员
邱钧汉	施工队	党支部书记	1997	湛江农垦优秀党员
何秀莲（女）	志满村队	工人	1997	湛江农垦优秀党员
廖国炎	医院	党支部书记	1997	湛江农垦优秀党员
				湛江农垦优秀党务工作者
王永社	新坡分场	党总支副书记	1997	湛江农垦优秀党务工作者
冼广浩	八队	党支部书记	1998	湛江农垦优秀党员
刘培芳（女）	派出所	干部	1998	湛江农垦优秀党员
李广烈	机关	干部	1998	湛江农垦优秀党员
苏葵	十队	党支部书记	1998	湛江农垦优秀党员
	高阳分场	党总支书记	2002	湛江农垦优秀党员
			2011	湛江农垦优秀党务工作者
梁生	苗圃队	工人	1998	湛江农垦优秀党员
廖锡茂	四队	党支部书记	1998	湛江农垦优秀党员
陈永	派出所	所长	1998	湛江农垦优秀党员
			2000	湛江农垦优秀党员
	农场	场长助理	2002	湛江农垦优秀党员
			2003	湛江农垦优秀党员
刘先福	财务科	科长	1998	湛江农垦优秀党员
廖道坚	中学	教师	1998	湛江农垦优秀党员
李日潮	高阳分场	党总支书记	1998	湛江农垦优秀党务工作者
			1999	湛江农垦优秀党务工作者
麦华安	柳秀分场	党总支书记	1998	湛江农垦优秀党员
	柳新公司		1999	湛江农垦优秀党员
黄马明	建设办	科长	1999	湛江农垦优秀党员
张雪霞（女）	中学	干部	1999	湛江农垦优秀党员
罗海玲（女）	第一小学	干部	1999	湛江农垦优秀党员
吴同陆	苗圃队	党支部书记	1999	湛江农垦优秀党员
李光平	谭高队	党支部书记	2000	湛江农垦优秀党员
			2002	湛江农垦优秀党员
罗国光	六队	党支部书记	2000	湛江农垦优秀党员

（续）

姓名	单位	职别	年份	荣誉称号
吴拾来	猪场	党支部书记	2000	湛江农垦优秀党员
邓锡芬（女）	医院	护士长	2000	湛江农垦优秀党员
陈　秉	第一小学	校长	1996	广东农垦先进教育工作者
		党支部书记	2000	湛江农垦优秀党员
庞汉英（女）	中学	教师	1996	广东农垦先进教育工作者
李惠英（女）	第一小学	教师	1996	广东农垦先进教育工作者
罗友光	第一小学	教师	1996	湛江农垦先进教育工作者
官　嫣（女）	第一小学	教师	1996	湛江农垦先进教育工作者
朱晓萍（女）	第一小学	教师	1996	湛江农垦先进教育工作者
罗德生	劳资科	党支部书记	2000	湛江农垦优秀党员
			2003	湛江农垦优秀党员
黄群珍（女）	工会女工委	主任	2000	湛江农垦优秀党员
李华京	高阳队	党支部书记	2000	湛江农垦优秀党员
史良欣	农场	党委书记	2000	湛江农垦优秀党务工作者
			2002	湛江农垦优秀党务工作者
			2003	湛江农垦优秀党务工作者
			2005	湛江农垦优秀党务工作者
			2006	湛江农垦优秀党务工作者
邱天和	高阳分场	分场长	2002	湛江农垦优秀党员
刘秀关	五里队	党支部书记	2002	湛江农垦优秀党员
周秋生	谭高队	党支部书记	2002	湛江农垦优秀党员
陈国生	高岭队	党支部书记	2002	湛江农垦优秀党员
			2007	湛江农垦优秀党员
张　秋（女）	医院	党支部书记	2002	湛江农垦优秀党员
黄阳梅	八队	党支部书记	2003	湛江农垦优秀党员
			2004	湛江农垦优秀党员
			2006	湛江农垦优秀党员
刘金玲（女）	第一小学	教务主任	2003	湛江农垦优秀党员
周少芳	十队	工人	2004	湛江农垦优秀党员
林国坚	农场	党委副书记	2004	湛江农垦优秀党务工作者
		党委书记	2007	湛江农垦优秀党务工作者
黄康在	柳秀队	工人	2005	湛江农垦优秀党员
			2006	模范共产党员
王　松	五里队	党支部书记	2005	湛江农垦优秀党员
			2006	湛江农垦优秀党员
			2007	湛江农垦优秀党员
戴美云（女）	第一小学	教务主任	2007	湛江农垦优秀党员
		校长	2016	湛江农垦优秀校长

（续）

姓名	单位	职别	年份	荣誉称号
李桂明（女）	三队	党支部书记	2008	湛江农垦优秀党员
农绍前	中学	党支部书记	2008	湛江农垦优秀党员
黄秀清（女）	第一小学	教师	2008	湛江农垦先进教育工作者
			2015	湛江农垦优秀教师
温良德	中学	校长	2008	湛江农垦先进教育工作者
谌志斌	中学	教师	1993	湛江农垦先进教师
			2008	湛江农垦先进教育工作者
		校长	2017	湛江农垦优秀校长
阮水生（女）	第一小学	教师	2008	湛江农垦先进教育工作者
林建	中学	校长	2015	湛江农垦优秀校长
黎西莲（女）	中学	教师	2015	湛江农垦优秀教师
舒碧群（女）	第一小学	教师	2015	湛江农垦优秀班主任
			2017	湛江农垦优秀教研员
吴克家	中学	教师	2016	湛江农垦优秀教师
林燕（女）	第一小学	教师	2016	湛江农垦优秀班主任
刘金玲（女）	第一小学	校长	2017	湛江农垦优秀校长
罗薇（女）	第一小学	教师	2017	湛江农垦优秀教师
沈小媚（女）	中学	教师	2017	湛江农垦优秀班主任
刘俊	中学	教师	2017	湛江农垦优秀教研员
刘柯池（女）	第一小学	教师	2017	湛江农垦优秀教研员
刘世坤	湛江燕塘	党支部书记	2010	湛江农垦优秀党员
陈霜	组织人事科	科长	2010	湛江农垦优秀党务工作者
杨献志	五队	工人	2011	湛江农垦优秀党员
			2011	党员种蔗能手
陈日光	亼产科	副科长	2011	湛江农垦优秀党员
陈光海	十队	党支部书记	2012	湛江农垦优秀党员

附　　录

附录一　追寻将军足迹　再创都市"南泥湾"辉煌

农垦人的艰苦奋斗精神，就是陕北延安南泥湾精神的延续光大，也是广东省湖光农场建设发展的精神支柱。

1941年初，王震旅长率359旅进驻陕北延安南泥湾，在黄土高坡上开荒生产，实现生产粮食自给，打破了国民党的经济封锁，减轻了陕北人民的负担，改善了延安军民的生活，开创了一边生产一边战斗的奇迹。

1951年，为打破帝国主义对我国橡胶禁运封锁的局面，党中央做出了"一定要建立我们自己的橡胶生产基地"战略决策，要求在海南、湛江发展橡胶种植基地，实现橡胶自给，满足国家战略物资的需要。

1956年11月22日，王震将军参加黎湛铁路通车典礼，其间在湛江市市长何鸿景等陪同下到湖光农场视察，第一次踏上农场土地察看橡胶园，这是将军与农场结缘的开始。1988年12月2日，年已八旬的王震将军再次来到农场。时间已跨过了32年，其间将军累计21次来过农场。除了亲自踏上农场土地，将军还通过书信关心和支持农场工作，农场领导还专程到北京向他汇报工作。在亲临农场视察的过程中，王震将军要求农场走"一业为主，多种经营，综合发展"的经营路子，发扬"艰苦奋斗，勇于开拓"的农垦精神，还为农场题词"雷州立业，粤西生根"。他每次到来，都为农场出谋划策，谋划发展；在农场出现困难的时候，他常常及时出现，带来党中央的问候，并亲自送来慰问品，从政策、经济、生产技术、生活等方面给予大力的支持和帮助，为农场建设发展倾注了大量心血。根据记载，王震将军并不是第一个来农场的国家、部委领导人，但他来的次数最多、对农场最了解、最关心，支持力度最大。每次来农场视察时，他上林段、下田头，到工厂、进食堂，谈工作、问生产，拉家常、体民情，可以说，农场的每一寸土地上都留下了将军的足迹，洒满了将军的汗水。自1957年第二次视察农场起，农场就留下了"部长田""部长橡胶园"，还有"将军亭"。人们一谈起王震将军，都感到非常自豪。王震将军已经给湖光农场烙下了深深的将军情结，已把农场视作当年陕北"第二个南泥湾"，持续传承着"南泥湾"精神。

让我们共同缅怀王震将军来农场的那段难忘岁月：

1956年11月22日，时任中国人民解放军铁道兵司令员的王震将军到湛江参加黎湛铁路通车典礼期间，在湛江市市长何鸿景等陪同下到农场视察，第一次踏上农场土地。1956年也是他担任农垦部部长的第一年。当年农场遭到严重寒害，刚种下的橡胶树冻死了很多。将军一到场部便去橡胶园视察，他扶着冻死的胶树，蹲下身来，用手扒开橡胶树下的泥土，问时任农场副场长王金昌："有没有再生能力？可不可以再发芽？"当他听到有些冻坏的胶树还能重新抽芽时，满怀希望地鼓励大家说："橡胶是工业生产四大原料之一，我们国家种橡胶的地方不多，主要是海南岛和你们雷州半岛这块土地，你们一定要按照毛主席、周总理的指示，发扬我们军队的艰苦奋斗作风，把橡胶树种好管好，为国家建设做出贡献。"

将军细致、认真地看完了受害橡胶园。他在查看受害较轻的橡胶园周围的树林时，指着树林对大家说："你们看，在这种环境下的橡胶树不是长得很好嘛！说明我们这里还是可以种好橡胶树的，你们找些专家、技术人员、归侨来很好地总结经验，做出规划，把胶树种好。""你们要学米丘林改造沙漠的精神，营造好防风林，为橡胶的发展创造良好的条件。"将军还亲切地把大家拉到橡胶树旁说："来，我们一起照张相，回去给中央汇报，这里种橡胶还是大有希望的。"他走后，农场立即组织人员，调查研究，做好规划，迅速地开展培育树苗和营造防风林的工作。遵照将军的指示，几年内把重新种植的2.8万多亩橡胶园，按照每28亩为一个方格的规划，全部种上了橡胶园防风林。

1957年2月17日，农垦部部长王震冒着寒风冷雨，在湛江市市长何鸿景等陪同下来到农场。在听取农场领导汇报生产情况后，他高兴地用手指点点桌面说："你们有十三万亩土地，这可是个大财富啊！农场要富，除了种好橡胶外，还要发展多种经营，要养猪、养奶牛、养'三鸟'，为城市服务，争取出口。"他站起身来说："走，到地里看看去，不要光坐在屋里听汇报！"他看了奶牛场和香茅加工厂，又下到生产队一线，边看边和湛江市的领导同志商量，要市委支持农场发展多种经营。

王震回北京后，不仅亲自派来了5名工程师，帮助农场搞规划，发展畜牧业，还从上海和北京等地运来了7头荷兰奶牛、4头辛地红牛，以及6头约克、巴克夏种猪，还给农场调来了1台日本手扶拖拉机。

1957年3月28日，国务院副总理兼公安部部长罗瑞卿，中央书记处书记、中央宣传部部长陆定一，农垦部部长王震一行在湛江市市长何鸿景陪同下到农场视察。王震指示农场要发展畜牧业，养殖奶牛以发展奶业，养猪以改善职工生活；要求农场大力种植林木，搞好环境绿化；指示农场为湛江市提供绿化树苗，种植赤坎至霞山一、二线路及湖光岩至铺仔圩两旁的公路林。

1958年6月16日，王震从内蒙古呼伦县特尼河牧场给农场调来125头三河奶牛。

1959年3月12日，农垦部部长王震在湛江地委副书记、湛江农垦局局长陈文高陪同下视察农场，并亲自带来25只北京种鸭、苏州大白鹅、火鸡、山羊、兔子等良种家畜家禽，送给农场饲养繁殖，解决干部职工副食品供应。同时送给农场的还有橡草、苜蓿等青饲料种子。

1959年3月14日，农垦部部长王震给农场来信指示："为了将湖光农场建成一个现代化的示范畜牧农场，我们决定安排国家农垦部畜牧局几名技术干部到农场参加劳动锻炼和工作，并调一些优良种畜到农场，由国家农垦部在事业费中直接给农场投资……"部长又陆续地给农场送来了从国外引进的4头海福特牛和4头山大牛。

1959年5月18日，农垦部部长王震来湛江，到农场视察，知道工人粮食供应十分困难，为了让工人能吃饱，他及时地指示农场要充分利用土地大种"三薯"（番薯、木薯、大薯），还要大力养猪、养"三鸟"等，解决工人温饱，救灾度荒。农场遵照部长的指示，立即发动群众开荒种"三薯"，当年农场的番薯、木薯获得大丰收，使农场能够顺利地渡过困难时期，还支援了地方。

1960年，我国处在经济困难时期，将军在为国家大事操心劳碌的同时，还关心着农场，惦念着农场。1960年2月，农垦部部长王震到湛江市检查全国农垦工作会议筹备情况，从百忙中抽空到农场视察，持着拐杖到工人中去嘘寒问暖。将军从这个队走到那个队，看了这家又看那一家。他走到七星岭队时停下脚步，指着面前的一片荒地说："你们看，多好的土地啊！要平整荒地，把它开发利用起来，种粮食。你们要一边造田一边修水库，争取旱涝保收。"将军接着又说："现在工人吃不饱，要解决工人吃大米饭的问题。你们要自己动手，解决四百万斤粮食，做到粮、油自给。"

将军指示农场要搞"三化"（即机械化、电气化、自动化），还为农场从东北调来了6台"东方红"拖拉机、1台脱粒切割机和1台粉碎机，又给农场送来了日本稻谷和玫瑰茄、高粱、玉米等种子。当年，农场粮食亩产翻一番，实现了粮、油、肉自给。除了橡胶和林木外，还种有2.2万多亩甘蔗、水稻、茶叶、玫瑰茄、水果、胡椒等作物。

1960年4月，农垦部部长王震、副部长萧克，新疆军区司令员陶峙岳，第55军长陈明仁一行到农场考察。他看见场部很多人围在一个小井旁排队提水，打上来的水是浑黄浑黄的，他立即转过身来对场领导王金昌同志说："你们这里的天气那么热，用水又那么困难，要想办法打深井、修水利，尽快解决人畜用水和生产用水问题。"遵照部长的指示，农场专门成立了钻机井专业队，为农场各居民点打深水井取水，实现了家家有自来水。

这次视察时，部长还专门看了八队的柴灶，当他了解到生产队集体伙房每天需要三个人砍柴，一天就要烧掉上千斤木柴时，他十分惋惜地说："国家不仅粮食紧张，木料也很紧张，这么好的木料烧了太可惜。"接着，他又仔细观察了灶门，并把队长和炊事员招呼过来，手上拿着条木棍指着灶门说："你们看，灶门太大了，耗柴就多。这是老虎灶，要改一改。"他又随手用木棍在地上画着比着，教大家如何改灶。当晚，八队的同志按照部长说的办法把灶改好了，果然又省柴又旺火。

1960 年 5 月 16 日，农垦部部长王震在湛江地委副书记、湛江农垦局局长陈文高和农场领导穆振华陪同下视察农场三队，亲自过问职工生活，要求解决食堂抽水用电问题，到橡胶园察看橡胶中小苗生长情况。同年 12 月，农场完成从湛江市郊湖光公社至场部 5 千米高压线架设工程。

1960 年，全国农垦工作会议在湛江市召开。会议期间，王震视察了柳秀水库，站在水库大堤上，看到新建的柳秀水库已蓄水，他指示，发展农业生产就要花大力气搞好水利建设。华南热带作物学院院长何康、湛江农垦局局长陈文高和场长王金昌等陪同，同时还有 1000 多名与会代表。

1961 年 4 月，农垦部部长王震在湛江农垦局局长陈文高陪同下到农场检查工作。他亲自到柳秀大垌的稻田察看水稻生产，并指示："要发展粮食生产，改造柳秀大垌低洼地，水稻要搞一年三熟。"

1961 年 4 月，农垦部部长王震带领 20 多人来农场视察，要求湖光农场办成中国式的现代化国营农场，要以"一业为主，多种经营，综合发展"为方针，并到八队察看改"锅灶"改造工作。1961 年 5 月，根据农垦部部长王震来农场检查时的指示，农场党委召开了扩大会议，制定了八项贯彻措施。

1962 年春，农垦部部长王震、副部长萧克到农场视察工作，并赠送从日本引进的粳稻良种。在柳秀大垌视察时，他指示要搞"亩产吨粮"以上的试验田。

1963 年 6 月底，农垦部部长王震来农场视察，并向农场赠送矮脚高粱和玉米种子 1 袋。

1964 年 1 月，农垦部部长王震在农场视察工作时，参加了农场职工代表大会，并在会上做了重要讲话。会后，他参加下溪队田垌种植玉米的劳动，号召职工大搞粮食种植试验田，还为农场题词——"雷州立业，粤西生根"。

1965 年 3 月 5 日，农垦部部长王震在湛江地委书记孟宪德等陪同下到农场视察，并在农场职工代表大会上讲话，强调要关心职工群众生活，办好集体食堂。本年7月，农垦部部长王震、少将李贞（女）在广东省省长陈郁、湛江农垦局局长陈文高陪同下到农场视察，王震指示要大种牧草、发展养牛业。

1966年3月3—7日，农垦部部长王震在湛江地委书记孟宪德、湛江农垦局局长陈文高陪同下到农场视察，指示农场要争取实现经费、粮、油、肉、菜"五自给"。他还用自己的工资在农场购买一头辛地红良种小牛，送给他的家乡湖南。同时参加农场召开的第六届职工代表大会第二次会议，做了重要讲话。

1966年3月，农垦部部长王震从新疆调来1吨玉米杂交良种给农场，并派技术员来传授玉米栽培技术。

1966年4月6日，根据农垦部部长王震的指示，农场在广东省高州县吸收了203名青年来农场工作。

1966年7月14日，农垦部部长王震写信给来农场学习的湖南省前进人民公社的领导和青年同志们，勉励他们好好学习湖光农场"一业为主，多种经营"的经营形式及"艰苦奋斗，勇于开拓"的农垦精神。

1974年10月，中共中央政治局委员、国务院副总理王震在农林部农垦司司长何康、广东省农垦总局副局长陈文高陪同下到农场视察，并给农场送来澳大利亚大山羊、辛地红牛等一批良种牛羊。

1975年2月4日，国务院副总理王震来湛江主持召开全国燃烧化学工业会议，其间他带着小孙女来看望农场干部。他刚走下飞机就对前来迎候的陈文高同志说："你们这些老同志都有功劳。这几年，是我牵连了你们，使你们挨了批……"听了他的一席知心话，大家心里热乎乎的。大家要他先休息，他说："不要紧，先听听你们农场这几年的情况。"王震在湛江地委副书记黄明德、专员莫怀、广东省农垦总局副局长陈文高陪同下来农场了解情况。他了解到农场还有600多人三代同堂、1000多人住茅房时，马上指示："要发动群众，争取3年内解决住房问题。"并深情地指着他孙女对农场干部们说："这几年把孩子的教育给耽误了，你们要把托儿所、幼儿园和学校办好，让他们学习文化知识，要关心下一代的健康成长。"

同时，他听说农场有一部分知识分子挨了整，有的还被处分了，十分惋惜，他语重心长地对农场干部们说："知识分子是国家的宝贵财富，你们要团结他们、保护他们，不要让他们遭冤枉、受委屈。"

听完汇报后，王震说："出去走走。"看了倒塌的猪场、拆掉的鸡场和干枯掉的橡胶树，他虽然很痛心，但并不失望，仍满怀信心地再三鼓励大家："天空出现乌云是暂时的，我们这个国家是有希望的，我们这个党是有希望的，你们要挺起腰杆来，一手抓恢复多种经营，一手抓工副业生产，要搞副食品加工，为城市服务，要搞出口基地，为国家赚外汇。"他又察看优秀队的橡胶林、志满大垌的水稻田、农科所的良种牛，还专门为农场带来了 4 对日本大白兔和英国青紫兰兔。同日，王震在农场礼堂接见了湛江农垦各农场的主要领导干部并做了讲话。

1981 年，王震在北京同前去看望他的农场领导谈到兴办农工商联合企业的时候，再三指示："希望湖光在农工商综合经营方面要带好头，做个好样子!"当听到农场正在建设胶制品厂时，王震说："胶制品大有可为，经济价值很高，你们要大力发展。"在他的亲自部署下，农场集中力量办起了场办工业。

1982 年 2 月 2 日，中央政治局委员、国务院副总理王震，在农牧渔业部部长何康、湛江地委书记林若、专员黄明德、湛江农垦局局长张子元等陪同下视察农场。在下溪茶队，他边走边问茶园的种植情况，走进茶厂的茶叶加工车间了解生产情况，还在茶厂接待室品尝农场自种、自采、自己加工的茶叶。在奶牛场的奶牛饲养房，看到工人正在为奶牛挤奶，他深有感慨地说："这就是我当年要求你们发展奶牛业的成果。"在橡胶制品厂，走进马达轰鸣的车间时，他拄着拐杖俯下身子察看加工的产品，过问产品的品种、质量、数量、销路等，看到场办工业已发展起来了，他十分满意，对陪同视察的其他领导说，农场不但要搞"一业为主，多种经营"，还要发展工副业，从场部到柳秀水库要搞成旅游区。当天下午，王震在农场礼堂接见湛江农垦局各单位的领导干部时做了讲话，并与参会领导干部及农场建场老同志合影留念。

1983 年，王震将军参加全国农垦产品展销会开幕式后，来到广东馆，看了农场生产的电瓶壳、热水袋、"长寿乐"酒等产品，非常高兴地说："你们搞得不错嘛!叶帅对你们湛江湖光农工商联合企业也很关心，希望你们办好，要大发展。"当年，农场先后办起了 15 个农副产品加工厂，生产了 290 多种产品，向城乡市场提供了一定数量的商品，有些商品还出口到国外。

1984 年 6 月 27 日，中央政治局委员、国务院副总理王震在北京住处会客厅亲切接见专程向他汇报工作的湛江农垦局副局长穆振华、农场党委书记刘明超及农场原场长花进有。刘明超汇报了家庭农场、橡胶制品厂等工作情况。

1988 年 12 月 2 日，国家副主席王震在原农垦部部长何康、广东省委副书记谢非、湛江市委书记王冶、广东省农垦总局原副局长陈文高等陪同下视察农场茶园和茶厂，在"将军亭"品尝农场自产的茶叶，并接见了粤西农垦各单位主要领导干部及离休干部，做了重要讲话，并与他们合影留念。

1993年3月12日，王震将军在广州逝世，终年85岁。他的丰功伟绩与世长存，他的精神永远鼓励着农场干部职工与时俱进、艰苦奋斗、勇于开拓。湖光农场的干部职工将沿着老一辈无产阶级革命家指引的道路继续前进，再创湖光新辉煌。

附录二　人　　物

（一）王金昌

王金昌（1922年10月—2008年9月），男，江苏丰县人。老家原在江苏省丰县顺河镇王寨，后迁居丰县和集乡渠集村。4岁时随父亲王子友逃荒到南徐州，12岁又回到丰县，住姑奶奶家。少时家穷，没房没地，只好给别人拉小车、提行李、做点小买卖维持生活。1937年5月，参加江兆瑞领导的地下党武装，任联络员；1939年1月10日，从地方游击队编入八路军主力部队，任八路军湖西大队勤务员；1939年10月入党；1940年，任八路军湖西大队骑兵副班长；1941年8月，任新四军第七旅十九团通信班长；1943年8月，任四三军一二七师三七九团侦察副排长；1946年12月，任四三军一二七师三七九团侦察排长；1948年1月，任四三军一二七师三七九团七连副连长；1948年3月，任四三军一二七师三七九团八连连长；1949年3月，任四三军一二七师三七九团三营副营长，参加了解放海南渡江先遣队。王金昌在革命战争年代，作战勇敢，多次立战功。中华人民共和国成立后，他被授予独立自由奖章和三级解放勋章。

1951年12月，王金昌任湛江徐闻垦殖所友好农场场长；1952年8月，任化州垦殖所股长；1953年3月，任粤西垦殖分局技术学校副校长；1954年12月，任国营湖光农场副场长；1958年，任场长；1970年1月，任广州军区生产建设兵团八师十九团副团长；1973年10月，任团长；1974年10月，任湖光农场党委书记，在此期间，把湖光农场建设成为农垦局对外窗口单位；1978年8月，任湛江地委农场工作部副部长、湛江农垦局副局长；1984年3月，任湛江农垦局巡视员；1986年12月离休。2008年9月逝世，享年86岁。

王金昌在任国营湖光农场主要领导期间，针对雷州半岛台风频繁的恶劣气候情况，积极思考如何保护橡胶树免受台风灾害，带领职工在农场橡胶树的周围种植防风林，利用防风林的天然屏障防御台风。1957年11月、12月，广东粤西垦区连续多次遭遇强台风、寒潮袭击，垦区多数橡胶农场的橡胶林受灾严重，胶树断倒极多。但湖光农场的橡胶树受损极少。由于工作表现突出，受到王震等中央领导的肯定。

（二）陈介三

陈介三（1921年12月—2009年5月），男，1921年12月出生，河北馆陶人。1938年8月，参加革命，任河北馆陶第十支队警卫营战士；1939年1月入党；1939年12月，在平原省冠县筑先纵队五营一连任战士；1939年10月起，在冀南三分区新一旅二十二团任十二连文化教员、十连副政治指导员；1941年2月，因战斗负伤回乡治疗；1942年2月，在陈路桥村当"村先生"，从事敌伪工作；1945年5月，在馆陶县五区民兵大队任指导员；1945年9月，任馆陶县五区武委会主任；1946年3月，任馆陶县四区武委会主任；1947年12月，在平原省堂邑县冀南一地委参加整党学习；1948年2月，任馆陶县一区武委会主任；1948年3月，任馆陶县四区整党土改团组长；1948年6月，任馆陶县一区土改组长；1948年10月，任馆陶县五区土改组长；1948年12月，任馆陶县一区武委会主任；1949年2月，任馆陶县南下工作团副中队长；1949年8月，在湖南省宁乡县县委武装部任副部长；1949年10月，任湖南省宁乡县大队副政委；1951年月，任湖南军区独立十三团副主任；1952年6月，任林业工程第二师六团政治处副主任；1952年8月，任广东遂溪垦殖所副所长；1954年1月，兼任遂溪县委副书记；1955年3月，任湛江国营湖光农场场长；1956年5月，到农垦部干部学校学习；1957年8月，任湖光农场党委书记兼场长；1958年9月，任前进农场场长、广丰糖厂厂长；1959年5月，任前进农场及广丰糖厂党委书记、场（厂）长；1961年5月，任湛江农垦局副局长；1969年11月，到广州军区生产建设兵团学习班学习。1972年7月，在广州军区生产建设兵团湛江办事处工作；1973年4月，任广州军区生产建设兵团四师副师长；1974年10月，任湛江农垦局党的核心小组成员；1975年2月，任湛江农垦局副局长；1981年8月，任湛江农垦局党组副书记；1986年10月离休。2009年5月病逝，享年88岁。

陈介三在湛江农垦工作34年。在湖光农场任职期间，坚持一手抓橡胶为主的种植业，一手抓养牛、养鸡为副业的养殖业。建立起种养结合的立体农业体系；在广丰糖厂、前进农场任职期间，主持筹建粤西地区规模最大的广丰糖厂，并大力发展甘蔗事业，为建立工农一体化的经营模式打下良好基础；调任湛江农垦局副局长后，曾分管科技和医疗卫生工作，经常深入基层调研指导工作，为职工和周边群众的健康提供医疗保障。

（三）乐于奉献的现代"骨王"——肖明辉

"受人滴水之恩，定当涌泉相报"。这句话对6岁就开始背方歌和中医口诀、行医40多年的肖明辉来说有着非比寻常的意义。

肖明辉（1952年—），男，广东澄海人。1970年知识青年上山下乡时期，从汕头澄海分配到广州军区生产建设兵团第八师第十九团（粤西农垦湖光农场）工作。出生于中医世家的肖明辉，从小就跟随父辈们接骨，有着丰富的临床经验。他被分配到广东农垦粤西湖光农场后，农垦人对他的照顾让他心存感恩。为了回报曾经照顾他的农场生产班的一位老班长，他违背前辈的禁令，重操旧业，给老班长治好了严重的风湿病。从此，他中医医术的名声传开了，后被安排在农场职工医院外科当医生。1986年，他被调到广东省农垦总局疗养院工作，任广东燕岭医院院长助理、中医骨伤科主任、主任医师。他曾担任广东省第九、第十、第十一届政协委员，广东省第八届侨联常委。

从1976年起，肖明辉就致力于腰椎间盘突出症手法复位的研究。腰椎间盘突出曾被西医认为除了手术别无他法，但是肖明辉经过不断摸索，终于研制了一套侧身复位法，就是旋转患者的身体，把椎体加大成角，再经过手法挤压，将突出部分复位。这套独创的"肖氏手法"医治好成千上万名腰椎间盘突出患者，因此他被誉为"骨王"。

肖明辉几十年如一日潜心研究骨伤科常见疾患的中医中药治疗方法，运用中医中药治疗颈椎、腰椎间盘突出、坐骨神经痛等骨伤科常见疾患，特别是用自创的"肖氏手法"治疗颈椎、腰椎间盘突出症，得到了国内外同行的认可和广大患者的好评。他曾到美国、马来西亚、泰国、印度尼西亚等国进行技术交流和讲学。肖明辉凭借精湛的医术和高尚的医德为无数患者解除了病痛，他还曾多次参加广东省有关单位及广东省农垦总局组织的为贫困山区送医送药活动，得到了广大患者的好评。

肖明辉擅长于用非侵入性保守治疗方法治疗腰椎间盘突出症，通过中药、药酒以及手法复位及推拿按摩，标本兼治，治疗腰椎间盘突出症。

在中医用药上，严格遵循中医"整体观念、辨证论治"的基本原则，根据腰椎间盘突出症患者多为本虚标实证候，非常强调补气血、强肝肾为治疗腰椎间盘突出症的根本；在处方用药时多以气血双补的中医名方"八珍汤"做汤底，注重固护人体正气，慎用寒凉、泻下、芳香走窜、活血化瘀类有伤阳气、气血的中药，而重用补脾益气，补血，强肝肾的药物。正所谓"正气存内，邪不可干"。在治疗腰椎间盘突出症的同时，调理补养全身。在药酒方面，利用家传秘方自创药酒，取中医"不通则痛，通则不痛"的基本原理，重在走络搜邪、通经活络、直达病所。

肖明辉还吸收传统医学的精髓，荟萃现代医学的技术，独创了"泰莱百草露"，并研制出"泰莱超声雾化治疗仪"，把古老的熏蒸疗法与现代的超声雾化疗法、红外线照射等结合起来，大大提高了疗效，填补了目前国际上物理治疗器械的空白。

肖明辉先后在国内外杂志上发表学术论文30余篇。其中，《泰莱百草露超声雾化仪治疗腰腿痛1103例》一文被编入《实用综合医学》，由国家公开出版；《中药、推拿治肩周炎269例分析》在全国医学与心理卫生学术研讨会上宣读；《中药超声雾化治疗腰腿痛

103 例临床观察》曾刊登于《暨南大学学报》。2014—2015 年，连续两年被《中国国家画报—人民画报》作为先进人物进行介绍。

自 2001 年以来，他领导的中医骨伤科连续 8 年被评为"广东省直属机关文明单位"，他本人也连续 8 年被单位评为"先进工作者"。2008 年，他被录入农业部农垦局《中国农垦名院名医》一书。2010 年，他被广东省总工会授予"广东省五一劳动奖章"。

肖明辉不仅医术高明，在做人上也秉承"厚德载物"的理念。尽管他医术高明，名声已远传播至海外，但他依旧秉持"善人善己"的医德，不仅以认真负责的态度对待每一位患者，还对这个社会充满爱心。2000 年春，肖明辉为表达对故乡父老的寸草之心，在家乡澄海市东里镇修建民心工程"澄海市樟东华侨医院"。由于平时找他看病的病人络绎不绝，肖明辉就只能利用"五一"假期自费带药回家乡义诊。短短 3 天时间，他和助手们为 280 多位患者进行了诊治，所得收入全额捐赠。"小益彰显大爱。"肖明辉正是以自己力所能及的方式回报社会，彰显了一颗善良、兼济天下的大爱之心。

肖明辉能够以自己所学、所有回报社会，这需要很大的魄力和良心。"赠人玫瑰者，手有余香。"肖明辉正是在这样思想的指引下，一步一步实践自己的中医梦想。

附录三　并　村

（一）新坡村

新坡村于 1959 年并入农场，下属新坡队。该村位于农场西部，距离农场场部 4 千米；东接符屋仔村，东南面是园坡村，东北毗邻东风村，西南面有牛寮村，北邻谭高村。

【村落由来】该村张姓先祖于清朝乾隆年间从广东吴川麻斜沙尾村迁至此处居住，因当时的村庄坐落在一片处女坡上，寓意"新"，故称新坡村。

【隶属演变】清朝时，该村属遂溪县二十二都管辖；民国时期，属遂溪县管辖；中华人民共和国成立后，属遂溪县云坡乡管辖；1956 年后，属湛江市郊区云坡乡管辖；1959 年至今，属广东省湖光农场管辖。

【自然资源】该村位于湖光岩牛牳岭西的梅花岭。梅花岭是第四纪雷北火山群喷发所形成的台地，赤红土壤，主要山岭有荔枝山、后坑岭、谭班岭、岭仔、猴神岭。荔枝山位于该村北部。张姓先祖迁至此居住时，觉得北风凛冽，不利于居住，遂组织子孙在村北植树造林，后代子孙谨记祖训，在村北多种植荔枝树，慢慢形成荔枝山。村民把此山看成是与村庄命运连成一体的"风水山"，山兴则村旺，山败则村衰，因此不准村民折枝砍树。

主要河流有新坡溪，下游称那郁溪，位于该村西面。村边有新坡水库。

【人口状况】该村主要姓氏有张、李、冯、阮、吴、黄等。第一大姓为张姓，清朝乾隆年间从广东吴川麻斜沙尾村迁至现址；第二大姓为李姓，清朝乾隆年间从广东省遂溪县二十二都大塘村迁至现址。

至2016年末，该村有户籍人口380人。其中，男性213人，女性167人；80岁以上18人，其中最年长者98岁，有2人，均为女性。村中生活主要依靠农业收入的人口有330人，常年在城镇生活和打工的人口50人。世居村民均为汉族，属雷州民系，使用雷州方言。

【生产经营】该村土地资源十分丰富，有农田500亩，坡地1400亩，森林200亩。传统经营以种植水稻为主，兼种甘蔗、火龙果、荔枝等。1959年并入湖光农场后种植水稻、橡胶，兼营农作物；现时以种植甘蔗为主，兼种苗木花卉。居民收入来源主要为农业生产和工资性收入。村子传统食品有糯米糍。

【公共设施】雷湖快线在村东北经过，交通十分便利。1973年，全村通电；1978年，通自来水；1990年，通电话；2000年，通网络；2015年，全村村道实现水泥硬底化。该村有小学生、幼儿40多人，均在湖光农场中心小学或湖光农场中心幼儿园就读。村中有篮球场1个，是村民举行文体活动的场地。

【古代建筑】传统民居为广府民居，现存8座，其中"下屋张氏祖屋"较具代表性。该民居建于清朝，占地面积200平方米，二进二厅一廊一天井，五房合院式建筑结构，青石砌底，土夯红壤砖墙，硬山顶。现已无人居住，保存完好。

村西北部有古石桥——广济桥。雷遂古道起源于宋朝初年，从雷州起，经沈塘镇扎村，渡过洋村渡，进入现麻章区境内；经麻章区太平镇洋村、造甲村、仙村、山后村，然后渡过库竹渡，进入遂溪县境内；经遂溪县建新镇库竹村、牛寮村，然后进入麻章区湖光镇境内；经湖光镇那郁墟、旧县村、外坡村，然后进入麻章区麻章镇境内；穿过现麻章镇的志满圩、英豪村、冯家塘村、函头村、坡塘墟、郭家村、麻章墟、大路前村，直抵遂溪县城。为抄近路，清咸丰十年（1860年），由遂溪县衙及民间绅士捐资在湖光镇新坡村附近的新坡溪上建广济桥，桥共19段，为19孔柱梁式石桥，故又称为十九孔桥。桥长43米、宽1.5米。主柱、辅柱横梁相互穿插榫合，组成框架承托桥面。桥面每段均用玄武岩石板5条并排组成，两侧石条凿槽勾连，各石条为榫卯结构，与横托石梁上下相连成一个整体，结构科学。广济本义为"过河、渡过"，即供大众过河、助众生普度之意。广济桥建成后，人们可以从库竹渡经牛寮村、新坡村到志满圩，再经英豪村、冯家塘村、函头村、坡塘墟、郭家村、麻章墟、大路前村、甘林村，直达遂溪县城。现在该桥已被列为广东省文物保护单位。

【民俗文化】该村有白马神庙（供奉白马神）、老师庙（供奉老师公）。每年正月十七和七月廿五，先由村中长老代表全村祭拜白马神、老师公，然后各家各户祭拜，完毕后大摆宴席，互致祝贺，晚上村里上演社戏，燃放烟花爆竹。

现存宗祠有张氏宗祠，始建于清朝，石匾额上"张氏宗祠"四字苍劲有力。2015年重修，占地面积200多平方米，绿瓦红墙，气势恢宏。每年冬至当日，全村各姓氏60岁以上男性齐聚在张氏宗祠，参与祭拜活动，拜祭后围桌共进午餐。

该村有《张氏族谱》，由张秉达、张秉炎于1982年纂修；有《李氏族谱》，纂修者和纂修年代均已不可考。

（二）志满村

志满村于1959年并入农场，下属志满队。该村位于农场西南部，距离麻章镇约14千米；东面有农场橡胶厂家属区，西面是柳秀村，南面接潭河队、蓝田村，北面是农场牛奶场。

该村位于雷北火山群形成的台地上，地势较为平坦，土壤红色，水资源充沛，灌溉方便。村庄的西北面有柳秀水库，水库出水口形成南田溪，蜿蜒从村的西南面流过，呈S形，灌溉着村庄下游的良田。

【村落由来】该村始建于明朝嘉靖年间。时高州府吴川县德高村翟云谷第四子翟应端率全家从德高村搬到现址定居，形成村庄。村民在村庄的四周种上刺竹，刺竹把村子围得密密实实的，只留下村口，如同城门，因此被人们称为城门村。清末抗法斗争期间，受法国人扰乱，附近村庄的人到城门村进行市场交易，形成城门墟。法国人撤走后，城门墟和城门村合并。由于城门村人是从吴川迁过来的，吴川口音的"门"和"满"谐音，城门村改称为城满村。后来因地域扩大，又分出志满圩。中华人民共和国成立后，城满村更名为志满村。

【隶属演变】该村在明朝嘉靖年间属于遂溪县二十一都管辖；民国时期，属遂溪县第三区迈合乡管辖；中华人民共和国成立后，属遂溪县迈合乡管辖；1958年，属湛江市郊区迈合乡管辖；1959年至今，属湛江农垦湖光农场志满分场管辖。

【人口状况】该村主要姓氏为翟姓。明朝嘉靖年间，翟应端率全家从德高村搬到志满村定居，至今已繁衍三十代。1949年，人口200人；1982年，人口500人。2016年末，全村共有114户，户籍人口733人。其中，男性373人，女性360人；80岁以上16人，其中最年长者93岁，为男性。生活主要依靠农业收入的人口有273人，常年在城镇生活和打工的人口有40人，实际在村人口330人。祖籍本村的香港同胞有3人。世居村民均为汉族，属雷州民系，通用雷州方言。

【生产经营】该村有耕地 1040.89 亩，其中水田 163.01 亩，坡地 874.88 亩，林地 3 亩；有水塘 8 口，面积 49.16 亩。传统经营以种植水稻、木薯、蔬菜、甘蔗为主，兼养"三鸟"；现时经营主要种植甘蔗、水稻、花木，兼养鱼和"三鸟"。小部分人从事制鞋业，部分人外出打工、经商。2016 年，全村经济总收入 146 万元，人均年收入约 2000 元。

【公共设施】该村交通便利，县道 X668 线经过高阳，本村乡道连接县道 X670 线直达湛江市区。各项生活设施齐全。1972 年，全村通电；1988 年，通电话；1990 年，通自来水；2003 年，通网络；2015 年，村道实现水泥硬底化。

该村适龄儿童（含小学、幼儿园人数）30 人均在湖光农场中心小学或湖光农场中心幼儿园就读。村中建有职工文化健身中心和志满村戏剧中心，还安装有健身器械，为广大村民的文化娱乐、强身健体提供了极为有利的条件。

【古代建筑】该村历史文化底蕴浓厚，传统民居为广府民居。现保存较完整的古建筑有 3 座，其中较具代表性的民居有翟氏祖屋。翟氏祖屋建于明末清初，院落式布局，面阔三间，两进，占地面积 150 平方米。二进中有天井，有 6 间房，左 3 间、右 3 间；门口两侧有楹联，墙壁上有山水、花鸟等壁画；门楣上刻有"景祺""善保""安居"等字；瓦面两边高，中间低。山墙装饰优美，石雕、灰塑精致，虽历经数百年，仍古韵犹存，风采依然。

翟氏宗祠也比较有特色，房屋中间高，两边低，也称为高宗祠，始建于清乾隆四十六年（1781 年），占地面积 500 平方米。坐东南向西北，三开间两进深一天井布局，砖木结构。后厅摆放祖先牌位，供后人祭祀。1996 年重修，重修时主体建筑风格不变，外墙用水泥粉饰。该宗祠也是抗法遗址——志满营所在地。清朝末年，法国殖民者侵入遂溪内地，遂溪人民成立了 6 个抗法义勇营：黄略营、文车营、平石营、麻章营、仲火营、志满营。志满营设在翟氏宗祠，是遂溪人民抗法的中坚力量之一。

【民俗文化】每年农历正月十二是村中最重要的日子，称为春宵，也叫年例。这一天，无论男女老幼，甚至已出嫁的女儿都要赶回来，参加一年一度的年例过节活动。村民早早准备好祭祀物品，零时开始，祭拜先人；七时，在抬神轿队的带领下，舞狮队、少男（女）仪仗队，先到翟氏宗祠祭拜，然后大巡游，游遍村中大街小巷。还有舞狮子、武术表演。这一天彩旗飘扬，锣鼓喧天，比过大年还热闹。

每年冬至日，全村人员祭拜先祖，每年一小祭，每五年一大祭，也称为"五年冬祠"。

该村族谱有《翟氏族谱·一》《翟氏族谱·二》，于 1935 年由翟世珍执笔纂修。

【重要事件】清光绪二十四年（1898 年），法国殖民者强租广州湾。以志满附近的"番鬼桥"为分界线，向东往志满圩方向为"洋界"，向西往志满村方向为"唐界"。1899

年 3 月 19 日，创办遂溪县抗法团练，共设六个营，其中志满营营部驻志满村的翟氏宗祠内，营官由旧县村武秀才彭竹修担任，志满村翟秀灿、翟秀祥、翟国平、翟国棋等 26 人加入志满营为团练义勇，志满村的翟钟英、翟钟灵任哨长，翟钟圣、翟钟贤、翟秀泰任队长。志满营配有前膛抬枪 150 支，单响毛瑟枪及士乃打枪 100 支。本年，志满营为作长久打算，在志满村的绅士和群众出钱出力的支持下，在该村的北、东、南建筑三座炮楼，每座用玄武岩石作基础，红砖砌筑，用杉木作楼板，筑起两层楼高，置有上下楼梯，四向建有内宽外窄的射击孔，此三座炮楼遗址现尚在。

清光绪二十五年（1899 年）农历八月的深秋一天，志满村有两个村民到法租界办事，其中一村民翟国平被法国蓝带兵打死。另一人跑回村中报信。在家的志满村团练、团丁和村民倾巢而出，在志满村溪仔塘（即现在的蚕丝厂处）埋伏等待进犯的法国兵。当法国兵 30 多人在骑白马的红带官带领下进入埋伏圈时，志满营团练向法国兵开枪射击，志满村团丁和群众手持大刀、长矛、禾叉（炊担）冲向法军，法军看见华人人多势众，急忙逃回法租界内的志满圩兵营。此战打死打伤法国兵 10 多人，志满义勇营和村民也有 30 多人受伤。此战大煞法国兵的威风，大长中国人的志气。从此，蓝带兵不再敢到法租界外闹事。

【主要人物】翟亚炳（1928 年 2 月—），粤桂边游击队八团队员。解放战争时期（解放海南岛之前），他作战勇敢，带领战士们冲入当时的国民党迈合乡公所缴了国民党士兵的枪械，不费一枪一弹解放了迈合乡志满圩地区。

（三）志满圩

志满圩位于湛江市麻章区南面，是农场场部驻地，距离麻章镇约 14 千米；东有新兴村，西接农场谭河队，西北是下溪村，南邻谭高村。

【村落由来】该圩始建于清末。清末抗法斗争期间，受法国人扰乱，附近村庄的人到城门村进行市场交易，形成城门圩。法国人撤走后，城门圩和城门村合并。因城门村人是从吴川迁过来的，吴川口音的"门"和"满"谐音，城门村改为城满村。后来因地域扩大，又分出志满圩。

【隶属演变】该圩始建于清末；民国时期，属遂溪县聂村乡管辖；中华人民共和国成立后，属湛江市郊区管辖；1952 年后，属朝满区聂村乡管辖；1955 年后，属麻章人民公社管辖；1958 年至今，属湖光农场管辖。

【自然资源】该圩位于雷北火山群形成的台地上，地势平坦，土壤红色，土地肥沃，适宜农业耕种。辖区内有志满水库，位于志满圩西北 2 千米左右的地方。有古榕树 1 棵，已有 100 多年树龄，树围有 4 米多，枝繁叶茂，浓荫蔽天，覆盖面积 100 多平方米。

【人口状况】该圩主要姓氏有梁、黄、张等。至 2016 年末，全村共有 503 户，户籍人口约 2012 人。其中，男性 881 人，女性 1131 人；80 岁以上 49 人，其中最年长者 95 岁，男性。2016 年末，生活主要依靠农业收入的人口有 795 人，常年在城镇生活和打工的人口有 578 人，实际在村人口 1434 人，非户籍外来人口约 72 人，祖籍本村的香港同胞有 2 人。居民均为汉族，属雷州民系，通用雷州方言。

【生产经营】该圩有农田 480 亩，坡地 725 亩，养殖地（鱼塘）24 亩。传统经营以种植水稻为主，兼种甘蔗、花生、蔬菜、瓜果。民国初年，该圩为广州湾走私商品集散地，各地商人云集，曾兴旺一时。20 世纪 50 年代起主要种植橡胶树。20 世纪 80—90 年代，村民家家户户加工鞋子，收入丰厚。现时农业方面主要种植水稻 480 亩、甘蔗 680 亩、花卉 5 亩，鱼塘养鱼 24 亩。当地主要收入来源有农业收入、外出打工工资、经商、开办加工厂等。2016 年，全村经济总收入 1327.92 万元，村民人均年收入达到 6600 元。

【公共设施】县道 X668 线穿而过，交通十分便利，各项生活设施齐全。1971 年，全村通电；1972 年，通自来水；2003 年，通网络；2011 年，全村村道实现水泥硬底化。志满圩的适龄儿童到湖光农场小学就读。湖光农场小学有 6 个年级 26 个班，一共有约 1200 名学生，60 位老师。该村基础设施比较完善，有职工文化健身中心 1 个，有羽毛球场、篮球场、乒乓球桌等，健身设施齐全；有文化楼座（志满圩戏剧中心），占地面积 140 平方米；还有志满小公园，是村民的游乐场所。

【古代建筑】广州湾法国公署志满公局旧址位于志满中部，建于清光绪二十四年（1898 年），坐东向西略偏南，为中西结合式钢筋混凝土砖木结构。建筑为歇山顶，面宽 23.4 米，进深 36.4 米，占地面积 851.76 平方米。办公室大门正面有九级"八"字形台阶（踏）。办公室分为三间房，两边厢房，中间大厅。办公室四周为走廊，四周皆通，拱圆形走廊窗户，墙基则用水泥石砖筑成，厚实坚固。办公室外边有一幢大方炮楼，为志满公局的站岗楼。该建筑于 2002 年被湛江市公布为文物保护对象，是进行近现代史教育和爱国主义教育的重要文物。

【民俗文化】每年农历正月十三是该圩一年一度的盛大年例。这一天，村民们抬着神轿，在村里的大街小巷巡游祈福。"游神"队伍规模庞大，有鼓乐队、舞狮队、武术队等。一路锣鼓喧天、爆竹声声。村中到处张灯结彩，亲朋好友从四面八方赶来汇聚。临近中午，家家客流不断，主人家杀鸡宰鸭，备好酒菜，盛情接待。

【主要人物】张胜（1949 年—），曾任湖光农场副场长，现已退休。

广东湖光农场志
GUANGDONG HUGUANG NONGCHANGZHI

后记

　　根据《农业农村部办公厅关于组织开展第一批中国农垦农场志编纂工作的通知》《农业农村部农垦局关于公布第一批中国农垦农场志编纂农场名单的通知》要求，农场志作为全面、系统记载农场政治经济社会历史与现状的材料性文献，具有致治、教化、存史的功用。一部高质量的农场志，是传承农垦文化的重要载体，对凸显农场特色，展示农场发展脉络，梳理农场发展成就、经验和路径具有十分重要的历史意义。相关部门应全面、客观地记叙农场的历史与现状，保证编纂工作有序展开，按时、按质、按量完成农场志编纂工作。

一、指导思想

　　以习近平新时代中国特色社会主义思想为指导，深入贯彻落实中央有关农垦改革发展的文件精神，大力弘扬"艰苦奋斗，勇于开拓"的农垦精神，深入推进农垦文化建设，记录农场历史，梳理农场发展成就和经验，展示农垦特色文化，挖掘保存农场重要历史资料，打响农场特色文化品牌，有力、有效地扩大农场特色文化宣传影响力。同时，秉持以史为据、实事求是的根本原则，以客观笔调全方位地反映农场建设、改革、发展的全过程。

二、组织机构

（一）1993 年 6 月 29 日，成立广东省国营湖光农场志编纂委员会，当时所定的编制时间为上限 1951 年、下限 1990 年。当时的农场志编纂委员会成员名单为：主任是黄锦访；副主任是曾宪煌；委员包括杨国球、张胜、陈和添、司徒华、陈建国、李全森、肖一训、周碧、崔宝成。主编是崔宝成、肖一训；顾问是王金昌。农场志编纂办公室负责人为肖一训（主任）、崔宝成（副主任），成员包括黄胜蓝、翟志南、林家斌、柯康林、周建光。

修编 1951—1990 年的第一部志书（修订本）未定稿，约 11 万字。原班编写人员除个别以外，已基本调离农场、退休或已故。

（二）按照上级的要求，在第一部志书（修订本）的基础上进行延续的修编，记录时间上限为 1951 年，下限至 2020 年 12 月 31 日。2020 年 8 月 13 日，制定《广东湖光农场志编纂工作方案》，成立并调整农场志编纂委员会。

主　任：陈悦

副主任：黄锦访、梁建辉、刘荣永、罗成武、喻天宏、黄所、唐明丽

成　员：吴小东、廖东、廖元光、周建华、韦利克、蔡华福、黄海霞、林家斌、翟健斌、张志权、吴向东、钟永宏、陈霜、梁湖春、刘明显

工作职责：切实加强对编纂工作的领导和指导，解决修志工作中有关问题和困难，为修志工作创造条件。

三、编纂委员会

（一）工作组

组　长：黄所（兼）

副组长：韦利克（兼）

成　员：林家斌、邓碧霞、邱文兴、雷宇、王算、符策凡、冯春盛、陈俊发、刘剑英、戴浪青、蔡卓睿、洪子清

工作职责：负责召集会议、搜集资料、提供数据、走访取证、组织论证等工

作，及时向编纂委员会反映工作中遇到的问题及困难。

（二）编辑部

主　　任：韦利克（兼）

副主任：肖一训、陈建国（专职副主任）

编　　辑：崔宝成、周建光、柯康林、翟志南、黄胜蓝、邓碧霞、纪介文、陈俊发、刘剑英

校　　对：蔡卓睿、邱文兴、雷宇、王算、符策凡、冯春盛、戴浪青、洪子清

摄　　影：周碧、林家斌、韦利克

工作职责：负责撰写志稿、征求意见、修改完善、组织评审、送审定稿等工作，就编纂过程中需要补充的材料及时向工作组反馈，并协助开展相关补充材料搜集工作，及时补充材料缺漏部分。

编辑部明确任务，统一思想，切实认识到修志是关系农场历史、发展、未来的一件大事，是传承农垦精神、推进农垦文化建设的重大举措，是梳理挖掘农场发展成就和经验、扩大农垦特色文化宣传的重大举措，是新时代农垦人应切实承担起来的历史使命。要切实提高认识，把握新时代大势，提高农垦人的自信心、自豪感、归属感，切实把思想统一到修志工作中来，扎扎实实担负一份责任，做出一份贡献。在整个修志过程中，湖光农场党委先后召开3次会议听取编志工作汇报，研究解决出现的问题，分别审议《广东湖光农场志》纲目、修编人员劳务费、修编经费等事宜，经常过问编志工作，并多次指示修编人员要以高度负责的态度认真做好这次志书编修工作，为顺利完成《广东湖光农场志》出版提供了坚强有力的保证。

四、编纂工作阶段

1. **组织准备阶段（2020年6—7月）**　　根据湖光农场编志工作要求，下发编纂农场志相关文件，召开编纂农场志动员大会，安排部署农场志工作，由编辑部同志担任编辑工作。编纂分工：工作组成员分配任务，全面发动，层层分解落实任务。执行主编韦利克及编辑人员陆续到位，并开展工作，2020年9月9日，编辑人员蔡卓睿参加农业农村部农垦局在广州举办的中国农垦农场志编纂培训班；从2020年9月20日开始，用10个工作日拟定《广东湖光农场志》的纲目；2020年11月，

初步明确编志工作的指导思想、体例结构、工作步骤和资料收集，为《广东湖光农场志》编辑打下坚实基础。

2020年12月20日，湖光农场召开党政联合会议，正式启动《广东湖光农场志》编纂工作，要求各部门明确分管领导、部门负责人，以及视工作任务情况指派专人参与具体的资料收集编写工作。落实责任，确保按时按质完成编写任务。编辑部要加强业务指导，定期或不定期地深入各部门了解情况；做好资料收集和编写工作的具体方法及注意事项。

2. 收集资料撰写初稿阶段（2020年6—12月） 根据《广东湖光农场志》框架，广泛收集资料，撰写资料汇编。由编辑部人员分篇修订，编写各章节初稿，汇总后由编辑部主要负责人汇编，及时呈报农场领导审定。

2020年8月10日前完成成立农场志编纂工作小组，明确编纂人员，落实工作经费，建立配套工作机制，工作组成员分头开展材料搜集工作。

2020年11月20日前，工作组成员汇报原始材料查证中存在问题及进展情况。

2020年12月21日前，完成志书编纂年度进展情况总结报告。

2020年12月31日前，完成志书基础资料的收集、挖掘、查证、整理工作。

《广东湖光农场志》的资料来源主要分为两个部分：一部分由编辑部成员收集。2021年1—5月，编辑人员重点查阅1989—2020年档案材料，并复印10多万字的参考材料，摘抄3多万字的历史材料，为编写提供了有力的参考材料。另一部分由各部门提供。编辑人员了解和指导基层上报材料情况，征集农垦初创时期或其他时期有价值的入志老照片或素材，为编写志书提供可靠的史料依据。

3. 初稿汇总阶段（2021年1—5月） 编辑人员按照任务分工，用7个月的时间对资料长编进行精加工，对缺漏的资料进行收集、补充。

2021年4月30日前，完成对缺漏的资料进行收集、补充。

2021年7月1日前，完成对农场志初稿进行精加工。

从2021年1月起，编纂人员要根据《广东湖光农场志》的纲目，按照"横不缺要项、纵不断主线"的原则编写，按照原纲目分工继续提供材料；按照历史沿革、气候环境、农业（含自营经济）、场办工业、小城镇建设、党的建设及精神文明建设等方面编纂部门材料。编写人员对每章节协调修改，到2021年5月30日，形成了《广东湖光农场志》第一次初稿共 26 多万字。

4. 审稿定稿阶段（2021 年 6—7 月） 初稿完成并形成全面、系统、丰富、正确的农场志征求意见稿，发至有关部门和有关人员征求意见。广泛吸收、采纳各方面的意见、建议，进行认真细致地梳理、归类、吸收，再次对评审稿进行反复修改，形成高质量的农场志终审稿。召开终审会议，根据终审会议精神修改定稿。

5. 修改阶段 2021 年 7 月 2 日，农场志编委会编辑部人员开展对初稿修改工作事宜，列出查漏补缺事项，并提出明确的工作分工。其中，韦利克统筹整个编志工作；陈建国主要负责查漏补缺，查看各部门的材料是否与历史事实相符、文字是否文理顺畅、体例是否符合志书编写的要求，以及内容是否有条理性、逻辑性；蔡卓睿负责大事记名人传记、名人录、各部门提供的表格、照片的筛选，并加强上下联络。

2021 年 7 月 10 日前完成最终稿。

本书的编写指导思想明确、思路清晰，真实客观地记述了湖光农场 70 年政治、经济、改革、文化、科教、精神文明建设和党的建设的发展成就及经验。从编纂到出版，凝聚了大家的智慧。值此出版之际，编纂委员会对所有关心、支持编纂工作的各级领导、科室干部、退休老领导、专家学者，以及其他为本书提供支持的友好人士表示衷心的感谢！

《广东湖光农场志》是广东省湖光农场的第一部志书，记录时间从 1951 年至 2020 年，时段跨度大，编写时间紧、任务重，编辑人员不固定，历史资料不全，加上所有编写人员都不是专业人士，水平有限，如有错漏，敬请读者批评指正。

广东湖光农场志编纂委员会

2021 年 7 月